T0207058

Erkenntnisse aus COVID-19 für zukünftiges Pandemiemanagement

Manfred Cassens · Thomas Städter
Hrsg.

Erkenntnisse aus COVID-19 für zukünftiges Pandemiemanagement

Multiperspektivische Analyse mit Fokus auf eHealth und Society

 Springer

Hrsg.
Manfred Cassens
ifgs
FOM Hochschule
München, Deutschland

Thomas Städter
ifgs
FOM Hochschule
München, Deutschland

ISBN 978-3-658-38666-5   ISBN 978-3-658-38667-2 (eBook)
https://doi.org/10.1007/978-3-658-38667-2

Die Deutsche Nationalbibliothek verzeichnet diese Publikation in der Deutschen Nationalbibliografie; detaillierte bibliografische Daten sind im Internet über http://dnb.d-nb.de abrufbar.

Springer
© Der/die Herausgeber bzw. der/die Autor(en), exklusiv lizenziert an Springer Fachmedien Wiesbaden GmbH, ein Teil von Springer Nature 2022, korrigierte Publikation 2023
Das Werk einschließlich aller seiner Teile ist urheberrechtlich geschützt. Jede Verwertung, die nicht ausdrücklich vom Urheberrechtsgesetz zugelassen ist, bedarf der vorherigen Zustimmung des Verlags. Das gilt insbesondere für Vervielfältigungen, Bearbeitungen, Übersetzungen, Mikroverfilmungen und die Einspeicherung und Verarbeitung in elektronischen Systemen.
Die Wiedergabe von allgemein beschreibenden Bezeichnungen, Marken, Unternehmensnamen etc. in diesem Werk bedeutet nicht, dass diese frei durch jedermann benutzt werden dürfen. Die Berechtigung zur Benutzung unterliegt, auch ohne gesonderten Hinweis hierzu, den Regeln des Markenrechts. Die Rechte des jeweiligen Zeicheninhabers sind zu beachten.
Der Verlag, die Autoren und die Herausgeber gehen davon aus, dass die Angaben und Informationen in diesem Werk zum Zeitpunkt der Veröffentlichung vollständig und korrekt sind. Weder der Verlag, noch die Autoren oder die Herausgeber übernehmen, ausdrücklich oder implizit, Gewähr für den Inhalt des Werkes, etwaige Fehler oder Äußerungen. Der Verlag bleibt im Hinblick auf geografische Zuordnungen und Gebietsbezeichnungen in veröffentlichten Karten und Institutionsadressen neutral.

Lektorat/Planung: Margit Schlomski
Springer ist ein Imprint der eingetragenen Gesellschaft Springer Fachmedien Wiesbaden GmbH und ist ein Teil von Springer Nature.
Die Anschrift der Gesellschaft ist: Abraham-Lincoln-Str. 46, 65189 Wiesbaden, Germany

In Angedenken an unseren Co-Autor

Dr. med. Lorenz Leitritz.

Wir verneigen uns vor einem anerkannten Experten,
einem stets wertschätzenden, bescheidenen,
herzlichen und humorvollen Menschen.

Vorwort

Das vorliegende Sammelwerk mit dem Titel „Erkenntnisse aus COVID-19 für zukünftiges Pandemiemanagement" ist das Jahresthema 2022 der wissenschaftlichen Transferkonferenz „eHealth & Society", die jährlich seit 2016 im Hochschulzentrum der FOM Hochschule für Oekonomie & Management in München durchgeführt wird. Veranstaltende Institutionen sind neben der Hochschule der Medizinische Dienst Bayern, die Reha-Klinik Höhenried und die Techniker Krankenkasse. Dieses Werk steht, genauso wie das Tagungsformat, für die interdisziplinär kritische Reflexion der Digitalisierung im gesundheitlichen Kontext. Nach mittlerweile mehr als zwei Jahren, in denen bis zum Ausbruch des Ukraine-Krieges das SARS-CoV-2-Virus die europäischen Gesellschaften allumfassend ergriffen hat, stehen in diesem Band Versuche im Vordergrund, Lösungen für den „besseren" Umgang mit der Erkrankung COVID-19 zu finden. Dies erfolgt zum einen entsprechend der Ausrichtung der Tagung aus einer interdisziplinären Perspektive, zum anderen aus einer internationalen.

Die Themenblöcke „eHealth & Society" bilden wie auf der Tagung auch die inhaltlichen Fokusse dieses Sammelbandes. Im Kontext von eHealth wurde der Schirmherrin der Tagung, der Präsidentin des Bayerischen Landtages, Frau MdL Ilse Aigner im Februar 2021 von den Veranstaltern der Transferkonferenz ein Eckpunktepapier übersandt, in dem unter anderem folgender Satz zu lesen ist: *„Im Sommer 2020 ist es nicht gelungen, das Management der Pandemie zu vereinheitlichen und so die komplette Infektionsmeldekette mit technischer Unterstützung zu entlasten, die Bundesgesundheitsminister Spahn persönlich während der Ebola-Pandemie kennenlernte"* (Unveröffentlichtes Dokument der Veranstaltenden v. 22.02.2022). Der im Band enthaltene Beitrag von Lorenz Leitritz zeigt in aller Härte der Realität dreier Fallbeispiele auf, zu welchen Konsequenzen die Nichtbeachtung der Empfehlungen des Papiers für an COVID-19 erkrankte Personen führen kann. Dass eine im Eckpunktepapier enthaltene Empfehlung einer bundesweiten Lösung ein wesentlich proaktiveres, effektiveres, effizienteres und somit besseres Handeln des Öffentlichen Gesundheitsdienstes ermöglicht, zeigt der Beitrag von Leitritz, in dem die österreichische Perspektive beschrieben wird. Dass es auch noch schlechter gehen kann, als dies beim „deutschen Weg" durch die Pandemie der Fall war und ist, dokumentiert wiederum der Beitrag von Beat Arnet. Er reflektiert diesen Weg mit Bezug auf die 26 Kantone der schweizerischen Eidgenossenschaft. Die von den Experten dargestellten Entwicklungen im Zeitraum von zwei Jahren indizieren in aller Klarheit, dass föderale Strukturen, je stärker sie ausgeprägt sind, zu umso unklareren Pandemielagen und den daraus folgenden Ableitungen führen. Auf ein weiteres, weitgehend unbekanntes Problemfeld im Kontext von eHealth und COVID-19 gehen Dominik Schrahe und Thomas Städter mit ihrem Beitrag ein: Hierbei handelt es sich um das COVID-Zertifikat und dessen Datensicherheit. Demnach sind die lokal auf den Smartphones gesicherten Daten einerseits nicht fälschungssicher und andererseits können sie nicht durch Forschungseinrichtungen für wissenschaftlich dringend benötigte Zwecke genutzt werden. Die Autoren diskutieren in diesem Beitrag die Distributed Ledger Technologie (DLT), die in der Lage ist, Daten sicherer und sie zu Forschungszwecken gleichzeitig anonymisiert zugänglich zu machen. Der Beitrag von Marc Fritz und Thomas Städter reflektiert am Fallbeispiel eines mittelständigen Unternehmens die Vor- und Nachteile von Telearbeit, die von Institutionen und Organisationen dort eingesetzt wurde, wo dies möglich war. Dass dies nicht nur zu Vor-, sondern auch zu im Beitrag beschriebenen Nachteilen führte, wird an einem Fallbeispiel reflektiert. Der das Thema eHealth abschließende fünfte Beitrag von Robert Zucker berichtet über die für das Gesundheitssystem sehr zeitnahe Etablierung einer pandemiebedingt digitalen Lösung für die postklinische Nachsorge bei psychosomatischen Indikationen am Einzelfallbeispiel der Rehaklinik Höhenried. Dass dies im Zeitfenster von nicht einmal 11 Monaten erfolgte, kann nur der Tatsache geschuldet werden, dass alle Akteure durch den Druck der Pandemie motiviert optimal zusammenarbeiteten.

Unter dem Fokus Society stellen Carolin Zeller, Manfred Cassens und Nadja Mayer-Wingert eingangs die kritische Frage, ob das Pandemiegeschehen auch eine Folge defizitärer Gesundheitsbildung sein kann? Sie kommen zum Ergebnis, dass durch gesundheitssoziologisch etablierte Modellbildungen im Rahmen der Epidemiekommunikation zum Großteil falsche Schlussfolgerungen gezogen und dementsprechend Zielgruppen nicht nur falsch klassifiziert wurden. Vielmehr wurde nahezu ausschließlich top down informiert, anstatt frühzeitig mit potenziellen Impfgegnerinnen und Impfgegnern zu kommunizieren. In ihrem zweiten Beitrag gehen Mayer-Wingert, Cassens und Zeller auf den Öffentlichen Gesundheitsdienst ein, dem die Aufgabe der kommunalen Epidemiekommunikation zukommen müsste. Da der Öffentliche Gesundheitsdienst einerseits rein ärztlich dominiert ist, fehlen hier die Expertinnen und Experten aus der Public Health, welche diese Aufgaben übernehmen könnten. „Gesundheitsdienste neu orientieren" forderte bereits die erste WHO-Konferenz zur Gesundheitsförderung in ihrer „Ottawa Charta". Die Unterschätzung dieser im Rückblick im deutschsprachigen Raum völlig vernachlässigten Aufgabe wird, was die Bevölkerung perspektivisch betrifft zu massiveren Folgen führen als die aktuelle COVID-19-Pandemie. Der Beitrag „Öffentliche Gesundheit radikal neu denken" fordert letztlich dazu auf, in Österreich, Deutschland und der Schweiz den von der Sozialmedizin dominierten Öffentlichen Gesundheitsdienst in Richtung von Public Health-Strukturen zu entwickeln, wie sie in Nachbarländern wie den Niederlanden bereits existieren. Dass nicht nur Perspektivthemen wie die massive Zunahme von kindlichem Übergewicht und Adipositas zu Problemen führen werden, diskutiert der Beitrag von Robert Dengler. Dieser geht mit seinem Literaturreview auf die Krebsfrüherkennungsuntersuchungen und die Compliance von onkologischen Patientinnen und Patienten ein, die beide massiv zurückgegangen sind. Dengler kommt zum Schluss, dass die Pandemie in einem weiteren Effekt zu einer signifikanten Zunahme krebsbedingter Todesfälle führen wird. Einen vertiefenden Einblick in eine wesentliche Säule des Öffentlichen Gesundheitssystems Deutschlands gewähren Julia Maier und Katja Lehmann in ihrem Beitrag zum Medizinischen Dienst Bayern. Diese ausschließlich in Deutschland bestehende Organisation musste während des bisherigen Pandemieverlaufes aufgrund des Personalmangels in vielen Spitälern und Altenpflegeeinrichtungen zahlreiche Zusatzaufgaben parallel zu ihren Kernaufträgen der Begutachtung und Qualitätsprüfung übernehmen. Der Beitrag informiert über die strukturelle und systematische Dynamik, die von zukunftsorientierten Organisationen zu erfordern ist. Bernhard Seidenath schildert seine Pandemie-Erkenntnisse sowohl aus seiner Position des Vorsitzenden des Ausschusses für Gesundheit und Pflege des Bayerischen Landtags als auch des Arbeitskreises Gesundheit und Pflege der CSU-Landtagsfraktion und des gesundheits- und pflegepolitischen Arbeitskreises der CSU die Pandemiebewältigung. Dabei wird die im Rahmen seines Beitrags veröffentlichte Resolution „Post-Pandemie braucht mehr Personal in Pflege und im Gesundheitswesen" der CSU-Landtagsfraktion vom Januar 2022 zur konstruktiven Reflexion und hoffentlich auch Diskussion über Machbarkeiten und praktische Umsetzungsstrategien einladen. Michael und Isabel Schörnig berichten in ihrem Beitrag über ein während des bisherigen Pandemieverlaufs phasenweise heiß diskutiertes Konfliktthema: die Triagierung. Was diesen Beitrag besonders interessant macht, ist die Integration der juristischen und der medizinischen Perspektive zu Fragestellungen wie: Wie wäre im Falle von Versorgungsengpässen vorzugehen? Welche gesetzlichen Grundlagen gibt es hierfür und auf welche Empfehlungen könnten Ärztinnen und Ärzte in solchen Fällen zurückgreifen? Thomas Breisach reflektiert mit seinem Beitrag die nach seiner Ansicht zu operative Vorgehensstrategie der Gesetzlichen Krankenversicherungen in Deutschland. Er fordert dazu auf, perspektivisch stärker Methoden wie das „Design Thinking" zu nutzen und für die Öffentlichkeit stärker wahrnehmbar aus einer strategischen Position heraus zu handeln. Marek Kulesza und Michal Stanczuk stellen anschließend in ihrer Situationsbeschreibung Polens fest, dass für den Verlauf der Corona-Pandemie in ihrem Heimatland Defizite festgestellt werden müssen, die auf die Notwendigkeit von mehr Solidarität, Objektivität, Transparenz und Vertrauen rückschließen lassen. Annette Brunner und Manfred Cassens beschreiben pandemiebedingte Alternativen, die öffentliche Gebäude und den öffentlich genutzten Raum betreffen. Auch aus der architektonischen Perspektive ergeben sich Hinweise auf Innovationspotenziale, wie zum Beispiel das „Spital der Zukunft" auszusehen vermag. Abgeschlossen wird dieses Werk durch den Beitrag von Tanja Kistler, Annette Kluge Bischoff, Helena Kosub, Marion Matheis, Julia Schorlemmer und Dominik Schrahes. Hierbei geht es um Anregungen für die Hochschulbildung der Zukunft, die auf den Konsequenzen der während der Pandemie gemachten Erfahrungen basieren. Die für diesen Beitrag ausgewerteten Daten entstammen vor allem den Erhebungen der FOM

Hochschule mit ihren über 50.000 Studierenden. Zudem werden je eigene Perspektiven Studierender und Dozierender einzeln betrachtet und gebündelt. Auch in diesem Fall können Einzelperspektiven zum Ausdruck gebracht werden, die sich nicht auf eine repräsentative Grundgesamtheit zurückführen lassen müssen.

Abschließend möchten sich die Herausgeber dieses vorliegenden Sammelbandes bei den Lektorinnen bedanken: Frau Margit Schlomski und Frau Walburga Himmel. Sie standen nicht nur der Idee, die Themen eHealth und Society miteinander zu kombinieren, von Anbeginn äußerst gespannt und offen gegenüber, sondern unterstützten den gesamten Entstehungsprozess dieses Werkes von Anfang an mit einem optimalen Lektorat.

München, Deutschland   Manfred Cassens
                                                                          Thomas Städter

Die Originalversion des Buchs wurde revidiert. Ein Erratum ist verfügbar unter
https://doi.org/10.1007/978-3-658-38667-2_16

Inhaltsverzeichnis

1 **Erkenntnisse aus SARS-CoV-2/COVID-19 – Ein persönlicher Erfahrungsbericht zur fehlenden Harmonisierung seuchenrechtlicher Regelungen in der EU am Beispiel Österreichs und Deutschlands** 1
Leitritz Lorenz

2 **Erkenntnisse aus COVID-19: Das Pandemiemanagement in der Schweiz und erste Erkenntnisse für die Digitalisierung im Gesundheitswesen** 23
Beat Pierre Arnet

3 **Erkenntnisse aus COVID-19: Welche Potenziale bietet die Distributed Ledger Technologie für optimierte Impf- und Genesungsnachweise** 41
Dominik Schrahe und Thomas Städter

4 **Erkenntnisse aus COVID-19 – Was bedeuten diese für die Rolle der Telearbeit in internationalen, mittelständischen Unternehmen?** 61
Marc Fritz und Thomas Städter

5 **Das innovative Tele-Reha-Nachsorgeangebot der Deutschen Rentenversicherung für psychosomatische Indikationen** 89
Robert Zucker

6 **Erkenntnisse aus COVID-19: Ist das Pandemiegeschehen auch eine Folge defizitärer Gesundheitsbildung?** 105
Carolin Zeller, Manfred Cassens und Nadja Mayer-Wingert

7 **Erkenntnisse aus COVID-19: Öffentliche Gesundheit radikal neu denken** 127
Nadja Mayer-Wingert, Manfred Cassens und Carolin Zeller

8 **Erkenntnisse aus COVID-19 für die onkologische Versorgung von Krebspatienten** 145
Robert Dengler

9   Medizinischer Dienst Bayern im Fokus der COVID-19-Pandemie.
    Amtshilfe im Gesundheitssystem und Arbeitsprozesse ohne
    Personenkontakt. Erfahrungen und Ausblick   159
    Julia K. Maier und Katja Lehmann

10 Erkenntnisse aus COVID-19 – Was bedeuten diese für zukünftiges
    politisches Pandemiemanagement?   177
    Bernhard Seidenath

11 Triagierung und Priorisierung im Falle von Versorgungsengpässen   191
    Michael Schörnig und Isabel Schörnig

12 Die COVID-19-Pandemie in Polen als gesellschaftliches
    Problem – Über die Notwendigkeit von Solidarität, Objektivität,
    Transparenz und Vertrauen   209
    Marek Kulesza und Michał Stańczuk

13 Zwischenstand Pandemie: Was bedeutet das für unsere Gebäude
    und den öffentlichen Raum?   225
    Annette Brunner und Manfred Cassens

14 Mehr als nur eine Krankenversicherung – COVID-19 als Chance zur
    Positionierung für GKV   243
    Thomas Breisach

15 Anregungen für die Hochschulbildung der Zukunft –
    Erfahrungswirklichkeiten der Lernenden und Lehrenden hinsichtlich
    der Lehre und des Lernens in der Zeit der COViD-19-Pandemie.   257
    Tanja Kistler, Annette Kluge-Bischoff, Helena Kosub, Marion Matheis,
    Julia Schorlemmer und Dominik Schrahe

Erratum zu: Erkenntnisse aus COVID-19 für zukünftiges
Pandemiemanagement E1

Abbildungsverzeichnis

Abb. 2.1   Impfdosen, Schweiz und Lichtenstein – Stand: 04.02.2022 29

Abb. 3.1   Vorgehen zur Technologiepotenzialanalyse 44

Abb. 4.1   Telearbeit im Kontext der Pandemie. (Quelle: eigene Darstellung). 69

Abb. 4.2   Voraussetzungen erfolgreicher Telearbeit. (Quelle: eigene
Darstellung) 77

Abb. 6.1   Modell der sozialen und gesundheitlichen Ungleichheit
(Mielck, 2000 in Franke, 2012, S. 238) 111

Abb. 7.1:   Risikoverhalten in Österreich (Europäische Kommission,
2021b, S. 7) 138

Abb. 7.2   Risikoverhalten in den Niederlanden (Europäische Kommission,
2021c, S. 8) 139

Abb. 9.1   Aufgaben des Bereichs Medizin im Medizinischen Dienst 161

Abb. 9.2   Aufgaben des Bereichs Pflege im Medizinischen Dienst. 161

Abb. 9.3   Amtshilfe des MD Bayern 166

Abb. 11.1   Übermittelte COVID-19-Fälle in Deutschland nach Landkreis
und Bundesland am 14.04.2020. 193

Abb. 11.2   Ausbreitung der Pest in Europa 1346 bis 1353 194

Abb. 11.3   Anzahl gemeldeter intensivmedizinisch behandelter
COVID-19-Fälle in Deutschland, Stand: 27.01.2022 195

Abb. 12.1   Gründe für Impfangst bei Polinnen und Polen, die sich nicht
impfen lassen wollen 217

Abb. 12.2   Angst vor einer Corona-Infektion zwischen März 2020
und Dezember 2021 (Polen). 218

Abb. 12.3   Persönliche (negative) Erfahrungen im Zusammenhang mit
den Einschränkungen während der Pandemie 219

Abb. 13.1   Steelcase Work Café. (Quelle: eigene Darstellung) 227
Abb. 13.2   Skizze Beengter Wohnraum. (Quelle: eigene Darstellung) 228
Abb. 13.3   Gemeinschaft klar getrennt. (Quelle: eigene Darstellung). 229
Abb. 13.4   IllerSENIO, Tagespflege Illertissen. (Quelle: Weber + Hummel
             Architekten, Zeprano Objekteinrichtungen, Caritasverein
             Illertissen GmbH, IllerSENIO – Tagespflege © Rampont Pictures) 232
Abb. 13.5   Maggie's Leed Therapy Center – Gemeinschaft. (Quelle
             Luke Hayes, Quingyon Zhu, Hufton + Crow) 234
Abb. 13.6   Maggie's Leed Therapy Center – Garten. (Quelle Luke Hayes,
             Quingyon Zhu, Hufton + Crow). 234
Abb. 13.7   New North Zealand Hospital. (Quelle: Herzog & de Meuron) 235
Abb. 13.8   Klinikum Großhadern, Rendering Campus Eingangshalle.
             (Quelle: pro-eleven/Obermeyer Gebäudeplanung GmbH & Co KG) 236
Abb. 13.9   Quartier Garmisch. (Quelle: Müller-Naumann). 237
Abb. 13.10   Forschungshäuser Bad Aibling.
             (Quelle: Sebastian Schels) 239

Abb. 14.1   Der iterative Weg des Design Thinkings. (Quelle: In Anlehnung
             an das Hasso Plattner Institut) 253

Tabellenverzeichnis

Tab. 3.1   Anforderungen an ein COVID-19-Impf- und Testnachweissystem. 45

Tab. 3.2   DLT-Technologieattribute in der Gruppe Verteilte Datenstruktur
und Transaktionsorientierung 47

Tab. 3.3   DLT-Technologieattribute in der Gruppe Betriebsmodelle und
Konsensmechanismen 49

Tab. 3.4   DLT-Technologieattribute in der Gruppe Vertraulichkeit
und Integrität 50

Tab. 3.5   DLT-Technologieattribute in der Gruppe Verfügbarkeit und
Skalierbarkeit. 51

Tab. 3.6   Technologiepotenzialermittlung 53

Tab. 4.1   Literaturergebnisse zu Vorteilen von Telearbeit vor der Pandemie 66

Tab. 4.2   Literaturergebnisse zu Herausforderungen von Telearbeit vor
der Pandemie 67

Tab. 4.3   Literaturergebnisse zu Vorteilen von Telearbeit in der Pandemie 68

Tab. 4.4   Literaturergebnisse zu Herausforderungen von Telearbeit in
der Pandemie 68

Tab. 5.1   Von der ersten Information zur Anmeldung einem speziellen
Nachsorgeangebot: Ablauf und wesentliche Beteiligte 98

Tab. 5.2   Exemplarischer Ablauf der ersten 5 Wochen Nachsorge nach
dem Höhenrieder Modell. 99

Tab. 6.1   Grundtypologien der Sozialraumanalyse (Riege & Schubert,
2014, S. 38) 118

Tab. 6.2   Grundtypologien der Sozialraumanalyse (Riege & Schubert,
2014, S. 45) 119

Erkenntnisse aus SARS-CoV-2/COVID-19 – Ein persönlicher Erfahrungsbericht zur fehlenden Harmonisierung seuchenrechtlicher Regelungen in der EU am Beispiel Österreichs und Deutschlands

1

Leitritz Lorenz

Inhaltsverzeichnis

1.1   Kurze Darstellung der Rahmenbedingungen zum Gesundheitsschutz in Europa 4
1.2   Beobachtungen des Labors zu Datenströmen und Testverwendungen in
      der COVID-19-Pandemie 8
1.3   Regelungen zur Gesundheit in Deutschland. Fallbeobachtungen aus Deutschland. 12
1.4   Weitere Beispiele für die fehlende EU-weite Harmonisierung
      Seuchenrechtlicher Regelungen 14
1.5   Was tun sprach Zeus? 17
Literatur 21

Zusammenfassung

Trotz diverser epidemischer Geschehen in den letzten 20 Jahren traf die COVID-19-Pandemie Europa eher unvorbereitet. Die in der Zeit und Ausdehnung begrenzten Epidemien (MERS, SARS, EHEC und zwei Grippewellen) haben die Überwachungs- und Katastrophenpläne nicht an die Erfordernisse der heutigen Zeit anpassen lassen. Dieser Beitrag möchte subjektive Erfahrungen, Eindrücke und Schlussfolgerungen neben objektiven Beobachtungen in nunmehr zwei Jahren Pandemie zusammenstellen. Dies geschieht aus der Sicht eines Arztes, der Ende 2019 von Deutschland nach Tirol übersiedelte, um dort in einem medizinischen Labor zu arbeiten. Die in der bisherigen Zeit gemachten Erfahrungen mit unterschiedlichen Strukturen staatlicher Organisationen und deren Meldewesen beider

L. Lorenz (✉)
Tyrolpath, Zams, Österreich

© Der/die Autor(en), exklusiv lizenziert an Springer Fachmedien Wiesbaden
GmbH, ein Teil von Springer Nature 2022, korrigierte Publikation 2023
M. Cassens, T. Städter (Hrsg.), *Erkenntnisse aus COVID-19 für zukünftiges
Pandemiemanagement*, https://doi.org/10.1007/978-3-658-38667-2_1

Länder werden aus europäischer Perspektive reflektiert und zudem in Beziehung zu Handlungs- und Vorgehensweisen im ebenfalls angrenzenden Südtirol gesetzt. Somit wird ein Drei-Länder-Vergleich (Österreich – Italien – Deutschland) möglich.

Schlüsselwörter

Zentralismus und Föderalismus · Rolle des Öffentlichen Gesundheitsdienstes · Datenschutz und Datensicherheit · Infektionsschutzgesetz · Epidemiegesetz

Abkürzungsverzeichnis

Abkürzung	Erklärung
ADT Nachricht	Admission, Discharge and Transfer Nachrichten für HL7. https://hl7.at/glossary/adt/
AEUV	Vertrag über die Arbeitsweise der Europäischen Union https://eur-lex.europa.eu/legal-content/DE/TXT/?uri=CE-LEX%3A12016E%2FTXT&qid=1648450823043
AGES	Agentur für Gesundheit und Ernährungssicherheit https://www.ages.at/
BGBL	Bundesgesetzblatt https://www.bgbl.de
BH	Bezirkshauptmannschaft, Verwaltungsorgan des Bezirkes in Österreich, entspricht in etwa den Landratsämtern in Deutschland.
BMLRT	Bundesministerium für Landwirtschaft, Regionen und Tourismus https://www.bmlrt.gv.at
BMSGPK	Bundesministerium für Soziales, Gesundheit, Pflege und Konsumentenschutz https://www.sozialministerium.at
CE-Kennzeichnung	Das CE-Zeichen ist ein Hinweis darauf, dass ein Produkt vom Hersteller geprüft wurde und dass es alle EU-weiten Anforderungen an Sicherheit, Gesundheitsschutz und Umweltschutz erfüllt. https://europa.eu/youreurope/business/product-requirements/labels-markings/ce-marking/index_de.htm#:~:text=Das%20CE%2DZeichen%20ist%20ein,in%20der%20EU%20vermarktet%20werden.
COVID-19	Corona Viral Disease 2019 (WHO-Bezeichnung der Erkrankung) https://www.rki.de/DE/Content/InfAZ/N/Neuartiges_Coronavirus/Falldefinition.pdf?__blob=publicationFile
DSB	Österreichische Datenschutzbehörde https://www.dsb.gv.at
DSGVO	Datenschutz-Grundverordnung https://eur-lex.europa.eu/legal-content/DE/TXT/?uri=CE-LEX%3A32016R0679&qid=1648452384174
ECDC	European Center for Disease Prevention and Control https://www.ecdc.europa.eu/en
EHEC	Enterohämorrhagische *Escherichia (E.) coli*

	https://www.rki.de/DE/Content/Infekt/EpidBull/Merkblaetter/Rat-geber_EHEC.html;jsessionid=79958FF531B99AF71F4EE5B-C31F5D8AA.internet082#doc2374530bodyText2
ELGA	Elektronische Gesundheitsakte
	https://www.elga.gv.at
EMS	Epidemiologisches Meldesystem
	https://datenplattform-covid.goeg.at/EMS
EU	Europäische Union
FFP2	Filtering Face Piece Type 2, nach EN 149
	https://www.mimask.eu/blogs/all-about-masks/what-is-a-ffp2-mask
FoIP	Fax over IP, Ersatz für Faxübermittlungen, die bisher über analoge Telefonleitungen versendet wurden.
	https://www.elektronik-kompendium.de/sites/net/1103151.htm
HL7	Health Level 7, Set von Standards zum Austausch von medizinischen, adminstrativen und finanziellen Daten.
	http://www.hl7.de
IfSG	Infektionsschutzgesetz
	https://www.rki.de/DE/Content/Infekt/IfSG/ifsg_node.html
IVD-RL	In vitro Diagnostika Richtlinie, Richtlinie 98/79/EG des Europäischen Parlaments und des Rates vom 27. Oktober 1998 über In-vitro-Diagnostika
	https://eur-lex.europa.eu/legal-content/DE/TXT/?uri=CE-LEX%3A31998L0079&qid=1648453107471
LSD	Landessänitätsdirektion
	https://www.tirol.gv.at/gesundheit-vorsorge/lds-sanitaetsdirektion/
MERS	Middle East Respiratory Syndrome
	https://www.rki.de/DE/Content/InfAZ/M/MERS_Coronavirus/MERS-CoV.html
MNS	Mund-Nasen-Schutz
	https://www.sozialministerium.at/dam/jcr:5d5ba721-6051-4c66-b059-c554227cc11d/20200403_Fragen%20und%20Antworten%20zum%20Mund-Nasen-Schutz.pdf
MPK	Ministerpräsidentenkonferenz
	https://www.berlin.de/rbmskzl/politik/bundesangelegenheiten/die-ministerpraesidentenkonferenz/wissenswertes-998853.php
ORU-Struct	Spezifikation zur Übermittlung von Observations and Results in HL7
	https://lyniate.com/resources/hl7-oru-message/
PCR	Polymerase Chain Reaction, Prinzip zur Vermehrung von DNA/RNA Zielsequenzen
QR-Code	Quick response code
	https://www.ionos.at/digitalguide/online-marketing/verkaufen-im-internet/was-ist-ein-qr-code/
RKI	Robert-Koch-Institut
	https://www.rki.de

SARS	Severe Acute Respiratory Syndrome
	https://www.rki.de/DE/Content/InfAZ/S/SARS/SARS.html
SARS-CoV-2	Severe-Acute-Respiratory-Syndrome-Coronavirus-2
	https://www.rki.de/DE/Content/InfAZ/N/Neuartiges_Coronavirus/
	Falldefinition.pdf?__blob=publicationFile
SMS	Short Message Service
	https://www.br.de/radio/bayern2/sendungen/kalenderblatt/erste-sms-verschickt-102.html#:~:text=Erst%20am%203.,bei%20seinem%20Direktor%20Richard%20Jarvis.
VOC	Variants of Concern
	https://www.rki.de/DE/Content/InfAZ/N/Neuartiges_Coronavirus/Virusvariante.html
XL-Format	Datei Formate für Excel, Tabellenkalkulationsprogramm von Microsoft
	https://docs.microsoft.com/en-us/office/vba/api/excel.xlfileformat
ZMR	Zentrales Melderegister
	https://www.oesterreich.gv.at/lexicon/Z/Seite.991731.html

1.1 Kurze Darstellung der Rahmenbedingungen zum Gesundheitsschutz in Europa

Die Europäische Union (EU) hat im Bereich des Gesundheitsschutzes wenige Kompetenzen. Der Gesundheitsschutz ist primäre Aufgabe der Mitgliedsstaaten. Diese müssen sich bei der Regelung an die Vorgaben des EU-Recht halten, z. B. im Fall von Diskriminierungsverbot, Arbeitnehmerfreizügigkeit, freiem Verkehr von Waren und Dienstleistungen; darüber hinaus haben sie jedoch viele Freiheiten den Gesundheitsschutz zu regeln. Der EU wurden vier Arten von Zuständigkeiten/Kompetenzen von den Mitgliedsstaaten übertragen. Es sind dies:

- ausschließliche Kompetenzen: Nur die EU erlässt Rechtsakte, die unmittelbar oder nach Umsetzung in den Mitgliedsstaaten gelten (z. B. Zoll, Handel, Währung).
- geteilte Zuständigkeit: Hierbei regelt grundsätzlich die EU, solange sie dies nicht macht, können die Mitgliedsstaaten dies entscheiden (z. B. Binnenmarkt, Sicherheit, Recht, Verkehr).
- parallele Zuständigkeit: Die Regelungen verbleiben bei den Mitgliedsstaaten, die EU darf hierbei nur unterstützen, koordinieren oder ergänzen (z. B. Gesundheit, Kultur, Bildung).
- Sonderzuständigkeiten.

Die EU kann im Rahmen Ihrer Kompetenzen z. B. der Binnenmarktkompetenz zum Schutz Regeln wie den Arzneimittelkodex erlassen. Geteilte Zuständigkeiten (Art 4 des Vertrages über die Arbeitsweise der Europäischen Union (AEUV)) finden sich im Bereich des Schutzes der öffentlichen Gesundheit. Parallele Zuständigkeiten (Art 6 AEUV) finden sich beim Schutz und der Verbesserung der Gesundheit. Ergebnis: Die EU hat im Bereich der Seuchenbekämpfung und der Gesundheit allgemein wenige und keine ausschließlichen Kompetenzen. Dies führt auch dazu, dass die EU-Behörden (z. B. European Center for Disease Prevention and Control (ECDC)) hier nicht mit Verordnungen direkt eingreifen können, sondern allenfalls den Informationsfluss koordinieren oder Empfehlungen aussprechen können. Die konkrete Regelung verbleibt beim jeweiligen Mitgliedsstaat.

1.1.1 Regelungen zur Gesundheit in Österreich, Fallbeispiele aus Tirol/Österreich

In der österreichischen Verfassung ist die Aufgabenteilung der staatlichen Organe definiert. Gesundheitspolitik ist primär Aufgabe des Bundes und fällt hierbei unter die Aufgabe des Bundesgesundheitsministers. Der Minister ist, anders als in Deutschland, primär für die Umsetzung der Gesundheitspolitik verantwortlich. Für den Vollzug der Bundesgesetze und Verordnungen sind den Bundesministerien die Landeshauptmänner (entspricht in Deutschland den Ministerpräsidenten der Länder) und ihr Verwaltungsapparat sowie die Bezirkshauptleute mit Bezirkshauptmannschaften (entspricht in Deutschland den Landräten im Landkreis) und die vergleichbaren Regierungen in Statutarstädten (Oberbürgermeister und Stadtmagistrat, wie z. B. in Innsbruck) zuständig. Die Durchführung auf der untersten Ebene den Gemeinden obliegt der jeweiligen Gemeindeverwaltung. Da die Gesundheit primär Bundesaufgabe mit Vollzug in den Ländern, Bezirken und Gemeinden zentral organisiert ist, erklärt dies die zentrale Herangehensweise eines Zentralen Melderegisters (ZMR), einer zentralen Datenschutzbehörde (DSB) zum Vollzug der Datenschutzgrundverordnung (DSGVO), einer zentralen Datenbank für übertragbare Erkrankungen (sog. EMS: Epidemiologisches Meldesystem), angesiedelt bei der Agentur für Gesundheit und Ernährungssicherheit GmbH (AGES). Dies ist ein Unternehmen der Republik Österreich GmbH, deren Eigentümer wiederum das Bundesministerium für Soziales, Gesundheit, Pflege und Konsumentenschutz (BMSGPK) und das Bundesministerium für Landwirtschaft, Regionen und Tourismus (BMLRT) sind. Zu den Aufgaben der AGES zählen u. a. die zentrale Koordination der Elektronischen Gesundheitsakte (ELGA). Das Meldewesen ist somit zentral über Bundesgesetze organisiert. Im vorliegenden Zusammenhang kommen dem Epidemiegesetz (von 1950, BGBl. Nr. 186/1950 (WV)) und das Tuberkulosegesetz (von 1968 (BGBl. Nr. 127/1968)) besondere Bedeutung zu. Im Falle einer Meldung erfolgt diese mittlerweile dementsprechend digital per elektronischem persönlichen Zertifikat, geschützt via Webportal; oder über eine ebenfalls Zertifikat geschützte HL7 Verbindung an den Server der AGES. Der 2002 gegründeten AGES kommen darüber hinaus wesentliche weitere zentralstaatliche Vollzugsaufgaben als nachgeordnete Institution des BMSGPK zu. Hierzu gehören beispielsweise die Überwachung der Einhaltung der Gesetze für die Gesundheitsberufe (u. a. Ärztegesetz, Gesundheits- und Krankenpflegegesetz, und weitere), des Arzneimittel-, des Arzneiwareneinfuhrgesetzes oder auch die Verordnungen in der Umsetzung des Gesundheitsschutzes (z. B. Covid-Maßnahmenverordnung).

Zu Beginn der COVID-19-Pandemie sowie in deren weiterer Verlauf mussten seitens der AGES die Ressourcen des EMS deutlich verbessert werden, da das System davor für Spitzenlasten von mehreren Tausend Eintragungen pro Jahr ausgelegt war, was bis Frühjahr 2020 stets ausreichend war. Nunmehr müssen über das „normale" Meldewesen hinaus täglich beispielsweise bis zu 40.000 positive SARS-COV-2 PCR Fälle bearbeitet werden. Die AGES stellt den vorgesetzten Bundes- und weiteren Behörden, aber auch der Allgemeinheit tägliche Dashboard-Berichte aus dieser Datenquelle zur Verfügung. Es werden dabei Daten zu den Meldenden, dem Nachweisverfahren, dem Testergebnis, und den Probennahmen angegeben. Darüber hinaus werden Hausname, Vorname, Geburtsdatum und Anschrift der getesteten Person und das Befunddatum erhoben. Die Daten zur Person mit Anschrift werden mit dem Zentralen Melderegister abgeglichen. Seitens des Autors wird vermutet, dass dies erfolgt, um Mehrfachmeldungen zu verhindern und folglich eine konsistentere Datenbasis zu erhalten. Dies ist wiederum notwendig, um das an den Meldeprozess anschließende richtige Routing an die zuständigen Behörden zu gewährleisten. Nach der Einmeldung in das EMS werden die Daten an die zuständige Landessanitätsdirektion (LSD) und die zuständige Bezirkshauptmannschaft (BH) übermittelt. Der Beobachtung des Autors zur Folge haben die Bundesländer hierbei jeweils eigene Vorgehensweisen im Umgang mit der COVID-19-Pandemie entwickelt. In Tirol wurde frühzeitig eine landeseigene Datenbank zur Fallnachverfolgung entwickelt. Diese beinhaltet u. a. Daten zu Bescheiderstellungen, Freitestungen, Contact-Tracking mittels Telefonanrufe sowie die Bearbeitung und Auswertung standardisierter Fragebögen. Die Labore, welche in Tirol PCR-Analytik anbieten, sind nach Wissen des Autors mittlerweile alle an diese Landesdatenbank angeschlossen. Die Tiroler Landesregierung informiert auf Basis dieser Daten täglich via APP über die Fallzahlen in allen Bezirken, ebenso werden so gelegentlich Aufrufe an die Bevölkerung möglich, wie dies z. B. bei einer Kontaktnachverfolgung in geschlossenen öffentlichen Räumen wie Zügen oder Gaststätten indiziert ist. Eine derartig zentrale Datenbank scheint es aktuell lediglich in Tirol zu geben. Eine diesbezüglich im Jahr 2020 durchgeführte Anfrage – ob eine bundeslandzentrale Meldung erwünscht sei – die an alle anderen Landessanitätsdirektionen adressiert wurde, blieb unbeantwortet.

Die Meldung des EMS gehen österreichweit an die für die Person zuständige Bezirkshauptmannschaft. Tirol hat hier früh auf die Zurverfügungstellung von Telefonnummern (kein Pflichtfeld bei zentraler EMS-Einmeldung) gesetzt. Sollte beim Fall keine Telefonnummer hinterlegt sein, wurde die Polizei informiert und suchte sogleich die positiv getesteten SARS-COV-2 Fälle auf, um sie in Quarantäne zu bringen, bzw. den Quarantänebescheid zuzustellen. Jeder positive PCR-Test führt zu einem von der Bezirkshauptmannschaft ausgestellten Quarantänebescheid. Dieser Quarantänebescheid wird benötigt, um Unterstützungsmaßnahmen durch z. B. die Gemeinde zu ermöglichen. Hierbei kann es sich um tägliche Notwendigkeiten handeln, wie z. B. das Einkaufen, oder aber auch den Hund „Gassi zu führen". Ebenso wurde im Bescheid die Zeit der Quarantäne mitgeteilt und das weitere Vorgehen zur Aufhebung der Quarantänemaßnahme schriftlich angekündigt. Gleichartige Bescheide wurden von den Bezirksverwaltungsbehörden für die Kontaktpersonen erstellt, dies mit Auflagen zur Testung im Quarantäne-/Beobachtungszeitraum. Personen, die getestet werden sollten (z. B. zur Freitestung aus Quarantäne) wurde vom Land Tirol am Tag der vorgesehenen Freitestung per SMS über einen Eventcode informiert. Somit konnte die jeweilige Person bei der nächstgelegenen Screeningstraße eine PCR-Abstrichentnahme durchführen lassen. Sollten Personen am vorgesehenen Tag Ihre Untersuchung nicht durchgeführt haben, wurden die kommunalen Rettungsdienste informiert werden, sodass Probenentnahmen zu Hause durchgeführt werden konnten.

1.1.2 Konkrete Umsetzung und Fallbeispiele

Die enge Verzahnung der EMS-Datenbank mit den lokalen Vollzugsbehörden konnte vom Autor selbst anlässlich eines Testauftrages zur Vorbereitung einer Automatisierung der EMS-Einmeldung beobachtet werden: In Ermangelung eines sonstigen Testfalles hatte sich eine Mitarbeiterin des Autors mit Klarnamen und Adresse selbst positiv gemeldet. Sie gab später zu Protokoll, noch vor abschließendem „OK" den Button „Abbrechen" angeklickt zu haben. Die umgehend mit hauseigener IT und der Softwarefirma durchgeführte Telefonkonferenz war keine fünfzehn Minuten beendet, als zwei Streifenpolizisten vor der Wohnung der Mitarbeiterin standen. Dies, um ihr mittzuteilen, dass sie positiv getestet sei und nunmehr vierzehn Tage in Quarantäne zu verbringen habe. Die Dienststelle der örtlichen Polizei befindet sich ca. sieben Autominuten von der Wohnung der Mitarbeiterin entfernt. An diesem Fallbeispiel wird deutlich: Es scheint, dass es sich bei der EMS-Datenbank um ein sehr effizientes Benachrichtigungsinstrument handelt. Unter Zuhilfenahme des örtlichen Gesundheitsamtes und der Landessanitätsdirektion konnte das Pseudoereignis erklärt, der Eintrag zurückgesetzt und die Quarantäne noch am selben Tag beendet werden.

In Tirol wurden COVID Krisenstäbe auf Landes- und Bezirksebene eingerichtet. So trafen sich beispielsweise in den Bezirken die Bezirkshauptleute sowie deren Stellvertretungen, die juristische Abteilung, die Schulbehörde, der Amtsarzt, Entsandte der Rettungsdienste (z. B. Österreichisches Rotes Kreuz), der Polizei und des Bundesheeres. Die Sitzungen wurden dazu verwendet, alle Beteiligten aus der jeweils eigenen Perspektive über den jeweiligen aktuellen Stand zu informieren. Die Bezirkshauptleute berichteten z. B. aus Sitzungen im Landhaus, um auf zukünftige Fragestellungen vorzubereiten. Die Fachvertreter berichteten von aktuellen Geschehnissen oder berichteten zu spezifischen Fragestellungen. Die oft im Rahmen von anderen besonderen Situationen (Lawinenabgänge, Murenabgänge, oder ähnliches) praktizierten Verfahrensabläufe der Informationsabstimmung und Umsetzung von Maßnahmen funktionierten eigenen Erfahrungen des Autors zur Folge gut, z. B. die Kontrolle des zu Beginn der Pandemie gemeindeweiten Lockdowns mit Ausreisekontrollen der Personen in besonders von der Pandemie betroffenen Gemeinden. Die Bilder von Ischgl gingen beispielsweise durch ganz Europa (Felbermayr et al., 2021, o.S.). Polizei und Bundesheer besprachen sich im Benehmen mit dem Bezirkshauptmann, wo welche Straßen abzuriegeln seien, und wo wer (Polizei und/oder

Bundesheer) die Kontrollen an den Kontrollpunkten durchzuführen hatte. Dies erfolgte den Erinnerungen des Autors zufolge in ruhiger, zielgerichteter Atmosphäre. Auch die Berichte der Polizei zeugten zum damaligen Zeitpunkt u. a. bei Kontrollen von Gaststätten von einer insgesamt ruhigen, professionellen Atmosphäre. Besonders eindrücklich blieben die sich stets ändernden Vorgaben, z. B. diejenigen für die Schulen, in Erinnerung. Es verging keine Woche, in welcher nicht neue Verordnungen bezüglich des Testens, der Kontakteinteilung bei Schülerinnen und Schülern oder Quarantänebestimmungen geändert wurden. Die Verordnungen mussten von allen betreffenden Abteilungen sorgsam analysiert und von der Bedeutung für den jeweiligen Bezirk umgesetzt werden. Auch die Bescheiderstellung zur Quarantäne bei COVID-19-Erkrankung sowie dessen Aufhebung waren Teil dieser sich häufig ändernden Umsetzungsvorgaben. Ein retrospektiver Eindruck ist, dass die Politik hier an zu vielen Stellschrauben gleichzeitig nachjustierte, dies wahrscheinlich, um dem Eindruck, „man täte nichts", entgegenwirken zu wollen. Beim Autor dieses Beitrages entsteht aber eher der subjektive Eindruck, dass diese Politik der zu häufigen Regeländerungen eher zu allseitigen Irritationen führte.

Wozu ein unabgestimmtes, unkoordiniertes und daher zu frühem Informieren führen kann, ließ sich gleichfalls in Tirol anlässlich der Sperrung des Paznauntales feststellen. Der damalige Bundeskanzler hatte am 13.03.2020 ohne vorherige Rücksprache mit dem Bundesminister für Gesundheit und der für die Durchsetzung der Quarantäne zuständigen Bezirkshauptmannschaft via Interview die Sperre des Paznauntals (Ischgl) verkündet (Ischgl und das ... 2020, o.S.). In der Folge machten sich zahlreiche international anwesende Touristen direkt auf den Heimweg und sorgten so für die zeitnahe, massive Verbreitung des Virus in Nordeuropa (Borena et al., 2021, o.S.). Weitergehende Analysen und Bewertungen finden sich im ausführlichen Bericht der Expertenkommission (Hersche et al., 2020, o.S.). Wichtig für die Bewältigung dieser und anderer vergleichbaren Situationen wäre es gewesen, rechtzeitig auf Bundes-, Landes- und Bezirksebene Krisenstäbe einzuberufen, die im Rahmen ihrer Prozessketten auch die Öffentlichkeit koordiniert informieren. Nach hier vertretener Meinung wird in derartigen Lagen nicht die Pressefreiheit eingeschränkt; vielmehr kommt es in Krisen- und Katastrophenfällen auf präzise, richtige und zeitgerechte Information der Öffentlichkeit an.

1.2   Beobachtungen des Labors zu Datenströmen und Testverwendungen in der COVID-19-Pandemie

Im Laufe der Pandemie wurden sehr schnell massive Testkapazitäten seitens der Politik eingefordert. Auch die Abstrichnahmekapazitäten wurden schnell erhöht. Keiner der Beteiligten hat sich nach Ansicht des Autors um sinnvolle datentechnische Lösungen bemüht. Überall entstanden die aus der eHealth bekannten Insellösungen, um mit den geänderten Datenmengen und Anforderungen zurechtzukommen. Vor der COVID-19-Pandemie war es z. B. unüblich Ergebnismeldungen primär an Behörden oder an die Probanden selbst zu versenden. Vor der COVID-19-Pandemie war es zudem ärztlich geführten Laboratorien vorbehalten, Untersuchungen am Menschen durchzuführen. Durch die plötzlich innerhalb kürzester Zeit massiv steigende Nachfrage nach SARS-COV-2 PCR Testungen wurden ohne geeignete Vorbereitungen andere Laborbetreiber zugelassen und neue Übertragungswege gefordert. Die Politik und die zuständigen beruflichen Institutionen sind bis heute nicht in der Lage, die Auswirkungen entsprechend durch vorrausschauende Planung und Einsatz von informationstechnischen Lösungen zur Zufriedenheit zu lösen.

Am Anfang wurden dem Labor des Autors täglich hunderte Probennahmezettel, die handschriftlich ausgefüllt waren, zugestellt. Erst die Hinzunahme eines kompetenten Softwarelieferanten konnte zur Entlastung bei der Datenerhebung und zu einer Verbesserung der Datenqualität führen. Ein wahrscheinlicher Effekt davon: Die ersten Fallerfassungen führten durch Hör- und Wiedergabefehler von Nachnamen zu vielen vermeidbaren Doppelmeldungen. Ein weiteres Hemmnis besteht darin, dass die in Tirol verwendete Datenbank nicht mit den Möglichkeiten/Restriktionen eines Laborinformationssystems abgestimmt ist. Es scheint plausibel, dass die Landessanitätsdirektion als Zugriffscode die verteilten Eventcodes verwendet(e). Weniger plausibel ist es hingegen, dass diese Information dem Laborinformationssystem nicht übermittelt wird, sodass eine Verknüpfung unter der Eventnummer nicht möglich wird. Der Upload in die Landesdatenbank erfordert die Verwendung von Dateien im XL-Format (verschiedene, proprietäre Dateiformate des Tabellenkalkulationsprogrammes Excel der Firma Microsoft), die aktuell manuell eingespielt werden. XL-Dateien können, je nach Hinterlegung der Datenformate, je Zelle, zu vollkommen unterschiedlichen Ergebnissen beim Import führen (z. B. Telefonnummern als „Text" oder „Zahl"; Uhrzeiten als „Text" oder „Datum"). Auch die Mitteilung der Mobilfunknummer der Probandinnen und Probanden war bis zur COVID-19-Pandemie innerhalb der Medizin nicht üblich. Der behandelnde Arzt hatte und hat die Aufgabe, den Befund mit dem Probanden/Patienten in Zusammenschau mit den klinischen Informationen zu besprechen. Zur Freigabe der Laboranalytik an Personen, die bisher keine Erfahrung in medizinische Laboranalytik hatten, kam auch noch das Einstellen der Vorgaben von Testsystemen hinzu, die nach IVD-Richtlinie (IVD-RL) gekennzeichnet werden müssen. Die Vorgaben zur Qualitätskontrolle (Ringversuche) wurden hingegen massiv gelockert. Binnen weniger Monate wurde ein seit Jahrzehnten etabliertes und EU weit harmonisiertes System (CE-Kennzeichnung von Test-Kits, Zulassung entsprechend der Vorgaben ausgebildeter Laboranalytiker/Ärzte) einfach außer Kraft gesetzt. In Bezug auf die Sicherung der Ergebnisqualität eines jeden einzelnen Befundes wird dies für den Gesundheitsschutz der EU-Bürgerinnen und EU-Bürger sicher nicht zuträglich sein.

1.2.1 Darstellung des „How To" am Beispiel eines hygienisch beratenen Unternehmens

Anders als in den bisher beschriebenen Szenarien wurde in Unternehmen agiert. So wurden in zahlreichen berichteten Fällen zu Beginn der Pandemie zeitnah und reaktionsschnell modifizierte Hygienepläne herausgegeben, die mit Maßnahmen zum Umgang mit

SARS-COV-2 ergänzt wurden. Diese Pläne mussten im bisherigen Pandemieverlauf zumeist lediglich zweimal geringfügig adaptiert werden, die wesentlichen Grundprinzipien des allgemeinen Schutzkonzeptes sind dabei immer noch gültig. Am Anfang bestand jedoch die Problematik, FFP2 Masken und auch den Mund-Nasen-Schutz (MNS) rationiert einzusetzen. Auch der Einsatz von PCR-Analytik war zu diesem Zeitpunkt noch nicht für alle MitarbeiterInnen von Unternehmen möglich; vielmehr gab es limitierten Testkapazitäten, die primär für Krankenhauspatienten und Screeningstraßen zur Verfügung gestellt wurden. Erste und wahrscheinlich wichtigste Maßnahme der Unternehmen war damals die strikte Umsetzung des „Wer krankt ist, bleibt daheim oder geht nach Hause" Prinzips; es gilt nach wie vor uneingeschränkt. Als die erste Welle vorbei war, wurde das Risiko einer Einschleppung von außen als größere Bedrohung der pandemischen Lage eingeschätzt. Lockerungsmaßnahmen wurden daher umgesetzt: Ein temporäres Ende FFP2 Pflicht in Geschäften, das Ende der Lockdowns in Österreich, die Öffnung touristischer Einrichtungen. Auch konnte mittlerweile die Testkapazität erhöht werden und die Versorgung der Bevölkerung mit MNS und FFP2 Masken konnte permanent sichergestellt werden. So werden seitdem alle MitarbeiterInnen des Labors arbeitstäglich per PCR auf SARS-COV-2 untersucht. Die Maskentragepflicht in Innenräumen des Unternehmens wurde eingeführt. Für ein mögliches Contact-Tracing wurde die Besucherprotokollierung um Mobilfunknummern erweitert. Weitere Anpassungen wurden nötig, als sich die Virusvarianten („Variants of Concern" (VOC)) durchzusetzen begannen (RKI, 2022, o.S.). Auch hier wurde teilweise „antizyklisch" vorgegangen. So wurde MNS durch FFP2 Masken ersetzt, bevor dies seitens der Bundesregierung für alle verpflichtend am Arbeitsplatz in Innenräumen vorgeschrieben wurde. Begleitet wurden diese betrieblichen Schutzmaßnahmen durch wiederholte Gespräche in allen Abteilungen vor Ort, schriftliche Risikoanalysen, die mit der Geschäftsführung und dem Betriebsrat abgestimmt wurden. Auch gezielte Interventionen, z. B. durch Erinnerungen per E-Mail oder Signalnachrichten an alle Mitarbeiterinnen und Mitarbeiter, wurden eingesetzt, um die Compliance zu erhöhen. Als zusätzliche Maßnahmen wurde eine stufenweise Eskalationsleiter in Absprache mit dem Leiter des zuständigen Gesundheitsamtes erarbeitet. Hier konnte von der Erfahrung des zuständigen Amtsarztes profitiert werden. Eine mögliche Eskalationsleiter zur Eindämmung von SARS-CoV-2 Übertragungen sah nach hier vertretener Meinung Folgendes vor:
Beim erstem PCR positiven Fall in einer Abteilung:

- FFP2 Maskenpflicht für 10 Tage für die Mitarbeiterinnen und Mitarbeiter der betroffenen Abteilung;
- umgehende Information des Amtsarztes;
- tägliche (auch an „Off-Tagen") Testung aller MitarbeiterInnen der betroffenen Abteilung bis 10 Tage nach letztem Auftreten eines pos. Falles in der Abteilung;
- sollte ein zweiter oder weitere PCR positive Fälle in der betroffenen Abteilung, während dieser 10 Tage auftreten, erfolgt die Verschärfung der Maßnahmen;
- für die Mitarbeiter der betroffenen Abteilung dürfen keine gemeinsamen Pausen stattfinden;

- Mitarbeiterinnen und Mitarbeiter dürfen nicht mehr gemeinsam das Gebäude, insbesondere die Umkleidekabine betreten und verlassen;
- auch diese Maßnahmen gelten für 10 Tage nach der letzten positiven Testung.

1.2.2 Negative Beispiele

Dass es trotz Schutzmaßnahmen zu infektiösen Ereignissen kommen kann, zeigen exemplarisch die folgenden Fälle. Bei einem Ereignis zu Beginn der Pandemie konnten zwei Übertragungen im Firmenzusammenhang diagnostiziert werden (Gesamtzahl Betroffener: n = 3). Der Indexfall hatte das SARS-CoV-2-Virus auf zwei weitere Mitarbeiterinnen mutmaßlich im Rahmen der täglichen Fahrt zur bzw. von der Arbeit das Virus übertragen. Die einfache Fahrzeit betrug ca. 40 Min. im privaten PKW, das hygienemaßnahmenindizierte Tragen von Masken wurden zum Zeitpunkt der Infektion nicht praktiziert.

Ein weiteres beobachtetes Ereignis: Sechs Mitarbeiterinnen und Mitarbeiter eines beratenen Unternehmens trafen sich zu einer privaten abendlichen Veranstaltung. Der Indexfall hatte am Tag der abendlichen gemeinsamen Aktivität noch ein negatives PCR-Ergebnis. Im Laufe der Nacht entwickelte die Person Symptome einer COVID Erkrankung, dies trotz des sog. „Impf-Vollschutzes"; das PCR Ergebnis am Folgetag war positiv. Daraufhin wurden alle Teilnehmenden des privaten Treffens per PCR nachuntersucht. Vier weitere Geimpfte wurden binnen der folgenden drei Tage PCR positiv getestet. Zwei von ihnen wiesen klinische Symptome auf, ein Kind des Indexfalles wurde ebenfalls in Folge PCR positiv getestet. Eine ungeimpfte Kontaktperson erkrankte schwer und musste im weiteren Krankheitsverlauf stationär aufgenommen und intensivmedizinisch behandelt werden. In allen Fällen konnte die Delta-Variante nachgewiesen werden. Im unmittelbaren Firmenzusammenhang (Mitarbeiterinnen und Mitarbeiter kamen aus unterschiedlichen Abteilungen, wiesen aber z. T. Querschnittsfunktionen auf) gab es keine weiteren Übertragungen. MitarbeiterInnen, die mit den Betroffenen vor dem Übertragungsereignis beruflich Kontakt hatten (z. B. im Rahmen von Besprechungen) wurden intensiv per PCR Analytik überwacht, auch hier zeigten sich keine Übertragungsereignisse. Dies spricht eindeutig für die Einhaltung der o. a. Hygieneschutzmaßnahmen.

Teil von Compliance-Schulungen sollte daher die geregelte anonymisierte Kommunikation von Übertragungsereignissen an die MitarbeiterInnen via Personalabteilung und/oder den Betriebsrat sein, um den Sinn der Maßnahmen (FFP2 Maskenpflicht, arbeitstägliche Testung, Eskalationsleiter) für alle verständlich zu machen und folglich eine höhere Compliance der angeordneten Maßnahmen sicherzustellen. Eine Nutzung der Kontaktdaten zur Information weiterer möglicher Beteiligter fand im berichteten Fallbeispiel nicht statt. In Diskussionen mit Amtsärzten zur Eskalationsleiter zeigte sich auch eine Skepsis bezüglich der Sinnhaftigkeit von massiven Kontaktnachverfolgungen via Apps. Der Erfahrung nach wäre ein Contact-Tracing mit mehreren hundert Kontakten weder zielführend noch möglich. Von Relevanz war bei allen Ausbruchsszenarien die Ermittlung der privaten Kontakte und die Ermittlung der während der Arbeitszeit stattgefundenen Kon-

takte sowie der Arbeitssituation (Abstand, Masken, Schichtmodelle, Pausenregelungen).
In Tirol gab es auch Überlegungen seitens der Hotellerie und Gastronomie, Apps im Sinne
der in Deutschland eingesetzten LucaApp einzuführen und den Gesundheitsbehörden danach alle Kontakte für ein Contact-Tracing zur Verfügung zu stellen. Dies wurde nicht
umgesetzt, auch aufgrund der Einschätzung von Amtsärzten.

1.3   Regelungen zur Gesundheit in Deutschland.
Fallbeobachtungen aus Deutschland.

Im Gegensatz zu Österreich verfügt Deutschland nicht über eine Verfassung, sondern über
das Grundgesetz. Aufgrund der Erfahrungen in der Weimarer Republik und Folgejahre hat
die Konstruktion der Bundesrepublik Deutschland erhebliche per Grundgesetz vorgege-
bene Verschränkungen zwischen den Ebenen der Politik und Verwaltung und der Aufgabenteilung zwischen Bund, Ländern und Gemeinden sowie zwischen deren Befugnissen.
So darf die Bundeswehr grundsätzlich nicht innerstaatlich eingesetzt werden; die einzige
Ausnahme stellt ihre Anforderung zur Katastrophenhilfe im Fall von Naturkatastrophen
dar. Im Grundgesetz ist es ebenfalls geregelt, dass das Thema Gesundheit inklusive der
diesbezüglichen Forschung und Lehre in der Verantwortung der sechzehn Bundesländer
bleiben (föderales Prinzip). Aus dieser Konstruktion ergibt sich, dass dem Bundesministerium für Gesundheit ausschließlich eine koordinierende, nicht aber eine den Rahmen set-
zende Funktion zukommt. Das bedeutet: Im Gegensatz zu Österreich sind, sowohl für die
Ausgestaltung des Meldewesens als auch für Sicherstellung der Gesundheit, die Bundesländer selbst zuständig. Dies führt u. a. dazu, dass es in Deutschland 16 Ausbildungsord-
nungen für Ärzte gibt. Für den Vollzug gibt es in jedem Bundesland einen eigenen Minister für Gesundheit bzw. Senator in Berlin, Hamburg und Bremen. Es gibt in jedem
Bundesland die für die Gesetzgebung zuständigen Gesundheitsministerien und Landes-
ämter, die in Strukturen und Kompetenzen der österreichischen AGES ähneln. Jedes Bundesland hat daher auch seine eigene Hygieneverordnung. Dabei können die strukturellen
Unterschiede im Zuschnitt der Ministerien wie auch der nachgeordneten Vollzugsverwal-
tungsbehörden durchaus erheblich sein. Der Autor hatte die Gelegenheit während seiner
fast sechsjährigen Tätigkeit in Ravensburg (Baden-Württemberg) die unterschiedlichen
strukturellen und faktischen Lagen im Rahmen der Gesundheit zum nahe gelegenen Bayern zu beobachten. Das Landesgesundheitsamt in Baden-Württemberg wurde wie viele
weitere Institutionen des Öffentlichen Gesundheitsdienstes seit den 1960er-Jahren schritt-
weise deutlich reduziert (Klein, 2021, S. 33–35). Die Vollzugsverantwortung liegt damit
de facto beim zuständigen Gesundheitsamt. Im Vergleich zum Landesgesundheitsamt
Baden-Württembergs ist das benachbarte Bayerische Landesamt für Gesundheit und Lebensmittelsicherheit als Vollzugsinstitution des bayerischen Gesundheitsamtes noch stärker zentralisiert und setzt bzw. kontrolliert für Bayern die verpflichtend einzuhaltenden
Standards.

Der föderale Aufbau des Grundgesetzes zeigt sich auch im Aufbau des Meldewesens. Im Gegensatz zum österreichischen System ist dies in Deutschland gem. Bundesseuchengesetz (von 1961, BGBL Nr. 53 vom 22.07.1961) und dem Gesetz zur Bekämpfung von Geschlechtskrankheiten (GeschlKrG von 1953, BGBL I S. 700 vom 23.07.1953) föderalistisch und dezentral organisiert. Im Kontext wurde im Jahre 2001 nach jahrelanger Abstimmungsarbeit zwischen Bund und Ländern das Infektionsschutzgesetz (IfSG) verabschiedet und ersetzte die vorherigen Gesetze. Zentraler Aspekt war eine dezentrale Regelung des Vollzuges. Die Meldekette geht dabei vom Labor oder dem behandelnden Arzt an das für den Aufenthalt des Patienten zuständige Gesundheitsamt. Meldeformulare sind bundesweit über ein vom Robert-Koch-Institut entwickeltes Faxformular harmonisiert. Der ursprüngliche Meldeweg sah den Versand per Post bzw. FAX an das zuständige Gesundheitsamt vor. Am Rande sei diesbezüglich erwähnt: Grundsätzlich ist z. B. das Medium FAX nicht mehr als datensicher einzuordnen. Die Telekom hat – wie viele andere Netzbetreiber – das an sich analoge FAX durch FoIP (Fax over IP) ersetzt. Personenbezogenen Daten (Name, Geburtsdatum, Erkrankung, Labornachweis, Aufenthaltsort) werden dennoch per Fax an das Gesundheitsamt übermittelt. Sollten hier Angaben fehlen, ermittelt das zuständige Gesundheitsamt. Das Gesundheitsamt übernimmt auch die Kontaktnachverfolgung oder die Aussprache von Zwangsmaßnahmen wie Quarantäne. Das jeweilige lokale Gesundheitsamt muss Krankheitsfälle an die oberste Landesbehörde weitermelden. Die oberste Landesbehörde anonymisiert diese Daten und meldet sie in Folge an das Robert-Koch-Institut (RKI). Das RKI erstellt anhand der anonymisierten Datenbasis Übersichten zu Erkrankungen in Deutschland. Es gibt keine zentrale Datenhaltung, auch keinen Abgleich mit Melderegistern. Auch kann das RKI als Bundesoberbehörde im jeweiligen Bundesland nur tätig werden, sofern das jeweilige Bundesland das RKI um Hilfe bittet. Unterbleibt dies, ist das RKI nicht in der Lage sich vor Ort eigenständig ein Bild zu machen. Die Folge dieses Meldesystems kommentierte das ZDF am 22. Januar 2022 mit seinem Nachrichtenbeitrag unter dem Titel „Corona in Deutschland – Die Kapitulation vor Omikron" (Schüßler, 2022, o. S.); die Tageszeitung „Die Welt" titelte auf ihrem Online-Portal einige Tage später sinnverwandt: „Inzidenz nur so hoch, wie sie die Mitarbeiter melden können." Was in den Medien damit kritisch rezipiert wurde, war die unschwer abzuleitende Tatsache, dass das deutsche Meldesystem spätestens Ende Januar 2022 zum Erliegen kam.

Man konnte die unterschiedlichen Entwicklungen beider Länder während des bisherigen Pandemieverlaufs sehr gut beobachten: Österreich hatte in Absprache der Bundesregierung mit den Landesregierungen Mindestvorgaben gesetzt. Einzelne Bundesländer konnten diese übertreffen, aber niemals unterbieten. Deutschland schuf sich zur Konsensbildung die MPK (Ministerpräsidentenkonferenz). Vor und nach den jeweiligen Sitzungsrunden scherten immer wieder einzelne oder gleich mehrere Bundesländer aus und setzten ihre eigenen Regeln um. Als mittlerweile außerhalb Deutschlands wohnende und arbeitende Person fällt es dem Autor dieses Beitrags zusehends schwer, die sehr stark von kommunalen Impulsen geprägten Regeln und ihre jeweiligen Änderungen überhaupt nachverfolgen zu können. Im Zeitverlauf konnte subjektiv konstatiert werden, dass viele

Abstimmungsrunden im Hinblick auf parteipolitische Vorteile und die damit zusammen-
hängende Wahlkampfzeit instrumentalisiert wurden, anstatt alle zur Verfügung stehenden
Kräfte im Sinne der hochgradig gefährlichen Pandemiesituation zu bündeln.

1.4 Weitere Beispiele für die fehlende EU-weite Harmonisierung Seuchenrechtlicher Regelungen

Im Folgenden möchte der Autor exemplarisch drei Fälle darstellen, um die Schwierigkeiten aufzuzeigen, welchen die Bürgerinnen und Bürger im Kontext von COVID-19 gegen-
überstehen, weil die Vorgaben in Europa aktuell nicht harmonisiert sind. Das bereits beschriebene ärztlich geführte Labor im Tiroler Oberland hatte von Anfang an die
Übermittlung der positiven Ergebnisse an die Betroffenen als ärztliche Aufgabe interpretiert. Bei einsendenden Ärzten oder Krankenhäusern wird somit das Ergebnis in jedem
Fall der Person vom behandelnden Arzt überbracht. Im Rahmen der COVID-19-Pandemie
wurden neben ärztlich geführten Laboratorien auch nicht ärztlich geführte Laboratorien
hinzugezogen und Abnahmestellen als sog. „Screeningstraßen" oder betriebliche Testungen etabliert. Das Labor des Autors hatte es sich bis zum Herbst 2021 zu eigen gemacht,
alle erstmals positiv getesteten Personen telefonisch ärztlicherseits zu kontaktieren. Erst
ab diesem Zeitpunkt wurde auf Versendung von Nachrichten per SMS auch bei positiven
Personen umgestellt. Das Rationale dahinter war: Zu diesem Zeitpunkt wurden Proben aus
dem Apothekenportal bereits auch an positiv Getestete versendet (Betreiber: BMGSPK
und Apothekerkammer). Auch das Land Tirol rückte von seiner, bis dahin ebenfalls rein
telefonisch durchgeführten, Kontaktaufnahme mit positiv getesteten Personen ab und
stellte gleichfalls auf SMS-Versand um; dies betraf auch erstmalig positiv getestete Personen. Die folgenden Fallbeispiele stammen aus diesen telefonischen Kontaktaufnahmen.

1.4.1 Fallbeispiel Deutsche in Österreich: Das Ehepaar und die Tochter

Im Spätsommer 2021 wurden bei zwei Touristen (Ehepaar) positive Ergebnisse im Labor
gemessen. Bei der telefonischen Kontaktaufnahme durch den Autor befanden sich beide
auf der Rückreise nach Nordwestdeutschland. Da es beiden klinisch gut ging, wurde mit
ihnen im Rahmen des Telefonats vereinbart, dass sie sich nach Rückkehr in Quarantäne
begeben mögen. Auch wurde den beiden Personen mitgeteilt, dass ihre Infektionen seitens
des Labors an das Land Tirol gemeldet werden müssen. Mitarbeiter des Landes würden
sich daraufhin bei den beiden telefonisch melden. Sie erklärten ihrerseits, dass sie nach
Rückkehr zusätzlich Kontakt mit ihrem zuständigen Gesundheitsamt aufnehmen und ihre
Infektion melden würden. Circa eine Woche später rief mich die Dame an, weil das Paar
zwar dem Gesundheitsamt Mitteilung gemacht habe, dieses für die weitere Bearbeitung
jedoch einen Befund benötigen würde. Das Labor hatte die positiven Befunde nach der

Testung nicht an die Probanden versendet, da die standardisierte Einmeldung in das EMS und die Meldung an die Landessanitätsdirektion Tirol als ausreichend erschienen. Auch das durchgeführte Telefonat mit beiden Touristen zählte zum Standardverfahren. Insbesondere die Einteilung der ct-Werte in den jeweiligen Kontext ist eine den Landesbehörden vorbehaltene Tätigkeit. Darauf wurde im Telefonat ebenfalls hingewiesen. Die Empfehlung des Autors dieses Beitrages an die Dame ging dahin, dass sie dem Gesundheitsamt mitteilen möge, sich daher mit der Landessanitätsdirektion Tirol in Verbindung setzen, da diesem alle Angaben vorliegen. Zwei weitere Tage später rief der zuständige Amtsarzt aus Deutschland im Labor an und erbat den Befund – abermals vom Labor. Auch dem deutschen Amtsarzt wurden die Daten der zuständigen Stellen der Landessanitätsdirektion mitgeteilt, dies ebenfalls verbunden mit der Bitte sich direkt dorthin zu wenden. Eine weitere Woche später rief die Tochter des Paares an, da das Gesundheitsamt erneut die Befunde von ihren Eltern eingefordert hatte. Ärztlicherseits hat sich das Laborteam dann zu einem Befundversand an die Probanden entschlossen, um den Prozess zu finalisieren.

Fazit
Das zuständige Gesundheitsamt war anscheinend nicht in der Lage, sich von den zuständigen Behörden im Ausland die Nachweise zu organisieren. Dabei drängt sich die Frage auf, ob es sich hierbei um einen Einzelfall besonders ungeschickter Akteure handelt, oder aber um systemische Probleme. Offen bleibt im konkreten Fall die Frage, warum das mit diesem Fall betraute deutsche Gesundheitsamt kranken Patienten Verwaltungstätigkeiten überlässt. Dies ist aus ärztlicher Perspektive des Autors nicht nachvollziehbar.

1.4.2 Die umsorgte Tochter in Österreich und der eigenverantwortliche Sohn in Deutschland

Die neunjährige Tochter eines in Tirol lebenden deutschen Ehepaares wurde Ende September 2021 in der Schule per PCR-Test positiv getestet; die Eltern erhielten den Befund in der Folge via SMS. Die auch im zweiten Fallbeispiel zuständige Landessanitätsdirektion kontaktierte die Eltern, um die bereits beschriebenen Daten im Rahmen des standardisierten Verfahrens zu erheben. In Folge erhielten die Tochter und ihre Eltern in Anbetracht des Impfstatus (Eltern je zwei Mal geimpft, Tochter ungeimpft) die Quarantänebescheide per E-Mail. An Tag 8 der Quarantäne erhielten die Eltern eine Testungsaufforderung für die Tochter, dies mit dem Ziel der „Freitestung" per PCR. Die Eltern, die als enge Kontaktpersonen als verkehrsbeschränkt eingruppiert wurden, erhielten an Tag 5 und Tag 10 der Positiv-Testung der Tochter die klar geregelten Aufforderungen zur PCR Testung. Die Pandemievorgaben sehen in Österreich nach der nun erfolgten „Freitestung" den Abschluss der Quarantänezeit vor. Somit konnte sich die Familie das Genesenenzertifikat unter Angabe der Sozialversicherungsnummer (Eindeutige Nummer zu jeder in Österreich versicherten Person) bei der für sie zuständigen Kommunalbehörde (hier das Gemeindeamt) abholen. Generell wird dieses Zertifikat dort vor Ort und nach Prüfung der

Dokumente per QR-Code in den „Grünen Pass" eingetragen. Das Genesenenzertifikat ist in der bereits erwähnten EMS-Datenbank österreichweit vorhanden. Nachfolgende Impfungen können so mit dem Genesenenzertifikat gemeinsam betrachtet werden, um die Schutzwirkung der Impfung zu bestimmen. In diesem Fall wurde die Tochter wurde im Januar 2022 erstmals geimpft, im Impfzertifikat ist dies als 1/1 mit Schutzwirkung wie 3/3 eingetragen. Die Eltern erhielten ebenfalls im Januar 2022 ihre Impfung, bei ihnen war dies die dritte, sogenannte „Booster-"Impfung.

Der 20-jährige Sohn des Ehepaares, wohnhaft in Baden-Württemberg, wollte sich im November 2021 präventiv einem PCR Test unterziehen, da ein Mitbewohner Kontakt zu positiv getesteten Personen hatte. Zudem zeigte er selbst Symptome einer Bronchitis. Ein durchgeführter Schnelltest an einem Sonntag ergab ein positives Ergebnis. Auf der Suche nach einer Möglichkeit, an einem Wochenende einen PCR-Test durchführen zu können, empfahl ihm der ärztliche Notdienst, entweder den Montag abzuwarten, um eine ärztliche Praxis zu konsultieren, oder aber per S-Bahn in das eine einstündige Fahrzeit entfernte Notfallzentrum der nächstgelegenen Stadt zu konsultieren. Am darauffolgenden Montag wurde der junge Mann von vier Ärzten abgelehnt. Von zwei Praxen wurde er darüber informiert, dass sie keine Corona Testungen durchführen würden; die anderen zwei gaben an, über keine vakanten Testtermine am selben Tag zu verfügen. Eine der medizinischen Fachangestelltinnen vermittelte den Testwilligen zumindest an eine Apotheke. Deren Homepage zufolge waren für kostenlose PCR Testungen Antigenteste aus Testzentren notwendig, der Selbsttest hätte der Auskunft entsprechend hierfür nicht genügt. Der dann selbst bezahlte PCR-Test war von seinem Befund dann positiv. Ob seitens der Apotheke dann eine Meldung an das Gesundheitsamt erfolgte, wurde durch den Autor dieses Beitrages nicht ermittelt. Eine den österreichischen Prozessabläufen adäquate aktive Kontaktaufnahme durch das Gesundheitsamt erfolgte jedoch zu keinem Zeitpunkt. Nach eigenständiger Recherche brachte der positiv PCR-getestete junge Mann über die Homepage des Gesundheitsamtes in Erfahrung, dass man sich im Falle einer PCR-Positivtestung eigenverantwortlich in Quarantäne begeben möge. Eine Freitestung per PCR könne auf eigene Kosten an Tag 8 stattfinden, ansonsten möge man bei Symptomfreiheit 14 Tage in Quarantäne verbleiben. Auch brachte der junge Mann in Erfahrung, dass er ein Genesenenzertifikat frühestens 28 Tage nach positivem PCR-Test bei einer Apotheke erhält. Ob und wie das Zertifikat mit seinen Impfungen – er war bereits vor der Infektion zwei Mal geimpft worden – „verbunden" wird, konnte er nicht feststellen. In Deutschland hat das Genesenenzertifikat nach erfolgter Reduktion der Genesenendauer nunmehr eine zweimonatige Gültigkeit.

Fazit

Auch hier zeigt sich, dass Deutschland hoheitliche Verwaltungstätigkeiten – „Wie komme ich an eine PCR-Test?" „Wie komme ich an die Regeln zur Quarantäne?" „Wie komme ich an das Genesenenzertifikat?" – auf betroffene erkrankte Personen verlagert. Ärztlicherseits kann hierfür abermals kein Verständnis aufgebracht werden.

1.4.3   Fallbeispiel Österreicherin in Italien: Österreicherin in Südtirol, fehlendes Genesenenzertifikat

Eine Frau aus Niederösterreich verbrachte im Frühjahr 2021 mit Ihrem aus Südtirol stammenden Mann einen Urlaub in dessen Heimat. Sie wurde während des Urlaubs vom Labor des Autors PCR positiv getestet. Positive Testergebnisse aus Österreich werden aufgrund einer Abmachung mit der Südtiroler Sanitätsdirektion direkt an diese übermittelt. Die Frau begab sich somit vor Ort in die vorgeschriebene Quarantäne. Auch in Italien galt in der Zeit die Regel, die Quarantäne nur im Fall einer „Freitestung" verlassen zu dürfen. Sie verbrachte nach Wissen des Autors circa drei Wochen in Südtirol in Quarantäne. Auch die nachfolgenden PCR-Analysen wurden im Labor des Autors durchgeführt.

Ende 2021 kontaktierte diese Frau das Labor erneut und schilderte dem Autor ihren weiteren Verlauf und die damit verbundene Problematik: Da sie sich gerne impfen lassen würde, bräuchte sie ein Genesenenzertifikat, welches in Österreich aber nicht vorliegt. Dies, da sie die Quarantäne in Italien (Südtirol) verbracht habe. Das für sie zuständige Gesundheitsamt in Niederösterreich könne ihr ihren Angaben zufolge kein Genesenenzertifikat ausstellen, da die bei der Südtiroler Sanitätsdirektion dokumentierten Ergebnisse nicht im österreichischen EMS dokumentiert sind. In Italien konnte sie jedoch auch kein Genesenenzertifikat erhalten, obwohl positive PCR Testung und nachfolgend negative PCR Testung bei der Südtiroler Sanitätsdirektion dokumentiert waren. Im Gegensatz zu den beiden vorhergehenden Fallbeispielen liegt der Grund hinsichtlich der Datengenerierung positiv Getesteter darin, dass die Betroffenen via ihrer Steuernummer erfasst werden. Selbstredend verfügt eine Urlauberin über keine italienische Steuernummer. Wie im Fallbeispiel 1 hat das Labor des Autors der Frau ihre PCR Befunde erneut zukommen lassen, damit sie diese dem zuständigen Gesundheitsamt vorlegen kann.

1.5   Was tun sprach Zeus?

Die zuvor aufgeführten Beispiele zeigen unterschiedliche Regelungen im Umgang mit Infektionserkrankungen. Alle Beispiele stammen aus dem Kalenderjahr 2021. Befremdlich wirkt, dass weiterhin jeder Staat/Region/Bundesland/Kanton seine eigenen Regeln hat, und diese im europäischen Kontext noch immer zu wenig aufeinander abgestimmt sind. Das scheinbar einzig Abgestimmte ist der COVID-19-QR-Code. Eine geregelte, transnationale Übermittlung von Fällen konnten auch bisher nicht beobachtet werden. Als Mitarbeiter eines Tiroler Labors kann sich der Autor ausschließlich auf die gesetzlichen Regelungen Österreichs in Form des Epidemiegesetzes stützen. Weder das Infektionsschutzgesetz Deutschlands noch die Seuchenregelungen Italiens haben dabei im Sinne einer dringend notwendigen europäischen prozessualen Weiterentwicklung eine Wirkung. Viel schlimmer noch ist aber, dass eine einmal im Ausland PCR-positiv getestete Person vor Problemen zu stehen scheint, die nicht ansatzweise Kennzeichen von zu fordernder Interoperabilität aufweisen.

Benötigt werden:

- Einheitliche Vorgaben, wie die Gesundheitsbehörden der Mitgliedsstaaten im Falle von positiven Fällen miteinander kommunizieren.
- Einheitliche Vorgaben, wie die Labore Befunde, die auf anderen Territorien beprobt wurden, einzumelden sind.
- Einheitliche Vorgaben zu Genesenenzertifikaten müssen entwickelt werden.
- Einheitliche Vorgaben, wie die Gesundheitsbehörden der Mitgliedsstaaten im Falle von Genesenenzertifikaten miteinander kommunizieren sollten.

Die fehlende Vereinheitlichung dieser Vorgaben hat weitreichende Konsequenzen auf die Rechte der EU-Bürgerinnen und EU-Bürger:

- Fehlende Vorgaben zur Kommunikation der Gesundheitsbehörden bei positiven Fällen führen aktuell immer noch dazu, dass Erkrankte sich selbst um die Beschaffung der Befunde im Ausland kümmern müssen.
- Fehlende Vorgaben zu Genesenzertifikaten führen dazu, dass medizinisch indizierte Vernetzungen des Genesenstatus und anstehender Impfung von den Bürgerinnen und Bürgern im Zweifelsfall nicht realisiert werden können. Eine Überimpfung kann die ungewünschte Folge sein.
- Fehlende Vorgaben zur Meldung von grenzüberschreitenden Beprobungen widersprechen den fundamentalen Grundfreiheiten der EU zur Personenfreizügigkeit (Art 45–48 AEUV, Art. 49–55 AEUV) und dem freien Verkehr von Waren und Dienstleistungen (Art. 30–33 AEUV, Art. 56–62 AEUV; https://www.auswaertiges-amt.de/de/aussenpolitik/europa/unionsbuergerschaft/210012; https://www.oesterreich.gv.at/lexicon/E/Seite.991117.html).

Die fehlende Vereinheitlichung hat auch weitreichende Konsequenzen auf die perspektivische Bekämpfung der Pandemie:

- Fehlende Vorgaben zur Kommunikation der Gesundheitsbehörden bei positiven Fällen, führen dazu, dass unnötige Wartezeiten, wie im Fallbeispiel 1.4.2 berichtet, zwischengeschaltet werden. Bei der aktuellen oftmals globalen Mobilität der Bürgerinnen und Bürger erscheint dem Autor eine unnötige Wartezeit von mehr als zwei Wochen ungeeignet, um gegen die Weiterverbreitung der Variants of Concern (VOC) des SARS-CoV-2 Erregers anzugehen.
- Fehlende Vorgaben zu Genesenenzertifkaten führen dazu, dass medizinisch sinnvolle Vernetzungen von Genesenstatus und Impfung von den Bürgerinnen und Bürgern im Zweifelsfall nicht realisiert werden können und folglich unnötige Impfungen erfolgen. Dies führt in Folge zu unnötigen Mehraufwendungen und, schlimmer noch, zu einem Vertrauensverlust in die Pandemiemaßnahmen, da dies vom Bürger nicht nachvollzogen werden kann.

- Fehlende Vorgaben zur Meldung von grenzüberschreitenden Beprobungen widersprechen den fundamentalen Grundsätzen der EU zur Personenfreizügigkeit und dem freien Verkehr von Waren und Dienstleistungen. Die Staaten berauben sich aufgrund fehlender Interoperabilität einer schnellen Möglichkeit, um z. B. nicht zur Gänze ausgeschöpfte Laborkapazitäten an einem anderen Ort durch Probenverteilung zu kompensieren. In der Omikron Welle konnte im Januar 2022 beobachtet werden, dass die Positivitätsrate der Labore in Deutschland auf über 30 % angestiegen ist. Das impliziert nach Meinung des Autors, dass in Deutschland zu wenig getestet wird. Die positiv Detektierten können daher aktuell nicht das reale Infektionsgeschehen in Deutschland abbilden, da die Dunkelziffer nicht getesteter Erkrankter zu hoch ist. Im Labor des Autors liegt demgegenüber die Positivitätsrate zumeist unter 10 %. Vereinzelte Ausnahmen an Sonn-/Feiertagen existieren bedingt durch die Reduktion der Einsendungen auf Krankenhausproben und Kontaktnachverfolgungen.

Konkrete Vorschläge:

- Es sollte eine standardisierte europäische Datenbank zur Einmeldung positiver (später ggf. auch negativer/invalider) Laborergebnisse durch die EU eingerichtet werden.
- Einzumelden wären alle Proben von Laboren, die Proben aus anderen Mitgliedsstaaten der EU untersuchen.
- In dem jeweiligen Mitgliedsstaat werden den zuständigen Gesundheitsbehörden die Probendaten übergeben, damit dort schnellstmöglich diejenigen Maßnahmen ergriffen werden können, die den Vorgaben entsprechen. Dies könnte durch eine Mandantentrennung der Datenbank erzielt werden. Sprich: Jeder Mitgliedsstaat hat seinen eigenen Bereich innerhalb der Datenbank. Die Labore bekommen „upload" Zugänge.
- Die Ausgestaltung der Datenbank sollte in Zusammenarbeit mit den Laboren bzw. Laborinformationssystemherstellern der Labore stattfinden, um eine möglichst einfache Abdeckung der Meldungen zu gewähren. Proprietäre Datenformate sollen keine Anwendung finden.
- Vorgegeben werden sollten: Datensätze, Übertragungswege, und Sprachen. Nahezu alle Laborinformationssysteme können heutzutage Datensätze in HL-7 über ORU-Struct und Probandendaten über ADT Nachrichten versenden.
- Alle Datenfelder bedürfen der strikten Standardisierung.
- Datenfelder sollten sein: Name, Vorname, Geburtsdatum, Aufenthaltsadresse mit Straße, Hausnummer, Land, Telefonnummer, einmeldendes Labor mit Namen und Kontaktdaten wie Adresse, Telefonnummer, E-Mail, Erreger, Nachweismethode, Probenabnahmedatum und Uhrzeit, Probeneingangsdatum und Uhrzeit, Befunddatum und Uhrzeit, Ergebnis der Methode, Kommentare zum Ergebnis und Kommentare zum Auftrag. Weitere Kennzeichen, wie Versichertennummern, Sozialversicherungsnummern, Steuernummern, können ggf. als zusätzliche Felder Verwendung finden, sollten jedoch nicht als Pflichtfelder ausgelegt sein.

- Das ECDC sollte für diese europäische Datenbank zur Einmeldung ein Standardwerk zusammenstellen und aktuell halten, welche Erkrankung mit welcher Methode in welchem Mitgliedsstaat und welchen Mindestinformationen meldepflichtig ist, sodass die Labore sich an diese Aufstellung halten können.
- Das ECDC sollte eine Übersicht zusammenstellen, die Informationen darüber beinhaltet, wie die Meldekette in jedem Mitgliedsstaat organisiert ist, und welche Behörden(ebenen) sich im Falle von grenzüberschreitenden Aktionen mit welchen anderen Behörden(ebenen) auszutauschen haben, sowie welche rechtlichen Vorgaben hierbei zu beachten sind.
- Seitens der EU könnten weitere Mandanten getrennte Datenbanken (Genesenenzertifikate/Impfzertifikate) aufgesetzt werden, um die Zusammenarbeit der Gesundheitsbehörden hinsichtlich des zukünftigen epidemischen/pandemischen/endemischen Geschehens zu verbessern. Vor allem bedeutet dies: zu beschleunigen. Hier könnten beispielsweise Genesenenzertifikate oder Impfzertifikate ausgetauscht werden. Diese Datenbank sollte von der grenzüberschreitenden Testdatenbank getrennt betrieben werden, um den Aufbau der grenzüberschreitenden Testdatenbank nicht durch zu viele Anforderungen zu blockieren.
- Die EU sollte auf einer Homepage aktuell gültige Vorgaben zu Reisen innerhalb und außerhalb der EU zusammenstellen und aktuell halten, was momentan nicht in adäquater Form der Fall ist. Vorbild könnten hierbei der ÖAMTC, der ADAC oder der ACI sein. Insbesondere wichtig sind auch die Regelungen für Lebenspartner, Familienangehörige, kurzfristige Aufenthalte, oder berufliche Grenzübertritte (z. B. Pendler, Dienstreisen, Logistik). Es war und ist in der COVID-19-Pandemie äußerst schwierig hier an verlässliche aktuelle Informationen zu gelangen. In föderal organisierten Staaten wie Deutschland und der Schweiz ist die Verwirrung für ausländische Reisende noch größer. Zudem sollte die zu entwickelnde Homepage nicht an nur schwer erfüllbare Vorbedingungen geknüpft sein.
- Bei den Regelungen für die Reisen innerhalb der EU sollte die EU selbst proaktiv Maßstäbe setzen. Sie kann dies unter Verweis auf die Schutzinteressen der EU-Bürgerinnen und EU-Bürger, den Verweis auf das Antidiskriminierungsgebot und mit Verweis auf die EU-Kompetenzen zur Regelung des Marktes tun. Diese Homepage sollte leicht zugänglich und für jedermann verständlich und abfragbar sein.
- Auch bei den Regelungen für die Einreise nach Europa sollte die EU proaktiv Maßstäbe setzen. Sie kann dies mit Verweis auf die Schutzinteressen der EU-Bürgerinnen und EU-Bürger und mit Verweis auf die EU-Kompetenzen zur Regelung des Marktes tun.
- Beenden der Ausnahmesituation in der Erbringung von Laboranalytik für SARS-COV-2:
  - Verpflichtende Wiedereinführung der CE-Kennzeichnungspflicht nach IVD-RL auch für SARS-COV-2 Analytik.
  - Es gibt mittlerweile genügend Hersteller, die ausreichend Testkits liefern können. Ein „home-brew" wie am Anfang der Pandemie ist nicht mehr notwendig. Solange die CE-Kennzeichnungspflicht aufgehoben ist, kann das EU weite Surveillance

System mit z. B. Chargenrückruf, Meldepflichten, usw. nicht zum Schutz der Bevölkerung funktionieren.

– Aufhebung der Freigabe der Laboranalytik für nicht autorisierte Laborleistungserbringer (gemäß Gesetzen (u. a. MTA Gesetz Deutschland, Ärztegesetz Österreich, MTD-Gesetz Österreich und EU-Vorgaben wie Berufsqualifikations-Richtlinie (RL 2005/36/EG), In vitro Diagnostika Richtlinie (IVDD 98/79/EG)). Als Arzt und Mikrobiologe, der die strikten Vorgaben des Arztrechtes anlässlich seines eigenen Umzugs nach Österreich unlängst erlebente, fragt sich der Autor, warum diese sinnvollen Vorgaben nicht auch z. B. von Lebensmittelchemikerinnen und -technikern erfüllt werden müssen? Insbesondere die Marktteilnehmer der geregelten Gesundheitsberufe werden diesbezüglich massiv benachteiligt.

Alle Beteiligten in der Politik sollten sich mit etwas mehr Ruhe und Langmut der Umsetzung von Maßnahmen in dieser epidemischen/pandemischen Lage widmen. Wie im Teilkapitel 1.2.1 ausgeführt, kann eine stringente, die Regeln wenig verändernde (Unternehmens-) Politik, Unsicherheiten deutlich reduzieren. Wichtig ist dabei die begleitende Kommunikation (nicht nur Information) mit allen betroffenen Personen. Eine hohe Compliance zu den verordneten Regeln kann nur durch Aufklärung und wenige Regeländerungen erzielt werden. Dies gilt m. E. in besonderem Maße für FFP2 Maskenpflicht in Innenräumen, die in den letzten zwei Jahren mehrfach angeordnet und wieder aufgehoben worden ist. Jüngstes Beispiel hierfür ist die mehrfache Aufhebung und Wiedereinführung der Maskenpflicht in den Klassenräumen von Österreichs Schulen. Auch täte die Politik sich selbst einen Gefallen, wenn sie nicht zu voreilig auf zukünftige Maßnahmen festlegen würde.

Literatur

Borena, W., Bánki, Z., Bates, K., Winner, H., Riepler, L., Rössler, A., et al. (2021). Persistence of immunity to SSARS-CoV-2 over time in the ski resort Ischgl. *eBioMedicine*. https://doi.org/10.1016/j.ebiom.2021.103534

Felbermayr, G., Hinz, J., & Chowdhry, S. (2021). *Après-ski: The spread of coronavirus from Ischgl through Germany*. https://doi.org/10.1515/ger-2020-0063

Hersche, B., Kern, W., Stuber-Berries, N., Rohrer, R., Trkola, A., & Weber, K. (2020). *Bericht der unabhängigen Expertenkommission – Management COVID-19-Pandemie Tirol*. https://www.tirol.gv.at/fileadmin/presse/downloads/Presse/Bericht_der_Unabhaengigen_Expertenkommission.pdf. Zugegriffen am 20.03.2022.

Ischgl und das Coronavirus – Chronologie des Versagens. (2020). https://www.sueddeutsche.de/politik/corona-ischgl-tirol-chronologie-1.4848484. Zugegriffen am 20.03.2022.

Klein, J. (2021). Der Öffentliche Gesundheitsdienst und seine Stellung im deutschen Gesundheitswesen – Eine organisationssoziologische Analyse. *Social Policy in Demand – Working Paper Series*. https://pub.h-brs.de/frontdoor/deliver/index/docId/6031/file/Klein_working_paper_series_2021_03.pdf. Zugegriffen am 20.03.2022.

Robert Koch-Institut (RKI). (Hrsg.). (2022). *Übersicht zu besorgniserregenden SARS-CoV-2-Virus-varianten (VOC) – Stand: 17. März 2022.* https://www.rki.de/DE/Content/InfAZ/N/Neuartiges_Coronavirus/Virusvariante.html. Zugegriffen am 20.03.2022.

Schüßler, J. (2022). *Pläne der Bund-Länder-Runde – Kapitulation vor Omikron* (24. Januar 2022). https://www.zdf.de/nachrichten/politik/corona-omikron-bund-laender-100.html. Zugegriffen am 20.03.2022.

Dr. med. Leitritz, Lorenz war vom Januar 2020 bis zu seinem plötzlichen Tod am 05. Juli 2022 Facharzt für Klinische Mikrobiologie und Hygiene bei Tyrolpath Obrist Brunhuber GmbH in Zams/Tirol. Zuvor war er 25 Jahre als Mikrobiologe in Deutschland bei verschiedenen Laboratorien (Max von Pettenkofer-Institut, LMU München, Bioscientia Labor Ingelheim, Labor Berlin – Charité Vivantes Services, MVZ Labor Ravensburg, Labor Dr. Gärtner) in Deutschland tätig. Regelwerken der Qualität, Vergütung und rechtlicher Natur gilt seine besondere Aufmerksamkeit.

Erkenntnisse aus COVID-19: Das Pandemiemanagement in der Schweiz und erste Erkenntnisse für die Digitalisierung im Gesundheitswesen

2

Beat Pierre Arnet

Inhaltsverzeichnis

2.1 Ausgangslage in der Schweiz 24
2.2 Chronologie 24
2.3 Die Schweiz im Vergleich 29
2.4 COVID-19 und Digitalisierung 30
2.5 Erste die Digitalisierung betreffende Erkenntnisse 34
2.6 Fazit 36
Literatur 37

Zusammenfassung

Die Schweiz mit ihrer Nähe zur Lombardei wurde früh in den Strudel der Pandemie einbezogen. Wesentliche Kennzeichen im Vergleich zum Ausland sind eine hohe Übersterblichkeit in der ersten Welle, relativ geringe, aber kantonal unterschiedliche Einschränkungen, eine mäßige und kantonal unterschiedliche Impfquote, eine gute wirtschaftliche Erholung und ein enormer Digitalisierungsbedarf im Gesundheitswesen. Die Einschränkungen wurden vom Souverän in zwei Volksabstimmungen mit großer Zustimmung legitimiert. Der Bundesrat und die Kantonsregierungen sind nun gefordert, die für die Digitalisierung im Gesundheitswesen notwendigen Ressourcen bereitzustellen.

B. P. Arnet (✉)
Arnet Konsilium, Zollikofen, Schweiz
E-Mail: beat.arnet@arkons.ch

© Der/die Autor(en), exklusiv lizenziert an Springer Fachmedien Wiesbaden GmbH, ein Teil von Springer Nature 2022, korrigierte Publikation 2023
M. Cassens, T. Städter (Hrsg.), *Erkenntnisse aus COVID-19 für zukünftiges Pandemiemanagement*, https://doi.org/10.1007/978-3-658-38667-2_2

Schlüsselwörter

Aufgabenteilung Bund und Kantone · Unterschiede zwischen den Kantonen · Großer
Digitalisierungsbedarf · Vergleich mit Ausland · Markante Übersterblichkeit

2.1   Ausgangslage in der Schweiz

Das Gesundheitswesen in der Schweiz ist in der Hoheit der 26 Kantone in Aufgabenteilung
mit dem Bund (Waldmann & Spiess, 2015) organisiert. Im Pandemiefall beansprucht der
Bund eine stärkere Stellung, so wie es im Epidemiegesetz (Fedlex, 2021) vorgesehen ist.
Zusätzliche Kompetenzen erhält der Bund über das COVID-19-Gesetz, welches am 28. November 2021 mit einem deutlichen Ja-Stimmenanteil von 62 % angenommen wurde (SRF,
2021b). Für die meisten Bürgerinnen und Bürger, aber auch für die Bundes- und Kantons-
organe ist die aktuelle Pandemiesituation einzigartig. Kaum jemand kann sich noch an die
sog. „Spanische Grippe" von 1918 erinnern und auch Krankheiten wie die Kinderlähmung
oder die Pocken liegen weit zurück. Von SARS im Jahr 2002 und Vogelgrippe im Jahre 2006
blieb die Schweiz einigermassen verschont und die HIV-Infektion schien ein Minderheiten-
thema. Deshalb war es wenig verwunderlich, dass die sich rasch und weltweit verbreitende
Seuche zuerst für Kopfschütteln, Irritationen und wenig später für Hektik sorgte. Zu Beginn
der Pandemie wurden von den medizinischen Leistungserbringern Meldungen über das
Krankheits- und Infektionsgeschehen über Telefax verschickt (Bernet, 2020) und viele Mitarbeitende in kleinen, mittleren und großen Unternehmen mussten sich erstmals in Homeoffice üben (Deloitte, 2020). Die COVID-19-Pandemie hat in der Schweiz einen Schub zu
Homeoffice und Online-Shopping ausgelöst und gleichzeitig die Defizite bezüglich Digitalisierung im Gesundheitswesen (BAG, 2022b) aufgezeigt. Hinweis: Die COVID-19-Pande-
mie scheint im Februar 2022 in eine endemische Phase überzugehen. Verschiedenste Maßnahmen sind weiterhin in Kraft und das Virus wird wahrscheinlich weiter mutieren. Der
Bund, die Kantone, die Gemeinden, die Ausbildungsstätten, die Unternehmen und die Menschen generell sind weiterhin gefordert und die Lage kann sich jederzeit ändern – so wie das
in den letzten zwei Jahren oftmals der Fall war. Es wird eingangs darauf hingewiesen, dass
dieser Beitrag die persönliche Retrospektive des Autors umfasst, jedoch nicht die objektive
Chronologie des bisherigen Pandemieverlaufs innerhalb der Schweiz.

2.2   Chronologie

Ende 2019 konnte man via Medien von den ersten COVID-19-Fällen in der chinesischen
Metropole Wuhan erfahren. Die Virusinfektion schien noch weit weg und wir blieben
ziemlich sorglos. Weihnachtsfeste fanden im gewohnten Rahmen statt und die meisten
Arbeitgeber konnten sich das Arbeiten im Homeoffice nicht vorstellen.

2.2.1 Was, schon da – Und keine Masken!

Doch bereits am 25. Februar 2020 wurde aus dem Tessin die erste COVID-19-Infektion gemeldet und nur wenige Tage später, am 5. März 2020, kam es zum ersten Todesfall. Die sich seither abzeichnende Situation umschrieb der Schweizer Stabschef, Bundeskanzler Walter Thurnherr wie folgt: *„Unser Normalzustand ist Uneinigkeit. Darum müssen wir immer alles aushandeln"* (Birrer & Loser, 2021). Der Kanton Tessin rief am 11. März 2020 den Notstand aus: Freizeiteinrichtungen, Sportzentren und höhere Schulen mussten schließen. Öffentliche und private Veranstaltungen mit mehr als 50 Personen wurden verboten. Das Tessin mit seiner geografischen und wirtschaftlichen Nähe zur Lombardei war im Vergleich zu den anderen Kantonen besonders stark von den Auswirkungen der Pandemie betroffen. Mitte März 2020 wurde durch den Bundesrat die außerordentliche Lage (höchste Stufe gemäß Epidemiegesetz, EpG) ausgerufen. Damit übernahm der Bundesrat die zentrale Führung und konnte per Notverordnung besondere Maßnahmen anordnen. Am 20. März 2020 trat ein Lockdown mit einschneidenden Maßnahmen und Einschränkungen in Kraft. Die Schülerinnen und Schüler blieben zuhause im Fernunterricht und wer nicht zwingend am „normalen" Arbeitsplatz tätig sein musste, arbeitete von nun an zuhause. Produkte, die nicht für den täglichen Bedarf bestimmt waren, durften nicht mehr verkauft werden, Coiffeursalons, Museen, Bibliotheken, Schwimmbäder, Konzert- und Theaterhäuser, Kinos und Freizeitbetriebe wurden geschlossen. Das öffentliche Leben wurde massiv reduziert. Die Einreisen in die Schweiz wurden mit einigen Ausnahmen stark eingeschränkt und grenzübergreifende Liebschaften zwischen Deutschland und der Schweiz durch einen mannshohen Zaun eingeschränkt. Die täglich zurückgelegten Kilometer reduzierten sich bis März 2020 auf 20 % des Vorpandemieniveaus. Erst im März 2020 wurde eine wissenschaftliche Taskforce mit aktuell 25 Mitgliedern einberufen. Sogar die Armee wurde aufgeboten. Bis 8000 Armeeangehörige konnten von den Kantonen angefordert werden. Das Angebot wurde von wenigen Kantonen beansprucht und dementsprechend von den meisten abgelehnt.

Über Sinn und Unsinn zum Tragen von Hygiene- oder sogar FFP2-Masken entbrannte eine Kontroverse. Während prominente Virologen in Deutschland und der Schweiz für eine Maskentragpflicht plädierten, verneinten das Bundesamt für Gesundheit und die WHO die schützende Wirkung. Notabene wären auch viel zu wenige Masken verfügbar gewesen oder sie hätten zu Wucherpreisen eingekauft werden müssen (wozu sich der Koordinierte Sanitätsdienst KSD später dennoch gezwungen sah). Gleichzeitig wurde mit Schrecken festgestellt, dass die früher durch das Bundesamt für wirtschaftliche Landesversorgung (BWL) gehaltenen Ethanol-Reserven im Jahre 2018 wegen der Privatisierung der Eidgenössischen Alkoholverwaltung aufgegeben worden waren. Zwar konnten wir unsere Hände weiter desinfizieren, sie rochen dann allerdings nach Kirsch (Lenz & Reichen, 2020).

2.2.2 Die Wirtschaft am Laufen halten

In einer beispiellosen Aktion stellte der Bundesrat zuerst zehn und im April 2020 nochmals 30 Milliarden Franken für die gebeutelte Wirtschaft bereit. Die Frühlingssession
2020 von National- und Ständerat wurde abgebrochen und eine eidgenössische Abstimmung wurde abgesagt. Der Lockdown dauerte bis 26. April und ab dem 11. Mai 2020
wurden die Maßnahmen zur Einhaltung strenger Schutzkonzepte aufgehoben. Die eidgenössischen Räte bewilligten im Mai 2020 das rund 57 Milliarden Franken schwere
Corona-Kreditpaket des Bundesrates und die Finanzkommissionen der beiden Räte zusätzlich knapp 15 Milliarden Franken für die Arbeitslosenversicherung, insgesamt also 72
Milliarden Franken. Für Schweizer Verhältnisse ein enormer Kraftakt, der innerhalb von
wenigen Monaten ermöglicht wurde und viele Unternehmen und ihre Mitarbeitenden vor
Untergang und Arbeitslosigkeit bewahrte. Von Juni bis Mitte Oktober 2020 lebte die Bevölkerung in der Schweiz wieder auf. Die Restriktionen waren auf ein Minimum herunter-
gefahren – sichtbarstes Zeichen der Pandemie blieben die überall anzutreffenden Acryl-
glaswände. Auch die Straßen waren jetzt auf fast Vorpandemieniveau befahren und die
Autos stauten sich wie gewohnt. Im Juni 2020 stand dann auch die SwissCovid-App bereit, mit deren Hilfe andere User gewarnt werden konnten, wenn sie sich zu nahe und zu
lange bei einer infizierten Person aufgehalten hatten. Diese App funktionierte technisch
erstaunlich gut, nur dauerte es lange, bis man einzelne Erfolgsnachrichten publizieren
konnte (Fischer & Belot, 2021; Buchmann & Tschirren, 2022).

2.2.3 Föderalismus pur

Mit dem temporären Abebben der Infektionszahlen wurde am 19. Juni 2020 die „außerordentliche Lage" durch den Bundesrat beendet und in die „besondere Lage" überführt.
Damit hatten nun wieder National- und Ständerat sowie die Kantonsregierungen das
Sagen, denn diese waren bisher durch den Bundesrat übersteuert worden und sie hatten
sich selbstredend dagegen aufgelehnt. Mit den kühleren Herbsttemperaturen verbreitete
sich das Virus schneller und ab Mitte Oktober 2020 musste der Bundesrat die Hygienemaßnahmen verschärfen. Vorher hatten sich die Kantone mit kreativen Maßnahmen über-
boten. Beispielsweise verbot der Kanton Bern Veranstaltungen mit mehr als 1000 Personen, wogegen der Kanton Wallis die Grenze bereits bei 10 Personen setzte. Die
Schweizerische Gesundheitsdirektorenkonferenz GDK musste den Bundesrat beinahe
bitten, die Führung wieder zu übernehmen. Im November 2020 mussten die Hochschulen
erneut auf Fernunterricht umstellen, während die obligatorischen Schulen den Präsenzunterricht beibehielten. Das Testen auf Virusinfektionen wurde ausgeweitet, es wurden
neu auch Antigen-Schnelltests eingesetzt. In Restaurants wurden Kontaktangaben erhoben, um die Nachverfolgung zu vereinfachen. Im Dezember 2020 folgten durch den
Bundesrat weitere Restriktionen: Kapazitätsbeschränkungen in Läden, frühere Sperr-
stunden in Freizeiteinrichtungen, Beerdigungen im kleinsten Kreis, Schließung von Sport-

betrieben und Ausweitung der Quarantänepflicht auf weitere Staaten. Die Bevölkerung wurde fast im Wochentakt über neue Anordnungen informiert. Die Maßnahmen wurden im Januar 2021 verlängert und der Bund übernahm auch die Kosten von Antigen-Schnelltests bei symptomlosen Personen.

2.2.4   Einführung der Antigen-Selbsttests

Ab März 2021 wurden die Maßnahmen vorsichtig gelockert (Präsenzunterricht für Hochschulen, Sportgruppen bis 10 Personen, Aufhebung der Maskenpflicht in Alters- und Pflegeheimen, etc.). Einen Monat später konnte in der Apotheke monatlich ein Set mit fünf Antigen-Schnelltests bezogen werden und es wurde geraten, vor Kontakten mit anderen Personen einen Test durchzuführen. Negative Testergebnisse mussten nicht mehr an das Bundesamt für Gesundheit BAG gemeldet werden, nur noch positive. Die 56 Krankenkassen wurden mit Apothekenrechnungen für die abgeholten Antigen-Testsets überrannt und mussten ihre IT-Systeme möglichst schnell anpassen, damit die Rechnungen automatisiert abgerechnet werden konnten. Der Bundesrat genehmigte im März 2021 die von den Tarifpartnern vereinbarte Vergütung der Covid-19-Impfung.

2.2.5   Drei-Phasen-Modell und Impfaktionen

Im Mai 2021 entschied der Bundesrat ein Drei-Phasen-Modell (Bundesrat, Schweizerische Eidgenossenschaft, 2021b):

* Schutzphase: Es sind noch nicht alle impfbereiten Risikopersonen geimpft, deshalb sind die Maßnahmen ziemlich streng.
* Stabilisierungsphase: Es sind noch nicht alle Impfwilligen geimpft. Die Restaurants dürfen in Innenräumen wieder öffnen mit Maskenpflicht, Sitzpflicht und 4-Personen Regel. Eingeschränkte öffentliche Veranstaltungen.
* Normalisierungsphase: Die Homeoffice-Pflicht wird ganz gelockert.

Die Kantone waren nun gehalten, ihre Bevölkerung möglichst rasch zu impfen. Zuerst war der Impfstoff noch etwas knapp und die Nachfrage sehr groß. Aber bald stand genügend mRNA-Impfstoff von Pfizer/Biontech und Moderna bereit. Föderal unterschiedlich waren selbstverständlich wieder die eingesetzten IT-Systeme und vor allem die Prozesse. Je nachdem in welchem Kanton man wohnte, wurde man aufgeboten oder musste sich selbst anmelden. Mal konnte man den Impfstoff auswählen, mal nicht. Bestimmte Risiko- und Altersgruppen wurden mal länger priorisiert oder es wurden schon früh alle Erwachsenen geimpft. Es entwickelte sich sogar ein Impftourismus innerhalb der Schweiz. Alles mit dem Ziel, die Impfquote (zwei Impfungen) möglichst schnell zu steigern. Mit Argusaugen wurde beobachtet und berichtet, welche Kantone mit dem Impffortschritt hinten lagen und Basel-Stadt krönte sich zum Impfmeister (SRF, 2021a).

2.2.6 Ein fast normaler Sommer

Nachdem im Sommer 2021 fast alle impfwilligen Einwohnerinnen und Einwohner mit den modernen mRNA-Impfstoffen geimpft waren, fielen viele Restriktionen weg und der leider ziemlich verregnete Sommer konnte wieder in neuer Freiheit gelebt werden. Weil aber im August die Impfquote erst 50 % betrug, verschob der Bundesrat die Rückkehr zur Normalphase und er konsultierte die Kantone bezüglich Zertifikatspflicht in Innenbereichen von Restaurants, Kultur- und Freizeiteinrichtungen sowie auf Veranstaltungen im Innern.

Im Juni 2021 hatte das Schweizer Stimmvolk nach einem Referendum das Covid-19-Gesetz mit 60 % angenommen (Bundesrat, Das Portal der Schweizer Regierung, 2021a).

2.2.7 Der heiße Herbst

Der Herbst war einerseits geprägt durch die offensichtliche Zurückhaltung von Bundesrat und den Kantonen bezüglich neuer Maßnahmen und andererseits den überlauten Parolen der Gegner des Covid-19-Gesetzes. Mitte Oktober 2021 lancierte eine bunte Schar von Gegnern („Netzwerk Impfentscheid", „Freunde der Verfassung", „Maß-Voll" und „Aktionsbündnis Urkantone") des Covid-19-Gesetzes ihre Kampagne (Blumer, 2021). Alle großen Parteien außer der Schweizerischen Volkspartei unterstützten das Covid-19-Gesetz, welches sie ja bereits im September im Parlament 2020 verabschiedet hatten. In den Medien wurde den Gegnern mit ihren lauten und oftmals schrillen Argumenten (zu) viel Platz eingeräumt, wohlwissend um den Hunger der Leserschaft nach lauten Megafonen (Zihlmann et al., 2022). Aber am 28. November 2021 wurde das Referendum mit 62 % abgeschmettert und nur die Kantone Schwyz und Appenzell Innerrhoden lehnten das Gesetz ab (SRF, 2021b). Kurz vor der Abstimmung wurde erstmals über die hochansteckende Omikron-Variante berichtet und der Bundesrat konsultierte die Kantone bezüglich schärferer Maßnahmen.

2.2.8 Omikron wird allgegenwärtig

Innerhalb von wenigen Wochen bestimmte Omikron das Infektionsgeschehen und obwohl der Bundesrat Mitte Dezember 2021 unter anderem Homeoffice-Pflicht beschloss, war die neue Virusvariante über die Festtage schon für mehr als 50 % der Infektionen verantwortlich. Die wissenschaftliche Taskforce hatte gemäß ihren Modellen vor hochschnellenden Spitaleintritten gewarnt. Tatsächlich zeichnete sich aber in der Folge trotz Rekordzahlen bei den positiven Tests eine Abnahme der IPS-Bedürftigen und Beatmeten ab und der Bundesrat hob Mitte Februar 2022 fast alle Maßnahmen auf. Nur in Gesundheitseinrichtungen und im öffentlichen Verkehr mussten für einige Wochen weiterhin Masken getragen werden. Die Hospitalisationen und die Corona-Berichte in den Medien sanken in der Folge, obwohl die Infektionszahlen temporär wieder leicht stiegen, um dann über die wärmeren Tage wöchentlich zu fallen. Das öffentliche Interesse richtete sich nun auf die schrecklichen Ereignisse in der Ukraine.

2.3 Die Schweiz im Vergleich

Im internationalen Vergleich konnten die Auswirkungen auf das wirtschaftliche und gesellschaftliche Leben – dank der vergleichsweisen milden Einschränkungen sowie den gut und rasch ausgebauten finanziellen Hilfen – relativ geringgehalten werden. Das ging allerdings einher mit der höchsten Übersterblichkeit in Westeuropa während dem Jahreswechsel 2020/21, sodass SRF (SRF, 2021c) im November 2021 resümierte: „Die Schweiz ist recht gut durch die Pandemie gekommen mit Ausnahme der vielen Todesfälle im Jahr 2020" (Baumann, 2022). Verglichen mit den umliegenden Ländern verzeichnen die Schweiz und Liechtenstein aktuell mit 68 % die niedrigste Impfquote (Italien und Frankreich 77 %, Österreich 75 % Deutschland 74 %, Stand 02/2022). Dies, obwohl das Angebot an COVID-19-Impfstoffen und -orten hoch war und ist (Our World in Data, 2022; Hörz et al., 2022). Ergänzend ist anzumerken, dass die Durchimpfungsquote innerhalb der Schweiz aktuell kantonal sehr differiert, wie dies Abb. 2.1 zeigt.

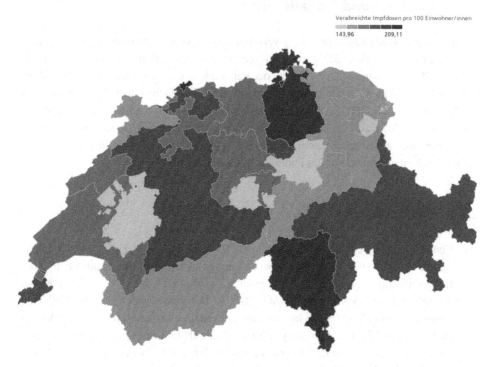

Abb. 2.1 Impfdosen, Schweiz und Lichtenstein – Stand: 04.02.2022

Das Bruttoinlandprodukt sank zwar im ersten Halbjahr 2020 auf einen historischen Tiefstand, erholte sich aber innerhalb von wenigen Monaten leicht unterhalb des Vorpandemieniveaus. Der Schweiz geht es wirtschaftlich im Vergleich besser als ihren Europäischen Handelspartnern. Die Bilanz wird allerdings im Vergleich mit Dänemark eingetrübt (Brupbacher et al., 2022):

Dänemark hatte weniger Schwerkranke und Todesfälle zu beklagen. Die Belastungen im Gesundheitswesen blieben moderat und es mussten weniger Operationen verschoben werden. Dänemark erlebt zwar im Februar 2022 eine der höchsten Inzidenzen weltweit, aber dank der hohen Impfquote und der etwas milderen Omikron-Variante wurde das Gesundheitssystem nicht übermäßig belastet. Analysen des Bundesamtes für Statistik zeigen zudem, dass die Übersterblichkeit in den Jahren 2020/2021 um 20 % unterschätzt wurde (Zöfel, 2022). Dänemark schränkte den Alltag nicht mehr ein als die Schweiz. Die Maßnahmen griffen aber zu unterschiedlichen Zeitpunkten. Dänemark reagierte in der ersten Welle schneller, allerdings wurde die Schweiz früher vom Virus getroffen. In Dänemark wurde viel mehr getestet als in der Schweiz, obwohl die Wissenschaft bereits im März 2020 darauf gedrängt hatte. Dänemark hatte deshalb im Gegensatz zur Schweiz ein aktuelles Bild über das Infektionsgeschehen. Mehr als 81 % der Bevölkerung in Dänemark waren mindestens doppelt geimpft, in der Schweiz knapp 70 %.

2.4 COVID-19 und Digitalisierung

Durch die Einschränkungen im Alltag verschoben sich viele Aktivitäten in den digitalen Raum (Universität Zürich, 2021). Berufstätige Internetnutzer arbeiteten vor der Pandemie zu knapp 20 % im Homeoffice, während der Pandemie waren es mehr als 60 %. Der digitale Anteil der privaten Treffen erhöhte sich fast um das Dreifache und 95 % der Schweizer Bevölkerung nutzten 2021 das Internet. Bei den 20 bis 49-Jährigen hatten 40 % Produkte online bestellt. Aber zu der Altersgeneration 70+ vertiefte sich digitale Kluft. Auch im Gesundheitswesen wurden Fortschritte mit der Digitalisierung gemacht, diese fielen aber im Vergleich zu anderen Sektoren leider eher bescheiden aus.

2.4.1 Contact Tracing

Das Contact Tracing ist kantonal organisiert. Es wird bei allen Personen mit laborbestätigtem COVID-19- oder bei hospitalisierten Personen mit wahrscheinlicher COVID-19-Infektion durchgeführt. Unterstützt wird das Contact Tracing mit der SwissCovid-App für Smartphones (BAG, 2021a). Die App wurde im Juni 2020 vom Bundesamt für Gesundheit (BAG) lanciert, also innerhalb weniger Monate nach Bekanntwerden der ersten Fälle. Die App analysiert via Bluetooth die Dauer (mindestens 15 Min.) und Entfernung (weniger als 1,5 Meter) zu einem anderen Smartphone und informiert die Nutzer im Kontaktfall. Die vom Bundesamt für Informatik und Telekommunikation (BIT), der

Eidgenössischen Technischen Hochschule Lausanne sowie der Schweizer Firma Ubique realisierte SwissCovid-App funktioniert, abgesehen von wenigen Ausnahmen, technisch gut (Eichenberger, 2020); (Baur, 2020). Und dennoch dauerte es recht lange, bis die App vom Großteil der Bevölkerung akzeptiert wurde. Dies jedoch mit Widerständen: So bildeten sich im Sommer 2020 v. a. in der Westschweiz sogar Referendumskomitees, die die Rücknahme der App forderten (Aargauer Zeitung, 2020). Die Argumente der Komitees waren jedoch wenig strukturiert und indifferent. Die Forderung nach einem Referendum blieb daher ohne weitreichende Konsequenzen. Dass dies so war, ist v. a. dem Parlament zu verdanken, welches bei der Verabschiedung des COVID-19-Gesetzes konsequent auf die Grenzen der Datenerhebung hinsichtlich des Datenschutzes und der Datensicherheit achtete. Insgesamt wurde die App bislang etwa 3,5 Mio. Mal heruntergeladen, von 1,6 Mio. Personen regelmässig genutzt und mit 100.000 positiven Laborresultaten gefüttert. Über die Anzahl der Warnungen kann keine Aussage gemacht werden, weil diese Meldungen nicht getrackt wurden (Schnyder, 2021). Das von den Kantonen durchgeführte klassische Contact Tracing wurde ebenfalls digital unterstützt. Das BAG hatte den Kantonen sogar das Angebot gemacht, das in Deutschland von renommierten Organisationen entwickelte System SORMAS und einem nationalen Call Center kostenlos zur Verfügung zu stellen. Allerdings wollten und konnten sich die wenigsten Kantone dazu entschliessen. Bis heute sind verschiedene IT-Lösungen im Einsatz. Immerhin zwölf Kantone setzen auf SORMAS, wobei das System für jeden Kanton adaptiert werden musste, denn die Prozesse sind in jedem Kanton verschieden (Wyss, 2020).

2.4.2   COVID-19-Meldungen

Zu Beginn der Pandemie wurden die Meldungen meist über den technisch unsicheren und überholten, aber rechtssicheren Telefax entgegengenommen und von Dutzenden Mitarbeitenden im BAG manuell digitalisiert und ausgewertet. Die Fax-Flut stieg gewaltig an; daher wurde die Digitalisierung dieser Prozesse gefordert. Die erste im Jahr 2020 realisierte formularbasierte Weblösung für die Ärzteschaft zum Erfassen von Befunden umfasste viele Bildschirmseiten und musste für jeden Patienten mit COVID-19 ausgefüllt werden (Fichter, Republik, 2020a). Eine direkte automatisierte Übernahme der Daten aus den Praxisinformationssystemen war nicht möglich. Das Formular wurde zwar entschlackt und an Benutzerbedürfnisse leicht adaptiert, blieb aber weiterhin eine umständlich zu bedienende Insellösung (Altermatt, 2020). Die Ärzteschaft musste ihre Befunde daher nicht nur an den Bund, sondern auch an die Kantone weiterhin in zumeist nicht digitaler Form liefern. Immerhin konnten demgegenüber die großen Labore ihre Resultate ab Mai 2020 direkt digital und automatisiert an das BAG liefern. Insgesamt wurde das System von 500 Meldungen pro Tag auf 100.000 Meldungen täglich skaliert. Mit Omikron wird diese Grenze aktuell leicht überschritten, wobei der Flaschenhals die Maximalkapazität der Labore ist (Serafini, 2022). Innerhalb von wenigen Monaten gelang eine Entwicklung, die früher Jahre gedauert hätte. Neben agilem Realisieren half auch der Aufbau auf bestehenden Plattformen wie sedex (secure data exchange für den sicheren Datenaustausch zwischen verschiedensten Organisationen).

Bei der Ärzteschaft bestanden zusätzliche Herausforderungen: Nicht jede Ärztin und nicht jeder Arzt verfügt(e) über eine passende elektronische Identität (z. B. einen persönlichen Health-Info-Net-Account, kurz HIN-Account). Was einem raschen Rollout lange Zeit im Wege stand, ist die Tatsache, dass sich bis zur Pandemie viele Arztpraxen bisher v. a. aus Kostengründen einen einzigen HIN-Account geteilt hatten. In einer größeren Aktion mussten deshalb viele Ärztinnen und Ärzte über den Berufsverband FMH (Abk. f. Foederatio Medicorum Helveticorum) innerhalb kürzester Zeit mit einem persönlichen Login ausgerüstet werden. Dabei musste u. a. sichergestellt werden, dass die einzelnen Personen mit einem Video-Identverfahren sicher identifiziert wurden. Das elektronische Patientendossier (EPD) hätte seit dem 1. April 2020 bereitstehen müssen. Tatsächlich ist das EPD zum aktuellen Zeitpunkt jedoch erst in ganz wenigen Kantonen in Einführung (eHealthSuisse, 2021). Das EPD hätte in der Pandemie unter anderem den Vorteil gehabt, dass die Identifikation der teilnehmenden Ärzteschaft und die Tiefenintegration in die Praxisinformationssysteme zumindest teilweise möglich gewesen wären. Allerdings beruht das EPD heute noch auf der doppelten Freiwilligkeit, weder die Bevölkerung noch die Ärzteschaft(mitAusnahmederneuzuhandenderobligatorischenKrankenpflegeversicherung abrechnenden Ärzteschaft) ist verpflichtet, das EPD zu nutzen (Fedlex, 2015), was dessen Rollout mit erheblichem Einfluss auf die Pandemiebekämpfung verlangsamte.

2.4.3 Digitale Übermittlung von Spitalbelegungen und Materialdaten

2007 führte das Eidgenössische Departement für Verteidigung, Bevölkerungsschutz und Sport das Informations- und Einsatz-Systems (IES-KSD) ein (KSD, 2007). Ziel war es, eine aktuelle Übersicht über die freien und besetzten Spitalbetten in allen Spitälern der Schweiz zu haben, um alle Patienten jederzeit bestmöglich sanitätsdienstlich versorgen zu können. Das mit SAP realisierte System wurde von den Spitälern mit knapp ausreichenden Daten gefüttert. Täglich musste in jedem Spital eine Person die freien Spitalbetten und anderes Material in einer Web-Anwendung erfassen (Signorell & Demuth, 2022). Das System fristete deshalb eher ein Nischendasein und musste jährlich am World Economic Forum (WEF) mediengerecht „reanimiert" werden (Panzer, 2015). Mit Beginn der Pandemie hätte das IES zu einem wichtigen Instrument werden können. In einer Befragung bestätigten allerdings nur die Hälfte der Akteure die Praktikabilität der Softwarelösung. Eine zentrale Begründung hierfür war, dass das System nicht auf granulare Datenerfassung und Integration in die Spitalinformationssysteme ausgelegt war (BAG, 2022b). Unter anderem deshalb befriedigte IES die Informationsbedürfnisse der Akteure nur teilweise (BAG, 2022b, c, S. 4). Ende 2020 stand ein neues Analysewerkzeug zur Verfügung, welches verknüpft mit IES sowohl Spitalbetten als auch spezifisches Material (insbesondere Beatmungsgeräte, Narkosemedikamente, Masken, Alkohol) erfassen und visualisieren konnte. Eine große Herausforderung bestand und besteht immer noch in der Definition der erhobenen Parameter. Aktuell geht es um digitale Erfassung hospitalisierter COVID-19-Patienten und darum, ob sie wegen oder mit COVID-19 im Spital liegen (Häusler, 2022).

2.4.4   Digitale epidemiologische Datenaufbereitung

Wenige Wochen nach Beginn der Pandemie war das Corona-Dashboard der weltweit renommierten Johns Hopkins University auch die zentrale epidemiologische Datenbasis in der Schweiz (John Hopkins University, 2022). Eine im BAG im März 2020 neu gegründete Arbeitsgruppe „Lage" stellt mittlerweile täglich epidemiologisch relevante Informationen zusammen, sodass u. a. Public Health-Maßnahmen abgeleitet und das weitere strategische Vorgehen geplant werden können. Um diesbezüglich effektiv und effizient handeln zu können, mussten nicht nur bestehende Daten aufbereitet werden, sondern auch neue Daten in möglichst guter Qualität erhoben werden. Dank der diesbezüglich großen Anstrengungen zur Datenerhebung konnte das BAG später eine sukzessiv informativere und zudem gut gestaltete Webseite publizieren. Diese wird heute sowohl von Experten als auch von der Öffentlichkeit genutzt, um sich über die aktuelle epidemiologische Situation zu informieren. Diese Website hat allerdings das Potenzial für fehlerhafte Interpretationen (BAG, 2022a). Es sei seitens des Autors an dieser Stelle jedoch angemerkt, dass immer noch einige Mitarbeitende im BAG gefaxte und gemailte Meldungen manuell und fehleranfällig digitalisieren. Das führte beispielsweise im April 2020 zur Falschmeldung, ein neun Jahre altes Kind sei an COVID-19 gestorben. Wenig später musste das BAG das Alter jedoch auf 109 Jahre korrigieren. Entstanden war der Fehler beim Übertragen der Faxmeldung des Arztes, der Unmut der Medien entlud sich aber über dem BAG (De Carli & Brupbacher, 2020).

2.4.5   Impfkampagne

Der Bund hatte bereits im August 2020 einen ersten Vertrag für Impfstofflieferungen abgeschlossen. Die Impfaktionen konnten generell für Risikopatienten ab dem 23. Dezember 2020 begonnen werden, der Prozess startete kantonal jedoch unterschiedlich (Marti, 2020). Jeder Kanton zeichnete eigenständig verantwortlich für die dabei notwendigen Prozesse und IT-Systeme. Für die 26 Kantone wurden in dem Rahmen bereits acht verschiedene IT-Systeme entwickelt, die Heterogenität der Prozesslandschaften dürfte um einiges höher gewesen sein. Diese (unnötige) Komplexität führte zu interessanten Konstellationen: Ein Zürcher konnte sich im Kanton Bern impfen lassen, weile beide Kantone dasselbe System verwenden; den Termin und den Impfort musste er selber finden. Eine Bewohnerin im Kanton Solothurn wurde hingegen durch den Kanton mit einem Aufgebot zum Impfen eingeladen. Das BAG war zudem gezwungen, das Impfmonitoring möglichst rasch auszubauen, denn dieses basierte anfangs auf Stichproben eines Kantons mit Hochrechnung auf die Schweiz. Die gestarteten Impfkampagnen führten zu einem „Wettstreit der Kantone" hinsichtlich der Durchimpfungsquoten, viele der Kantonsregierungen wollten dabei laufend wissen, wo sie im Ranking stehen. In arbeitsaufwändigen Verfahren mussten die Impfzentren mit sechs verschiedenen IT-Systemen, einigen Hundert Impfärzten und Apotheken bezüglich 18 Parametern abgefragt werden. Die datentechnische Anbindung der Impfzentren und der Apotheken gelang rasch. Die Integration in die Praxisinformationssysteme wäre zwar einerseits technisch möglich gewesen, andererseits hätte für jedes hierzu notwendige Produkt ein sechsstelliger Betrag aufgewendet werden müssen. Dabei war der Roll-out in den Arztpraxen nur teilweise eingerechnet. Hinzu wären pandemiebedingt zeitliche Probleme gekommen. Auch im Jahr 2022 erfolgen Meldungen der Arztpraxen zum BAG über ein Web-Formular.

2.5   Erste die Digitalisierung betreffende Erkenntnisse

Mehr als zwölf Pandemieberichte sind in Auftrag gegeben worden (Schmid, 2022), der Bundesrat hat erste Entscheidungen gefällt und einige Exponenten haben sich wortgewaltig gemeldet (Huber, 2022). Auf den Digitalisierungsbedarf im Gesundheitswesen wird wiederholt hingewiesen (Brotschi, 2022).

2.5.1   Entscheide des Bundesrates

Basierend auf der BAG-Studie zur Verbesserung des Datenmanagements im Gesundheitsbereich hat der Bundesrat in seiner Sitzung vom 12.01.2022 erste wichtige Entscheidungen erlassen, im Rahmen derer das Datenmanagement verbessert werden soll (Bundesrat, 2022). Dieses Dokument enthält im Wesentlichen folgende Punkte:

- In einem Pilotprojekt mit rein administrativen Daten im spitalstationären Bereich soll das „Once-Only-Prinzip" getestet werden: Daten sollen einmal erfasst und über geschützten Datenverkehr mehrfach verwendet werden.
- Ein Konzept für Identifikatoren der Gesundheitsregister soll erarbeitet werden: Dies hat zum Ziel, dass alle Akteure perspektivisch vollständig und eindeutig identifiziert werden.
- In Zusammenarbeit mit den Kantonen sollen alle Prozesse überprüft werden, dies mit den Zielen der Harmonisierung und Optimierung. Zudem sollen die Daten dann nicht mehr zugleich bei Kanton und Bund gemeldet werden müssen, sondern nur noch an einem Ort.
- Mit Unterstützung durch das Bundesamt für Statistik soll die Datenanalyse-Infrastruktur weiterentwickelt und die Auswertungen optimiert werden.
- Schließlich soll eine neue Fachgruppe für ein ganzheitliches Datenmanagement im Gesundheitswesen gegründet und allenfalls bestehende Arbeitsgruppen abgelöst werden.

2.5.2   Fehlender Leidensdruck und Föderalismus

Die Entscheidungen des Bundesrates scheinen im Hinblick auf eine wahrscheinlich folgende weitere Krise folgerichtig und wahrscheinlich präventiv wirksam zu sein. Eine wesentliche Erkenntnis ist dabei, dass die dringend notwendige bundesseitige Zusammenarbeit mit den Kantonen optimiert wird. Auf der Basis der in diesem Beitrag beschriebenen Szenarien drängt sich die Frage förmlich auf, wie es sein kann, dass während des gesamten bisherigen Pandemieverlaufs jeder Kanton „sein eigenes Süppchen kocht"? Dies, indem jeweils individuelle IT-Systeme mit nur wenig abweichenden Prozessen zur Realisierung als externe Aufträge vergeben werden. Eine weitere Frage: Genügt der Aufbau einer im zuvor zusammengefassten BAG-Dokument erwähnten Fachgruppe für ein ganzheitliches Datenmanagement wirklich, um alle Entscheidungsträger an den Tisch zu bringen? Denn während des Pandemieverlaufs hatten sich vergleichsweise alle Kantonsärztinnen und -ärzte jeden Dienstag zu einem Austausch getroffen. Es kam selten zu klaren Entscheiden, denn zu vielfältig sind die Interessen nicht nur der Spezialistinnen und Spezialisten; vielmehr auch der politischen Mandatare. Basisdemokratischen Entscheide kommen in einer Krise nach hier vertretener Meinung an ihre Grenzen, das sollte hinsichtlich des perspektivischen Pandemiemanagements berücksichtigt werden.

2.5.3   Weitere Herausforderungen

Mitten in der Pandemie hätte auch das elektronische Patientendossier EPD lanciert werden sollen. Der Lock-down verzögerte die Arbeiten, aber vor allem war die Zertifizierung der Systeme sehr viel aufwändiger als vorgesehen. Die Anforderungen nahmen laufend zu. Auch knapp zwei Jahre später ist das EPD nicht durchgestartet. Gemäß der Maxime der kantonalen Hoheit über das Gesundheitswesen wird das EPD kantonal umgesetzt und sieben Stammgemeinschaften sind mittlerweile zertifiziert. Die Spitäler müssen seit Mai 2020 einer Stammgemeinschaft angeschlossen sein, für die praktizierende Ärzteschaft (mit Ausnahme der seit 2022 neu zulasten der obligatorischen Krankenpflegeversicherung tätigen Ärztinnen und Ärzte) und die Bevölkerung ist das EPD noch immer freiwillig. Bisher sind erst wenige Tausend Dossiers eröffnet worden, dabei können nur Dokumente im PDF-Format abgelegt werden. Die Finanzierung der Stammgemeinschaften ist erst teilweise gesichert, es ist mit Konkursen zu rechnen. Ein Businessmodell zur nachhaltigen Finanzierung fehlt bei allen Stammgemeinschaften, denn das EPD-Gesetz sieht dies auch nicht vor. Das Eröffnen eines neuen Dossiers ist für die Bürgerinnen und Bürger kompliziert und zeitaufwändig. Die Identifikation der Teilnehmenden ist wieder einmal nicht national einheitlich geregelt. Erschwerend kommt hinzu, dass das Bundesgesetz über die Elektronische Identität am 7. März 2021 mit ca. 64 % abgelehnt wurde (Bundesverwaltung, EJPD, 2021). Der Bundesrat wollte ursprünglich im Februar 2022 über das weitere Vorgehen beim elektronischen Patientendossier befinden, er hat mittlerweile den Termin in den April 2022 verschoben. Das elektronische Impfdossier wurde seit einigen Jahren von der Stiftung „meineimpfungen.ch" betrieben. Ca. 300.000 Impfbüchlein waren dort registriert, ehe im März 2021 schwere Sicherheitsmängel bekannt wurden. Der Betrieb musste sofort eingestellt werden, eine Wiederaufnahme ist nicht geplant, die Stiftung ist in Liquidation. Das COVID-Zertifikat konnte deshalb weder auf „meineimpfungen.ch" noch im EPD realisiert werden, es musste eine neue Plattform entwickelt werden. Ein ähnliches Schicksal ereilte das Organspende-Register Mitte Januar 2022, weil es ebenfalls möglich war, fremde Daten abzugreifen oder unter falscher Identität ein Dossier zu eröffnen.

2.6   Fazit

Die Schweiz hat die Pandemie vergleichsweise gut überstanden: Die Schweizer Volkswirtschaft und der Arbeitsmarkt sind in der Krise bisher widerstandsfähig gewesen und die Spitäler wurden zwar arg strapaziert, kamen aber noch gut durch die Krise. Hingegen wurde die Schweiz in der ersten Welle von einer deutlichen Übersterblichkeit getroffen. Die Krisenbewältigung folgte insgesamt dem Prinzip „health in all policies". Inwieweit das dem wechselseitigen Zusammenspiel von nationalen Interventionen und föderalistischen Entscheiden geschuldet ist, kann an dieser Stelle nicht beantwortet werden. Die Pandemie hat außerdem offensichtliche Defizite in der medizinischen Datenbeschaffung, -übertragung und -auswertung offenbart. Gleichzeitig durfte gestaunt werden, mit welchem Engagement und in welch kurzen Zeiten gute bis sehr gute Lösungen eingeführt wurden. Bis dahin unüberbrückbare Gräben wurden überwunden und als Chancen erkannt. Eine noch intensivere interkantonale Zusammenarbeit mit einheitlichen Lösungen wäre aber ganz sicher vorteilhaft gewesen. Regionale Interessen und politische Meinungen standen wiederholt mit der Wissenschaft in Konflikt. Wie die Erkenntnisse aus dem Pandemiemanagement für das EPD inkl. Impfdossier und e-Rezept mitgenommen werden können, wird sich zeigen. Es braucht für die gewünschte Umsetzung mutige Entscheide von Bund (Jaun, 2022) und Kantonen. So müssen zusätzlich zu den bereits jetzt außerordentlich hohen Ausgaben für die medizinische und volkswirtschaftliche Pandemiebewältigung große finanzielle Mittel in Milliardenhöhe eingeplant werden. Die unpopuläre Reduktion tradierter und regionaler Interessen zugunsten derjenigen des Bundes, so wie es im Epidemiengesetz angedacht ist, muss weiterentwickelt werden. Analoges gilt für die Digitalisierung im Gesundheitswesen: Für die Schweiz mit ihren knapp neun Mio. Einwohnenden genügt ein einziges elektronische Patientendossier, es braucht nicht deren sieben, das ist sogar hinderlich. Mit Blick auf die Erfahrungen mit dem Contact Tracing und dem EPD scheint ein Umdenken der Kantone hin zu einer freiwilligen Zentralisierung unwahrscheinlich. Daher erscheint die Digitalisierung in Form von EPD und Impfdossier als aktuell wesentliche Meilensteine noch lange nicht umgesetzt.

Literatur

Aargauer Zeitung. (2020). *Jetzt auch noch ein Referendum.* https://www.aargauerzeitung.ch/schweiz/jetzt-auch-noch-ein-referendum-der-nachste-ruckschlag-fur-die-swisscovid-app-ld.1239837. Zugegriffen am 19.02.2022.

Altermatt, S. (2020). *Fiasko mit Ankündigung: Das BAG hat seit 15 Jahren ein Problem mit der Digitalisierung.* https://www.watson.ch/schweiz/gesellschaft%20&%20politik/539006398-coronavirus-das-bag-hat-seit-15-jahren-ein-digitalisierungsproblem. Zugegriffen am 20.02.2022.

Baumann, J. (2022). *OECD: Schweiz soll Reformen anpacken.* https://www.srf.ch/news/wirtschaft/neuer-laenderbericht-oecd-schweiz-soll-reformen-anpacken. Zugegriffen am 20.02.2022.

Baur, L. (2020). *So funktioniert die SwissCovid App.* https://seniorweb.ch/2020/06/29/so-funktioniert-die-swisscovid-app/. Zugegriffen am 20.02.2022.

Bernet, C. (2020). Ärzte müssen Corona-Fälle per Fax ans BAG melden – dieser Informatiker will mit einem Tool helfen. *Aargauer Zeitung.* https://www.aargauerzeitung.ch/schweiz/arzte-mussen-corona-falle-per-fax-ans-bag-melden-dieser-informatiker-will-mit-einem-tool-helfen-ld.1205342. Zugegriffen am 20.02.2022.

Birrer, R., & Loser, P. (2021). Was hat Corona mit der Schweiz gemacht, Herr Thurnherr? *Berner Zeitung.* https://www.bernerzeitung.ch/wir-sind-ein-zerstrittener-haufen-456070346708. Zugegriffen am 20.02.2022.

Blumer, C. (2021). *Diese bunte Truppe will das Covid-Gesetz kippen.* https://www.20min.ch/story/diese-bunte-truppe-will-das-covid-gesetz-kippen-460864346572. Zugegriffen am 21.02.2022.

Brotschi, M. (2022). *Mängel bei der Digitalisierung sind offensichtlich.* https://www.derbund.ch/maengel-bei-der-digitalisierung-sind-offensichtlich-167224985156. Zugegriffen am 03.03.2022.

Brupbacher, M., Wiget, Y., & Vögeli, P. (2022). *Der grosse Corona-Vergleich mit Dänemark.* https://www.tagesanzeiger.ch/der-grosse-corona-vergleich-mit-daenemark-806462155639. Zugegriffen am 21.02.2022.

Buchmann, P., & Tschirren, J. (2022). *SwissCovid-App: die Bilanz.* https://www.srf.ch/news/schweiz/corona-pandemie-swisscovid-app-die-bilanz?wt_mc_o=srf.share.app.srf-app.unknown. Zugegriffen am 19.02.2022.

Bundesamt für Gesundheit (BAG). (Hrsg.). (2021a). *Volksinitiative „Für eine starke Pflege".* https://www.bag.admin.ch/bag/de/home/berufe-im-gesundheitswesen/gesundheitsberufe-der-tertiaerstufe/vi-pflegeinitiative.html#:~:text=Volksabstimmung%20%C3%BCber%20die%20Pflegeinitiative,beauftragt%2C%20einen%20Umsetzungsvorschlag%20zu%20erarbeiten. Zugegriffen am 20.02.2022

Bundesamt für Gesundheit (BAG). (Hrsg.). (2022a). *Covid-19 Schweiz: Informationen zur aktuellen Lage, Stand 5. April 2022.* https://www.covid19.admin.ch/de/overview. Zugegriffen am 20.02.2022.

Bundesamt für Gesundheit (BAG). (Hrsg.). (2022b). *Bericht zur Verbesserung des Datenmanagements im Gesundheitsbereich.* https://www.bag.admin.ch/dam/bag/de/dokumente/cc/bundesratsberichte/2022/br-bericht-verbesserung-datenmanagement-covid-19.pdf.download.pdf/Bericht%20zur%20Verbesserung%20des%20Datenmanagements%20im%20Gesundheitsbereich%20vom%2012.01.2022.pdf. Zugegriffen am 20.02.2022.

Bundesamt für Gesundheit (BAG). (Hrsg.). (2022c). *Covid-19 Schweiz: Informationen zur aktuellen Lage, Stand 5. April 2022.* https://www.covid19.admin.ch/de/vaccination/doses. Zugegriffen am 20.02.2022.

Bundesrat. (2021a). *Covid-19-Gesetz.* https://www.admin.ch/gov/de/start/dokumentation/abstimmungen/20210613/covid-19-gesetz.html#:~:text=Am%2013.,Covid%2D19%2DGesetz%20abgestimmt. Zugegriffen am 19.02.2022.

Bundesrat. (2021b). *Coronavirus: Bundesrat zeigt mit Drei-Phasen-Modell das weitere Vorgehen auf.* https://www.admin.ch/gov/de/start/dokumentation/medienmitteilungen.msg-id-83199.html. Zugegriffen am 20.02.2022.

Bundesrat. (2022). *Das Datenmanagement im Gesundheitsbereich soll verbessert werden.* https://www.admin.ch/gov/de/start/dokumentation/medienmitteilungen.msg-id-86762.html. Zugegriffen am 21.02.2022.

Bundesverwaltung. (2021). *Elektronische Identität: das E-ID-Gesetz.* https://www.ejpd.admin.ch/ejpd/de/home/themen/abstimmungen/bgeid.html. Zugegriffen am 20.02.2022.

De Carli, L., & Brupbacher, M. (2020). *Fehler in der Corona-Statistik – weil Ärzte am Fax festhalten.* https://www.tagesanzeiger.ch/bund-muss-in-seiner-todesfallstatistik-fehler-korrigieren-584308129723. Zugegriffen am 21.02.2022.

Deloitte. (2020). *Corona-Krise beschleunigt die Verbreitung von Home-Office.* https://www2.deloitte.com/ch/de/pages/human-capital/articles/how-covid-19-contributes-to-a-long-term-boost-in-remote-working.html. Zugegriffen am 20.02.2022.

eHealthSuisse. (2021). *Elektronisches Patientendossier: Die Einführungsphase läuft.* https://www.e-health-suisse.ch/fileadmin/user_upload/Dokumente/D/factsheet-epd-einfuehrung.pdf. Zugegriffen am 19.02.2022.

Eichenberger, M. (2020). *SwissCovid-App – Top oder Flop?* https://www.swissinfo.ch/ger/coronavirus_swisscovid-app%2D%2D-top-oder-flop-/45948286. Zugegriffen am 19.02.2022.

Fedlex. (2015). *Bundesgesetz über das elektronische Patientendossier.* https://www.fedlex.admin.ch/eli/cc/2017/203/de. Zugegriffen am 21.02.2022.

Fedlex. (2021). *Bundesgesetz über die Bekämpfung übertragbarer Krankheiten des Menschen.* https://www.fedlex.admin.ch/eli/cc/2015/297/de. Zugegriffen am 20.02.2022.

Fichter, A. (2020a). *Bald ausgefaxt? BAG modernisiert Prozesse für Datenerhebung.* https://www.republik.ch/2020/03/27/bald-ausgefaxt-bag-modernisiert-prozesse-fuer-datenerhebung. Zugegriffen am 19.02.2022.

Fischer, K., & Belot, E. (2021). *Update: 8 Monate SwissCovid, 3 Millionen Downloads, nicht jeder Covid-Code eingetragen.* https://www.netzwoche.ch/news/2021-03-10/update-8-monate-swisscovid-3-millionen-downloads-nicht-jeder-covid-code-eingetragen. Zugegriffen am 21.02.2022.

Häusler, T. (2022). *Corona-Kranke in Spitälern: Bilden BAG-Zahlen die Realität ab?* https://www.srf.ch/news/schweiz/taegliche-corona-spitalzahlen-corona-kranke-in-spitaelern-bilden-bag-zahlen-die-realitaet-ab. Zugegriffen am 20.02.2022.

Hörz, M., Meyer, R. & Zajonz, M. (2022). *Impfkampagne in Deutschland – Wie viele bisher gegen Corona geimpft wurden.* https://www.zdf.de/nachrichten/politik/corona-impfung-daten-100.html. Zugegriffen am 20.02.2022.

Huber, F. (2022). *Reformaktivismus trotz unerreichter Ziele – Das BAG soll keine weiteren Kompetenzen mehr erhalten.* SAEZ. https://saez.ch/article/doi/saez.2022.20526. Zugegriffen am 02.03.2022.

Jaun, R. (2022). *Nationalrat fordert Ersatzlösung für „Meineimpfungen.ch".* https://www.netzwoche.ch/news/2022-03-01/nationalrat-fordert-ersatzloesung-fuer-meineimpfungench. Zugegriffen am 03.03.2022.

John Hopkins University. (2022). *COVID-19 Dashboard.* https://coronavirus.jhu.edu/map.html. Zugegriffen am 21.02.2022.

KSD. (2007). *Informations- und Einsatz-System (IES-KSD).* https://docplayer.org/44482355-1-07-inhalt-informations-und-einsatz-system-ies-ksd.html. Zugegriffen am 20.02.2022.

Lenz, C., & Reichen, P. (2020). *Wie der Bund den Desinfektionsmittel-Mangel verursachte.* https://www.tagesanzeiger.ch/wie-der-bund-den-desinfektionsmittel-engpass-verursachte-648183807215. Zugegriffen am 19.02.2022.

Marti, G. A. (2020). *In der Schweiz beginnen die Impfungen.* https://www.nzz.ch/schweiz/coronavirus-start-der-covid-19-impfungen-in-den-kantonen-ld.1593200. Zugegriffen am 1902.2022.

Our World in Data. (2022). *Coronavirus (COVID-19) Vaccinations.* https://ourworldindata.org/covid-vaccinations. Zugegriffen am 22.02.2022.

Panzer, A. (2015). *Das Informations- und Einsatz-System (IES) hilft Leben retten.* https://www.e-periodica.ch/cntmng?pid=asm-004:2015:181::507. Zugegriffen am 20.02.2022.

Schmid, A. (2022). *Zeit der Abrechnung. Sonntagszeitung.* https://www.derbund.ch/ueber-ein-dutzend-pandemieberichte-sollen-schweiz-krisenfester-machen-382408624170. Zugegriffen am 02.03.2022.

Schnyder, M. (2021). *Lebt die SwissCovid-App noch?* https://www.srf.ch/news/schweiz/contact-tracing-lebt-die-swisscovid-app-noch. Zugegriffen am 19.02.2022.

Serafini, S. (2022). *Warum die Schweizer Labors am Limit sind.* https://www.watson.ch/schweiz/coronavirus/986305123-schweizer-labore-am-limit-mit-pcr-tests-oesterreicher-schaffen-mehr. Zugegriffen am 21.02.2022.

Signorell, G., & Demuth, Y. (2022). *Im Blindflug durch die Pandemie.* https://epaper.beobachter.ch/html5/xV1Gayqezo/JrH7AzLCdhHEQ/article/9967d07c8c5d493d80a4ec7103c1d453. Zugegriffen am 04.03.2022.

SRF. (2021a). *Impfungen: Spitzenreiter Basel-Stadt, Schlusslicht Thurgau.* https://www.srf.ch/news/schweiz/kampf-gegen-das-coronavirus-impfungen-spitzenreiter-basel-stadt-schlusslicht-thurgau. Zugegriffen am 21.02.2022.

SRF. (2021b). *Covid-Gesetz wird deutlich angenommen.* https://www.srf.ch/news/abstimmungen-28-november-2021/covid-gesetz/62-prozent-zustimmung-covid-gesetz-wird-deutlich-angenommen. Zugegriffen am 19.02.2022.

SRF. (2021c). *Corona verursacht höchste Übersterblichkeit seit 1918.* https://www.srf.ch/news/schweiz/todesfaelle-waehrend-pandemien-corona-verursacht-hoechste-uebersterblichkeit-seit-1918. Zugegriffen am 19.02.2022.

Universität Zürich. (2021). *Medienmitteilung: Covid führt zu kurz- und langfristigen Digitalisierungsschüben.* https://www.media.uzh.ch/de/medienmitteilungen/2021/Digitalisierungsschub.html. Zugegriffen am 20.02.2022.

Waldmann, B., & Spiess, A. (2015). *Aufgaben- und Kompetenzverteilung im schweizerischen Bundesstaat. Institut für Föderalismus.* https://www.unifr.ch/federalism/de/assets/public/files/NZ/Gutachten_final_Typologie_Aufgaben.pdf. Zugegriffen am 21.02.2022.

Wyss, K. (2020). *SORMAS – Implementation of SORMAS in Switzerland.* https://www.swisstph.ch/fr/projects/project-detail/project/implementation-of-sormas-in-switzerland/. Zugegriffen am 19.02.2022.

Zihlmann, O., Gamp, R., & Grassegger, H. (2022). Wollen wir uns von Algorithmen informieren lassen – oder von Menschen. *Sonntagszeitung.* https://www.tagesanzeiger.ch/wollen-wir-uns-von-algorithmen-informieren-lassen-oder-von-menschen-136062637884. Zugegriffen am 03.03.2022.

Zöfel, K. (2022). *Übersterblichkeit in Corona-Zeiten: Wer ist woran gestorben?* https://www.srf.ch/news/schweiz/tote-waehrend-corona-pandemie-uebersterblichkeit-in-coronazeiten-wer-ist-woran-gestorben. Zugegriffen am 02.03.2022.

Dr. med. Beat Pierre Arnet, Master of Health Administration MHA und Softwareingenieur HTL/NDS arbeitete nach dem Studium zuerst in der klinischen Forschung und dem Schweizer Register für Knochenmarkspender. Als Medizininformatiker der frühen Stunde war er viele Jahre bei der Schweizerischen Unfallversicherungsanstalt Suva und zuletzt bei der Krankenkasse KPT als Leistungschef und Mitglied der Geschäftsleitung tätig. Seit seiner Frühpensionierung 2020 übernimmt er mit seinem Unternehmen Beratungs- und Projektleitungsmandate in den Bereichen eHealth und Medizinaltarife.

Erkenntnisse aus COVID-19: Welche Potenziale bietet die Distributed Ledger Technologie für optimierte Impf- und Genesungsnachweise

3

Dominik Schrahe und Thomas Städter

Inhaltsverzeichnis

3.1 Einleitung.. 42
3.2 Forschungsprojekt und Forschungsmethodik... 43
3.3 Applikationsanalyse: Anforderungen an COVID-19 Impf- Test- und
Genesungsnachweise... 45
3.4 Technologieanalyse: Technologieattribute der Distributed Ledger Technologie.......... 46
3.5 Technologiepotenzialermittlung.. 52
3.6 Diskussion.. 52
3.7 Fazit und Ausblick... 56
Literatur.. 57

Zusammenfassung

Seit Mitte 2021 gehören digitale Nachweise zu COVID-19-Impfungen, -Genesungen sowie -Tests zu unserem Alltag. Mittels des in Europa verbreiteten digitalen COVID-Zertifikats sind jedoch Fälschungen möglich, Daten werden nur lokal auf Smartphones gespeichert und sind somit nicht zu Forschungszwecken verwendbar. Bei der Abfrage eines Impfnachweises könnten personenbezogene Daten systematisch erfasst werden, dem Betroffenen wäre ein von der Prüfung des Impfzertifikats abweichender Zweck nicht ersichtlich. Dieser Artikel zeigt mittels einer Technologiepotenzialanalyse, dass die Distributed Ledger Technologie (DLT) in der Lage ist, die genannten Herausforderungen zu adressieren. So könnten etwa Daten zu Impfungen und Tests mittels

D. Schrahe (✉) · T. Städter
FOM Hochschule, München, Deutschland
E-Mail: dominik.schrahe@fom-net.de; thomas.staedter@fom.de

© Der/die Autor(en), exklusiv lizenziert an Springer Fachmedien Wiesbaden
GmbH, ein Teil von Springer Nature 2022, korrigierte Publikation 2023
M. Cassens, T. Städter (Hrsg.), *Erkenntnisse aus COVID-19 für zukünftiges
Pandemiemanagement*, https://doi.org/10.1007/978-3-658-38667-2_3

eines alternativen Systems in Echtzeit und anonymisiert verfügbar gemacht werden. Dennoch bringt die DLT im Vergleich zu etablierteren Technologien auch technologiespezifische Herausforderungen wie die Nicht-Löschbarkeit von Transaktionen mit sich.

Schlüsselwörter

Datenschutzfreundlichkeit · Manipulationssicherheit · Forschung mit Gesundheitsdaten · Potenzialanalyse · Distributed Ledger Technologie

---

3.1   Einleitung

Im Jahre 2015 gingen Experten davon aus, dass die Blockchain-Technologie im Jahr 2025 für 10 Prozent der weltweiten Wertschöpfung verantwortlich sein könnte (Espinel et al., 2015, S. 5). Der Hype hat sich inzwischen abgeschwächt sodass nun eine realistische Bewertung der Technologie möglich ist. Die damalige Einschätzung, dass die DLT vor allem in der Datenhaltung im Gesundheitswesen besondere Potenziale bietet (Hogan et al., 2016, o.S.), wird jedoch bis heute in Wissenschaft und Praxis geteilt (Zheng et al., 2019, S. 3; Liu et al., 2020, S. 243). Grund hierfür ist, dass die DLT mehrere Herausforderungen im Gesundheitswesen adressiert (Kuo et al., 2019, S. 462). Publikationsübergreifend werden dabei genannt:

- Hohe IT-Sicherheits- und Datenschutzanforderungen
- Dezentrale Datenverarbeitung bei Patienten und Gesundheitsdienstleistern sowie Interoperabilität
- Ermöglichung der patientenseitigen Verwaltung und Nachverfolgung von Zugriffen auf Gesundheitsdaten

Bereits zu Beginn der COVID-19-Pandemie wurde klar, dass Impfungen und Tests ein wichtiger Bestandteil der Bekämpfung sein werden. Hierfür sind sichere und praktikable Methoden erforderlich, erfolgte Impfungen und negative Testergebnisse nachzuweisen. Diverse Publikationen aus den Jahren 2020 und 2021 bringen in diesem Zusammenhang ebenfalls die DLT als technische Basis ins Spiel (Mithani et al., 2021, S. 9). Dabei erfolgt jedoch häufig eine einseitige Betrachtung der DLT bzw. Blockchain-Technologie, ohne Vergleich zu alternativen Technologien. So ließen sich die oben erwähnten Herausforderungen auch mittels lang etablierter Technologien wie (Relationalen) Datenbankmanagementsystemen unter Zuhilfenahme von Zugriffsrechtebeschränkungen, Verschlüsselung und Logging sowie Hashing- und Signaturverfahren adressieren. Unter Logging wird die Protokollierung technischer Ereignisse verstanden, etwa An- und Abmeldungen an einem System oder Auslösung sicherheitskritischer Aktionen. Hashverfahren dienen zum Bilden einer Prüfsumme über eine Einwegfunktion, hierdurch können etwa Manipulationen an Daten festgestellt werden während Signaturverfahren elektronische Unterschriften bereitstellen, etwa um die Echtheit von Datensätzen oder Dokumenten zu bestätigen.

Neben diesen Publikationen besteht mit dem digitalen COVID-Zertifikat in Europa vor allem eine Lösung, die politisch gefördert und mittlerweile sehr verbreitet ist. Der auf den oben genannten etablierten Technologien basierende Nachweis für Impfungen, Genesungen und Testergebnisse wurde mittlerweile mehr als 590 Millionen Mal ausgestellt und wird auch außerhalb der EU anerkannt (European Commission, 2021a, o.S.). Trotz ihrer Verbreitung ist diese Lösung nicht optimal, wie etwa Berichte über Fälschungen von Impfnachweisen zeigen (Christiansen, 2022, o.S. https://www.heise.de/news/Boom-bei-falschen-Impfpaessen-ueber-12-000-Verfahren-und-Dunkelfeld-6331479.html). Darüber hinaus ist die bestehende Lösung ungeeignet, Impf-, Test- und Genesungsdaten für über den Nachweis hinausgehende Zwecke einzusetzen, obwohl diese in der wissenschaftlichen Forschung aber auch für das politische Pandemiemanagement zentral wären. Herausforderungen, die mit der bestehenden technologischen Basis einhergehen, wurde daher ausführlich von Schrahe und Städter (2021, S. 315) diskutiert. Aufgrund der Diskrepanz der technischen Umsetzung zwischen der politisch etablierten Lösung und den in wissenschaftlichen Publikationen vorgeschlagenen Lösungen, soll in diesem Beitrag eine vergleichende Technologiepotenzialanalyse nach Ardilio und Schimpf (2010, S. 34) durchgeführt werden. Dabei werden im Rahmen einer Applikationsanalyse konkrete Anforderungen an COVID-19-Nachweissysteme sowie im Rahmen einer Technologieanalyse Technologiemerkmale der DLT vergleichend mit alternativen Technologien ermittelt. Durch eine Gegenüberstellung im Rahmen der Technologiepotenzialermittlung können Stärken aber auch Schwächen der DLT, sowie wesentliche, bei einer Implementierung zu berücksichtigende Designaspekte herausgearbeitet werden. Ziel ist es zu ermitteln, ob ein COVID-Nachweissystem auf der DLT aufgebaut werden kann und falls ja, ob die DLT im Vergleich zu herkömmlichen Technologien Vorteile bietet. Ein besonderer Fokus liegt dabei, entsprechend der Relevanz für COVID-Nachweissysteme, auf sicherheitstechnischen und datenschutzrechtlichen Aspekten, sowie auf der potenziellen Verwertbarkeit dieser Daten für Forschungszwecke.

3.2 Forschungsprojekt und Forschungsmethodik

3.2.1 Literaturarbeit und Inhaltsanalyse

Der Stand der Forschung bezüglich COVID-19-Nachweissystemen wurde im Rahmen einer Literaturrecherche nach vom Brocke et al. (2009) ermittelt. Die gefundene Literatur diente auch als Grundlage für die Applikations- und die DLT-Technologieanalyse. Berücksichtigt wurde die deutsch- und englischsprachige Literatur zum Thema. Im Rahmen der Applikationsanalyse sowie der Technologieanalyse wurde eine qualitative Inhaltsanalyse nach Mayring (2010, S. 601) unter Zuhilfenahme der Software MAXQDA durchgeführt. Die zunächst extrahierten Aussagen zu Technologiemerkmalen der DLT im Vergleich zu alternativen Technologien wurden als sogenannte Paraphrasen gesammelt. Im Rahmen der Generalisierung wurden sämtliche Paraphrasen auf ein einheitliches Abstraktionsniveau gebracht. Die folgenden Reduktionsschritte brachten die Paraphrasen zueinander in Bezug und fassten sie in Ober- und Kernkategorien und somit letztlich zu Anforderungen sowie Technologieattributen zusammen.

3.2.2 Technologiepotenzialanalyse

Ziel der Technologiepotenzialanalyse ist es, neue Anwendungsfelder einer Technologie abzuleiten, indem Technologiepotenziale identifiziert und mit Anforderungen aus einem Anwendungsbereich in Bezug gesetzt werden. Der Technologieentwicklungsprozess ist nach Ardilio und Schimpf (Ardilio & Schimpf, 2010, S. 34) in fünf Innovationsebenen von Kompetenz, Technologie, Funktionalität, Leistung und Markt gegliedert. Da es in diesem Forschungsprojekt nicht um die Markteinführung eines konkreten Produktes geht, wird die Methodik der Technologiepotenzialanalyse adaptiert (Ardilio & Laib, 2008, S. 175). Während der Technologieanalyse werden die Eigenschaften und Funktionen der Technologie ebenso wie die ggf. konkurrierender Technologien betrachtet um sogenannte Technologieattribute als Leistungsmerkmale abzuleiten. Dagegen identifiziert die Applikationsanalyse die Anforderungsprofile des Marktes, hier die Anforderungen an ein COVID-19-Nachweissystem. Im Anschluss kann die Potenzialermittlung erfolgen, bei der die identifizierten Technologieattribute den Eigenschaften der Applikation gegenübergestellt werden (Ardilio & Schimpf, 2010, S. 34).

Im vorliegenden Fall werden Kategorien für Technologieattribute der DLT identifiziert, die in Bezug zu Substitutionstechnologien gesetzt wurden. Zum Vergleich zwischen DLT und alternativer Technologie erfolgte eine Einordnung in die drei Klassen überlegen (1), gleichwertig (0) und unterlegen (-1) jeweils aus Perspektive der DLT.

In der anschließenden Technologiepotenzialermittlung werden die Ergebnisse von Applikations- und Technologieanalyse in Bezug gesetzt, um festzustellen, welche COVID-Nachweissystem-Anforderungen in wie hohem Maße durch die Technologiemerkmale der DLT unterstützt werden. Die Methodik ist in Abb. 3.1 grafisch dargestellt.

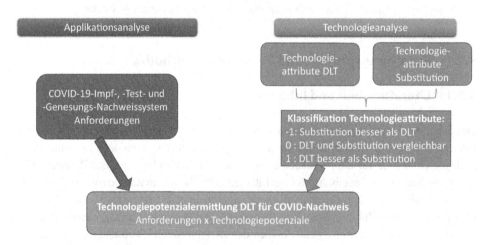

Abb. 3.1 Vorgehen zur Technologiepotenzialanalyse

3.3   Applikationsanalyse: Anforderungen an COVID-19 Impf-Test- und Genesungsnachweise

Die grundlegenden Anforderungen an ein COVID-19 Impf-, Test- und Genesungs-Nachweissystem hat die Europäische Union im Frühjahr 2021 unter dem Namen „EU Green Certificate" erarbeitet. Zu Beginn des Jahres 2022 ist das als „Digitales COVID-Zertifikat der EU" bekannte System in nahezu allen EU-Staaten und teilweise darüber hinaus verfügbar. Durch Folgeverordnungen, die der Entwicklung der Pandemie Rechnung trugen, wurden die Anforderungen in Teilen erweitert beziehungsweise konkretisiert. Weitere datenschutzrechtliche Anforderungen gehen direkt aus der EU-DSGVO hervor. Darüber hinaus verweist die wissenschaftliche Literatur zu Nachweissystemen mit der Bereitstellung von, ggf. anonymisierten, Daten über Impfungen und Testergebnisse häufig auf eine durch die EU nicht berücksichtigte Anforderung. Weitere Herleitungen hierzu finden sich auch bei Schrahe und Städter (2021, S. 315). Die Identifizierten Anforderungen gehen aus Tab. 3.1 hervor.

Tab. 3.1 Anforderungen an ein COVID-19-Impf- und Testnachweissystem

Anforderung	Erklärung	Quelle
A-1	Anzeige des Nachweises über eine CO-VID-19-Impfung, -Test oder -Genesung auf dem eigenen Smartphone	European Commission (2021b)
A-2	Manipulationssicherer Nachweis zu durchgeführten COVID-19 Impfungen, -Tests oder der Genesung (Validität, Integrität, Authentizität)	European Commission (2021b)
A-3	Interoperabilität mindestens innerhalb der EU	European Commission (2021b)
A-4	Prüfung von Nachweisen via App und Barcode oder QR-Code	European Commission (2021b)
A-5	Technische Kompatibilität zu anderen Systemen durch offene Schnittstellen und internationale Standards	European Commission (2021b)
A-6	Datenschutzfreundlicher Nachweis (Privacy-by-Design, Datenminimierung)	Art. 25 EU-DSGVO; Art. 5, Abs. 1, lit. c EU-DSGVO
A-7	Transparenz durch Nachvollziehbarkeit der bereitgestellten Nachweise	Art. 5, Abs. 1, lit. a EU-DSGVO
A-8	Breitstellung so vieler Daten wie (datenschutzrechtlich) möglich, um die wissenschaftliche Forschung sowie das Pandemiemanagement zu unterstützen	de Almeida et al. (2020, S. 2487), Ienca und Vayena (2020, S. 463)

(Fortsetzung)

Tab. 3.1 (Fortsetzung)

Anforderung	Erklärung	Quelle
A-9	Gültigkeitsbegrenzung ausgestellter Zertifikate auf Grundlage aktueller wissenschaftlicher Erkenntnisse	European Commission (2021c)
A-10	Verwaltung und Prüfung von mehr als zwei Impfungen in Abhängigkeit davon, welche Impfstoffe verabreicht wurden	European Commission (2021d)

3.4 Technologienanalyse: Technologieattribute der Distributed Ledger Technologie

Bei der DLT handelt es sich um eine dezentralisierte und auf die Wahrung der Integrität spezialisierte Datenstruktur, die den Schutz vor unberechtigten Veränderungen von Daten sicherstellt. Diese wird in mehreren wissenschaftlichen Publikationen im Zusammenhang mit COVID-19-Impfnachweissystemen zur manipulationssicheren Speicherung genannt (Mithani et al., 2021, S. 9). Häufig werden die Begrifflichkeiten DLT und Blockchain synonym verwendet, dabei stellt letzteres eine Spezialform der DLT dar. Bei einem Distributed Ledger handelt es sich um eine über ein Netzwerk verteilte Datenstruktur aus miteinander verketteten Transaktionen. Transaktionen sind Datenverarbeitungsvorgänge, die entweder vollständig und korrekt durchgeführt werden oder die bei unvollständiger oder fehlerhafter Ausführung rückgängig gemacht werden. Eine erfolgreiche Transaktion wird in den Distributed Ledger aufgenommen. Das Netzwerk besteht aus mehrere Rechnerknoten, die den Ledger jeweils speichern und Transaktionen validieren (Chowdhury et al., 2019, S. 167931). Werden dabei mehrere Transaktionen in Datenblöcken zusammengefasst, die kryptografisch miteinander verbunden sind, wird die Begrifflichkeit Blockchain verwendet.

Ziel dieses Abschnitts ist, durch die Technologieanalyse insbesondere sicherheits- und datenschutzrelevante Technologieattribute der DLT im Vergleich zu etablierten Technologien wie relationalen Datenbanken, Hashingverfahren und elektronischen Signaturen zu erfassen. Dadurch sollen Potenziale, aber auch behindernde Faktoren der DLT abgeleitet werden.

3.4.1 Verteilte Datenstruktur und Transaktionsorientierung

Wie oben beschrieben, können mittels einer DLT Geldtransaktionen vorgenommen werden, wie bei der Kryptowährung Bitcoin, oder Gesundheitsdaten zu COVID-Impfungen übermittelt werden. Da aufeinanderfolgende Transaktionen oder Blöcke zusammengefasster Transaktionen jeweils durch den Hashwert des Vorgängerblocks kryptografisch mit diesem verbunden sind, sind Änderungen der Transaktionen im Nachhinein nicht möglich (Mahn, 2019, S. 74; Sunyaev, 2020, S. 237).

Diese Unveränderbarkeit von auf Distributed Ledgern gespeicherten Transaktionsdaten wirft datenschutzrechtliche Fragen auf. Sofern ein Personenbezug herstellbar ist, muss den in der EU-DSGVO festgelegten Prinzipien der Berichtigung falscher Daten sowie dem Recht auf Vergessen nachgekommen werden (Hein et al., 2018, S. 30). In klassischen, eher auf eine zentrale Transaktionsverarbeitung und Datenspeicherung ausgelegten Systemen wie relationalen Datenbanken, ist eine Löschung jederzeit möglich, Berechtigungskonzepte schützen die Daten vor unberechtigt lesenden und schreibenden Zugriffen. Verschlüsselungs- und Signaturverfahren können ebenfalls in relationalen Datenbanken verwendet werden (Schicker, 2017, S. 168). Die Verteilung über mehrere relationale Datenbankknoten hinweg verringert jedoch im Gegensatz zur DLT die Konsistenz oder Verfügbarkeit der Daten (Brewer, 2010, S. 335).

Die sich für die Attributgruppe „Verteilte Datenstruktur und Transaktionsorientierung" ergebenden Technologieattribute gehen aus Tab. 3.2 hervor.

Tab. 3.2 DLT-Technologieattribute in der Gruppe Verteilte Datenstruktur und Transaktionsorientierung

Nummer	Technologieattribute DLT	Einordnung ggü. Substitution	Erläuterungen und Begründung der Einordnung
T 1.1	Transaktionsori-entierung	0	Die DLT ist auf die Transaktionsverarbeitung ausgerichtet, Transaktionen können jedoch auch Nutzdaten enthalten. Im Vergleich zu klassischen Datenbanken ergeben sich somit weder positive noch negative Auswirkungen.
T 1.2	Verteilte Transaktions-verarbeitung	1	Datenbanksysteme sind grundsätzlich zentral organisiert. Sollen Daten dezentral gespeichert bzw. verarbeitet werden, geschieht dies auf Kosten von Integrität oder Performance. Die DLT ist grundsätzlich dezentral organisiert, wodurch die verteilte Datenverarbeitung im Rahmen eines COVID-Nachweissystems potenziell unterstützt werden kann.
T 1.3	Unveränderbarkeit von Transaktionen durch Rückwärtsverkettung mit dem Vorgänger-block	1	Aufgrund der rückwärts über den Hashwert verketteten Blöcke ist eine nachträgliche Änderung von Transaktionen auf einem Distributed Ledger nicht möglich, ohne dass alle Folgeblöcke geändert werden müssten. Mit wachsender Anzahl Folgeblöcke ergibt sich ein kryptografisch stärkerer Schutz vor Datenmanipulation als bei herkömmlichen digitalen Signaturen.
T 1.4	Nicht-Löschbarkeit von Transaktionen	-1	Art. 17 EU-DSGVO sieht ein „Recht auf Vergessenwerden" vor, welches aufgrund des Integritätsschutzes mittels der DLT nicht umgesetzt werden kann. Herkömmliche Datenbanksysteme ermöglichen eine Löschung jederzeit.

3.4.2 Betriebsmodelle und Konsensmechanismen

In relationalen Datenbanken bestehen neben der Möglichkeit zu lesenden Zugriffen (SELECT-Statement) auch mehrere Zugriffsoperatoren für schreibende Zugriffe (z. B. CREATE-, DELETE-, UPDATE-Statement). Jede Art von Zugriff wird erst nach einer positiven Berechtigungsprüfung durch den Betreiber des Datenbankmanagementsystems durchgeführt. Dies gilt auch für verteilte Datenbanken, bei denen ein Schreibvorgang erst abgeschlossen ist, wenn dieser auf allen Instanzen durchgeführt wurde (Kothari et al., 2019, S. 357). Die Transaktionsorientierung und nicht-Veränderbarkeit von Distributed Ledgern bedingt ein grundsätzlich anderes Vorgehen. Um einen neuen Block mit mehreren Transaktionen zu erstellen und diesen mit dem Folgeblock verketten zu können, müssen alle enthaltenen Transaktionen zunächst geprüft werden, um dann einen Hash-Wert über den Block bilden zu können. Dadurch wird etwa sichergestellt, dass kein Versuch vorliegt, denselben Impfnachweis mehreren Personen zuzuordnen. Zur Umsetzung bestehen verschiedene Prüfverfahren und Betriebsmodelle, die Einfluss auf die Technologieattribute haben. So wird abhängig von der Zugreifbarkeit des Distributed Ledger zwischen Public und Private Ledgern unterschieden, wobei erstere unbeschränkten lesenden Zugriff auf alle Transaktionen ermöglichen und letztere nur berechtigten Teilnehmern den Zugriff gewähren.

Um in einem Public Distributed Ledger, der ohne eine zentrale Steuerungsinstanz auskommt (Angraal et al., 2017, S. 1), einen Konsens unter der in der Regel großen Anzahl von Knoten zu erzielen, wurde das Proof-of-Work-Verfahren (PoW) entwickelt. Dieses ist sehr rechenleistungsintensiv (Nakamoto, 2008, S. 3) und damit vergleichsweise langsam, zudem ist es kosten- sowie energieintensiv. Dafür bietet es die höchstmögliche Unabhängigkeit von einer zentralen Instanz und dem Vertrauen in diese (Soni & Bhushan, 2019, S. 922). Alternativ zum PoW-Verfahren kann der Konsens über das deutlich weniger energieintensive Proof-of-Stake-Verfahren (PoS) erreicht werden. Anstelle der Auswahl eines Knotens anhand der höchsten Rechenleistung erfolgt die Auswahl hierbei über die Bereitschaft, digitale Werte, etwa in Form einer Kryptowährung, zu hinterlegen (Chowdhury 2013, S. 167932). Aufgrund des hohen Verteilungsgrades und der potenziell hohen Teilnehmeranzahl erreichen nur Public Distributed Ledger das Maximum an Widerstandsfähigkeit (Wiefling et al., 2017, S. 482) und Ausfallsicherheit, da sowohl die Datenspeicherung als auch deren Verarbeitung auf allen Knoten parallel erfolgt (Hein et al., 2018, S. 13).

Die Eigenschaft eines öffentlichen Ledgers, sämtliche Transaktionen für die Allgemeinheit öffentlich zu machen, ist jedoch nicht für jeden Einsatzzweck geeignet. Als alternatives Betriebsmodell sind daher private Ledger, die lesende und schreibende Zugriffe einer bestimmten Nutzergruppe vorbehalten, verfügbar. Dies wird grundsätzlich mit klassischen Zugriffsschutzmechanismen wie einer Anmeldung am System sichergestellt. In Bezug auf die Fälschungssicherheit bieten private Ledger einen geringeren Schutz als öffentliche, da dem Betreiber des privaten Ledgers vertraut werden muss (Chowdhury et al., 2019, S. 167941). Stattdessen bieten Private Distributed Ledger ein höheres Maß an Privatsphäre und eine schnellere Transaktionsverarbeitung (Sunyaev, 2020, S. 237).

Innerhalb relationaler Datenbanken wird in der Regel keines der oben genannten Konsensverfahren benötigt, weshalb diese insbesondere im Vergleich zu Public Distributed Ledgern deutlich schneller Daten schreiben können. Der Schutz von Vertraulichkeit und Integrität der gespeicherten Daten beruht im Wesentlichen auf Zugriffsschutzmechanismen (Kothari et al., 2019, S. 357). Im Falle verteilter Datenbanken wird üblicherweise anstelle eines aufwändigen Konsensverfahrens ein Datenbankknoten bestimmt, der als Master fungiert (Nasibullin, 2020, S. 33).

Die sich für die Attributgruppe „Betriebsmodelle und Konsensmechanismen" ergebenden Technologieattribute gehen aus Tab. 3.3 hervor.

Tab. 3.3 DLT-Technologieattribute in der Gruppe Betriebsmodelle und Konsensmechanismen

Nummer	Technologieattribute DLT	Einordnung ggü. Substitution	Erläuterungen und Begründung der Einordnung
T 2.1	DLT-Transaktionen sind öffentlich Verfügbar (Public)	-1	Public Distributed Ledger stehen vollständig öffentlich zur Verfügung. Datenbanken bieten mit Berechtigungssystemen standardmäßig einen höheren Schutz der Vertraulichkeit.
T 2.2	Keine zentrale Steuerungseinheit (Public)	-1	Die fehlende zentrale Steuerungseinheit bei Public Distributed Ledgern wirft datenschutzrechtliche Fragen bzgl. der verantwortlichen Stelle auf, die bei Relationalen Datenbanken nicht bestehen.
T 2.3	Hoher Rechenleistungsaufwand (Public/PoW)	-1	Der Rechenaufwand erhöht potenziell den Integritätsschutz. Gleichzeitig entstehen hohe Kosten und Energieverbräuche. Die Verwaltung von Daten in Relationalen Datenbanken ist aufwandsärmer.
T 2.4	Transaktionen sind innerhalb des Netzwerks verfügbar (Private)	0	Bei Private Distributed Ledgern haben nur ausgewählte Netzwerkknoten und Benutzer Zugriff auf Transaktionsdaten. Dies gilt analog zu verteilten Relationalen Datenbanken.
T 2.5	Dezentralisiertes System mit zentraler Steuerungseinheit (Private)	0	Die Teilnahme am Netzwerk ist nur ausgewählten Knoten möglich, wodurch eine zentrale Steuerung wie bei Datenbanken möglich ist.
T 2.6	Niedriger Rechenleistungsaufwand (Private)	0	Auf Private Distributed Ledgern erfolgt die Transaktionsvalidierung mit geringem Aufwand und ist damit ähnlich kostengünstig wie bei Datenbanken.
T 2.7	Verteilte Validierung von Transaktionen (Public)	1	Die Validierung von Transaktionen erfolgt bei Public Distributed Ledgern durch Knoten, die nicht von einer zentralen Instanz abhängig sind. Damit sind Manipulationen aufwändiger als bei Relationalen Datenbanken, bei denen Vertrauen in den Betreiber notwendig ist.

3.4.3 Vertraulichkeit und Integrität

In der DLT begründete datenschutzrechtliche Herausforderungen ergeben sich dagegen aus der sogenannten Wallet-Adresse, die jeden Benutzer identifiziert (Hein et al., 2018, S. 22). Entgegen den Darstellungen einiger wissenschaftlicher Publikationen (Kuo et al., 2017, S. 1211; Griggs et al., 2018, S. 2) sind auf einem Public Distributed Ledger gespeicherte Transaktionen daher nicht zwangsläufig als anonym, sondern eher als pseudonym anzusehen (Hein et al., 2018, S. 22). Insbesondere bei der Verarbeitung von Gesundheitsdaten – wie bei COVID-19-Nachweisen – ergeben sich hieraus erhebliche datenschutzrechtliche Unterschiede und Patientenrisiken (Zhang et al., 2018, S. 18). Einige DLT-Systeme wie die Kryptowährung Monero (Kuo et al., 2019, S. 462) oder Hyperledger Fabric (Chowdhury et al., 2019, S. 167941) erhöhen durch technische Maßnahmen die Privatsphäre.

Darüber hinaus gilt sowohl für die DLT als auch für klassische Datenbanken, dass (Transaktions-) Daten standardmäßig unverschlüsselt abgelegt werden, was den Anforderungen von Gesundheitsdaten nicht gerecht wird. Eine Verschlüsselung ist daher unabhängig von der Technologie zusätzlich zu implementieren sofern personenbezogene Daten verarbeitet werden (Zhang et al., 2018, S. 27). Die sich für die Attributgruppe „Vertraulichkeit und Integrität" ergebenden Technologieattribute gehen aus Tab. 3.4 hervor.

3.4.4 Verfügbarkeit und Skalierbarkeit

Grundsätzlich sind DLT-basierte Systeme aufgrund des hohen Verteilungsgrades sehr widerstandsfähig gegenüber Ausfällen. Dennoch kann es zu Verzögerungen bei der Validierung von Transaktionen kommen, dies gilt insbes. für hohe Transaktionsvolumina (Zhang et al., 2018, S. 29). Dieser Herausforderung kann jedoch mit dem Systemdesign eines Privaten Distributed Ledgers begegnet werden. Den Beweis für die technische Umsetzbarkeit eines Systems mit einer Kapazität von mehr als 1000 Transaktionen pro Se-

Tab. 3.4 DLT-Technologieattribute in der Gruppe Vertraulichkeit und Integrität

Nummer	Technologieattribute DLT	Einordnung ggü. Substitution	Erläuterungen und Begründung der Einordnung
T 3.1	Pseudonymität von Transaktionen	1	Transaktionen auf einem Distributed Ledger sind pseudonym. Im Gegensatz zu herkömmlichen Technologien wie Relationalen Datenbanken können Datensätze im Standard somit nie direkt einer natürlichen Person zugeordnet werden.
T 3.2	Verschlüsselung bei Personenbezug	0	Die DLT sieht standardmäßig keine verschlüsselte Speicherung von Transaktionen vor. Wie auch bei Datenbanken muss eine Verschlüsselung separat implementiert werden.

kunde hat Estland bereits 2012 erbracht (Bittroff & von Mittelstaedt, 2019, S. 54). Die Dezentralität der DLT ermöglicht es zudem, Kapazitätsgrenzen durch das Hinzufügen weiterer Standardhardware zu überwinden (Linn & Koo, 2016, S. 4). Insbesondere bei Public Distributed Ledgern wird der Durchsatz jedoch in der Regel durch aufwändigere Konsensmechanismen begrenzt (siehe Abschn. 3.4.2) (Kannengießer et al., 2020, S. 17). Private Distributed Ledger können eine hohe Performance dagegen nur bei geringer Anzahl von Rechnerknoten aufrechterhalten (Han et al., 2018, S. 3). Diese Herausforderung besteht auch für verteilte relationale Datenbanken, solange die Konsistenz gewahrt bleiben muss (Brewer, 2010, S. 335). Die sich für die Attributgruppe „Verfügbarkeit und Skalierbarkeit" ergebenden Technologieattribute gehen aus Tab. 3.5 hervor.

Tab. 3.5 DLT-Technologieattribute in der Gruppe Verfügbarkeit und Skalierbarkeit

Nummer	Technologieattribute DLT	Einordnung ggü. Substitution	Erläuterungen und Begründung der Einordnung
T 4.1	Zeitversatz bis zur Validierung einer Transaktion	-1	In Relationalen Datenbanken gespeicherte Datensätze stehen klassischerweise unmittelbar nach dem Speichervorgang zur Verfügung. Die DLT muss Transaktionen zunächst validieren und benötigt daher mehr Zeit.
T 4.2	Hohe Skalierbarkeit durch Hinzufügen von Standard-Hardware (Public)	1	Distributed Ledger können durch das Hinzufügen von Standardhardware erweitert werden. Diese Möglichkeit besteht zwar auch bei herkömmlichen (verteilten) Datenbanken, jedoch in der Regel mit dem Unterschied, dass diese auf das Hinzufügen teurer Spezialhardware angewiesen sind.
T 4.3	Geringer Transaktions-durchsatz (Public)	-1	Durch aufwendige Konsensmechanismen wie PoW bieten insbesondere Public Distributed Ledger nur einen geringen Transaktionsdurchsatz, der deutlich unter dem von Datenbanken vergleichbarer Leistungsfähigkeit liegt.
T 4.4	Geringe Skalierbarkeit bezüglich Knoten-Anzahl (Private)	0	Insbesondere bei Private Distributed Ledgern kann der hohe Transaktionsdurchsatz nur bei wenigen Knoten im Netzwerk aufrechterhalten werden. Dies gilt analog zu verteilten relationalen Datenbanken.
T.4.5	Hohe Ausfallsicherheit	1	Durch Verteilung und fehlertolerante Konsensmechanismen sind vollständige Ausfälle eines Distributed Ledgers unwahrscheinlicher als Ausfälle einer zentral administrierten verteilten Datenbank.

3.5 Technologiepotenzialermittlung

Aufbauend auf den Anforderungen aus Abschn. 3.3 sowie den Technologiemerkmalen aus Abschn. 3.4 kann die Technologiepotenzialermittlung erfolgen, indem den Anforderungen passende Technologiepotenziale zugeordnet werden. Dabei werden entsprechend den Tab. 3.2, 3.3, 3.4 und 3.5 sowohl positive, neutrale als auch negative Technologiemerkmale der DLT gegenüber Substitutionstechnologien betrachtet. Aufgrund der Unterschiede bei den erfassten Technologiemerkmalen wird zwischen Public und Private Distributed Ledgern unterschieden. Die sich dabei ergebenden Kombinationen gehen aus Tab. 3.6 hervor.

Bei der Potenzialermittlung wird deutlich, dass sich Private und Public Distributed Ledger im Erfüllungsgrad der COVID-Nachweissystem-Anforderungen unterscheiden. In der Summe weisen insbesondere Private Distributed Ledger klare Vorteile gegenüber herkömmlichen Technologien auf. Die Technologiepotenzialermittlung bestätigt damit grundsätzlich die in der Literatur beschriebenen Mehrwerte der DLT für diesen Anwendungszweck, zeigt jedoch auch auf, dass eine genauere Betrachtung erforderlich ist.

3.6 Diskussion

Die Grundannahme aus vielen wissenschaftlichen Veröffentlichungen, dass die DLT im Gesundheitswesen im Allgemeinen sowie für COVID-Nachweissysteme im Speziellen aufgrund des hohen Sicherheitsstandards und der dezentralen Datenverarbeitung sehr großes Potenzial hat, kann nur teilweise bestätigt werden. Vielmehr ergibt sich ein differenziertes Bild, das aufzeigt, dass mit der DLT etwa im Bereich Datenschutz Vorteile wie das sehr hohe Schutzniveau vor Datenmanipulationen mit Nachteilen wie der Nicht-Löschbarkeit von Daten hervorgehen. Auch wenn die Diskussion um die datenschutzrechtliche Einordnung der DLT erst am Anfang steht (Hofert, 2017, S. 161), scheinen zumindest Public Distributed Ledger zur Verarbeitung personenbezogener Daten ungeeignet (Marnau, 2017, S. 1029). Stattdessen kann innerhalb von DLT-Transaktionen die Verarbeitung personenbezogener Daten vermieden werden. Die personenbezogenen Daten können dann in andere Systeme ausgelagert werden, wobei vom Distributed Ledger mit einem Hashwert auf die ausgelagerten Daten verwiesen wird. Die Integrität ist dabei ebenso wirksam sichergestellt, als wenn die Datensätze direkt auf dem Distributed Ledger gespeichert würden (Esposito et al., 2018, S. 33; Ribitzky et al., 2018, S. 7). Darüber hinaus ist die verschlüsselte Speicherung von Daten denkbar, wobei das Schlüsselmaterial im Idealfall durch die im datenschutzrechtlichen Sinne betroffene Person verwaltet wird. Diese Person kann den für den Zugriff auf die Daten erforderlichen Schlüssel auf ihrem Smartphone speichern; wenn kein Zugriff mehr möglich sein soll, kann der Nutzer diesen selbstbestimmt löschen (Crypto-Shredding).

Tab. 3.6 Technologiepotenzialermittlung

Nummer	Anforderung	In Zusammenhang stehende DLT-Technologieattribute	Einordnung ggü. Substitution: Public Distributed Ledger	Einordnung ggü. Substitution: Private Distributed Ledger
A-1	Anzeige des Nachweises über eine COVID-19-Impfung, -Test oder -Genesung auf dem eigenen Smartphone	keine	-	-
A-2	Manipulationssicherer Nachweis zu durchgeführten COVID-19 Impfungen, -Tests oder der Genesung (Validität, Integrität, Authentizität)	T.1.3 Unveränderbarkeit von Transaktionen durch Rückwärtsverkettung mit dem Vorgängerblock	1	1
A-3	Interoperabilität und Skalierbarkeit mindestens innerhalb der EU	T.1.2 Verteilte Transaktionsverarbeitung	1	1
		T.2.1 DLT-Transaktionen sind öffentlich Verfügbar (Public)	-1	-
		T.2.2 Keine zentrale Steuerungseinheit (Public)	-1	-
		T.2.4 Transaktionen sind innerhalb des Netzwerks Verfügbar (Private)	0	0
		T.2.5 Dezentralisiertes System mit zentraler Steuerungseinheit (Private)	-	0
		T.2.7 Verteilte Validierung von Transaktionen (Public)	1	-
		T.4.2 Hohe Skalierbarkeit durch Hinzufügen von Standard-Hardware (Public)	1	-
		T.4.3 Geringer Transaktionsdurchsatz (Public)	-1	-
		T.5.5 Geringe Skalierbarkeit bezüglich Knoten-Anzahl (Private)	-	-1

(Fortsetzung)

Tab. 3.6 (Fortsetzung)

Nummer	Anforderung	In Zusammenhang stehende DLT-Technologieattribute	Einordnung ggü. Substitution: Public Distributed Ledger	Einordnung ggü. Substitution: Private Distributed Ledger
A-4	Prüfung von Nachweisen via App und Barcode oder QR-Code	T.1.2 Verteilte Transaktionsverarbeitung	1	1
		T.2.1 DLT-Transaktionen sind öffentlich Verfügbar (Public)	-1	-
		T.2.4 Transaktionen sind innerhalb des Netzwerks Verfügbar (Private)	-	0
A-5	Technische Kompatibilität zu anderen Systemen durch offene Schnittstellen und internationale Standards	T.1.2 Verteilte Transaktionsverarbeitung	1	1
		T.2.1 DLT-Transaktionen sind öffentlich Verfügbar (Public)	-1	-
		T.2.4 Transaktionen sind innerhalb des Netzwerks Verfügbar (Private)	-	0
		T.2.7 Verteilte Validierung von Transaktionen (Public)	1	-
A-6	Datenschutzfreundlicher Nachweis (Privacy-by-Design, Datenminimierung)	T.1.4 Nicht-Löschbarkeit von Transaktionen	-1	-1
		T.2.1 DLT-Transaktionen sind öffentlich Verfügbar (Public)	-1	-
		T.2.2 Keine zentrale Steuerungseinheit (Public)	-1	-
		T.2.4 Transaktionen sind innerhalb des Netzwerks Verfügbar (Private)	-	0
		T.2.5 Dezentralisiertes System mit zentraler Steuerungseinheit (Private)	-	0
		T.4.1 Pseudonymität von Transaktionen	1	1
		T.4.2 Datenverschlüsselung bei Personenbezug	0	0

Nr.	Beschreibung	Kriterium		
A-7	Transparenz durch Nachvollziehbarkeit der bereitgestellten Nachweise	T.1.3 Unveränderbarkeit von Transaktionen durch Rückwärtsverkettung mit dem Vorgängerblock	1	1
		T.2.1 DLT-Transaktionen sind öffentlich Verfügbar (Public)	-1	-
		T.2.4 Transaktionen sind innerhalb des Netzwerks Verfügbar (Private)	-	0
A-8	Breitstellung so vieler Daten wie (datenschutzrechtlich) möglich um die wissenschaftliche Forschung sowie das Pandemiemanagement zu unterstützen	T.4.1 Pseudonymität von Transaktionen	1	1
A-9	Gültigkeitsbegrenzung ausgestellter Impfzertifikate auf Grundlage aktueller wissenschaftlicher Erkenntnisse	keine		
A-10	Verwaltung und Prüfung von mehr als zwei Impfungen in Abhängigkeit davon, welche Impfstoffe verabreicht wurden	keine		
	SUMME		1	5

Private Distributed Ledger erreichen in der Technologiepotenzialanalyse ein besseres Ergebnis, im Vergleich zu Public Distributed Ledgern muss hier jedoch den Betreibern der Knoten vertraut werden. Bei einer Verteilung der Knoten über verschiedene Institutionen hinweg, im vorliegenden Fall etwa die obersten Gesundheitsbehörden der EU-Staaten, wird diese Herausforderung entschärft.

Durch die im Standard pseudonyme Verarbeitung und Speicherung von Transaktionen bietet die DLT darüber hinaus im entscheidenden Bereich der Bereitstellung von Nachweisdaten zu Forschungszwecken Vorteile. So schlägt der ExpertInnenrat der Bundesregierung zu COVID-19 vor, dringend Maßnahmen zur verbesserten Datenerhebung und -nutzung zu etablieren (ExpertInnenrat der Bundesregierung zu COVID-19, 2022, o.S.). Hierbei könnte etwa ein COVID-Nachweissystem auf DLT-Basis unterstützen, da Transaktionsdaten standardmäßig in pseudonymisierter Form zur Verfügung stehen.

3.7 Fazit und Ausblick

Der ursprüngliche Hype um die DLT als disruptive Technologie scheint im Gesundheitswesen unbegründet, dennoch ergeben sich in entscheidenden Bereichen, wie der Bereitstellung pseudonymer oder anonymer Daten zu Forschungszwecken, Chancen. Das bisher europaweit genutzte digitale COVID-Zertifikat weist diesbezüglich Schwächen auf. Deutlich wird das etwa an häufigen Fälschungen sowie der Weitergabe personenbezogener Daten zum Nachweis. Trotz der unter Datenschutzgesichtspunkten nicht optimalen Umsetzung wurde eine Technologiebasis gewählt, die es nicht ermöglicht, im Rahmen von Nachweisen erhobene Daten in anonymisierter Form zu Forschungszwecken weiterzuverwenden. Die durchgeführte Technologiepotenzialanalyse zeigt, dass die DLT grundsätzlich in der Lage ist, diese Nachteile zu überwinden. Daraus ergibt sich als weiterer Forschungsbedarf die Konzeption einer Alternativumsetzung des digitalen COVID-Zertifikats, die die in Abschn. 3.3 erhobenen Anforderungen erfüllt und zugleich die Kritikpunkte an der bestehenden Lösung adressiert. Eine entsprechende Publikation befindet sich aktuell im Peer-Review-Prozess.

Darüber hinaus ergibt sich eine weitere zentrale Implikation für die Praxis. Wenn Systeme zur Verarbeitung von Gesundheitsdaten designt werden, ist es unabdingbar neben allen fachlichen Anforderungen auch den Datenschutz bei der Konzeption und im Systemdesign zu berücksichtigen. Die Umsetzung des europäischen digitalen COVID-Zertifikats zeigt, dass es de facto nicht möglich ist, Datenschutzanforderungen nachzurüsten, wie zum Beispiel Nachweise ohne Übermittlung von personenbezogenen Daten. Darüber hinaus ist mit dem aktuellen Systemdesign keine Bereitstellung von Daten über Impfungen, Tests und Genesungen zu Forschungszwecken möglich. Für zukünftige Systeme im Gesundheitswesen sollten sowohl der Datenschutz als auch die Forschungsdatenfreigabe im Systemdesign berücksichtigt werden. Die DLT kann dazu einen wichtigen Beitrag leisten.

Literatur

Almeida, B. D. A., Doneda, D., Ichihara, M. Y., Barral-Netto, M., Matta, G. C., Rabello, E. T., et al. (2020). Personal data usage and privacy considerations in the COVID-19 global pandemic. *Ciência & Saúde Coletiva, 25,* 2487–2492.

Angraal, S., Krumholz, H. M., & Schulz, W. L. (2017). Blockchain technology: Applications in health care. *Circulation, Cardiovascular Quality and Outcomes, 10*(9), e003800.

Ardilio, A., & Schimpf, S. (2010). Technologiemonitoring-Technologien identifizieren, beobachten und bewerten. In D. Spath, S. Schimpf & C. Lang-Koetz (Hrsg.), *TechnologiePotenzialanalyse-Potenziale erkennen* (S. 34–38). Gabler.

Ardilio, A., & Laib, S. (2008). Technologiepotenzialanalyse – Vorgehensweise zur Identifikation von Entwicklungspotenzialen neuer Technologien. In H. J. Bullinger (Hrsg.), *Fokus Technologie – Chancen erkennen Leistungen entwickeln* (S. 175–217). Hanser.

Bittroff, M., & von Mittelstaedt, G. (2019). Digitalisierung im Gesundheitswesen: Was wir von Estland lernen können. *kma-Klinik Management aktuell, 24*(09), 54–55.

Brewer, E. (2010). A certain freedom: Thoughts on the CAP theorem. *Proceedings of the 29th ACM SIGACT-SIGOPS symposium on principles of distributed computing,* 335.

Brocke, J. V., Simons, A., Niehaves, B., Niehaves, B., Reimer, K., Plattfaut, R. et al. (2009). Reconstructing the giant: On the importance of rigour in documenting the literature search process. *ECIS 2009 proceedings,* 161.

Chowdhury, M. J. M., Ferdous, M. S., Biswas, K., Chowdhury, N., Kayes, A. S. M., Alazab, M., & Watters, P. (2019). A comparative analysis of distributed ledger technology platforms. IEEE Access, 7, 167930-167943.

Christiansen, F. (2022). *Boom bei falschen Impfpässen: über 12.000 Verfahren und „Dunkelfeld"* (19.01.2022). https://heise.de/-6331479. Zugegriffen am 24.01.2022.

Espinel, V., O'Halloran, D., Brynjolfsson, E., O'Sullivan, D. (2015). *Survey report: „Deep shift: Technology tipping points and societal impact".* https://www3.weforum.org/docs/WEF_GAC15_Technological_Tipping_Points_report_2015.pdf. Zugegriffen am 15.08.2020.

Esposito, C., De Santis, A., Tortora, G., Chang, H., & Choo, K. K. R. (2018). Blockchain: A panacea for healthcare cloud-based data security and privacy? *IEEE Cloud Computing, 5*(1), 31–37.

European Commission. (2021a). *The EU digital COVID certificate: A global standard with more than 591 million certificates* (18.10.2021). https://ec.europa.eu/commission/presscorner/detail/en/ip_21_5267. Zugegriffen am 24.01.2022.

European Commission. (2021b). *Regulation of the European Parliament and of the Council on a framework for the issuance, verification and acceptance of interoperable certificates on vaccination, testing and recovery to facilitate free movement during the COVID-19 pandemic (Digital Green Certificate)* (15.05.2021). https://eur-lex.europa.eu/legal-content/EN/TXT/?uri=CELEX%3A32021R0953. Zugegriffen am 17.06.2021.

European Commission. (2021c). *DRAFT commission delegated regulation (EU) amending the annex to regulation (EU) 2021/953 of the European Parliament and of the Council as regards the acceptance period of vaccination certificates issued in the EU Digital COVID Certificate format indicating the completion of the primary vaccination series* (22.12.2021). https://eur-lex.europa.eu/legal-content/EN/TXT/?uri=CELEX%3A32021R2288. Zugegriffen am 20.01.2022.

European Commission. (2021d). *DRAFT commission implementing decision (EU) amending implementing decision (EU) 2021/1073 laying down technical specifications and rules for the implementation of the trust framework for the EU digital COVID certificate established by regulation (EU) 2021/953 of the European Parliament and of the Council* (22.12.2021). https://eur-lex.europa.eu/legal-content/EN/TXT/?uri=CELEX:32021D2301. Zugegriffen am 20.01.2022.

ExpertInnenrat der Bundesregierung zu COVID-19. (2022). *4. Stellungnahme des ExpertInnenrates der Bundesregierung zu COVID-19 – Dringende Maßnahmen für eine verbesserte Datenerhebung und Digitalisierung* (22.01.2022). https://www.bundesregierung.de/resource/blob/974430/2000794/f189a6b7b0f581965f746e957db90af7/2022-01-22-nr-4expertenrat-data.pdf. Zugegriffen am 26.01.2022.

Griggs, K. N., Ossipova, O., Kohlios, C. P., Baccarini, A. N., Howson, E. A., & Hayajneh, T. (2018). Healthcare blockchain system using smart contracts for secure automated remote patient monitoring. *Journal of Medical Systems, 42*(7), 1–7.

Han, R., Gramoli, V., & Xu, X. (2018). Evaluating blockchains for IoT. In *2018 9Th IFIP international conference on new technologies, mobility and security (NTMS)* (S. 1–5).

Hein, C., Wellbrock, W., & Hein, C. (2018). *Rechtliche Herausforderungen von Blockchain-Anwendungen: Straf-, Datenschutz- und Zivilrecht.* Springer Gabler.

Hofert, E. (2017). Blockchain Profiling – Verarbeitung von Blockchain-Daten innerhalb und außerhalb der Netzwerke. *Zeitschrift für Datenschutz, 7*(4), 161.

Hogan, S., Fraser, H., Korsten, P., Pureswaran, V., & Gopinath, R. (2016). *Healthcare rallies for blockchains: Keeping patients at the center.* http://www.ibm.biz/blockchainhealth. Zugegriffen am 27.08.2021.

Ienca, M., & Vayena, E. (2020). On the responsible use of digital data to tackle the COVID-19 pandemic. *Nature Medicine, 26*(4), 463–464.

Kannengießer, N., Lins, S., Dehling, T., & Sunyaev, A. (2020). Trade-offs between distributed ledger technology characteristics. *ACM Computing Surveys (CSUR), 53*(2), 1–37.

Kothari, H., Suwalka, A. K., & Kumar, D. (2019). Various database attacks, approaches and countermeasures to database security. *International Journal of Advance Research in Computer Science and Management, 5*(4), 357–362.

Kuo, T. T., Kim, H. E., & Ohno-Machado, L. (2017). Blockchain distributed ledger technologies for biomedical and health care applications. *Journal of the American Medical Informatics Association, 24*(6), 1211–1220.

Kuo, T. T., Zavaleta Rojas, H., & Ohno-Machado, L. (2019). Comparison of blockchain platforms: A systematic review and healthcare examples. *Journal of the American Medical Informatics Association, 26*(5), 462–478.

Linn, L. A., & Koo, M. B. (2016). Blockchain for health data and its potential use in health it and health care related research. In *ONC/NIST use of blockchain for healthcare and research workshop* (S. 1–10).

Liu, H., Crespo, R. G., & Martínez, O. S. (2020). Enhancing privacy and data security across healthcare applications using blockchain and distributed ledger concepts. *Healthcare, 8*(3), 243.

Mahn, J. (2019). Blockchain-Technik jenseits von Kryptogeld. *C't Magazin für Computer und Technik, 35*(23), 74–77.

Marnau, N. (2017). Die Blockchain im Spannungsfeld der Grundsätze der Datenschutzgrundverordnung. *INFORMATIK, 2017*, 1029.

Mayring, P. (2010). Qualitative Inhaltsanalyse. In G. Mey & K. Mruck (Hrsg.), *Handbuch Qualitative Forschung in der Psychologie* (S. 601–613). Springer.

Mithani, S. S., Bota, A. B., Zhu, D. T., & Wilson, K. (2021). *A scoping review of global vaccine certificate solutions for COVID-19.* https://doi.org/10.21203/rs.3.rs-334258/v2

Nakamoto, S. (2008). Bitcoin: A peer-to-peer electronic cash system. *Decentralized Business Review*, 21260.

Nasibullin, A. R. (2020). Fault tolerant distributed join algorithm in RDBMS. *Doctoral Consortium/ Forum@ DB&IS*, 33–40.

Ribitzky, R., Clair, J. S., & Houlding, D. I. (2018). Pragmatic, interdisciplinary perspectives on blockchain and distributed ledger technology: Paving the future for healthcare. *Blockchain in Healthcare Today, 2018*(1), 1–15.

Schicker, E. (2017). *Datenbanken und SQL*. Springer.

Schrahe, D., & Städter, T. (2021). COVID-19-Impf-und-Testnachweise. *Datenschutz und Datensicherheit-DuD, 45*(5), 315–319.

Soni, S., & Bhushan, B. (2019). A comprehensive survey on blockchain: Working, security analysis, privacy threats and potential applications. In *2019 2nd international conference on intelligent computing, instrumentation and control technologies (ICICICT)* (S. 922–926).

Sunyaev, A. (2020). Distributed ledger technology. In A. Sunjaev (Hrsg.), *Internet computing*. Springer.

Wiefling, S., Iacono, L. L., & Sandbrink, F. (2017). Anwendung der Blockchain außerhalb von Geld-währungen. *Datenschutz und Datensicherheit-DuD, 41*(8), 482–486.

Zhang, P., Schmidt, D. C., White, J., & Lenz, G. (2018). Blockchain technology use cases in health-care. *Advances in Computers, 111*, 1–41.

Zheng, X., Sun, S., Mukkamala, R. R., Vatrapu, R., & Ordieres-Meré, J. (2019). Accelerating health data sharing: A solution based on the internet of things and distributed ledger technologies. *Journal of Medical Internet Research, 21*(6), 13583.

Dominik Schrahe ist Research Fellow und Dozent an der FOM Hochschule für Oekonomie & Management in München. Zuvor absolvierte er einen Masterstudiengang in IT-Management. Er forscht schwerpunktmäßig in den Bereichen IT-Sicherheit, Informationssicherheitsmanagement und Datenschutz insbesondere im Gesundheitswesen. Darüber hinaus arbeitet er als IT-Sicherheitsarchitekt in einem Versicherungsunternehmen.

Prof. Dr. Thomas Städter lehrt Wirtschaftsinformatik an der FOM Hochschule für Oekonomie & Management, München. Schwerpunktmäßig beschäftigt er sich mit den Themen IT-Architekturen, IT-Sicherheitsmanagement und Datenschutz. Zudem ist er Mitglied des FOM-Instituts für Gesundheit & Soziales (ifgs) und widmet sich dort dem Thema eHealth. Neben seiner Tätigkeit als Professor berät er Unternehmen im Umfeld IT-Sicherheitsmanagement und Datenschutz.

Erkenntnisse aus COVID-19 – Was bedeuten diese für die Rolle der Telearbeit in internationalen, mittelständischen Unternehmen?

4

Marc Fritz und Thomas Städter

Inhaltsverzeichnis

4.1   Einleitung 62
4.2   Definition und Abgrenzung 63
4.3   Telearbeit vor der Pandemie 64
4.4   Telearbeit in Zeiten der Pandemie 67
4.5   Voraussetzungen für erfolgreiche Telearbeit 74
4.6   Fazit 77
Literatur 78

Zusammenfassung

Im Zuge der Maßnahmen zur Eindämmung der Corona-Pandemie wird Telearbeit flächendeckend in Unternehmen eingesetzt, um Kontakte zu reduzieren und die Gesundheit der Mitarbeitenden zu schützen. Anhand einer umfassenden Analyse der Literatur und einer Fallstudie in einem mittelständischen, produzierenden und international agierenden Unternehmen wird dargelegt, inwiefern sich die Erkenntnisse zur Telearbeit geändert haben und welche Voraussetzungen erfüllt sein müssen, damit die

M. Fritz (✉)
Olching, Deutschland
E-Mail: marc.fritz@mail.de

T. Städter
FOM Hochschule, München, Deutschland
E-Mail: thomas.staedter@fom.de

© Der/die Autor(en), exklusiv lizenziert an Springer Fachmedien Wiesbaden   61
GmbH, ein Teil von Springer Nature 2022, korrigierte Publikation 2023
M. Cassens, T. Städter (Hrsg.), *Erkenntnisse aus COVID-19 für zukünftiges
Pandemiemanagement*, https://doi.org/10.1007/978-3-658-38667-2_4

Telearbeit aktuell und zukünftig erfolgreich eingesetzt werden kann. Während vor der Pandemie grundsätzlich die Vorteile der Telearbeit thematisiert werden, ist nun ein Fokuswechsel auf die Herausforderungen zu erkennen. Das theoretische Rahmenwerk von Wang et al. (2020), welches die Voraussetzungen für eine erfolgreiche Telearbeit beschreibt, wird im Rahmen dieser Ausarbeitung überprüft und erweitert.

Schlüsselwörter

Telearbeit vor der Pandemie · Telearbeit in der Pandemie · Voraussetzungen und Dimensionen erfolgreicher Telearbeit · Arbeitsleistung und Limitationen · Erkenntnisse und Handlungsempfehlungen für zukünftige Pandemien

4.1   Einleitung

Seit Anfang 2020 bestimmt das Coronavirus weite Teile unseres Privat- und Arbeitslebens. Trotz mittlerweile verfügbarer Impfstoffe ist die Kontaktreduzierung nach wie vor eine wesentliche Maßnahme zur Eingrenzung der Virusverbreitung. Die Möglichkeit zur Telearbeit (auch Homeoffice und mobiles Arbeiten) wird seitdem von Unternehmen weltweit und intensiv genutzt (Belzunegui-Eraso & Erro-Garces, 2020, S. 3662). Diese Maßnahme ermöglichte es, Millionen von Mitarbeitenden gleichzeitig ins Homeoffice zu schicken. Statistiken hierzu variieren jedoch stark. Dies gilt sowohl für den Anteil der Beschäftigten, die vor der Pandemie überwiegend von Zuhause aus arbeiteten, als auch für deren Anteil in der Pandemie (Bujard et al., 2020, S. 34; Hans-Böckler-Stiftung, 2021; Statista, 2021). In der Folgezeit hat sich deren Anteil dabei nicht wesentlich verringert (Hans-Böckler-Stiftung, 2021) oder ist sogar weiter gestiegen (Morgan Stanley & Daily Mail, 2020). Auch gaben 56 % der befragten Beschäftigten im Homeoffice an, in Zukunft weiterhin mindestens drei Tage in der Woche von Zuhause aus arbeiten zu wollen (Uni Konstanz, 2020). Unternehmen müssen sich daher intensiv mit dieser veränderten Arbeitsrealität auseinandersetzen. Denn mit einem dauerhaften und überwiegenden Arbeiten außerhalb des Unternehmens ändern sich auch die Anforderungen an den Arbeitsplatz, die betriebliche Kommunikation sowie die Personalführung. Für die IT-Abteilung ergeben sich neue Herausforderungen bezüglich Performance, Stabilität und Sicherheit beim Einsatz betrieblicher Informationssysteme. Der Wissensaustausch bei zufälligen Treffen „auf dem Flur" entfällt ebenso wie die Anwendbarkeit traditioneller Führungsmodelle (Lang & Rybnikova, 2014, S. 356).

4.1.1   Fragestellung und Ziel des Beitrages

Da die Arbeit außerhalb des Büros bereits seit vielen Jahren Thema wissenschaftlicher Untersuchungen und Diskussionen ist, gibt es hierzu einen großen Anteil an wissenschaftlichen Studien. Auch ein umfänglicher Kenntnisstand hinsichtlich Voraussetzungen, Vorteilen sowie Herausforderungen der Telearbeit ist vorhanden. Diese Erkenntnisse basieren allerdings aus einer Zeit, in der Arbeit außerhalb des Unternehmens deutlich geringer ausgeprägt war, als es in der aktuellen Pandemiesituation der Fall ist. Anhand aktueller Entwicklungen sollen neue Einflussfaktoren bei der Bewertung von Telearbeit während der Corona-Pandemie ermittelt werden, um auf Basis dieser Erkenntnisse die Voraussetzungen für die Umsetzung einer erfolgreichen Telearbeit zu erarbeiten. Auch soll am konkreten Praxisbeispiel gezeigt werden, wie die während der Pandemie umgesetzten Maßnahmen angenommen wurden bzw. welche neuen Erkenntnisse und Handlungsbedarfe für potenziell neue Pandemien abgeleitet werden können.

4.1.2 Methodik

Der Stand der Forschung bezüglich Telearbeit vor der Pandemie wurde im Rahmen einer Literaturrecherche nach vom Brocke et al. (2009) ermittelt. Berücksichtigt wurde dabei Literatur in deutscher und englischer Sprache bis März 2020. Wissenschaftliche Artikel, Studien und Statistiken, die sich mit Erkenntnissen im Zusammenhang mit Corona beschäftigen, wurden für den der Zeitraum ist von April 2020 bis September 2021. ermittelt. Dabei wurden im ersten Schritt die Vorteile und Herausforderungen aus den Texten extrahiert, tabellarisch zusammengetragen und in einem iterativen Prozess weiter generalisiert und zu Kategorien zusammengefasst. Unterstützend werden die Ergebnisse einer Fallstudie bei einem mittelständischen, produzierenden und international agierenden Unternehmen aus der IT-Branche eingebracht. Die Fallstudie basiert dabei auf internen Dokumenten, der Auswertung von Umfragen bei Mitarbeitenden während der Pandemie sowie Experteninterviews, welche einer qualitativen Inhaltsanalyse nach Mayring (2010) unter Zuhilfenahme der Software MAXQDA unterzogen wurden. Bei den fünf befragten Experten wurde auf einen hohen Grad der Abdeckung unterschiedlicher Perspektiven geachtet. Diese Experten arbeiteten zum Zeitpunkt der Interviews an unterschiedlichen Standorten, sind in Telearbeitspraktiken teilweise gar nicht oder sehr erfahren und nehmen zum einen eine Mitarbeitenden- und zum anderen die Unternehmensperspektive ein. Die Experten sind dabei als Führungskräfte in der IT, in der Entwicklung (2 Experten), im Service oder als Betriebsrat tätig.

4.2 Definition und Abgrenzung

Für den Begriff „Telearbeit" hat sich im europäischen Raum die englische Bezeichnung „telework" etabliert (Allen et al., 2015, S. 43) und wurde erstmals 1973 von Jack Nilles eingeführt (Nilles, 1976). Ein umfängliches Verständnis dieser Arbeitsweise, basierend auf einheitlichen Definitionen und Konzeptualisierungen, wird deutlich erschwert, da die Ergebnisse von Studien aufgrund unterschiedlicher Annahmen und Voraussetzungen schwierig zu vergleichen sind. Deshalb haben Allen et al. (2015, S. 44) eine einheitliche gemeinsame Definition entwickelt, welche 4 Dimensionen enthält: Arbeitsort, Nutzung von ICT (Information and Communication Technology), Beschäftigungsverhältnis zwischen Telearbeitenden und Unternehmen sowie zeitlicher Umfang der Telearbeit (Silva-C et al., 2019, S. 2). Bezüglich des Arbeitsortes konzentriert sich der Beitrag auf das Homeoffice, da mobiles Arbeiten an öffentlichen Orten während der Pandemie keine Alternative zur Arbeit im Büro darstellt, wohl aber vor der Pandemie. Bei den genutzten ICTs gibt es keine Einschränkungen. Es wird von klassischen Angestelltenverhältnissen ausgegangen und die zeitliche Dimension kann von weniger als einem Tag im Monat bis zu sieben Tage die Woche variieren, was eine einheitliche Bewertung der Telearbeit vor der Corona-Pandemie deutlich erschwert (Allen et al., 2015, S. 45). Für die Betrachtung des Zeitraumes seit Pandemiebeginn wird in dieser Arbeit von einer überwiegenden bis ausschließlichen Tätigkeit im Homeoffice ausgegangen.

Eine gesonderte Betrachtung verdient hierbei die Differenzierung der Begrifflichkeiten im deutschen Sprachgebrauch. So wird zwischen Telearbeitsplätzen und mobiler Arbeit unterschieden. Laut Arbeitsstättenverordnung beschreiben erstere fest eingerichtete Bildschirmarbeitsplätze im häuslichen Umfeld der Beschäftigten und einen formell festgelegten Rahmen bezüglich des (zeitlichen) Arbeitsumfangs, wobei das Unternehmen für die Ausgestaltung des Arbeitsplatzes verantwortlich ist. Bei mobiler Arbeit hingegen können Mitarbeitende ohne vertragliche Festlegung, prinzipiell von überall außerhalb des Unternehmens tätig werden, sind jedoch selbst für die Einrichtung ihres Arbeitsplatzes verantwortlich. Rechtlich gesehen fällt das Arbeiten im Homeoffice aufgrund der Pandemie unter die Definition des mobilen Arbeitens (Weyde & Rohde, 2021).

4.3   Telearbeit vor der Pandemie

4.3.1   Treiber und Entwicklung

Der Erfolg und das Wachstum der Telearbeit ist stark mit dem Fortschritt der eingesetzten Technik (Kizza, 2010, S. 143; Wojcak et al., 2016, S. 34; Bentley et al., 2016, S. 208) und der Digitalisierung verknüpft, die es erlaubt, immer mehr Routineaufgaben durch digitalisierte Prozesse via Telearbeit zu erledigen (Frey & Osborne, 2017, S. 258; Thulin et al., 2019, S. 2). Zudem haben sich Möglichkeiten der Arbeitskontrolle aus der Ferne deutlich weiterentwickelt (Sewell & Taskin, 2015, S. 1519). Aufgrund der genannten Treiber ist die Bereitschaft der Unternehmen gestiegen, Telearbeit anzubieten. Dies lässt darauf schließen, dass hemmende Voraussetzungen wie Vertrauen und Kontrollmöglichkeit gelindert wurden (Alvesson, 2004, S. 121). Allein in Deutschland stieg die Bereitschaft der Unternehmen bereits vor der Pandemie von 22 Prozent im Jahr 2014 auf 39 Prozent im Jahr 2018 (Bitkom, 2019). Trotz dieser Faktoren kann von einem deutlichen Anstieg der Telearbeit nicht gesprochen werden (Noonan & Glass, 2012, S. 44). Deutlich dynamischer hingegen ist die Entwicklung der Telearbeitenden selbst. Traditionell wurde Telearbeit mit privilegierten, hoch qualifizierten, Familienvätern im städtischen Umfeld assoziiert (Thulin et al., 2019, S. 3; Groen et al., 2018, S. 731; Hjorthol, 2006, S. 615; Haddon & Brynin,

2005, S. 40). Sie sind im gehobenen Bereich angesiedelt (Professionals, Wissenschaftler, Manager, Vertrieb) und vor allem im IT-, Finanz- und Servicesektor anzutreffen (Groen et al., 2018, S. 731; Allen et al., 2015, S. 50 & 59; Noonan & Glass, 2012, S. 40; Lister & Harnish, 2011, S. 19; Haddon & Brynin, 2005, S. 42). Gemein ist diesem Typus von Telearbeitern ein hoher Grad an Autonomie und Flexibilität der Aufgaben (Thulin et al., 2019, S. 3) sowie Selbstdisziplin, Selbstständigkeit, Organisation und Motivation (Wang et al., 2020, S. 46; Grant et al., 2013, S. 542). Dies trifft heute auf viele Telearbeitende zu, allerdings hat sich die Möglichkeit zur Telearbeit mittlerweile auch auf Sachbearbeitende mit routinemäßigen Tätigkeiten ausgeweitet (Vilhelmson & Thulin, 2016, S. 88). Dies dürfte primär auf Interessen der Unternehmen, wie der Möglichkeit zur Kostenreduzierung, zurückzuführen sein (Maruyama & Tietze, 2012, S. 451; Green et al., 2003, S. 2; Daniels et al., 2000, S. 3).

4.3.2 Ausprägung

Vor der Pandemie wurde Telearbeit überwiegend ergänzend zur Arbeit im Büro eingesetzt. Im Büro wurde die dortige Infrastruktur (z. B. Drucker oder schnellere Internetverbindungen) genutzt, mit Kolleginnen und Kollegen interagiert und bei Bedarf wurden gemeinsame Aufgaben organisiert (Chong et al., 2020, S. 1408; Gajendran & Harrison, 2007, S. 1530). Arbeit, welche diese Möglichkeiten nicht benötigte, wurde entweder im Homeoffice, in Außenstellen oder an öffentlichen Orten erledigt (Wojcak et al., 2016, S. 34). Das Homeoffice ist dabei der meistgenutzte Arbeitsort außerhalb des Firmengeländes (Thulin et al., 2019, S. 3). Ermächtigende (transformationale) Führungskräfte neigen dabei eher dazu Telearbeit zu genehmigen als direktive (transaktionale) Führungskräfte (Groen et al., 2018, S. 733), dies vorwiegend bei Mitarbeitenden, die aus ihrer Sicht auch im Homeoffice ihre Leistung bringen. Dieses Verhalten lässt sich mit der Theorie des überlegten Handelns von Ajzen und Fishbein (2005) erklären. Die Erlaubnis liegt nicht nur an der Einstellung der Führungskraft zur Telearbeit, sondern es geht auch darum zu verhindern, im Falle schlechterer Leistungen der Mitarbeitenden vor eigenen Vorgesetzten schlecht dazustehen (Stout et al., 2013, S. 189). De Menezes und Kelliher (2017, S. 1058) fanden in ihrer Stichprobe mehr als dreimal so viele inoffizielle Vereinbarungen zur Telearbeit wie offizielle. Auf diese Weise sind Führungskräfte in der Lage, genehmigte Telearbeit ohne weiteres zu widerrufen, wenn sie mit der Leistung nicht zufrieden sind. Die gelebte Telearbeitspraxis vor Beginn der Corona-Pandemie kann daher auch als eine Praxis der Willkür beschrieben werden, sowohl von den Mitarbeitenden als auch den Führungskräften. Außerdem stellt sich an dieser Stelle die Frage, ob die Literatur nicht eher etwas über die telearbeitenden Personen aussagt, denn über die Telearbeit an sich (Wang et al., 2020, S. 46).

4.3.3 Vorteile

Die Auswertung der Vor-Corona-Literatur sieht auf Seiten der Unternehmen eine höhere Arbeitsleistung, Kosteneinsparungspotenziale und eine höhere Mitarbeitendenbindung, auf Seiten der Mitarbeitenden ebenfalls Kosteneinsparungen, eine bessere Vereinbarkeit von Familie und Beruf sowie eine höhere Arbeitszufriedenheit als Hauptvorteile der Telearbeit. Dabei zeigt sich eine relative Ausgewogenheit zwischen Unternehmen und Mitarbeitenden (Tab. 4.1).

4.3.4 Herausforderungen

Bezüglich der Herausforderungen bei Unternehmen wird in der Literaturauswertung (Tab. 4.2) am häufigsten eine schwierige Mitarbeitendenführung angegeben, gefolgt von einem schlechteren Wissenstransfer innerhalb der Organisation. An dritter Stelle kommt die berufliche Isolation, welche sowohl für Unternehmen als auch Mitarbeitende eine Herausforderung darstellt und eine schlechtere Sicht- und Erreichbarkeit gegenüber Vorgesetzten und KollegInnen beschreibt (Golden et al., 2008, S. 1417). Aus der Perspektive der Mitarbeitenden ist jedoch die soziale Isolation, also der Verlust des Anschlusses, der sozialen Bindungen und des Zugehörigkeitsgefühls, das größte Problem. Auch eine Verschlechterung der Beziehung zu den KollegInnen findet eine hohe Gewichtung und kann

Tab. 4.1 Literaturergebnisse zu Vorteilen von Telearbeit vor der Pandemie

Betroffene	Vorteile (Kategorie)	Anzahl Literaturquellen	
Unternehmen	höhere Arbeitsleistung	27	Für detaillierte Literaturangaben
Beide	Kosteneinsparung	21	können sich Interessierte gerne an
Mitarbeitende	Vereinbarkeit Familie & Beruf	20	die Autoren des Beitrags wenden.
Unternehmen	Mitarbeitendenbindung	14	
Unternehmen	mehr potenzielle Mitarbeitende	13	
Mitarbeitende	Arbeitszufriedenheit	13	
Mitarbeitende	weniger Stress	11	
Gesellschaft	Umweltschutz	10	
Mitarbeitende	Zeitgewinn	10	
Unternehmen	weniger Krankmeldungen	8	
Unternehmen	Commitment	7	
Mitarbeitende	bessere Konzentration	7	
Mitarbeitende	Gesundheit	6	
Mitarbeitende	Arbeitsautonomie	5	
Mitarbeitende	zeitliche Flexibilität	5	
Mitarbeitende	Flexibilität	5	
Mitarbeitende	weniger Arbeitsdruck	4	
Unternehmen	höhere Arbeitseffizienz	4	
Unternehmen	höhere Innovationskraft	3	

Tab. 4.2 Literaturergebnisse zu Herausforderungen von Telearbeit vor der Pandemie

Betroffene	Herausforderungen (Kategorie)	Anzahl Literaturquellen	
Mitarbeitende	soziale Isolation	17	Für detaillierte Literaturangaben können sich Interessierte gerne an die Autoren des Beitrags wenden.
Mitarbeitende	schlechtere Beziehung zu Kollegen	11	
Unternehmen	schwierige Mitarbeitendenführung	10	
Mitarbeitende	Konflikte zwischen Arbeit & Privatleben	9	
Unternehmen	schlechterer Wissenstransfer	8	
Mitarbeitende	schlechtere Karrierechancen	7	
Mitarbeitende	schwierige Abgrenzung	6	
Beide	berufliche Isolation	6	
Mitarbeitende	Stress	5	
Mitarbeitende	schlechtere Arbeitsumgebung	5	
Mitarbeitende	schlechtere Entwicklungsmöglichkeiten	5	
Mitarbeitende	Arbeitsverhalten	5	
Mitarbeitende	Gesundheitsprobleme	3	
Beide	schlechtere Kommunikation	3	
Beide	schlechtere Zusammenarbeit	3	
Mitarbeitende	schlechtere Erholung	3	
Unternehmen	geringere Arbeitsleistung	3	

u. a. durch Neid von KollegInnen, die nicht telearbeiten können oder dürfen, herrühren (Mahler, 2012, S. 411). Interessanterweise wird mit möglichen Konflikten zwischen Arbeit und Privatleben eine weitere Herausforderung stark gewichtet, die umgekehrt ebenso als einer der größten Vorteile angesehen wird.

Zusammenfassend zeigt sich einerseits eine annähernd gleichmäßige Verteilung der Vorteile zwischen Mitarbeitenden und Unternehmen. Andererseits beeinflussen sich diese Vorteile nicht gegenseitig bzw. sind in der Regel nicht voneinander abhängig. Allerdings beeinflussen sich die Herausforderungen gegenseitig und liegen in der Mehrzahl auf Seiten der Mitarbeitenden. Insgesamt überwiegen jedoch die Vorteile. Auch ist eine häufige Nennung der Telearbeitsintensität als moderierende Variable hervorzuheben, welche die Ausprägung der jeweiligen Vorteile oder Herausforderungen stark beeinflusst (Allen et al., 2015, S. 45; Coenen & Kok, 2014, S. 574; Gajendran & Harrison, 2007, S. 1532; Golden & Veiga, 2005, S. 312).

4.4 Telearbeit in Zeiten der Pandemie

Es soll dargelegt werden, welche Erkenntnisgewinne sich aus 1,5 Jahren Intensiv-Telearbeit ableiten lassen. Die häufige Nennung der Telearbeitsintensität als moderierende Variable lässt hierbei ebenso neue Schlüsse erwarten wie der Umstand, dass es sich nun nicht mehr um eine rein freiwillige, sondern zumeist um eine angeordnete Arbeitspraktik handelt. Deswegen dürften sich die Vorzeichen für viele Eigenschaften der Telearbeit ändern. Hinzu kommen zusätzliche Einschränkungen im Zuge der Pandemiebekämpfung (Chong et al., 2020, S. 1416).

4.4.1 Literaturabgleich

Im Vergleich zur Situation vor der Pandemie zeigt sich bei der Auswertung der Literatur zunächst einmal eine Umkehr des Verhältnisses von Vorteilen zu Herausforderungen während der Pandemie (Tab. 4.3 und 4.4). Neu aufgetretene Kategorien werden darüber hinaus dargestellt und erläutert.

Der gesellschaftliche Nutzen der Pandemieeindämmung ist offensichtlich, da dies die Ursache der massenhaften Telearbeit darstellt. In diesem Zusammenhang wird auch eine höhere Resilienz der Unternehmen gegenüber Katastrophenbedingungen wie der Pandemie aufgeführt (Wilkens, 2020, S. 148). Hinzu kommt ein digitaler Kompetenzgewinn, von dem beide Parteien profitieren (Gómez et al., 2020, S. 407). Auf Seiten der Herausforderungen steht mit der Erschöpfung eine neue Kategorie direkt an erster Stelle. Sie basiert unter anderem auf geleisteter Mehrarbeit im Homeoffice (Kunze et al., 2020, S. 4; Palumbo, 2020, S. 784) sowie intensiver Videokonferenznutzung (Bennett et al., 2021, S. 334). Aber auch schlechtere Konzentration (Kellner et al., 2020, S. 15) und die Eigen-

Tab. 4.3 Literaturergebnisse zu Vorteilen von Telearbeit in der Pandemie

Betroffene	Vorteile (Kategorie)		Anzahl Literaturquellen
Mitarbeitende	Vereinbarkeit Familie & Beruf	6	Für detaillierte Literaturangaben können
Unternehmen	höhere Arbeitsleistung	4	sich Interessierte gerne an die Autoren
Mitarbeitende	Zeitgewinn	4	des Beitrags wenden.
Gesellschaft	Eindämmung der Pandemie	4	
Unternehmen	Resilienz	3	
Beide	Kompetenzgewinn	3	
Mitarbeitende	Gesundheit	3	

Tab. 4.4 Literaturergebnisse zu Herausforderungen von Telearbeit in der Pandemie

Betroffene	Herausforderungen (Kategorie)		Anzahl Literaturquellen
Mitarbeitende	Erschöpfung	7	Für detaillierte Literaturangaben
Mitarbeitende	soziale Isolation	7	können sich Interessierte gerne an die
Unternehmen	Cyberbedrohungen	6	Autoren des Beitrags wenden.
Mitarbeitende	Konflikte zwischen Arbeit & Privatleben	5	
Unternehmen	Arbeitskontrolle	5	
Mitarbeitende	schwierige Abgrenzung	5	
Unternehmen	schwierige Mitarbeitendenführung	5	
Unternehmen	Sicherheitsverhalten der MA	4	
Beide	schlechtere Kommunikation	4	
Mitarbeitende	schlechtere Beziehung zu Kollegen	4	
Mitarbeitende	Stress	4	
Beide	Arbeitsverhalten	3	
Mitarbeitende	schlechtere Konzentration	3	

schaft der Prokrastination (Chong et al., 2020, S. 1411) sind neu auftretende Herausforderungen für Mitarbeitende. Bei den Unternehmen gilt das Problem der Arbeitskontrolle als schwerwiegendste Herausforderung aufgrund fehlender, technischer Kontrollmöglichkeiten und schwieriger Auswertbarkeit eventuell vorhandener Daten (Gómez et al., 2020, S. 415; Jensen et al., 2020, S. 7). Hinzu kommen Cyberbedrohungen, welche in Kombination mit einem unzureichenden Sicherheitsverhalten der Mitarbeitenden, eine ernst zu nehmende Gefahr für Unternehmen darstellen können (Georgiadou et al., 2021, S. 14).

4.4.2   Neubetrachtung als eigenständiger Kontext

Auch in der Literatur ist eine zunehmende Fokussierung auf die Herausforderungen der Telearbeit zu beobachten. In ihrer Arbeit stellen Wang et al. (2020, S. 16) die kontextuelle Relevanz vieler Studien aus der Zeit vor der Pandemie auf den Prüfstand. Gerade für die Pandemiesituation ist der Ansatz, Telearbeit als eigenen Kontext zu betrachten, besonders geeignet (ebd., S. 22). Basierend auf den Erkenntnissen der Auswertung der Literatur während der Pandemie, wird das von Wang et al. (2020) vorgestellte theoretische Rahmenwerk zur Telearbeit während der Corona-Pandemie angepasst und ergänzt. Dieses besteht aus 4 Herausforderungen der Telearbeit, 4 Merkmalen virtueller Arbeit, einem beeinflussenden, individuellen Faktor des Telearbeitenden, sowie zweier Ergebnisse dieser Arbeitsform. Das Resultat der Weiterentwicklung wird im Folgenden visuell dargstellt und erklärt (Abb. 4.1).

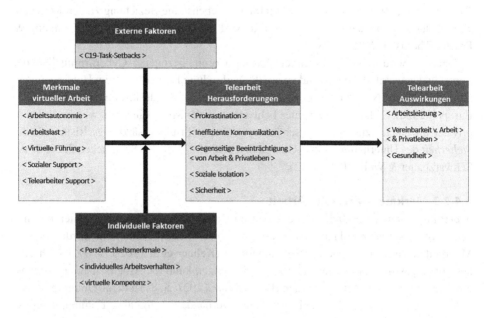

Abb. 4.1 Telearbeit im Kontext der Pandemie. (Quelle: eigene Darstellung)

4.4.2.1 Herausforderungen

Prokrastination ist die erstgenannte Herausforderung, man vermeidet dabei eine Aufgabe konsequent und zeitnah zu erledigen. Im häuslichen Umfeld, ohne direkten Kontakt zum Vorgesetzten oder KollegInnen, wird dies durch mögliche Überlastung, bzw. Erschöpfung des Mitarbeitenden verstärkt (Chong et al., 2020, S. 1411). Auch sind die Quellen möglicher Ablenkung zuhause deutlich vielfältiger. *Ineffiziente Kommunikation* ist das zweite Problem und hat gegenüber der Zeit vor der Pandemie deutlich zugenommen. Die reichhaltigeren Informationen im persönlichen Kontakt können durch Technik nicht gänzlich ersetzt werden. Außerdem wird die Kontaktaufnahme durch die geringere Sichtbarkeit erschwert (Kellner et al., 2020, S. 13). Zusätzlich besteht eine Abhängigkeit gegenüber funktionierender Technik (Wang et al., 2020, S. 28). Ineffiziente Kommunikation verringert die Arbeitsleistung (ebd., S. 50), beeinflusst arbeitstechnische Beziehungen (Camacho et al., 2018, S. 7) und erzeugt zusätzlichen Stress (Day et al., 2012, S. 486).

Die *gegenseitige Beeinträchtigung von Arbeit und Privatleben* bleibt eine der Hauptherausforderungen für Mitarbeitende. Gründe hierfür sind: die häufige Bereitschaft, in der Krisensituation auch außerhalb normaler Bürozeiten zu arbeiten und erreichbar zu sein (Hofmann et al., 2020, S. 13; Palumbo, 2020, S. 786; Kunze et al., 2020, S. 5); die Versorgung von Familienangehörigen, die zu den Corona-Risikogruppen zählen; das Schließen von Schulen und Kitas im Zuge der Pandemiebekämpfung (Shockley et al., 2021, S. 15). Auch die Gefahr der *sozialen Isolation* erfährt weiterhin eine starke Gewichtung in Studien und Umfragen (DAK, 2021, S. 13; Frames, 2020; Demmelhuber et al., 2020, S. 3). Dies rührt vor allem daher, dass die Möglichkeit des persönlichen Austauschs nur noch eingeschränkt gegeben ist und virtuelle Treffen deutlich unpersönlicher ablaufen (Bennett et al., 2021, S. 334). Dies beeinträchtigt ebenso die Beziehung zu den Kollegen, was in der Krisensituation noch verstärkt wird (Palumbo, 2020, S. 772; Donnelly & Proctor-Thomson, 2015, S. 58).

Überdies wird von einem starken Anstieg Corona-bezogener Cyberkriminalität berichtet und gewarnt, die insbesondere auf die Verbindung Homeoffice zum Unternehmensnetzwerk abzielt (National Cyber Security Center, 2020; Bundeskriminalamt, 2020, S. 5; Europol, 2020). Sicherheitsrelevantes Fehlverhalten der Mitarbeitenden, wie die Nutzung privater und damit zumeist ungeschützter Geräte, stellt ein zusätzliches Risiko für die *Sicherheit* des Unternehmens dar (Georgiadou et al., 2021, S. 10; Schmucker, 2020, S. 19; Schwarzbauer & Wolf, 2020, S. 12).

4.4.2.2 Merkmale virtueller Arbeit

Arbeitsautonomie ermöglicht es die Arbeit im Homeoffice effizient zu gestalten und mit dem Privatleben auszubalancieren. Diese gewonnene Selbstbestimmung wurde von den Mitarbeitenden in der Krise durchaus honoriert (Kellner et al., 2020, S. 9). Durch eine bessere Anpassung an die neuen Arbeitsbedingungen kann die Arbeitsleistung aufrechterhalten oder sogar gesteigert werden (Bartsch et al., 2021, S. 81) und hilft indirekt bei der Bekämpfung sozialer Isolation. Die reichlich vorhandenen digitalen Kommunikationsmittel müssen genutzt und die Kommunikation durch die Mitarbeitenden soll proaktiv initiiert werden. Arbeitsautonomie stärkt die intrinsische Motivation und das Selbstvertrauen, was wiederum proaktives Verhalten hervorruft (Wang et al., 2020., S. 49; Parker et al., 2010, S. 844). Der Telearbeitende selbst wird befähigt, sozialer Isolation entgegenzuwirken. Darüber hinaus hilft Arbeitsautonomie bei der Erlangung neuer Kompetenzen durch das selbstständige Ausprobieren und Erlernen neuer Werkzeuge (Kellner et al., 2020, S. 7). Eine höhere *Arbeitslast* hat laut Wang et al. (2020, S. 30) zwar eine dämpfende Wirkung auf die Prokrastination, bedeutet aber auch eine stärke Beeinträchtigung des Privatlebens und mehr Stress. Mehrere Umfragen und Studien zeigen, dass sich die Arbeitslast der Mitarbeitenden erhöht hat und diese letztendlich zu Erschöpfung führt (Palumbo, 2020, S. 784; Frames, 2020; Kunze et al., 2020, S. 5).

Im theoretischen Rahmenwerk von Wang et al. (2020) wird „Kontrolle" als ein Merkmal virtueller Arbeit aufgeführt. Diese wird im Folgenden mit dem Begriff „*virtuelle Führung*" erweitert. Die beschriebenen Herausforderungen bleiben in der Pandemie grundsätzlich bestehen, mit dem Unterschied, dass sie nun geballter auftreten und Führungsaufgaben wie Mitarbeitendengespräche im Büro teilweise gar nicht mehr durchgeführt werden können. Dies trifft vor allem auf die Arbeitskontrolle zu, diese aufgrund fehlender Möglichkeiten aus der Ferne umzusetzen (DAK, 2021, S. 15; Demmelhuber et al., 2020, S. 3; Gómez et al., 2020, S. 415). Zwar haben sich mit der Digitalisierung auch die Überwachungstechnologien weiterentwickelt. Unternehmen nutzen zwar vermehrt IT-basierte Lösungen zur Input- und Output-Kontrolle (Bernstein, 2017, S. 234), allerdings bedeutet dies nicht, dass Arbeit im Homeoffice nur online ausgeführt wird. Damit kommt die Überwachungstechnik schnell an ihre Grenzen (Jensen et al., 2020, S. 490). Das gilt selbst für einfache Kontrollfunktionen wie die Arbeitszeiterfassung, die dem Mitarbeitenden viel Raum zur Manipulation in beide Richtungen erlaubt (Schwarzbauer & Wolf, 2020, S. 13). Auch andere Aspekte der Führung wie Motivation, Unterstützung und Feedback können nicht mehr auf „klassische" Weise erfolgen (Antonacopoulou & Georgiadou, 2021, S. 759; Frames, 2020; Kellner et al., 2020, S. 9) und somit Führungskräfte überfordern (Hofmann et al., 2020, S. 12). Dabei ist gerade Führung in der aktuellen Situation einer der wichtigsten und einflussreichsten Faktoren von Telearbeit. Führung kann die Entwicklung von Kompetenzen fördern (Antonacopoulou & Georgiadou, 2021, S. 758), durch aufgaben- und beziehungsorientiertes Führungsverhalten den Mitarbeitenden virtuelle Arbeitsabläufe verdeutlichen, aber auch die Zusammenarbeit im Team stärken und ein Klima der Unterstützung schaffen. Dies wirkt sozialer Isolation entgegen und steigert die Arbeitsleistung (Liao, 2017, S. 649; Battilana et al., 2010, S. 427). Auch vermehrte Kommunikation vermindert das Gefühl sozialer Isolation (Lengen et al., 2021, S. 65). Einen mindernden Einfluss von Kontrolle auf die Prokrastination konnten Wang et al. (2020, S. 48) in ihrer Studie überraschenderweise nur teilweise bestätigen, dafür aber einen negativen Einfluss auf die Arbeitszufriedenheit. Führung basierend auf Vertrauen könnte hier einen erfolgversprechenderen Ansatz darstellen. Dabei gilt es zu bedenken, dass es auch Mitarbeitende gibt, welche sichtbare Kontrolle durchaus positiv sehen, sei es aus Gründen der Belastungssteuerung (Kunze et al., 2020, S. 5), konkreterem

Feedback oder für das Gefühl der Wertschätzung und Wichtigkeit der eigenen Arbeit (Jensen et al., 2020, S. 500–501).

Aufgrund von Pandemiemaßnahmen wie „social distancing" gehen Wang et al. (2020, S. 31) davon aus, dass dem *sozialen Support* durch das Unternehmen mehr Bedeutung zukommt. Soziale Online-Interaktionen mit den Kollegen können einen Teil des Bedürfnisses nach Zugehörigkeit stillen und dienen als „Negativ-Puffer" gegen Stress (Bavik et al., 2020, S. 83). Darüber hinaus können sie bei gegenseitiger Beeinträchtigung von Arbeit und Privatleben ebenso helfen wie gegen Prokrastination (Wang et al., 2020, S. 37–44). Telearbeiter-Support durch das Unternehmen ermöglicht Mitarbeitenden bestmöglich von Zuhause aus zu arbeiten. Sei es durch Bereitstellung notwendiger Ressourcen wie IT-Equipment, IT-Support, zeitgerechter Informationen, sonstigem Arbeitsmaterial oder das Zugeständnis notwendiger Arbeitsautonomie (Chong et al., 2020, S. 1411; Bartsch et al., 2021, S. 81). *Telearbeiter-Support* dient in erster Linie der Reduzierung von Stress und dem Erhalt der Arbeitsleistung. Basierend auf Erkenntnissen der durchgeführten Fallstudie zeigt sich, dass der Bedarf an sozialem Support von der Betriebszugehörigkeit abhängig ist. Je länger die Mitarbeitenden im Unternehmen tätig sind, desto gefestigter sind die sozialen Bindungen zu den KollegInnen und desto geringer ist der negative Einfluss der Telearbeit. Bei neuen KollegInnen und Auszubildenden ist daher ein höherer Bedarf an Telearbeiter-Support anzunehmen. Auch zeigt sich mit zunehmendem Alter der Mitarbeitenden ein höherer Bedarf an Telearbeiter-Support.

4.4.2.3 Individuelle Faktoren

Als beeinflussender, individueller Faktor des Mitarbeitenden auf dessen Telearbeitserfahrung wird im gegebenen Rahmenwerk Selbstdisziplin als wichtiger Moderator zwischen den Arbeitsmerkmalen und Herausforderungen angegeben. Diese Eigenschaft fand in früheren Studien zumeist keine Beachtung, da befragte Telearbeitende wahrscheinlich diese Eigenschaft überwiegend besaßen und sie damit als gegeben angesehen werden konnte (Wang et al., 2020, S. 46). In der Vor-Corona Literatur werden zusätzlich Selbstständigkeit, Selbstvertrauen, Organisation und Motivation als Einflussfaktoren auf die Ergebnisse der Telearbeit angegeben (Baruch, 2000, S. 43–44; Grant et al., 2013, S. 542; Parker et al., 2010, S. 844). Letztere als kritisch für komplexe und anspruchsvolle Aufgaben und Selbstdisziplin als Schlüsselkompetenz (Baruch, 2000, S. 44). Da Motivation zusammen mit Selbstvertrauen bei der Entwicklung von Proaktivität von Bedeutung ist, werden diese Eigenschaften gemeinsam als *Persönlichkeitsmerkmale* dem initialen Rahmenwerk von Wang et al. (2020) hinzugefügt – ebenso wie Selbstständigkeit, Organisiertheit und Zeitmanagement als *individuelles Arbeitsverhalten*.

Darüber hinaus wurde ein dritter Faktor identifiziert, der Einfluss auf die Ergebnisse der Telearbeit hat – die *virtuelle Kompetenz* oder auch digitale Reife. Kane et al. (2017, S. 4) definieren diese als den Grad der Transformation eines Unternehmens und seiner Mitarbeitenden in Richtung der Nutzung von digitalen Prozessen, digitaler Talentförderung und digitalen Geschäftsmodellen. Aufgrund der hohen Abhängigkeit von digitalen Technologien entsteht und wächst die virtuelle Kompetenz mit der Dauer und

Intensität der Telearbeit. Telearbeitende mit einer hohen virtuellen Kompetenz haben eine höhere Arbeitsleistung und Arbeitszufriedenheit und sind besser in der Lage, die Arbeitsleistung des Unternehmens auch in Krisenzeiten aufrecht zu erhalten (Bartsch et al., 2021, S. 81; Georgiadou et al., 2021, S. 2). Auch aus der Sicherheitsperspektive lässt sich eine größere Security-Awareness der Mitarbeitenden feststellen (ebd., S. 17). Gerade in der aufgezwungenen Situation durch die Pandemie zeigt sich in der Fallstudie eine steile Lernkurve bezüglich der digitalen Reife, sowohl für das Unternehmen wie auch die Mitarbeitenden. Was ansonsten mehrere Jahre gedauert hätte, wurde hierbei in einigen Monaten erreicht.

4.4.2.4 Externe Faktoren

Die Maßnahmen zur Pandemiebekämpfung haben einen erheblichen Einfluss auf die Ergebnisse der Mitarbeitenden im Homeoffice. An dieser Stelle sollen beeinflussende externe Faktoren als sogenannte *C19-Task-Setbacks* Berücksichtigung finden. C19-Task-Setbacks wurden erstmalig von Chong et al. (2020, S. 1409) in ihrer Arbeit benannt und als Corona-bedingte Ereignisse oder Maßnahmen definiert, die vor der Pandemie nicht existierten und erheblichen Einfluss auf Unternehmen und ihre Mitarbeitenden nehmen. Diese müssen auf unvorhergesehenen Gegebenheiten wie z. B. Lockdowns oder dem Homeschooling in kürzester Zeit reagieren und neue Arbeitsweisen ad-hoc implementieren. Diese kognitiven Leistungen zehren an den inneren Ressourcen der Mitarbeitenden, was Stress und Erschöpfung zur Folge hat (Schmeichel et al., 2003, S. 44).

4.4.2.5 Auswirkungen

Wang et al. (2020) führen in ihrem Rahmenwerk Arbeitsleistung und Wohlbefinden als Ausgangsvariablen auf. Insgesamt wird in der Literatur Wohlbefinden detaillierter betrachtet als Vereinbarkeit von Familie & Beruf sowie Gesundheit.

Die *Arbeitsleistung* profitiert vom massiven Einsatz der Telearbeit u. a. durch die höhere Resilienz von Unternehmen, welche ihre Mitarbeitenden im Zuge der Lockdowns ins Homeoffice schicken konnten (Kellner et al., 2020, S. 9; Wilkens, 2020, S. 148). Trotz der genannten Beeinträchtigungen im Homeoffice konnten viele Mitarbeitende ihre Arbeitsleistung halten oder gar steigern (DAK, 2021; Kunze et al., 2020, S. 4), sei es auch auf Kosten von Mehrarbeit (ebd., S. 5). Auch wurde in mehreren Studien von einer höheren Arbeitseffizienz berichtet (DAK, 2021; Frames, 2020), unter anderem durch eine bessere Nutzung digitaler Arbeitsmittel wie Videokonferenzen (Bennett et al., 2021, S. 330; DAK, 2021). Deren Nutzung hat überdies zu einem IT-Kompetenzgewinn im Laufe der Pandemie geführt (Gómez et al., 2020, S. 407; Kellner et al., 2020, S. 7). In der durchgeführten Fallstudie haben alle befragten Führungskräfte von einem Hype-Cycle-Verlauf (vgl. Gartner, 2021) der Arbeitsleistung ihrer Mitarbeitenden berichtet. So nahm diese zu Beginn der Telearbeit stark zu, da Mitarbeitende aufgeschobene Arbeit wie Dokumentationen oder Konzeptionen unterbrechungsfrei abarbeiten konnten. Nach einer Zeit brach die Produktivität aufgrund von technischen Limitationen oder Abstimmungsproblemen wieder ein. Durch Gegensteuern konnte die Produktivität wieder erhöht werden und wird nun höher eingeschätzt als vor Beginn der Telearbeit. Kontinuierlich verbessert hat sich hingegen die internationale Zusammenarbeit. Dies ist insbesondere dadurch zu erklären, dass der Kontakt mit lokalen Kollegen nun auf dieselbe, virtuelle Weise erfolgt, wie der Kontakt mit internationalen Kollegen. Damit konnten Hemmschwellen deutlich reduziert werden.

Im Pandemiekontext wird die *Vereinbarkeit von Familie und Beruf* durch Telearbeit sowohl positiv als auch negativ beeinflusst. So kann z. B. der Zeitgewinn aufgrund wegfallender Arbeitswege für zusätzlichen Betreuungsaufwand der Kinder im Homeschooling genutzt werden (DAK, 2021; Frames, 2020). Dieser Balanceakt, die verstärkten gegenseitigen Beeinträchtigen von Arbeit und Privatleben und der Versuch der gegenseitigen Abgrenzung sind Gründe für eine starke Zunahme des empfundenen Stresses der Mitarbeitenden im Homeoffice (ebd.; Shockley et al., 2021, S. 17–21; Demmelhuber et al., 2020, S. 3; Hofmann et al., 2020, S. 13–18). Zusammen mit dem höheren Arbeitspensum und vielen Videokonferenzen bedingt dies eine höhere Erschöpfung der Telearbeitenden (Bennett et al., 2021, S. 334; Chong et al., 2020, S. 1410–1411; Kunze et al., 2020, S. 4–5). Stress und Erschöpfung, zusammen mit schlechten ergonomischen Bedingungen im Homeoffice, führen letztendlich zu einer Verschlechterung der *Gesundheit*, wobei die Langzeitfolgen aktuell noch schwer abgeschätzt werden können (Schwarzbauer & Wolf, 2020, S. 10; Hofmann et al., 2020, S. 14). Im Sinne der Pandemieeindämmung können die gesundheitlichen Folgen für die Mitarbeitenden, auch aus Sicht der Gesellschaft, noch als positiv gewertet werden (Gabler et al., 2021, S. 5).

4.5   Voraussetzungen für erfolgreiche Telearbeit

Aus den gewonnenen Erkenntnissen sollen Voraussetzungen für eine erfolgreiche Telearbeit abgeleitet und aufgezeigt werden. Folgend werden die Dimensionen Unternehmen und deren Mitarbeitende sowie virtuelle Teamarbeit und virtuelle Führung beschrieben.

4.5.1   Unternehmen

Laut einer Studie waren Firmen mit einer traditionellen, hierarchischen Firmenkultur von der Pandemie deutlich stärker betroffen als innovative und „demokratische Unternehmen" (Kellner et al., 2020, S. 7). Der Fokus sollte auf die Integrität, Verantwortung und Motivation der Mitarbeitenden gelegt werden, um sich veränderten Bedingungen gut anpassen zu können (Antonacopoulou & Georgiadou, 2021, S. 759). Hierzu gehört auch eine disziplinierte Austauschkultur als Hilfsstruktur im digitalen Raum (Kellner et al., 2020, S. 14). Telearbeit sollte in einer digitalen Firmenkultur verankert werden (Wilkens, 2020, S. 151; Greer & Payne, 2014, S. 107) und als Möglichkeit betrachtet werden, ortsunabhängig effektiv arbeiten zu können. Dies bedarf flexibler und situationsbedingter Leitfäden und Richtlinien zur Orientierung. Führungskräfte sollten transparent und mit den Mitarbeitenden gemeinsam, individuelle Lösungen vereinbaren und Flexibilität vor allem jenen zugestehen.

Der Bedarf an sozialem Support steigt mit der Telearbeitsintensität. Diesen Bedarf kann das Unternehmen durch regelmäßige Kommunikation, Schulungsangebote, Informationen des Betriebsrates oder Sozialberatungen (Lengen et al., 2021, S. 64; Wang & Haggerty, 2011, S. 323) fördern. Bezüglich des Telearbeiter-Supports ist vor allem eine stabile und performante Verbindung vom Homeoffice ins Unternehmensnetzwerk notwendig (Schwarzbauer & Wolf, 2020, S. 11; Wilkens, 2020, S. 150). Zusätzlich bedarf es eines gut erreichbaren IT-Supports und einer angemessenen Technikausstattung unter Berücksichtigung von Datensicherheit und Datensicherung (Georgiadou et al., 2021, S. 13). Eine regelmäßige Überprüfung der Sicherheitsmaßnahmen ist erforderlich, gegebenenfalls sind entsprechende Maßnahmen wie technische Änderungen umzusetzen oder Mitarbeitendenschulungen durchzuführen (Škiljić, 2020, S. 58).

4.5.2   Mitarbeitende

Selbstmotivation, Selbstvertrauen und Selbstdisziplin sind entscheidend für den persönlichen Telearbeitserfolg. Motivation kann intrinsisch (durch interessante Arbeit) oder extrinsisch (Belohnungsprinzip) gefördert werden (Barbuto & Scholl, 1998, S. 1012). Erfolgreiches Ausbalancieren der Arbeit mit dem Privatleben kann das Selbstvertrauen ebenso stärken wie ein hohes Zugehörigkeitsgefühl zum Team oder zum Unternehmen (siehe hierzu soziale Identitätstheorie nach Tajfel & Turner, 1986). Bezüglich Selbstdisziplin und Prokrastination ist insbesondere eine ehrliche Selbsteinschätzung wichtig. Voraussetzung für ein produktives Arbeitsverhalten sind zudem Arbeitsautonomie und Flexibilität. Ein angemessenes Grenzmanagement zwischen Arbeit und Privatleben bezieht den Partner mit ein (Shockley et al., 2021, S. 17). Eine ruhige und ergonomische Arbeitsumgebung hilft ebenfalls (Wilkens, 2020, S. 150; Allen et al., 2015, S. 61).

Virtuelle Kompetenz entsteht und entwickelt sich bereits durch bloße Anwendung von Telearbeit. Ein hoher Grad digitaler Arbeitsabläufe im Unternehmen, Schulungen und eine generelle Technikaffinität können die Mitarbeitenden zusätzlich fördern. Eine hohe virtuelle Kompetenz hilft auch dabei, visuelle Signale in Videokonferenzen besser zu erkennen und zu deuten (Moser & Axtell, 2013, S. 1).

4.5.3   Virtuelle Teamarbeit

Förderlich für Innovationen ist u. a. der persönliche Kontakt. Auch virtuelle Teams können ähnliche Leistungen erbringen, wenn die Mitglieder sich kennen und sich vertrauen (Allen et al., 2015, S. 53). Wichtigste Voraussetzung für eine erfolgreiche virtuelle Teamarbeit sind Normen und Regeln für Art und Inhalt der Kommunikation (Rohwer et al., 2020, S. 11). Diese müssen zum Team passen, möglichst frühzeitig und vor allem gemeinsam definiert werden (Moser & Axtell, 2013, S. 1). Hierzu haben sich initiale persönliche Treffen bewährt, da so das Vertrauen und die Effektivität der Teamarbeit gestärkt und möglichen Konflikten vorbeugt werden kann (Rowher et al., 2020, S. 11; Konradt & Hertel, 2002, S. 75). Die Aufgabe der Teambindung sollte dabei nicht allein der Führungskraft überlassen werden (Wilkens, 2020, S. 159). Auch eine höhere Aufgaben-Interdependenz, z. B. durch regelmäßigen Kontakt aufgrund von Abstimmungsbedarf, trägt zur Verminderung von sozialer Isolation bei. Dass dies auf Kosten der Arbeitsautonomie geschehen kann, sollte dabei mit einkalkuliert werden (Lengen et al., 2021, S. 64).

Die Art und Weise der Nutzung von Videokonferenz-Tools ist entscheidend. Eine Aktivierung der Webcam erhöht die Verbundenheit der Teilnehmenden (Bennett et al., 2021, S. 334). Wichtig dabei ist die Einhaltung beschriebener Normen (z. B. das Ein-/Ausschalten von Mikrofonen). Studien zeigen zudem, dass virtuelle Meetings stärker erschöpfen als persönliche Besprechungen, was durch entsprechendes Timing abgemildert werden kann (ebd., S. 330).

4.5.4 Virtuelle Führung

Aus Sicht der Telearbeitenden sind regelmäßiger Informationsaustausch, Feedback und Vertrauen wichtige Faktoren seitens der Führungskraft (Lengen et al., 2021, S. 65; Bentley et al., 2016, S. 209). Vertrauen ist gerade für virtuelle Teams von hoher Bedeutung (Breuer et al., 2016, 1156). Das Teilen von Informationen hat mehr positive Effekte als eine strenge Kontrolle (Wang et al., 2020, S. 50) und Führungskräfte müssen angemessene Unterstützungsmechanismen bereitstellen (Baruch, 2000, S. 46). Es gilt eine passende Mischung aus transaktionaler und transformationaler Führung zu entwickeln, denn beide Stile haben spezifische Stärken (Bartsch et al., 2021, S. 73; Liao, 2017, S. 649). Ohne aktive Führung können selbst hochkompetente und gut vernetzte Mitarbeitende im Homeoffice den Anschluss verlieren, durch fehlenden Input können Kompetenzen verloren gehen. Je nach Situation sollte die Führungskraft eingreifen und dabei auf die verschiedenen Methoden der Führungsstile zurückgreifen (Wojcak et al., 2016, S. 39). Führungskräfte sollten mit innovativer Technik und neuen Tools ausgestattet werden (Greer & Payne, 2014, S. 105), auch um ihren Mitarbeitenden ein Vorbild für die Nutzung von ICTs bieten zu können (Wang et al., 2020, S. 55).

Klare Zielvorgaben und Priorisierung der Aufgaben werden von Telearbeitenden zumeist geschätzt (Greer & Payne, 2014, S. 101), ebenso wie eine offene Kommunikation ihrer Kontrolle (Jensen et al., 2020, S. 495). Wenn direkte Arbeitsüberwachung nicht möglich ist, sollte die Fokussierung auf Ergebniskontrolle gelegt werden (Groen et al., 2018, S. 727; Felstead et al., 2003, S. 248; Holmstrom & Milgrom, 1991, S. 49). Kontrolle wird von erfahrenden Telearbeitenden zumeist negativ gesehen, ungeübte und neue Telearbeitende dürften sie aber zu schätzen wissen, was sich bei konstruktivem Feedback in einer verbesserten Arbeitsleistung niederschlagen kann (Jensen et al., 2020, S. 509). Weiter sollte die Führungskraft die Arbeitszeiten und -intensität im Blick haben und bei Be-

VORAUSSETZUNGEN ERFOLGREICHER TELEARBEIT

Unternehmen
- Telearbeit muss erwünscht & gefördert werden
- Technischer & sozialer Support der MA im Homeoffice
- Flexible & transparente Richtlinien

Virtuelle Teamarbeit
- Erarbeitung & Einhaltung gemeinsamer Normen & Regeln
- Richtiges „Videoconferencing"

Mitarbeitende
- Ehrliche Selbstreflexion
- Proaktive Kommunikation bei Problemen
- Virtuelle Kompetenz
- Passendes Grenzmanagement (Integration vs. Abgrenzung)

Virtuelle Führung
- Reichhaltige Kommunikation
- Vorbildfunktion bei Nutzung von ICTs
- Fokussierung auf Vertrauen statt Kontrolle
- Resiliente Organisationsstrukturen

Abb. 4.2 Voraussetzungen erfolgreicher Telearbeit. (Quelle: eigene Darstellung)

darf regulierend eingreifen, da die Gefahr zur übertriebenen Mehrarbeit größer ist als Betrug zu Lasten des Unternehmens. Es gilt aus Führungssicht Mitarbeitende vor sich selbst zu schützen (Palumbo, 2020, S. 786). Diese Erkenntnisse werden auch durch Expertenaussagen im Rahmen der Fallstudie unterstützt. Insbesondere bei kommunikativ eher zurückhaltenden Mitarbeitenden, zu denen die Führungskraft nur eine geringe persönliche Bindung hat, wird eine intensivere und proaktivere Kommunikation seitens der Vorgesetzten benötigt. Durch das Schaffen eines unterstützenden Klimas können Führungskräfte die Arbeitsleistung des Teams erhöhen (Bartsch et al., 2021, S. 74), müssen allerdings jederzeit gut erreichbar sein, beziehungsweise klar definieren, wann und wie sie es sind (Greer & Payne, 2014, S. 101).

Bezüglich der Resilienz bietet sich Unternehmen, welche nicht die gesamte Belegschaft nach Hause schicken können, das Homeoffice als eine Parallelorganisation an. Dabei werden mehrere Teams mit ähnlichen Kompetenzen gebildet und zur Sicherung der funktionalen Redundanz voneinander getrennt und abwechselnd im Unternehmen oder Zuhause eingesetzt (Wilkens, 2020, S. 142). Die wichtigsten Ratschläge für eine erfolgreiche Telearbeit werden abschließend im folgenden Schaubild nochmals verkürzt dargestellt (Abb. 4.2):

4.6 Fazit

Zusammenfassend lässt sich sagen, dass ein Fokuswechsel der Telearbeit von deren Vorteilen zu deren Herausforderungen stattgefunden hat. Die vordergründigen Herausforderungen der Telearbeit befinden sich zurzeit überwiegend auf Seiten der Mitarbeitenden. Diese benötigen daher Unterstützung seitens des Unternehmens. Eine Betrachtung der Telearbeit im eigenen Kontext – anhand individueller und externer Faktoren – kann dabei helfen, Zusammenhänge zu verstehen. Aufgeführte Maßnahmen können die Telearbeit positiv beeinflussen.

Es sollte noch erwähnt werden, dass die Fallstudie in einen Zeitraum gefallen ist, in dem globale und lokale Umstrukturierungsmaßnahmen im Unternehmen stattgefunden haben. Die Aussagekraft der Ergebnisse kann durch weitere Expertenbefragungen sowie mit ergänzenden Ausführungen zum Thema „Virtuelle Führung in Krisenzeiten" verallgemeinert werden.

Literatur

Ajzen, I., & Fishbein, M. (2005). The influence of attitudes on behavior. In D. Albarracín, B. T. Johnson & M. P. Zanna (Hrsg.), *The handbook of attitudes* (S. 173–221). Lawrence Erlbaum Associates Publishers.

Allen, T. D., Golden, T. D., & Shockley, K. M. (2015). How effective is telecommuting? Assessing the status of our scientific findings. *Psychological Science in the Public Interest: A Journal of the American Psychological Society, 16*(2), 40–68.

Alvesson, M. (2004). *Knowledge work and knowledge-intensive firms.* Oxford University Press.

Antonacopoulou, E. P., & Georgiadou, A. (2021). Leading through social distancing: The future of work, corporations and leadership from home. *Gender, Work & Organization, 2*(28), 749–767.

Barbuto, J. E., & Scholl, R. W. (1998). Motivation sources inventory: Development and validation of new scales to measure an integrative taxonomy of motivation. *Psychological Reports, 3*(82), 1011–1022.

Bartsch, S., Weber, E., Büttgen, M., & Huber, A. (2021). Leadership matters in crisis-induced digital transformation: How to lead service employees effectively during the COVID-19 pandemic. *Journal of Service Management, 1*(32), 71–85.

Baruch, Y. (2000). Teleworking: Benefits and pitfalls as perceived by professionals and managers. *New Technology Work and Employment, 1*(15), 34–49.

Battilana, J., Gilmartin, M., Sengul, M., Pache, A.-C., & Alexander, J. A. (2010). Leadership competencies for implementing planned organizational change. *The Leadership Quarterly, 3*(21), 422–438.

Bavik, Y. L., Shaw, J. D., & Wang, X.-H. (2020). Social support: Multidisciplinary review, synthesis, and future agenda. *Academy of Management Annals, 2*(14), 726–758.

Belzunegui-Eraso, A., & Erro-Garces, A. (2020). Teleworking in the context of the covid-19 crisis. *Sustainability, 12*(9), 3662.

Bennett, A. A., Campion, E. D., Keeler, K. R., & Keener, S. K. (2021). Videoconference fatigue? Exploring changes in fatigue after videoconference meetings during COVID-19. *Journal of Applied Psychology, 3*(106), 330–344.

Bentley, T. A., Teo, S. T. T., McLeod, L., Tan, F., Bosua, R., & Gloet, M. (2016). The role of organisational support in teleworker wellbeing: A socio-technical systems approach. *Applied Ergonomics, 52*, 207–215.

Bernstein, E. S. (2017). Making transparency transparent: The evolution of observation in management theory. *Academy of Management Annals, 1*(11), 217–266.

Bitkom. (2019). *Vier von zehn Unternehmen setzen auf Homeoffice.* https://www.bitkom.org/Presse/Presseinformation/Vier-von-zehn-Unternehmen-setzen-auf-Homeoffice. Zugegriffen am 22.02.2021.

Breuer, C., Hüffmeier, J., & Hertel, G. (2016). Does trust matter more in virtual teams? A meta-analysis of trust and team effectiveness considering virtuality and documentation as moderators. *Journal of Applied Psychology, 8*(101), 1151–1177.

Brocke, J.V., Simons, A., Niehaves, B., Riemer, K., Plattfaut, R., & Cleven, A. (2009). Reconstructing the giant: On the importance of rigour in documenting the literature search process, *ECIS 2009 proceedings*, 161.

Bujard, M., Laß, I., Diabaté, S., Sulak, H., & Schneider, N. F. (2020). Eltern während der Corona-Krise – Zur Improvisation gezwungen. *BiB.Bevölkerungs.Studien, 1*.

Bundeskriminalamt. (2020). *Sonderauswertung – Cybercrime in Zeiten der Corona-Pandemie*. Bundeskriminalamt.

Camacho, S., Hassanein, K., & Head, M. (2018). Cyberbullying impacts on victims' satisfaction with information and communication technologies: The role of perceived cyberbullying severity. *Information & Management, 4*(55), 494–507.

Chong, S., Huang, Y., & Chang, C. D. (2020). Supporting interdependent telework employees: A moderated-mediation model linking daily COVID-19 task setbacks to next-day work withdrawal. *The Journal of Applied Psychology, 12*(105), 1408–1422.

Coenen, M., & Kok, R. A. W. (2014). Workplace flexibility and new product development performance: The role of telework and flexible work schedules. *European Management Journal, 4*(32), 564–576.

DAK. (2021). *Digitalisierung und Homeoffice in der Corona-Krise – Update, Sonderanalyse zur Situation in der Arbeitswelt vor und während der Pandemie*. https://www.dak.de/dak/download/studie-2447824.pdf. Zugegriffen am 01.09.2021.

Daniels, K., Lamond, D., & Standen, P. (2000). Managing telework: An introduction to the issues. In K. Daniels, D. Lamond & P. Standen (Hrsg.), *Managing telework. Perspectives from human resource management and work psychology* (S. 1–8). Thomas Learning.

Day, A., Paquet, S., Scott, N., & Hambley, L. (2012). Perceived information and communication technology (ICT) demands on employee outcomes: The moderating effect of organizational ICT support. *Journal of Occupational Health Psychology, 4*(17), 473–491.

Demmelhuber, K., Englmaier, F., Leiss, F., Möhrle, S., Peichl, A., & Schroter, T. (2020). *Homeoffice vor und nach Corona: Auswirkungen und Geschlechterbetroffenheit*. https://www.ifo.de/DocDL/sd-2020-digital-14-demmelhuber-etal-homeoffice-vor-nach-corona.pdf. Zugegriffen am 22.02.2021.

Donnelly, N., & Proctor-Thomson, S. B. (2015). Disrupted work: Home-based teleworking (HbTW) in the aftermath of a natural disaster. *New Technology, Work and Employment, 1*(30), 47–61.

Europol. (2020). *Pandemic profiteering – How criminals exploit the COVID-19 crisis*. https://www.europol.europa.eu/sites/default/files/documents/pandemic_profiteering-how_criminals_exploit_the_covid-19_crisis.pdf. Zugegriffen am 22.02.2021.

Felstead, A., Jewson, N., & Walters, S. (2003). Managerial control of employees working at home. *British Journal of Industrial Relations, 41*, 241–264.

Frames. (2020). *What are the main disadvantages of teleworking in Romania in 2020?*. https://www.statista.com/statistics/1186907/romania-disadvantages-of-teleworking/. Zugegriffen am 22.02.2021.

Frey, C. B., & Osborne, M. A. (2017). The future of employment: How susceptible are jobs to computerisation? *Technological Forecasting and Social Change, 114*, 254–280.

Gabler, J., Raabe, T., Röhrl, K., & von Gaudecker, H.-M. (2021). Der Effekt von Heimarbeit auf die Entwicklung der Covid-19-Pandemie in Deutschland. *IZA Standpunkte, 100*.

Gajendran, R. S., & Harrison, D. A. (2007). The good, the bad, and the unknown about telecommuting: Meta-analysis of psychological mediators and individual consequences. *Journal of Applied Psychology, 92*, 1524–1541.

Gartner. (2021). *Gartner hype cycle*. https://www.gartner.com/en/research/methodologies/gartner-hype-cycle. Zugegriffen am 01.09.2021.

Georgiadou, A., Mouzakitis, S., & Askounis, D. (2021). Working from home during COVID-19 crisis: A cyber security culture assessment survey. *Security Journal 35*(2022), 486–505. https://doi.org/10.1057/s41284-021-00286-2.

Golden, T. D., & Veiga, J. (2005). The impact of extent of telecommuting on job satisfaction: Resolving inconsistent findings. *Journal of Management, 31*, 301–318.

Golden, T. D., Veiga, J. F., & Dino, R. N. (2008). The impact of professional isolation on teleworker job performance and turnover intentions: Does time spent teleworking, interacting face-to-face, or having access to communication-enhancing technology matter? *Journal of Applied Psychology, 6*(93), 1412–1421.

Gómez, S. M. M., Mendoza, O. E. O., Ramirez, J., & Olivas-Luján, M. R. (2020). Stress and myths related to the COVID-19 pandemic's effects on remote work. *Management Research, 4*(18), 401–420.

Grant, C. A., Wallace, L. M., & Spurgeon, P. C. (2013). An exploration of the psychological factors affecting remote e-worker's job effectiveness, well-being and work-life balance. *Employee Relations, 35*(5), 527–546.

Green, K. A., López, M., Wysocki, A. & Kepner, K. (2003). *Telecommuting as a true workplace alternative*. http://edis.ifas.ufl.edu/pdffiles/HR/HR02100.pdf. Zugegriffen am 01.09.2021.

Greer, T. W., & Payne, S. C. (2014). Overcoming telework challenges: Outcomes of successful telework strategies. *Psychologist-Manager Journal, 2*(17), 87–111.

Groen, B. A. C., van Triest, S. P., Coers, M., & Wtenweerde, N. (2018). Managing flexible work arrangements: Teleworking and output controls. *European Management Journal, 36*(6), 727–735.

Haddon, L., & Brynin, M. (2005). The character of telework and the characteristics of teleworkers. *New Technology, Work and Employment, 20*, 34–46.

Hans-Böckler-Stiftung. (2021). *Studien zu Homeoffice und mobiler Arbeit*. https://www.boeckler.de/de/auf-einen-blick-17945-Auf-einen-Blick-Studien-zu-Homeoffice-und-mobiler-Arbeit-28040.htm. Zugegriffen am 01.09.2021.

Hjorthol, R. J. (2006). Teleworking in some Norwegian urban areas – Motives and transport effects. *Urban Geography, 7*(27), 610–627.

Hofmann, J., Piele, A., & Piele, C. (2020). Arbeiten in der Corona-Pandemie – auf dem Weg zum New Normal. In W. Bauer, O. Riedel & S. Rief (Hrsg.), *Studie des Fraunhofer IAO in Kooperation mit der Deutschen Gesellschaft für Personalführung DGFP e.V.*

Holmstrom, B., & Milgrom, P. (1991). Multitask principal–agent analyses: Incentive contracts, asset ownership, and job design. *The Journal of Law, Economics, and Organization*, (Special Issue, 7), 24–52.

Jensen, N., Lyons, E., Chebelyon, E., Le Bras, R., & Gomes, C. (2020). Conspicuous monitoring and remote work. *Journal of Economic Behavior & Organization, 176*, 489–511.

Kane, G. C., Palmer, D., Nguyen-Phillips, A., Kiron, D., & Buckley, N. (2017). *Achieving digital maturity*, MIT Sloan Management Review Research Report.

Kellner, T., Albrecht, T., & Löffl, J. (2020). *Wie arbeitest du heute? Veränderungen von Arbeits- und Organisationsstrukturen durch die Einführung von Home-Office in Zeiten der Covid-19 Pandemie*. Technische Hochschule Ostwestfalen-Lippe, University of Applied Sciences and Arts Institut für Wissenschaftsdialog, Lemgo.

Kizza, J. M. (2010). *Ethical and social issues in the information age*. Texts in Computer Science, Springer.

Konradt, U., & Hertel, G. (2002). *Management virtueller Teams: Von der Telearbeit zum virtuellen Unternehmen*. Beltz.

Kunze, F., Hampel, K., & Zimmermann, S. (2020). *Homeoffice in der Corona-Krise – eine nachhaltige Transformation der Arbeitswelt?* https://www.econstor.eu/handle/10419/232087. Zugegriffen am 21.02.2021.

Lang, R., & Rybnikova, I. (2014). *Aktuelle Führungstheorien und -konzepte*. Springer Gabler.

Lengen, J. C., Kordsmeyer, A. C., Rohwer, E., Harth, V., & Mache, S. (2021). Soziale Isolation im Homeoffice im Kontext der COVID-19-Pandemie. *Zentralblatt für Arbeitsmedizin, Arbeitsschutz und Ergonomie, 71*, 63–68.

Liao, C. (2017). Leadership in virtual teams: A multilevel perspective. *Human Resource Management Review, 4*(27), 648–659.

Lister, K., & Harnish, T. (2011). *The state of telework in the U.S.: How individuals, business, and government benefit*. Telework Research Network. https://www.shrm.org/ResourcesAndTools/hr-topics/technology/Documents/Telework-Trends-US.pdf. Zugegriffen am 02.09.2021.

Mahler, J. (2012). The telework divide: Managerial and personnel challenges of telework. *Review of Public Personnel Administration, 4*(32), 407–418.

Maruyama, T., & Tietze, S. (2012). From anxiety to assurance: Concerns and outcomes of telework. *Personnel Review, 4*(41), 450–469.

Mayring, P. (2010). Qualitative Inhaltsanalyse. In G. Mey & K. Mruck (Hrsg.), *Handbuch Qualitative Forschung in der Psychologie* (S. 601–613). Springer.

de Menezes, L. M., & Kelliher, C. (2017). Flexible working, individual performance, and employee attitudes: Comparing formal and informal arrangements. *Human Resource Management, 56*(6), 1051–1070.

Morgan Stanley & Daily Mail. (2020). *How many days per week are you working from home?*. Graph. Statista. https://www.statista.com/statistics/1142519/coronavirus-working-from-home-in-europe/. Zugegriffen am 22.02.2021.

Moser, K. S., & Axtell, C. M. (2013). The role of norms in virtual work – A review and agenda for future research. *Journal of Personnel Psychology, 12*(1), 1–6.

National Cyber Security Center. (2020). *Public urged to flag coronavirus related email scams as online security campaign launches – A 'Cyber Aware' campaign and other services have been launched to combat cyber security threats*. https://www.ncsc.gov.uk/news/public-urged-to-flag-covid-19-threats-new-campaign. Zugegriffen am 01.09.2021.

Nilles, J. M. (1976). *The telecommunications-transportation tradeoff: Options for tomorrow*. Wiley.

Noonan, M. C., & Glass, J. L. (2012). The hard truth about telecommuting. *Monthly Labor Review, 135*, 38–45.

Palumbo, R. (2020). Let me go to the office! An investigation into the side effects of working from home on work-life balance. *International Journal of Public Sector Management, 6/7(33)*, 771–790.

Parker, S. K., Bindl, U. K., & Strauss, K. (2010). Making things happen: A model of proactive motivation. *Journal of Management, 4*(36), 827–856.

Rohwer, E., Kordsmeyer, A.-C., Harth, V., & Mache, S. (2020). Boundarylessness and sleep quality among virtual team members – a pilot study from Germany. *Journal of Occupational Medicine and Toxicology, 30*(15), 1–13.

Schmeichel, B. J., Vohs, K. D., & Baumeister, R. F. (2003). Intellectual performance and ego depletion: Role of the self in logical reasoning and other information processing. *Journal of Personality and Social Psychology, 1*(85), 33–46.

Schmucker, R. (2020). *Mehr als Homeoffice – Mobile Arbeit in Deutschland*. DGB-Index Gute Arbeit Report 2020, Institut DGB-Index Gute Arbeit.

Schwarzbauer, W., & Wolf, M. (2020). *Bedeutung der Telearbeit aktuell und nach der COVID-19 Pandemie*. Policy Note, No. 41, EcoAustria – Institute for Economic Research.

Sewell, G., & Taskin, L. (2015). Out of sight, out of mind in a new world of work: Autonomy, control and spatiotemporal scaling in telework. *Organization Studies, 36*, 1507–1529.

Shockley, K. M., Clark, M. A., Dodd, H., & King, E. B. (2021). Work-family strategies during CO-VID-19: Examining gender dynamics among dual-earner couples with young children. *Journal of Applied Psychology, 1*(106), 15–28.

Silva-C, A., Montoya, R., & I. A. & Valenica A, J. A. (2019). The attitude of managers toward tele-work, why is it so difficult to adopt it in organizations? *Technology in Society, 59*, 2–10.

Škiljić, A. (2020). Cybersecurity and remote working: Croatia's (non-)response to increased cyber threats. *International Cybersecurity Law Review, 1*(1 – 2), 51–61.

Statista. (2021). *Total number of telecommuting workers in the Netherlands from 2013 to 2020.* https://www.statista.com/statistics/878688/number-of-telecommuting-workers-in-the-netherlands/. Zugegriffen am 01.09.2021.

Stout, M. S., Awad, G., & Guzmán, M. (2013). Exploring managers' attitudes toward work/family programs in the private sector. *The Psychologist-Manager Journal, 16*(3), 176–195.

Tajfel, H., & Turner, J. C. (1986). The social identity theory of intergroup behavior. In S. Worchel & W. G. Austin (Hrsg.), *Psychology of intergroup relation* (S. 7–24). Hall Publishers.

Thulin, E., Vilhelmson, B., & Johansson, M. (2019). New telework, time pressure, and time use control in everyday life. *Sustainability, 11*(11), 1–17.

Uni Konstanz. (2020). *Wie viele Tage in der Woche würden Sie gerne im Homeoffice arbeiten?.* Graph. Statista. https://de.statista.com/statistik/daten/studie/2735/umfrage/zeit-die-pro-woche-von-zu-hause-aus-gearbeitet-wird/. Zugegriffen am 22.02.2021.

Vilhelmson, B., & Thulin, E. (2016). Who and where are the flexible workers? Exploring the current diffusion of telework in Sweden. *New Technology, Work and Employment, 1*(31), 77–96.

Wang, B., Liu, Y., & Parker, S. K. (2020). How does the use of information communication technology affect individuals? A work design perspective. *The Academy of Management Annals, 2*(14), 695–725.

Wang, Y., & Haggerty, N. (2011). Individual virtual competence and its influence on work outcomes. *Journal of Management Information Systems, 4*(27), 299–334.

Weyde, M., & Rohde, S. (2021). *Arbeitsschutz im Homeoffice: Diese Pflichten hat der Arbeitgeber.* https://www.weka.de/arbeitsschutz-gefahrstoffe/arbeitsschutz-im-homeoffice/#. Zugegriffen am 01.02.2022.

Wilkens, U. (2020). Homeoffice vor, während und nach der Corona-Krise – Leassons learned für den resilienzförderlichen Personaleinsatz. In M. Freitag (Hrsg.), *Mensch-Technik-Interaktion in der digitalisierten Arbeitswelt. Schriftenreihe der Wissenschaftlichen Gesellschaft für Arbeits-und Betriebsorganisation* (S. 131–152). GITO.

Wojcak, E., Bajzikovab, L., Sajgalikovac, H., & Polakova, M. (2016). How to achieve sustainable efficiency with teleworkers: Leadership model in telework. *Procedia – Social and Behavioral Sciences, 229*, 33–41.

Weiterführende Literatur

Adelmann, F., & Gaidosch, T. (2020). *Cybersecurity of remote work during the pandemic.* https://www.imf.org/~/media/Files/Publications/covid19-special-notes/en-special-series-on-covid-19-cybersecurity-of-remote-work-during-pandemic.ashx. Zugegriffen am 02.02.2022.

Allen, T. D., Shockley, K. M., & Poteat, L. F. (2008). Workplace factors associated with family dinner behaviors. *Journal of Vocational Behavior, 73*, 336–342.

Allvin, M., Aronsson, G., Hagström, T., Johansson, G., & Lundberg, U. (2011). *Work without boundaries. Psychological perspectives on the new working life.* Wiley-Blackwell.

Anderson, J., Bricout, J. C., & West, M. D. (2001). Telecommuting: Meeting the needs of businesses and employees with disabilities. *Journal of Vocational Rehabilitation, 16*(2), 97–104.

Atkinson, C., & Hall, L. (2009). The role of gender in varying forms of flexible working. *Gender, Work and Organisation, 6*(16), 650–666.

Azarbouyeh, A., & Jalali Naini, S. G. R. (2014). A study on the effect of teleworking on quality of work life. *Management Science Letters, 4*, 1063–1068.

Bailey, D. E., & Kurland, N. B. (2002). A review of telework research: Findings, new directions, and lessons for the study of modern work. *Journal of Organizational Behavior, 23*, 383–400.

Baker, W., & Dutton, J. E. (2007). Enabling positive social capital in organizations. In J. Dutton & B. R. Ragins (Hrsg.), *Exploring positive relationships at work: Building a theoretical and research foundation* (S. 325–346). Mahwah.

Banister, D., Newson, C., & Ledbury, M. (2007). *The costs of transport on the environment – The role of teleworking in reducing carbon emissions. Final report for Peter Warren and Meabh Allen (BT)*. University of Oxford Working Paper 1024. https://www.tsu.ox.ac.uk/pubs/1024-banister-etal.pdf. Zugegriffen am 07.03.2022.

Bloom, N., Liang, J., Roberts, J., & Ying, Z. J. (2015). Does working from home work? Evidence from a Chinese experiment. *The Quarterly Journal of Economics, 1*(130), 165–218.

Boell, S. K., Cecez-Kecmanovic, D., & Campbell, J. (2016). Telework paradoxes and practices: The importance of the nature of work. *New Technology, Work and Employment, 31*, 114–131.

Brennan, T. (2007). *Cisco: Playing the telecommuting trend*. CNBC. http://www.cnbc.com/id/21437659. Zugegriffen am 02.02.2022.

Chesley, N. (2005). Blurring boundaries? Linking technology use, spillover, individual distress, and family satisfaction. *Journal of Marriage and Family, 5*(67), 1237–1248.

Coltrane, S., Miller, E. C., DeHaan, T., & Stewart, L. (2013). Fathers and the flexibility stigma. *Journal of Social Issues, 69*, 279–302.

Cooper, C. D., & Kurland, N. B. (2002). Telecommuting, professional isolation, and employee development in public and private organizations. *Journal of Organizational Behavior, 23*, 511–532.

Cramton, C. (2001). The mutual knowledge problem and its consequences for dispersed collaboration. *Organization Science, 12*, 346–371.

Demerouti, E., Bakker, A. B., Nachreiner, F., & Schaufeli, W. B. (2001). The job demands-resources model of burnout. *Journal of Applied Psychology, 3*(86), 499–512.

Dery, K., Kolb, D., & MacCormick, J. (2014). Working with connective flow: How smartphone use is evolving in practice. *European Journal of Information Systems, 5*(23), 558–570.

DGB. (2020). *DGB Index Gute Arbeit – Report 2020: Mehr als Homeoffice – Mobile Arbeit in Deutschland*. https://de.statista.com/statistik/daten/studie/1211575/umfrage/nutzung-privater-geraete-im-homeoffice/. Zugegriffen am 02.02.2022.

Di Martino, V., & Wirth, L. (1990). Telework: A new way of working and living. *International Labor Review, 129*, 529–554.

Dimitrova, D. (2003). Controlling teleworkers: Supervision and flexibility revisited. *New Technology, Work and Employment, 3*(18), 181–195.

Dulebohn, J. H., & Hoch, J. E. (2017). Virtual teams in organizations. *Human Resource Management Review, 4*(27), 569–574.

Dumitraşcu-Băldău, I., & Dumitraşcu, D. D. (2017). Occupational emerging risks affecting international virtual project team results. *MATEC Web of Conferences, 121*, 07003.

Duxbury, L. E., & Neufeld, D. (1999). An empirical evaluation of the impacts of telecommuting on intra-organizational communication. *Journal of Engineering and Technology Management, 1*(16), 1–28.

Dwelly, T., & Lake, A. (2008). *Can homeworking save the planet? How homes can become workspaces in a low carbon economy*. The Smith Institute.

Egan, B. (1997). *Feasibility and cost benefit analysis international telework*. Association Annual International Conference, Crystal City.

Eom, S.-J., Choi, N., & Sung, W. (2016). The use of smart work in government: Empirical analysis of Korean experiences. *Government Information Quarterly, 3*(33), 562–571.

European Union Agency for Cybersecurity. (2020). *ENISA threat landscape 2020 – Phishing.* https://www.enisa.europa.eu/publications/phishing. Zugegriffen am 02.02.2022.

Fadinger, H., & Schymik, J. (2020). The costs and benefits of home office during the covid-19 pandemic: Evidence from infections and an input-output model for Germany. *COVID Economics: Vetted and Real-Time Papers, 9,* 107–134.

Feldman, D. C., & Gainey, T. W. (1997). Patterns of telecommuting and their consequences: Framing the research agenda. *Human Resources Management Review, 7,* 369–388.

Flecker, J., Fibich, T., & Kraemer, K. (2017). Socio-economic changes and the reorganization of work. In C. Korunka & B. Kubicek (Hrsg.), *Job demands in a changing world of work* (S. 7–24). Springer.

Fonner, K. L., & Roloff, M. E. (2010). Why teleworkers are more satisfied with their jobs than are office-based workers: When less contact is beneficial. *Journal of Applied Communication Research, 38,* 336–361.

Gajendran, R. S., Harrison, D. A., & Delaney-Klinger, K. (2014). Are telecommuters remotely good citizens? Unpacking telecommuting's effects on performance via i-deals and job resources. *Personnel Psychology, 68,* 353–393.

Golden, T. (2007). Co-workers who telework and the impact on those in the office: Understanding the implications of virtual work for co-worker satisfaction and turnover intentions. *Human Relations, 60,* 1641–1667.

Golden, T. D. (2006a). Avoiding depletion in virtual work: Telework and the intervening impact of work exhaustion on commitment and turnover intentions. *Journal of Vocational Behavior, 69,* 176–187.

Golden, T. D. (2006b). The role of relationships in understanding telecommuter satisfaction. *Journal of Organizational Behavior, 27,* 319–340.

Golden, T. D., Veiga, J. F., & Simsek, Z. (2006). Telecommuting's differential impact on workfamily conflict: Is there no place like home? *Journal of Applied Psychology, 6*(9), 1340–1350.

Grunau, P., Ruf, K., Steffes, S., & Wolter, S. (2019). Mobile Arbeitsformen aus Sicht von Betrieben und Beschäftigten – Homeoffice bietet Vorteile, hat aber auch Tücken. In Institut für Arbeitsmarkt- und Berufsforschung (Hrsg.), *IAB-Kurzbericht 11/2019* (S. 1–12). Institut für Arbeitsmarkt- und Berufsforschung (Nürnberg). https://www.econbiz.de/Record/mobile-arbeitsformen-aus-sicht-von-betrieben-und-besch%C3%A4ftigtenhomeoffice-bietet-vorteile-hat-aberauch-t%C3%BCcken-grunau-philipp/10012056809

Guynn, J. (2013). Yahoo CEO Marissa Mayer causes uproar with telecommuting ban. *Los Angeles Times.* https://www.latimes.com/business/la-xpm-2013-feb-26-la-fi-yahoo-telecommuting-20130226-story.html. Zugegriffen am 02.02.2022.

Harting, T., Kylin, C., & Johansson, G. (2007). The telework tradeoff: Stress mitigation vs. Constrained restoration. *Applied Psychology, 2*(56), 231–253.

Hesse, B. W. (1995). *Curb cuts in the virtual community: Telework and persons with disabilities.* Paper presented at the proceedings of the 28th annual Hawaii international conference on system sciences (S. 418–425).

Hilbrecht, M., Shaw, S. M., Johnson, L. C., & Andrey, J. (2008). I'm home for the kids: Contradictory implications for work-life balance of teleworking mothers. *Gender, Work and Organisation, 15*(5), 455–471.

Hill, E. J., Ferris, M., & Martinson, V. (2003). Does it matter where you work? A comparison of how three work venues (traditional office, virtual office and home office) influence aspects of work and personal/family life. *Journal of Vocational Behavior, 63,* 220–241.

van Horn, C., & Storen, D. (2000). *Telework: Coming of Age? Evaluating the potential benefits of telework* (S. 3–32). US Department of Labor.

Irwin, F. (2004). Gaining the air quality and climate benefit for telework. http://pdf.wri.org/telework-guide.pdf. Zugegriffen am 02.02.2022.

Jackson, N. (2008). Employer telework case study. Commuter Connections/Metropolitan Washington Council of Governments. https://www.commuterconnections.org/wp-content/uploads/2008-Employer-Telework-Case-Study-Booz-Allen-Final.pdf. Zugegriffen am 02.02.2022.

Kamp, A., Lambrecht Lund, H., & Søndergaard Hvid, H. (2011). Negotiating time, meaning and identity in boundaryless work. *Journal of Workplace Learning, 4*(23), 229–242.

Karnowski, S., & White, B. J. (2002). The role of facility managers in the diffusion of organizational telecommuting. *Environment and Behavior, 3*(34), 322–334.

Kitou, E., & Horvath, A. (2003). Energy-related emissions from telework. *Environmental Science & Technology, 37*, 3467–3475.

Konrad, A., & Mangel, R. (2000). The impact of work-life programs on firm productivity. *Strategic Management Journal, 21*(12), 1225–1237.

Kordsmeyer, A.-C., Mette, J., Harth, V., & Mache, S. (2019). Arbeitsbezogene Belastungsfaktoren und Ressourcen in der virtuellen Teamarbeit. *Zentralblatt für Arbeitsmedizin, Arbeitsschutz und Ergonomie, 4*(69), 239–244.

Kossek, E., Lautsch, B., & Eaton, S. (2005). Telecommuting control and boundary management: correlates of policy use and practice, job control and work–family effectiveness. *Journal of Vocational Behavior, 68*, 347–367.

Kraut, R. (1989). Telecommuting: The trade-offs of home work. *Journal of Communication, 39*, 19–47.

Kurland, N., & Bailey, D. (1999). Telework: The advantages of working here, there, anywhere and anytime. *Organizational Dynamics, 28*, 53–68.

Lautsch, B. A., Kossek, E. E., & Eaton, S. C. (2009). Supervisory approaches and paradoxes in managing telecommuting implementation. *Human Relations, 62*, 795–827.

Lewis, S., & Cooper, C. L. (2005). *Work-life integration*. Wiley.

van der Lippe, T., & Lippényi, Z. (2020). Co-workers working from home and individual and team performance. *New Technology, Work and Employment, 1*(35), 60–79.

Lundberg, U., & Lindfors, P. (2002). Psychophysiological reactions to telework in female and male white-collar workers. *Journal of Occupational and Health Psychology, 4*(7), 354–364.

Madsen, S. R. (2011). The benefits, challenges, and implication of teleworking: A literature review. *Journal of Culture and Religion, 1*(1), 148–158.

Mann, S., & Holdsworth, L. (2003). The psychological impact of teleworking: Stress, emotions and health. *New Technology, Work and Employment, 3*(18), 196–211.

Mann, S., Varey, R., & Button, W. (2000). An exploration of the emotional impact of tele-working via computer-mediated communication. *Journal of Managerial Psychology, 7*(15), 668–690.

Martin, B. H., & MacDonnell, R. (2012). Is telework effective for organisations? A metaanalysis of empirical research on perceptions of telework and organizational outcomes. *Management Research Review, 2*(35), 602–616.

Martínez-Sánchez, A., Pérez-Pérez, M., de Luis-Carnicer, P., & Vela-Jiménez, M. J. (2007). Telework, human resource flexibility and firm performance. *New Technology, Work and Employment, 3*(22), 208–223.

Martínez-Sánchez, A., Pérez-Pérez, M., Vela-Jiménez, M. J., & de Luis-Carnicer, P. (2008). Telework adoption, change management, and firm performance. *Journal of Organizational Change Management, 21*, 7–31.

Mellner, C. (2016). After-hours availability expectations, work-related smartphone use during leisure, and psychological detachment. *International Journal of Workplace Health Management, 2*(9), 146–164.

de Menezes, L. M., & Kelliher, C. (2011). Flexible working and performance: A systematic review of the evidence for a business case. *International Journal of Management Reviews, 13*(4), 452–474.

Michel, A., & Wöhrmann, A. M. (2018). Räumliche und zeitliche Entgrenzung der Arbeit: Chancen, Risiken und Beratungsansätze. *PiD – Psychotherapie im Dialog, 3*(19), 75–79.

Moen, P., Kelly, E. L., & Hill, R. (2011). Does enhancing worktime control and flexibility reduce turnover? A naturally occurring experiment. *Social Problems, 58*, 69–98.

Mokhtarian, P. L., Bagley, M. N., & Salomon, I. (1998). The impact of gender, occupation, and presence of children on telecommuting motivations and constraints. *Journal of the American Society for Information Science, 49*, 1115–1134.

Moore, J. (2006). Homeworking and work–life balance: Does it add to quality of life? *European Review of Applied Psychology, 56*, 5–13.

Morgan, R. E. (2004). Teleworking: An assessment of the benefits and challenges. *European Business Review, 4*(16), 344–357.

Morganson, V. J., Major, D. A., Oborn, K. L., Verive, J. M., & Heelan, M. P. (2010). Comparing telework locations and traditional work arrangements: Differences in work-life balance support, job satisfaction, and inclusion. *Journal of Managerial Psychology, 25*, 578–595.

Morikawa, M. (2018). *Long commuting time and the benefits of telecommuting.* Research Institute of Economy, Trade and Industry (RIETI).

Nardi, C. (2020). Nearly three out of every four Canadians say virtual conferencing tools an ‚excellent' alternative to interacting in person. *National Post.* https://nationalpost.com/news/canada/nearly-three-out-of-four-canadians-says-virtual-conferencing-tools-are-an-excellent-alternative-to-interacting-in-person. Zugegriffen am 02.02.2022.

Northouse, P. G. (2018). *Leadership: Theory and practice.* Sage.

Nurmi, N. (2011). Coping with coping strategies: How distributed teams and their members deal with the stress of distance, time zones and culture. *Stress and Health, 2*(27), 123–143.

Olson, M., & Primps, S. B. (1984). Working at home with computers: Work and nonwork issues. *Journal of Social Issues, 40*, 97–112.

van Ommeren, J. N., & Gutiérrez-i-Puigarnau, E. (2011). Are workers with a long commute less productive? An empirical analysis of absenteeism. *Regional Science and Urban Economics, 41*, 1–8.

Pangert, B., Pauls, N., & Schüpbach, H. (2016). *Die Auswirkungen arbeitsbezogener erweiterter Erreichbarkeit auf Life-Domain-Balance und Gesundheit.* Bundesanstalt für Arbeitsschutz und Arbeitsmedizin.

Peters, P., & van der Lippe, T. (2007). The time-pressure reducing potential of tele homeworking: The Dutch case. *International Journal of Human Resource Management, 18*, 430–447.

Peters, P., Wetzels, C., & Tijdens, K. (2008). Telework: Timesaving or time-consuming? An investigation into actual working hours. *Journal of Interdisciplinary Economics, 4*(19), 421–442.

Reaney, P. (2012). About 20 percent of global workers telecommute: Poll. http://www.huffingtonpost.com/2012/01/24/workers-telecommute_n_1228004.html. Zugegriffen am 02.02.2022.

Richardson, J., & McKenna, S. (2014). Reordering spatial and social relations: A case study of professional and managerial teleworkers. *British Journal of Management, 25*, 724–736.

Richter, P., Meyer, J., & Sommer, F. (2006). Well-being and stress in mobile and virtual work. In J. H. E. Andriessen & M. Vartiainen (Hrsg.), *Mobile virtual work* (S. 231–252). Springer.

Rocco, E. (1998). Trust breaks down in electronic contexts but can be repaired by some initial face-to-face contact. In C.-M. Karat, A. Lund, J. Coutaz & J. Karat (Hrsg.), *Proceedings of the SIGCHI conference on human factors in computing systems* (S. 496–502).

Russell, H., O'Connell, P. J., & McGinnity, F. (2009). The impact of flexible working arrangements on work–life conflict and work pressure in Ireland. *Gender, Work & Organization, 1*(16), 73–97.

Sang, K. J. C., Gyi, D. E., & Haslam, C. (2010). Musculoskeletal symptoms in pharmaceutical sales representatives. *Occupational Medicine, 2*(60), 108–114.

Sardeshmukh, S. R., Sharma, D., & Golden, T. D. (2012). Impact of telework on exhaustion and job engagement: A job demands and job resources model. *New Technology, Work & Employment, 27*, 193–207.

Settoon, R. P., Bennett, N., & Liden, R. C. (1996). Social exchange in organizations: Perceived organizational support, leader-member exchange. *Journal of Applied Psychology, 81*(3), 219–227.

Seymour, H. (2020). *A pandemic and remote working: Cyber security under the microscope*. IFSEC GLOBAL. https://www.ifsecglobal.com/cyber-security/a-pandemic-and-remote-working-cyber-security-under-the-microscope/. Zugegriffen am 02.02.2022.

Shamir, B., & Salomon, I. (1985). Work-at-home and the quality of working life. *Academy of Management Review, 3*(10), 455–464.

Shockley, K. M., & Allen, T. D. (2012). Motives for flexible work arrangement use. *Community, Work & Family, 15*, 217–231.

Sia, P. M., Pedersen, H., Gallagher, E. B., & Kopaneva, I. (2014). Workplace friendship in the electronically connected organization. *Human Communication Research, 38*, 253–279.

Skyrme, D. (1994). Flexible working: Building a responsive organization. *Long Range Planning, 27*, 98–110.

Spataro, J. (2020). *The future of work – The good, the challenging & the unknown*. https://www.microsoft.com/en-us/microsoft-365/blog/2020/07/08/future-work-good-challenging-unknown/. Zugegriffen am 02.02.2022.

Sproull, L., & Kiesler, S. (1986). Reducing social context cues: Electronic mail in organizational communication. *Management Science, 32*, 1492–1512.

Stavrou, E. T. (2005). Flexible work bundles and organizational competitiveness: A cross-national study of the European work context. *Journal of Organizational Behavior, 26*, 923–947.

Stephens, G. K., & Bernadette, S. (1998). Perceptions and expectations: Why people choose a telecommuting work style. *International Journal of Electronic Commerce, 3*, 70–85.

Sullivan, C., & Lewis, S. (2001). Home-based telework, gender, and the synchronization of work and family: Perspectives of teleworkers and their co-residents. *Gender, Work, and Organization, 8*, 123–145.

Taskin, L., & Bridoux, F. (2010). Telework: A challenge to knowledge transfer in organizations. *The International Journal of Human Resource Management, 21*, 2503–2520.

Thorp, A. A., Owen, N., Neuhaus, M., & Dunstan, D. W. (2011). Sedentary behaviors and subsequent health outcomes in adults: A systematic review of longitudinal studies, 1996–2011. *American Journal Preventive Medicine, 41*, 207–215.

Towers, I., Duxbury, L., Higgins, C., & Thomas, J. (2006). Time thieves and space invaders: Technology, work and the organization. *Journal of Organizational Change Management, 5*(19), 593–618.

Trent, J., Smith, A., & Wood, D. (1994). Telecommuting: Stress and social support. *Psychological Reports, 74*, 1312–1314.

Turetken, O., Jain, A., Quesenberry, B., & Ngwenyama, O. (2011). An empirical investigation of the impact of individual and work characteristics on telecommuting success. *IEEE Transactions on Professional Communication, 54*, 56–67.

Twentyman, J. (21 September 2010). The flexible workforce. *The Times*, 1–16.

Virick, M., DaSilva, N., & Arrington, K. (2010). Moderators of the curvilinear relation between extent of telecommuting and job and life satisfaction: The role of performance outcome orientation and worker type. *Human Relations, 63*, 137–154.

West, M. D., & Anderson, J. (2005). Telework and employees with disabilities: Accommodation and funding options. *Journal of Vocational Rehabilitation, 23*, 115–122.

Wheatley, D. (2012). Good to be home? Time use and satisfaction levels among home-based teleworkers. *New Technology, Work & Employment, 3*(27), 224–241.

Wilton, R. D., Páez, A., & Scott, D. M. (2011). Why do you care what other people think? A qualitative investigation of social influence and telecommuting. *Transportation Research Part A: Policy and Practice, 45*, 269–282.

Marc Fritz, M. Sc. arbeitet als Third Level IT Support Engineer in der IT Infrastruktur eines mittelständischen, produzierenden und international agierenden Unternehmens und leitet dort das Competence Center für Server-Virtualisierung. Schwerpunkt seiner Arbeit ist die Zusammenarbeit mit Fachbereichen und die Erarbeitung zentraler Lösungen. Er ist darüber hinaus fachlicher Leiter der IT-Ausbildung an seinem Standort. Marc Fritz hat berufsbegleitend sowohl Wirtschaftsinformatik als auch IT-Management an der FOM München studiert. Schwerpunkte seiner Abschlussarbeiten waren Cloud-Computing und Datenschutz in Zeiten der NSA-Affäre (B.Sc.) sowie die Neubetrachtung von Telearbeit in Zeiten der Pandemie (M.Sc.).

Prof. Dr. Thomas Städter lehrt Wirtschaftsinformatik an der FOM Hochschule für Oekonomie & Management, München. Schwerpunktmäßig beschäftigt er sich mit den Themen IT-Architekturen, IT-Sicherheitsmanagement und Datenschutz. Zudem ist er Mitglied des FOM-Instituts für Gesundheit & Soziales (ifgs) und widmet sich dort dem Thema eHealth. Neben seiner Tätigkeit als Professor berät er Unternehmen im Umfeld IT-Sicherheitsmanagement und Datenschutz.

Das innovative Tele-Reha-Nachsorgeangebot der Deutschen Rentenversicherung für psychosomatische Indikationen

5

Robert Zucker

Inhaltsverzeichnis

5.1   Hinführung.. 90
5.2   Der Corona-bedingte „Beschluss Zeitlich befristete Öffnung digitaler Reha-Nachsorgeangebote" und die Folgen... 91
5.3   Zugangsvorrausetzungen und Prüfung der Online-Angebote durch die DRV...... 91
5.4   Das Höhenrieder Tele-Reha-Nachsorgeprogramm für Patienten mit psychosomatischen Störungen – Zwischen Kreativität und Kompromiss........... 93
5.5   Der Übergang von der stationären Reha zur Nachsorge nach dem Höhenrieder Modell... 97
5.6   Datenschutz und -sicherheit als übergeordneter Rahmenfaktor....................... 101
5.7   Reflexion und Ausblick.. 101
Literatur.. 102

Zusammenfassung

Die psychotherapeutische und psychosomatische Situation war bereits vor der COVID-19-Pandemie für Personen mit Indikationsstellung aufgrund von langen Wartezeiten schlecht; die Versorgungssituation hat sich seit Beginn der Pandemie nochmals zugespitzt. Der Handlungsdruck, digitale Nachsorgeprogramme für die poststationäre Erhaltungstherapie zu entwickeln war von Anbeginn der Pandemie sehr hoch. Die Kli-

R. Zucker (✉)
Klinik Höhenried, Höhenried, Deutschland
E-Mail: robert.zucker@hoehenried.de

© Der/die Autor(en), exklusiv lizenziert an Springer Fachmedien Wiesbaden GmbH, ein Teil von Springer Nature 2022, korrigierte Publikation 2023
M. Cassens, T. Städter (Hrsg.), *Erkenntnisse aus COVID-19 für zukünftiges Pandemiemanagement*, https://doi.org/10.1007/978-3-658-38667-2_5

nik Höhenried hat die Entwicklung einer solchen IT-basierten Lösung in Auftrag gegeben und nutzt diese seit Oktober 2021 nach Durchlaufen sämtlicher notwendiger Genehmigungsverfahren unter dem Titel „ProTheraFit". Erste Bewertungen seitens Nachbehandelnder, Patientinnen und Patienten stehen aktuell noch aus. Im Ergebnis kann aber bereits festgellt werden, dass die für den Start von „ProTheraFit" notwendigen Verfahren und Prozesse in dem Sinne für mustergültig befunden werden, indem alle Beteiligten konsequent und der pandemischen Situation absolut angemessen agierten.

Schlüsselwörter

Klinik Höhenried · Deutsche Rentenversicherung · Digitale Nachsorgekonzepte · Psychotherapie · ProTheraFit

5.1   Hinführung

Die psychotherapeutische Versorgung gestaltet sich in Deutschland schwierig, da Betroffene nach Diagnose von langen Wartezeiten betroffen sind. So stellte die Bundespsychotherapeutenkammer im Rahmen einer Studie noch vor COVID-Zeiten fest, dass die Wartezeiten im Bundesdurchschnitt 19,9 Wochen betrugen. Regionale Unterschiede waren dabei deutlich: So warteten im Ruhrgebiet Betroffene 29,4 Wochen auf eine Richtlinienpsychotherapie, während dies in Berlin „nur" 13, 4 Wochen waren (BPtK, 2018, S. 3). Der Begriff der Richtlinienpsychotherapie umfasst ein Spektrum psychotherapeutische Interventionen, die vom Gemeinsamen Bundesausschuss (GB-A) als wirksam anerkannt sind und somit von den Kosten her von den Gesetzlichen Krankenversicherungen übernommen werden (Herpertz & Herpertz, 2013, S. 32). Vor dem Hintergrund geänderter rechtlicher Rahmenbedingungen und Anforderungen, die insbesondere durch die Corona-Pandemie beschleunigt wurden, etablierte die Deutsche Rentenversicherung (DRV) ein zunächst zeitlich befristetes Angebot zur poststationären psychosomatischen Online-Nachversorgung. Diese ist nicht nur aufgrund der soeben geschilderten Versorgungssituation indiziert; Vielmehr kommt hinzu, dass psychische und Verhaltensstörungen von hoher Rezidivität gekennzeichnet sind (Zilles-Wegener et al., 2021, o.S.; moodgym, 2017, o.S.). Ausschlaggebend für die Einführung des Angebotes waren dabei vor allem die routinemäßig durchgeführten Patientinnen- und Patientenbefragungen innerhalb der DRV-Rehabilitationskliniken. Diese führten zum Ergebnis, dass die Vorbereitung auf die Zeit nach einer stationären Rehabilitation im Vergleich zu allen abgefragten Items für am wenigsten gut empfunden wurden (DRV, 2020, o.S.).

Die DRV hat 2016 im Kontext der zuvor beschriebenen Gesamtsituation poststationäre Erhaltungstherapien unter der Bezeichnung „Psy-RENA" eingeführt (Kobelt et al., 2018, S. 30; Langens & Schonnebeck, 2020, S. 89–90). Dieses Programm dient der Prävention von häufig vorkommenden Rezidiven bei psychosomatischen Indikationen. Psy-RENA avisiert die Verstetigung und Stabilisierung der Ergebnisse aus dem stationären Setting in den alltäglichen Lebenswelten durch multi- und unimodale Interventionen. Psy-RENA wird im ambulanten Setting durch von der DRV zugelassene ärztliche und psychologische Psychotherapeuten angeboten und dauert 25 Wochen (DRV, o. J., o.S.). Seit Beginn der COVID-19-Pandemie musste das Angebot aufgrund der phasenweise restriktiven Kontaktbeschränkungen stark verringert werden.

5.2 Der Corona-bedingte „Beschluss Zeitlich befristete Öffnung digitaler Reha-Nachsorgeangebote" und die Folgen

Die Arbeitsgruppe Teilhabe der Deutsche Rentenversicherung hat in der ersten Sitzung 2021 ein neues Versorgungsangebot zur Schließung der durch die Pandemie entstandenen zusätzlichen Versorgungslücke beschlossen (DRV, 2021, o.S.). Im Rahmen der Umsetzung wurden diejenigen Reha-Einrichtungen fokussiert, die bereits über ein Nachsorgeangebot verfügen. Neben Psy-RENA wurden hierbei die inhaltlich und von der Zielsetzung her verwandten DRV-Erhaltungsprogramme IRENA und T-RENA berücksichtigt; alle drei sollten nun online basiert entwickelt und zeitnah angeboten werden. Hinsichtlich der Entwicklung des neuen Tools mussten die Grundanforderungen der DRV an jedes Web-basierte Leistungsangebot beachtet werden: Barrierefreiheit und niedrigschwellige Bedienbarkeit. Dies, „um eine möglichst große Akzeptanz und tatsächliche Zugangsmöglichkeit bei sehr heterogenen Zielgruppen zu schaffen" (Witthöft, 2021, o.S.). Gleichzeitig waren bei der Entwicklung die hohen Anforderungen des Datenschutzes im Falle von Gesundheitsdaten gem. DSGVO zwingend zu erfüllen sowie ihre Einhaltung ab Betriebsaufnahme des Systems zu dokumentieren. Das stellt die Anbieterunternehmen von Softwarelösungen nach Erfahrungen des Autors vor größere Anforderungen. Diese beziehen sich einerseits auf die Vorgaben der Rentenversicherung und andererseits auf die konzeptionellen und inhaltlichen Notwendigkeiten/Bedürfnisse der einzelnen DRV-Leistungsanbieter, von denen die Klinik Höhenried einer ist. Denn die ausführenden Organisationen greifen jeweils unterschiedlich auf ihre bereits vorhandenen Konzepte von Psy-Rena, IRENA und T-RENA zurück. Diese mussten zum Teil erheblich modifiziert und adaptiert werden, um eine adäquate Umsetzung im digitalen Kontext zu ermöglichen. Neben geänderten Herangehensweisen im multi-modalen Setting der Nachsorge waren auch Fragen der organisatorischen Umsetzung zu klären; diese reichten von den infrastrukturellen Voraussetzungen bis zur Integration und Verzahnung des neuen Leistungsangebotes im prozessualen Zusammenhang der stationären Leistungen der Rehabilitation.

5.3 Zugangsvorrausetzungen und Prüfung der Online-Angebote durch die DRV

Das pandemiebedingte digitale Nachsorgeformat sollte anfangs am 31. Dezember 2021 auslaufen, wurde jedoch mittlerweile um ein Jahr bis zum 31. Dezember 2022 verlängert. Dieses Vorgehen indiziert nach Ansicht des Autors den Willen der DRV, sich neuen, IT-basierten Lösungen zu öffnen; dies jedoch mit der Option, sich im Fall von nicht beabsichtigten Fehlentwicklungen aus der Neuausrichtung kurzfristig zurückzuziehen. Im Folgenden wird auf die Anforderungen der DRV und die Entwicklung der IT-basierten Lösung am Einzelfallbeispiel des DRV-Leistungsanbieters Klinik Höhenried, Abteilung für Psychotherapie eingegangen. Wie zuvor beschrieben, musste auch hier ein bereits bestehendes erhaltungstherapeutisches Programm („Profession Fit") novelliert werden. Dieses Fallbeispiel steht für eine zügige und pragmatische Vorgehensweise im Zusammenwirken von Leistungsanbietern und privaten IT-Anbietern, was zentral durch die zeitliche Befristung seitens der DRV stimuliert wurde: Nur durch die parallele Abarbeitung der Anforderungen seitens der DRV hinsichtlich der inhaltlichen und technischen Adaption des Psy-RENA-Programmes war der zeitliche Rahmen einzuhalten. In Folge der Genehmigung der IT-Lösung durch die zuständige DRV Bayern Süd steht das auf die Klinik Höhenried spezifizierte Tele-Reha-Nachsorgeprogramm seinen Patientinnen und Patienten unter dem Titel „ProTheraFit" mit Beginn des zweiten Quartals 2022 im Kontext von ambulanter Fortsetzungstherapie zur Verfügung. Auch die vorläufig noch befristete Listung von „ProTheraFit" als Angebot für Tele-Reha-Nachsorge für Psychosomatik auf den Seiten der DRV konnte mittlerweile realisiert werden (www.reha-nachsorge-drv.de). Angelehnt an die Anforderungen an die Reha-Nachsorge der Deutschen Rentenversicherung (DRV, 2021) wurden durch die Arbeitsgruppe Teilhabe nachfolgende Prüf-Kriterien für die Zulassung befristeter Tele-Reha-Nachsorgeangebote vorgegeben:

- „Begleitung durch Therapeuten des Reha-Nachsorge-Anbieters (Bezugstherapeut*innen haben regelmäßige individuelle Kontakte zu den Rehabilitand*innen, die therapeutischen Aufwände sind zu dokumentieren).
- Theoriebasierung gilt als gegeben, wenn das digitale Angebot ein Kernangebot abbildet bzw. mit einem Regelangebot (T-RENA, Psy-RENA, IRENA) vergleichbar ist.
- Manualisierung und Instruktion
- Ausreichende Ausbaustufe
- Individualisierbarkeit (keine rein automatisierten Anwendungen)
- Wirksamkeitsnachweis: Vorhandene Wirksamkeitsnachweise sollen vorgelegt werden; auf den Nachweis der Wirksamkeit in Form positiver Evaluationsstudien wird vorläufig verzichtet. Eine Evaluation der Online-Nachsorge (Fragebogen der DRV) ist in die digitale Anwendung einzubinden und die Auswertung der DRV zur Verfügung zu stellen.
- Aktualisierung (eine inhaltliche und technische Anpassung ist möglich und wird regelmäßig geprüft)
- Barrierefreiheit
- Sicherheit der Patient*innen
- Datenschutz und Datensicherheit: Hierzu soll ein Zertifikat einer entsprechenden Prüfstelle gefordert werden (…) Eine Prüfung durch den Datenschutz der DRV ist nicht erforderlich, da die Einhaltung des Datenschutzes in Verantwortung der Online und Nachsorgeanbieter liegt" (DRV, 2021, o.S.).

Vorgaben und Vorgehen der DRV-Arbeitsgruppe lassen somit deutlich erkennen, dass einer in der Pandemie abermals zugespitzt schlechten psychosomatischen Versorgungslage entsprechend flexibles und rasches Handeln gezeigt wurde, um digitale Nachsorgeangebote auf ein genehmigungsfähiges Niveau zu bringen. Die konkrete Prüfungszulassung erfolgte in zwei Schritten: Zunächst war dies die Analyse der technischen Lösung unter Beachtung der bereits beschriebenen Anforderungen seitens der DRV Bund. Daraufhin folgte die Prüfung der einrichtungsbezogenen Adaption und Modifikation des digitalisierten Psy-RENA Nachsorgekonzeptes unter Fokussierung des federführenden Leistungsträgers. Im vorliegenden Fallbeispiel handelte es sich um die DRV Bayern Süd. Von großer Bedeutung war im Gesamtkontext der bereits erwähnte Datenschutz im Kontext personenbezogener Gesundheitsdaten gem. Art. 9 DSGVO und zusätzlich des § 203 StGB (KVB, 2020, S. 5). Im konkreten Fall wurde dies durch vorhandene Sicherheitszertifikate des externen IT-Dienstleistungsunternehmens gewährleistet. Außergewöhnlich ist im Kontext von Befristung und Prüfkriterien, dass die DRV aktuell noch auf einen Wirksamkeitsnachweis in Form positiver Evaluationsstudien zunächst verzichtet. Es kann allerdings davon ausgegangen werden, dass auch dieser inhaltlich wesentliche Schritt der Qualitätssicherung im Nachgang noch erfolgen wird, wenn sich die Online-Angebote der Nachsorge tatsächlich grundsätzlich etabliert haben und nicht nur therapeutisch und technisch gebilligt sind, sondern auch die Akzeptanz der Teilnehmenden gefunden haben.

5.4 Das Höhenrieder Tele-Reha-Nachsorgeprogramm für Patienten mit psychosomatischen Störungen – Zwischen Kreativität und Kompromiss

5.4.1 Psychotherapie online – geht das?

Die Psychotherapie basiert in erster Linie auf der Vertrauensbeziehung zwischen Patientinnen und Patienten zu ihren behandelnden Therapeutinnen und Therapeuten in Form von „Face-to-Face"-Kontakten. Denn der direkte Kontakt ermöglicht das Einfangen der feinen Nuancen menschlicher Mimik und die Interpretation der stimmlichen Intonation eines realen Gegenübers; diese Elemente stellen zentrale Elemente des therapeutischen Prozesses dar. Daher ist es kaum verwunderlich, dass sich technisch bereits lange Zeit mögliche digitale Angebote im Zusammenhang erst im Verlauf der letzten Dekade etablieren konnten. Bestehende „E-Mental-Health"-Angebote können nach Eichenberg und Kühne (2014, o.S.) zwischen der Art des genutzten Mediums, der Anzahl der Teilnehmenden, der Art der Störung und der Phase der Intervention (z. B. primär- oder tertiärpräventiv) differenziert werden. Kurative Maßnahmen wurden unter Zuhilfenahme von E-Mental-Health-Optionen erst mit 01. April 2019 in Form von Videosprechstunden für alle Indikationen geöffnet. Eichenberg spricht in der Folge im Zusammenhang der COVID-19-Pandemie von einer „absoluten Trendwende", die sich in „Windeseile" vollzogen habe (Eichenberg, 2020, S. 181). Im Gesamtzusammenhang dieses die E-Mental Health reflektierenden Beitrages muss zudem beachtet werden, dass der Kassenärztliche Bundesverband und der Spitzenverband der gesetzlichen Krankenkassen erst mit 25. März 2020 gemeinsam beschlossen haben, „dass eine psychotherapeutische Sprechstunde und probatorische Gespräche während der Corona-Pandemie auch per Videotelefonat möglich sind" (ebd.). Für den konkreten Zusammenhang psychosomatischer Indikationen (insbesondere Angststörungen und Depression), kognitiv-behavioral orientierter Therapieansätze und digitalen Settings konnten Eichenberg und Küsel bereits 2016 positive Evidenzen nachweisen (Eichenberg & Küsel, 2016, o.S.).

„Psychotherapie online – Geht das?" Vor dieser Frage standen auch die Abteilung Psychotherapie und die Geschäftsführung der Klinik Höhenried aufgrund der Corona-Pandemie im Jahr 2020. In der Retrospektive des Autors bestanden zum damaligen Zeitpunkt nachvollziehbare Bedenken der am Entscheidungsprozess beteiligten Therapeutinnen und Therapeuten der Klinik Höhenried. Letztlich hat sich das Team jedoch für die Etablierung eines digitalen Nachsorgekonzeptes entschieden.

5.4.2 Umgestaltung nötig! Von Psy-RENA (face-to-face) zum Höhenrieder Tele-Reha-Nachsorgekonzept

Als die DRV 2020 den Prozess der Bewilligung von Online-Nachsorgeangeboten zeitlich befristet einführte, stellte sich den handelnden Akteuren der Klinik Höhenried nicht nur die Frage, wie sich aus betriebswirtschaftlicher Perspektive das Psy-RENA-Programm hinsichtlich seiner Durchführungs- und Abrechnungskriterien auf ein Online-Format übertragen lassen kann. Vielmehr sind es die Erkenntnisse des therapeutischen Personals, die an dieser Stelle fokussiert werden sollen. Nach mittlerweile knapp zwei Jahren seit Einführung des Programms „ProTheraFit" können seitens des Autors dieses Beitrages sowohl Vor- als auch Nachteile identifiziert werden:

- Eine Ende 2020 durchgeführte quantitative Studie von Uhl et al. kommt insgesamt zu einem positiven Ergebnis hinsichtlich der Erweiterung des therapeutischen Angebotes um die E-Mental-Health-Optionen. Demnach „hatten zwei Drittel der 717 befragten Psychotherapeutinnen und Psychotherapeuten eine positive Einstellung gegenüber dieser Therapieform" (Uhl et al., 2020, S. 50). Die Studie kommt aber auch zum Ergebnis, dass „89 Prozent der Befragten in der E-Psychotherapie eine zeitlich begrenzte Sondersituation" sehen (ebd.).
- Der Zugang zu einer Online-Nachsorgegruppe ist in vieler Hinsicht unkomplizierter als im Face-to-face-Modus: Es entstehen weder Fahrtzeiten noch Fahrtkosten, die Verfügbarkeit einer Gruppe ist unabhängig vom Wohn- bzw. Aufenthaltsort gegeben (sofern ein geeignetes Endgerät und eine Internetverbindung vorhanden sind).
- Mit deutlich höherer Wahrscheinlichkeit kennen sich die Gruppenteilnehmerinnen und Gruppenteilnehmer der Online-Nachsorgegruppe aufgrund des vorangegangenen Aufenthaltes in der Klinik Höhenried. Denn sie haben noch während der Reha die Möglichkeit, die ambulante Nachsorgephase terminlich zu beeinflussen.
- Innerhalb des Gruppen-Nachsorgeangebots eröffnet sich den Therapeuten die IT-basierte Option, niederschwellige Online-Einzel-Interaktion durchzuführen. Dies kann

den von der DRV im Rahmen von Psy-RENA vorgesehenen Gruppenprozess zusätzlich flankieren. Als bislang einziges in der Psychosomatik existierendes Online-Nachsorgeprogramm ist der regelmäßige Wechsel aus Einzel- und Gruppeninteraktion in Höhenried ein fester Bestandteil des Konzepts.

- Der grundlegende Nachteil der E-Psychotherapie liegt den Berichten der Psychotherapeutinnen und Psychotherapeuten der Klinik Höhenried zufolge in der verminderten Intensität der therapeutischen Beziehung, dem wesentlichen Wirkfaktor von Psychotherapie. Ist demnach „weniger Beziehung" möglich, verringert sich auch die Wahrscheinlichkeit sogenannter korrigierender Erfahrungen. Gemeint sind hiermit prägende Momente im psychotherapeutischen Prozess, in welchem Patientinnen und Patienten das Interaktionsgeschehen als positiv erleben. Ausschlaggebend ist hierfür das Gefühl, den Gesprächsverlauf als nach den eigenen Vorstellungen beeinflussbar zu erleben. Meist stellt diese Face-to-Face-Erfahrung einen neuartigen Gegensatz zu gewohnten Erfahrungen in den alltäglichen Lebenswelten dar. Denn soziale Probleme wie negative oder abrupt beendete Beziehungserfahrungen stellen einen häufigen Grund für eine psychosomatische Indikationsstellung dar (vgl. Rosenbach & Renneberg, 2011, Pinquart, 2011). Face-to-Face-Sitzungen können derartige traumatische Beziehungserfahrungen besser mildern oder auflösen, als dies im digitalen Setting möglich ist.
- Für viele Patientinnen und Patienten der Schritt, sich in eine psychotherapeutische Behandlung zu begeben, „angstbesetzt, schamhaft, peinlich und irrational" (Poltrum et al., 2020, S. 20). Dies wäre nach Ansicht des Autors plausibel, da die Face-to-Face-Sitzungen von Beziehungsarbeit und Emotionalität geprägt sind. Ein großer Vorteil von E-Mental-Health-Angeboten ist demgegenüber ihre Niedrigschwelligkeit. Die Therapeutinnen und Therapeuten der Klinik Höhenried berichteten dem Autor des Beitrags darüber, dass die von Technik geprägten Onlineangebote zu einer sehr funktionalen Distanz führen. In logischer Abfolge wird die therapeutische Beziehung daher als unverbindlicher wahrgenommen; das Beziehungserleben ist den Berichten zur Folge „wie durch einen Filter abgeschwächt". Zudem bieten Online-Angebote den Patientinnen und Patienten die Möglichkeit, während der Behandlung in der scheinbar vertrauten, als sicher empfundenen Umgebung verbleiben zu können. In häufigen Fällen ist dies die eigene Wohnung. Auch dieser Sachverhalt trägt maßgeblich zu mehr Distanz bei. Poltum et al. weisen im Zusammenhang auf Basis einer qualitativ angelegten Studie (N = 717 Psychotherpeutinnen und Psychotherapeuten) auf die keinesfalls zu unterschätzende Gefahr der Bequemlichkeit auf beiden Seiten hin, der daher stets prüfend präveniert werden müsse (vgl. Poltrum et al., 2020, S. 22).
- Reine Onlinegruppen überschreiten zudem rasch eine kritische Größe. Das wichtige Gefühl einer vertrauensvollen Gruppenatmosphäre und die Summe Technik bedingter Störfaktoren stehen in einem Spannungsverhältnis. Im Kontext sind die geringe Bildgröße der einzelnen Teilnehmenden, ungewohnte Geräuschqualitäten, ein verminderter Anteil der Redezeiten und vor allem instabile Internetverbindungen zu nennen.

Die Lösung schien aufgrund dieser Vor- und Nachteile in einem kombinierten Nachsorgeverfahren zu liegen. Hierbei bedurften v. a. die Gruppengröße, die Häufigkeit der onlinebasierten Treffen und die Dauer der Gruppengespräche besondere Bedeutung. Zudem mussten die Einzelsitzungen berücksichtigt werden, für die sich die Klinik Höhenried im Kontext der Erhaltungstherapie entschieden hatte. Dies war nur unter Zuhilfenahme einer IT-Lösung möglich, die optimal auf das Konzept zugeschnitten sein musste.

5.4.3 Das Höhenrieder Tele-Reha-Nachsorgemodell „ProTheraFit"

Herzstück des Nachsorgeprogramms von „ProTheraFit" sind regelmäßige online-Gruppengespräche, die deshalb in halbierter Gruppenstärke und engmaschiger stattfinden. Im Gegensatz zum in Präsenz stattfindenden Psy-RENA werden bei der digitalen Variante zusätzlich digitale Interaktions- und Monitoringoptionen angeboten, die in einer App zusammengefasst sind. Die Entwicklung der App war im konkreten Fall zeitnah möglich, da das hierfür beauftragte IT-Unternehmen kurz zuvor ein verwandtes Produkt für das Tochterunternehmen der Klinik Höhenried, das Centrum für Prävention, entwickelt hat. Da die Anforderungen seitens der DRV waren hier ähnlich, sodass die Anerkennung der App „ProTheraFit" mit 31. Oktober 2021 erfolgte. Die App hält u. a. folgende Funktionen vor:

- Im Kern steht die besonders geschützte Videocall-Funktion als Basis für die Gruppen- und Einzelsitzungen.
- Ein Aktivitätstagebuch, das über die Möglichkeit verfügt, psychosoziale und somatisch relevante Gesundheitsparameter zu visualisieren.
- Ein Digitales Forum inklusive Messangersystem, das einen niederschwelligen Austausch der Gruppenteilnehmer ermöglicht. Zusätzlich können so Behandelnde außerhalb des Gruppengesprächsrahmens kontaktiert werden.
- Eine Upload-Funktion für Therapeuten, um den Therapiegruppen Medien bereitzustellen.
- Eine vergleichsweise umfassende Mediathek, bestehend aus Videos aus dem Präventionsbereich. Diese werden zuvor durch den Nachsorgetherapeuten ausgewählt.

„ProTheraFit" ist so konzipiert, dass digitale Einzel- und Gruppentherapietermine wöchentlich wechseln. Diese Struktur ermöglicht es den Behandelnden, auch sozial unsichere, zurückhaltende und belastete Patienten psychotherapeutisch zu erreichen und im Falle einer Verschlechterung der Symptomatik zeitnah Krisengespräche anbieten zu können. Die hierzu notwendige individuelle Vor- und Nachbereitung der Sitzungen kann dadurch erfolgen, dass die Behandelnden über die technische Möglichkeit verfügen, die oben aufgeführten Parameter der Teilnehmer sowohl zu verfolgen als auch zu kommentieren.

Abschließend sind als relevante klinische Ausschlusskriterien von „ProTheraFit" schwer depressive Krankheitsverläufe zu erwähnen. Dies gilt insbesondere, wenn diese Symptomatik um suizidale Fantasien ergänzt sind.

5.5 Der Übergang von der stationären Reha zur Nachsorge nach dem Höhenrieder Modell

Um die für die Patientinnen und Patienten wichtige Verzahnung von stationärer Rehabilitation mit der ambulanten Nachsorge prozessual optimal zu gestalten, bedarf es nicht nur der engen Zusammenarbeit der Abteilung Psychosomatik mit dem Sozialdienst der Klinik während deren fünf- bis sechswöchigen Aufenthaltes. Daher werden die Patientinnen und Patienten bereits ab dem zweiten psychotherapeutischen Einzelgespräch durch ihre sogenannten Bezugspsychotherapeutin und -therapeuten über die allgemeine Möglichkeit einer Nachsorge informiert. Im Laufe der dritten Woche ihres Klinikaufenthaltes werden alle Patientinnen und Patienten im Rahmen der regulären Nachsorge-Informationsveranstaltung vonseiten des Sozialdienstes über das Spektrum von Nachsorgeangeboten informiert. Dazu gehört auch, dass über die von der DRV vorgegebenen Regeln berichtet wird, nach welchen Kriterien eine Face-to-Face- oder aber eine Onlinevariante vorgeschlagen wird; dies verleiht dem Prozedere zusätzliche Transparenz. Da Compliance, Adhärenz und letztlich das Outcome der Nachsorge indirekt davon abhängen, ob sich der Teilnehmer frei und aktiv für eine der zur Verfügung stehenden Alternativen entscheidet, wird seitens des Sozialdienstes grundsätzlich keine Wertung hinsichtlich der zur Verfügung stehenden Alternativen ausgesprochen. Das Interesse an einem Einzeltermin zur Anmeldung eines Nachsorgeangebots wird am Ende der Veranstaltung abgefragt und ein Termin entsprechend vorgemerkt.

Die Behandelnden können erfahrungsgemäß erst im weiteren Verlauf der Reha abschätzen, welche Art der Nachsorge für welchen Patienten im Sinne einer nachhaltigen Stabilisierung geeignet ist. Auf Wunsch der Patientinnen und Patienten kann hinsichtlich der Nachsorge im Rahmen der Einzelpsychotherapie eine individuelle Beratung erfolgen. Häufig nehmen Patientinnen und Patienten in der fünften Woche den zuvor vorgemerkten Termin beim Sozialdienst wahr, im Rahmen dessen die Anmeldung für eine der Optionen der Nachsorge erfolgt. Im Falle einer Anmeldung für das Web-basierte Höhenrieder Therapiemodell „ProTheraFit" wird den zukünftigen Teilnehmenden die Installation der Nachsorge-App niederschwellig ermöglicht. Dies wird über eine kurze schriftliche Instruktion und einen QR-Code ermöglicht. Gegebenenfalls kann zudem ein speziell in der Installation der App geschulter Mitarbeiter Unterstützung leisten (s. Tab. 5.1).

5.5.1 Chronologischer Ablauf der Nachsorge

Da sich die Patientinnen und Patienten nach der Anmeldung für die Nachsorge noch durchschnittlich eine Woche in der Reha befinden, wird in dieser als „Woche 0 der Nachsorge" bezeichneten Phase der Ersttermin mit den Nachsorgebehandelnden Therapeutinnen und Therapeuten lokalisiert. Im Rahmen dieses Anlasses werden die Patientinnen und Patienten in der Nutzung der „ProTheraFit"-App unterwiesen, zudem werden hier bereits die Therapieziele der Nachsorge abgestimmt. Auch werden die Patientinnen und Patienten

Tab. 5.1 Von der ersten Information zur Anmeldung einem speziellen Nachsorgeangebot: Ablauf und wesentliche Beteiligte

Akteur	RehaWoche 2	RehaWoche 3	RehaWoche 4	RehaWoche 5
Behandelnde	sensibilisiert für das Thema Nachsorge		Berät auf Wunsch individuell zur Nachsorge und zu speziellen Nachsorgeangeboten	
Sozialdienst		informiert systematisch zur Nachsorge und zu speziellen Nachsorgeangeboten		meldet zukünftigen Teilnehmenden zu Nachsorgeangebot an
Patientinnen und Patienten			entscheiden sich ggf. für spezielles Nachsorgeangebot	

einzelnen Therapiegruppen zugeteilt, in denen die online basierten Gruppentherapien im postklinischen Setting umgesetzt werden. Präferenzen von Patientinnen und Patienten hinsichtlich der Gruppenwahl können hierbei berücksichtigt werden. Das ist häufig der Fall, wenn Teilnehmende sich bereits aus einer stationären Therapiegruppe kennen und die Nachsorge gerne gemeinsam durchlaufen wollen.

In den auf die stationäre Reha folgenden 24 Wochen finden im Nachsorgeprogramm Gruppen- und Einzeltherapien im wöchentlichen Wechsel statt, wie dies Tab. 5.2 verdeutlicht. Dies geschieht ausschließlich mittels der in der „ProTheraFit"-App. angebotenen Funktionen. Auf Basis des in der „Woche 0" dokumentierten Aufnahmegespräches, welches noch im stationären Setting stattfand, verfügen die Nachsorgetherapeutinnen und Nachsorgetherapeuten über die notwendigen Informationen, um vor allem in den Kurzgesprächen auf die Adhärenz der Patientinnen und Patienten abzustellen. Die Therapieziele werden im Laufe des Aufnahmegespräches miteinander vereinbart und spiegeln sich individualisiert in den einzelnen Anwendungen der App wider.

In der 26. poststationären Woche findet bei „ProTheraFit" ein Abschlussgespräch statt. Hier werden der Grad der Zielerreichung und der gesamte poststationäre Verlauf der Erhaltungstherapie zwischen Nachsorgebehandelnden und Patientinnen und Patienten final reflektiert. Auch dies geschieht auf Basis der zahlreichen auf der App dokumentierten Daten

5.5.2 Administrative Anforderungen an die digitale Nachsorgestruktur

Die Implementierung und Etablierung der Online-Nachsorgegruppen erforderte einige Adaptionen der bestehenden Klinikinfrastruktur innerhalb der Abteilung Psychotherapie, die nachfolgend aufgelistet sind:

Tab. 5.2 Exemplarischer Ablauf der ersten 5 Wochen Nachsorge nach dem Höhenrieder Modell

Gruppe (10 Personen)	Woche 0	Woche 1	Woche 2	Woche 3	Woche 4
Teilgruppe A (5 Personen)	Aufnahemgespräch (Face-to-Face)	Gruppengespräche (online)	Einzel-Interaktion (online)	Gruppengespräch (online)	Einzel-Interaktion (online)
Teilgruppe B (5 Personen(	Aufnahemgespräch (Face-to-Face)	Einzel-Interaktion (online)	Gruppengespräch (online)	Einzel-Interaktion (online)	Gruppengespräch (online)
Mind. Zeitaufwand Nachsorgetherapeut	10 × 50 Min.	60 Min. Gruppe; 75 Min. (5 × 15) digitale Einzel-Interaktion	60 Min. Gruppe; 75 Min. (5 × 15) digitale Einzel-Interaktion	60 Min. Gruppe; 75 Min. (5 × 15) digitale Einzel-Interaktion	60 Min. Gruppe; 75 Min. (5 × 15) digitale Einzel-Interaktion
Zeitraum:	während der stationären Rehabilitation	poststationär, erhaltungstherapeutisch			

- Personaleinsatz und Personalgewinnung: Die Anforderungen an Nachsorgetherapeutinnen und -therapeuten sind vergleichsweise hoch: In fachlicher Hinsicht wird die vollständige psychotherapeutische Approbation verlangt (nicht approbierte Nachsorgetherapeuten müssen durch approbierte Kolleginnen supervidiert werden). Zudem werden solide sozialmedizinische Kenntnisse vorausgesetzt. Da Aufnahme- und Abschlussgespräche in unterschiedlicher Häufigkeit stattfinden, hat auch dies zum einen Auswirkungen auf die Betreuung der Nachsorgegruppen, zum anderen auf die Erfüllung anderer Aufgaben. Denn gerade Letztere können als Folge der digitalen Erhaltungstherapien weniger kontinuierlich erfüllt werden. Auf der Basis einer zum Zeitpunkt der Abgabe dieses Beitrages mehr als halbjährigen Erfahrung mit dem Konzept „ProTheraFit" lässt sich erkennen: Längerfristig wird für dieses Programm als Nachsorgetherapeutin/Nachsorgetherapeut eine adäquat qualifizierte, flexible Person in Teilzeit gesucht, die über die notwendige technische Affinität verfügt. Gelingt eine entsprechen Einstellung nicht, müssen ggf. neue Vertretungsmodelle entwickelt werden.
- Interdisziplinäre Zusammenarbeit: die weiter oben erwähnte geteilte Verantwortung für Informationen im Vorfeld sowie Anmeldungen erfordert zusätzliche Absprachen, Teamsitzungen und gegebenenfalls auch Fortbildungen. Interdisziplinäres Miteinander birgt aber auch die Chance des vertieften gegenseitigen Verständnisses und damit indirekt die Chance auf eine höhere Versorgungsqualität und Patientenzufriedenheit. Dies möglicherweise mit positiven Effekten auf den wichtigen QM-Parameter „Vorbereitung auf die Zeit nach der Reha".
- Praxis der Sozialmedizinischen Begutachtung: Der poststationäre Therapieverlauf beinhaltet komplexe Herausforderungen. Es stellt sich unter anderem die Frage, ob ein Betriebliches Eingliederungsmanagement (BEM) planungsgemäß verläuft. Denn sehr häufig kommt es zu Verzögerungen innerhalb dieser sensiblen Phase. Auch muss stets beachtet werden, ob Leistungen zur Teilhabe tatsächlich umgesetzt werden. Grundsätzlich muss im Rahmen der sozialmedizinischen Begleitung berücksichtigt werden, dass diese die Feststellung von Arbeits- und Leistungsfähigkeit fokussiert. Dieser Zuwachs an digitaler Erfahrung kann im günstigen Fall in einer differenzierteren Begutachtungspraxis münden. Längerfristig sind diesbezüglich die Implementierung von Prozessstrukturen inkl. Schnittstellen zur stationären Einrichtung, in. dem Fall der Klinik Höhenried, indiziert.

Letztlich ist aus der Perspektive des Autors zu hoffen, dass das Personal psychosomatischer Abteilungen, die einen Teil ihrer Patienten regelmäßig in Form einer Online-Nachsorge erhaltungstherapeutisch weiterbehandeln, eine geschärfte Wahrnehmung für die vornehmlich an diesen Schnittstellen auftretenden Schwierigkeiten ihrer Patienten entwickelt.

5.6 Datenschutz und -sicherheit als übergeordneter Rahmenfaktor

Alle konzeptionellen Anforderungen zur Erarbeitung eines Tele-Reha-Nachsorge-Programms gehen einher mit den im medizinischen Kontext komplexen Anforderungen Datenschutz und die Datensicherheit. Es gilt insbesondere die Vorgaben Art. 32 DSGVO „Sicherheit der Verarbeitung" zu erfüllen. Um dies zu gewährleisten, wurde in Kooperation von Klinik-IT, dem mit der Entwicklung der App beauftragten Unternehmen und einem weiteren externen Datensicherheitsbeauftragten ein IT-Sicherheitskonzept erstellt. Ein besonderes Augenmerk gilt der Datenspeicherung. Technisch erfolgt die Archivierung und fristgerechte Löschung ausschließlich auf Servern eines nach ISO EN 27001:2013 zertifizierten Rechenzentrums. Für den Informationsaustausch zwischen den Nachbehandelnden und Patientinnen und Patienten werden ausschließlich End-to-End verschlüsselte Lösungen verwendet, die ausschließlich in Deutschland gehostet werden.

5.7 Reflexion und Ausblick

Die Umsetzung eines neuen Nachsorge-Angebotes mit folgenden Meilensteinen:

- Gesetzliche Eröffnung der Möglichkeit, psychotherapeutische Nachsorge digital durchführen zu dürfen,
- Übersetzung der Anforderungen an Nachsorge in ein digitales Angebot,
- Bewältigung der Genehmigungsverfahren und
- Schaffung von personellen und organisatorischen Voraussetzungen

könnte richtungsweisend sein. Das jeweils zeitnahe Ineinandergreifen der hier skizzierten Prozesse und Entscheidungen ist nahezu mustergültig für zukünftige Entwicklungen von Leistungsangeboten der Rehabilitation und Prävention. Mit „ProRehaFit" hat die DRV die Intensivierung des Versorgungsproblems anhand eines Fallbeispiels für Pandemiemanagement positiv bewältigt. Dies war nur möglich, in dem sie stark vereinfachte, klare Zulassungsbedingungen geschaffen hat und auch in den Genehmigungsverfahren ein sehr konstruktives Miteinander hat erkennen lassen. Der bisherige Einsatz von „ProRehaFit" steht zudem als Fallbeispiel dafür, dass digitale Nachsorgekonzepte in der psychotherapeutischen Erhaltungstherapie eine reale Option sein können. Um dies klar zu unterstreichen: Nach sechs Monaten „ProRehaFit" kann konstatiert werden, dass die Ergebnisse im Gegensatz zu den beiden eingangs erwähnten Studien mit österreichischen Psychotherapeutinnen und -therapeuten steht. Zwei Aspekte sind hierbei jedoch zu beachten: zum einen die leichte und intuitive Abbildung der Nachsorge-Konzepte durch das qualifizierte Klinikpersonal in der App. Zum anderen muss den Patientinnen und Patienten, der seitens der DRV geforderte niederschwelligen Einstieg in die digital begleitete Reha-Nachsorge ermöglicht werden. Die Anwendenden sollten ein neues Medium für sich entdecken, damit einhergehend gesetzte Ziele verfolgen und umsetzen wollen. Zum Zeitpunkt der Endredaktion des vorliegenden Beitrags befinden sich die ersten „ProReha-Fit"-Gruppen noch innerhalb der 24 erhaltungstherapeutischen Wochen. Aufgrund der noch ausstehenden Abschlussgespräche (Woche 26) sind Prognosen darüber noch schwierig, wie sich die Akzeptanz des Programms bei Patienten und Patientinnen einerseits und Therapierenden entwickeln wird. Angenommen wird seitens des Autors zudem, dass ein weiterer kontinuierlicher Austauschprozess zwischen Nachbehandelnden und in- sowie externen Projektbeteiligten indiziert sind, um die App technisch weiterzuentwickeln. Zu erwarten ist abschließend, dass die DRV nicht dauerhaft auf die Evaluation der Wirksamkeit des Programmes verzichten wird. Dies ist zu begrüßen, da es letztlich die Bedingung für eine dauerhafte Etablierung der Online-Nachsorge ist.

Literatur

Bundespsychotherapeutenkammer (BPtK). (2018). *Ein Jahr nach der Reform der Psychotherapie-Richtlinie – Wartezeiten 2018*. https://www.bptk.de/wp-content/uploads/2019/01/20180411_bptk_studie_wartezeiten_2018.pdf. Zugegriffen am 09.04.2022.

Deutsche Rentenversicherung (DRV). (2020). [DRV-Qualitätsmessung, Patientenzufriedenheit Psychosomatische Reha, 2018/2019]. Unveröffentlichtes Dokument.

Deutsche Rentenversicherung (DRV). (2021). [Zeitlich befristete Öffnung digitaler Reha-Nachsorgeangebote. Protokollauszug AGTH 1/2021/02; Februarvorlage Nr 90/2020/TOP 9]. Unveröffentlichtes Dokument.

Deutsche Rentenversicherung. (DRV). (o. J.). *Psy-RENA – Psychotherapeutische Rehabilitations-nachsorge*. https://www.deutsche-rentenversicherung.de/DRV/DE/Reha/Reha-Nachsorge/Psy-RENA/psy-rena_node.html. Zugegriffen am 09.04.2022.

Eichenberg, C. (2020). Online-Psychotherapie in Zeiten der Corona-Krise. In R. Bering & C. Eichenberg (Hrsg.), *Die Psyche in Zeiten der Corona-Krise* (S. 181–195). Klett-Cotta.

Eichenberg, C., & Kühne, S. (2014). *Einführung Onlineberatung und -therapie: Grundlagen, Interventionen und Effekte der Internetnutzung*. UTB.

Eichenberg, C., & Küsel, C. (2016). Zur Wirksamkeit von online-Beratung und online-Psychotherapie. *Resonanzen-E-Journal für biopsychosoziale Dialoge in Psychosomatischer Medizin, Psychotherapie, Supervision und Beratung, 4*(2), 93–107.

Herpertz, S., & Herpertz, S. (2013). Richtlinienpsychotherapie – Quo vadis. *Psychotherapie – Psychosomatik – Medizinische Psychologie (PPmP), 63*(01), 32–38.

Kassenärztliche Vereinigung Bayerns (KVB). (2020). *Datenschutz in der Arzt-/Psychotherapeutenpraxis – Hinweise und Antworten der Kassenärztlichen Vereinigung Bayerns zum Umgang mit Patientendaten im Alltag*. https://www.kvb.de/fileadmin/kvb/dokumente/Praxis/Infomaterial/Praxisbetrieb/KVB-Broschuere-Datenschutz-in-der-Praxis.pdf. Zugegriffen am 10.04.2022.

Kobelt, A., Worringen, U., Widera, T., & Muschalla, B. (2018). Psychosomatische Nachsorge nach stationärer psychosomatischer Rehabilitation (PsyRENA). *Ärztliche Psychotherapie, 13*(1), 30–34.

Langens, T., & Schonnebeck, M. (2020). Psychosomatische Reha-Nachsorge: PsyRENA. *Psychotherapie im Dialog, 21*(2), 89–92.

moodgym. (2017). *Depression – häufig und folgenschwer*. http://www.moodgym-deutschland.de/presse/zahlen-und-fakten/. Zugegriffen am 09.04.2022.

Pinquart, M. (2011). Soziale Bedingungen psychischer Störungen. In J. Hoyer & S. Knappe (Hrsg.), *Klinische Psychologie & Psychotherapie* (S. 319–334). Springer.

Poltrum, M., Uhl, A., & Poltrum, H. (2020). Psychotherapie im Zeitalter von Digitalisierung und Corona – Studienergebnisse zum Potenzial von E-Psychotherapie in Österreich – qualitative Analyse. https://www.researchgate.net/profile/Alfred-Uhl/publication/347974516_Psychotherapie_im_Zeitalter_von_Digitalisierung_und_Corona_Studienergebnisse_zum_Potenzial_von_E-Psychotherapie_in_Osterreich_-_qualitative_Analyse/links/5feaf4e0299bf1408856a894/Psychotherapie-im-Zeitalter-von-Digitalisierung-und-Corona-Studienergebnisse-zum-Potenzial-von-E-Psychotherapie-in-Oesterreich-qualitative-Analyse.pdf. Zugegriffen am 10.04.2022.

Rosenbach, C., & Renneberg, B. (2011). Abgelehnt, ausgeschlossen, ignoriert: Die Wahrnehmung sozialer Zurückweisung und psychische Störungen – eine Übersicht. *Verhaltenstherapie, 21(2)*, 87–98.

Uhl, A., Poltrum, M., & Poltrum, H. (2020). Psychotherapie im Zeitalter von Digitalisierung und Corona – Studienergebnisse zum Potenzial von E-Psychotherapie in Österreich – quantitative Analyse. https://www.researchgate.net/profile/Alfred-Uhl/publication/347974480_Psychotherapie_im_Zeitalter_von_Digitalisierung_und_Corona_Studienergebnisse_zum_Potenzial_von_E-Psychotherapie_in_Osterreich_-_quantitative_Analyse/links/5feaf38c92851c13fed03846/Psychotherapie-im-Zeitalter-von-Digitalisierung-und-Corona-Studienergebnisse-zum-Potenzial-von-E-Psychotherapie-in-Oesterreich-quantitative-Analyse.pdf. Zugegriffen am 10.04.2022.

Witthöft, G. (2021, Oktober). *Wandlungen im Gesundheitswesen bezogen auf die DRV*. Vortrag auf dem Europäischen Gesundheitskongress.

Zilles-Wegener, D., Freudlieb, N., Besse, M., Brühl, A., Methfessel, I., Schönfeldt-Lecuona, C., et al. (2021). Hohe Rückfallraten nach pandemiebedingtem Aussetzen der Erhaltungsbehandlung mittels Elektrokonvulsionstherapie. EKT ist keine lektive Therapie. Der Nervenarzt. https://doi.org/10.1007/s00115-021-01168-z

Robert Zucker, Dipl.-Kfm. (FH), ist seit 2011 Geschäftsführer der Klinik Höhenried GmbH für Rehabilitation. Zudem ist er seit 2019 Geschäftsführer des Centrums für Prävention in Bernried. Er studierte Allgemeine Betriebswirtschaftslehre mit den Schwerpunkten Operations-Research und Marketing. Seinen Abschluss erlangte er 1994. Robert Zucker verfügt über zahlreiche Zusatzqualifikationen mit Fokus im Bereich des Qualitätsmanagements. Deren praktische Umsetzung kann er auf höchstem Niveau dokumentieren.

Erkenntnisse aus COVID-19: Ist das Pandemiegeschehen auch eine Folge defizitärer Gesundheitsbildung?

6

Carolin Zeller, Manfred Cassens und Nadja Mayer-Wingert

Inhaltsverzeichnis

6.1 Die Sozialepidemiologie und ihr Klassifikationsproblem.. 106
6.2 Gesundheitskompetenz: Ein Begriff mit aktuell fataler pädagogischer Inhärenz.............. 107
6.3 Eine Zwischenbilanz kann trotz skizzierter methodischer Probleme gezogen werden...... 110
6.4 Wer und was kann helfen? Diskussion um mögliche und notwendige Maßnahmen.......... 117
6.5 Was konkret und rasch erfolgen sollte.. 122
Literatur.. 123

Zusammenfassung

Die Gesundheitsbildung stellt eine zentrale Säule sowohl innerhalb der Gesundheitspädagogik als auch der Gesundheitswissenschaften dar. Im bisherigen Pandemieverlauf fand eine Debatte darüber, welchen Beitrag sie zu sozialen Reaktionen auf die Gesundheitspolitik leisten kann, faktisch nicht statt. Es dominiert die klassische, auf primär quantitativ generierten Daten basierende Gesundheitsinformationspolitik, der sozialepidemiologische Erklärungsmodelle zugrunde liegen. Der derzeitige Sachstand wird anhand des HLS-COVID-19, der Gutenberg COVID-19 und des COSMO COVID-19 Snapshot Monitorings aufbereitet. Die Berichte kommen zu übereinstimmenden Handlungsempfehlungen für die öffentliche Gesundheitsinformation. Der Beitrag kommt zum Ergebnis, dass dies aktuell und perspektivisch nicht mehr ausreicht, um die gesell-

C. Zeller · M. Cassens (✉) · N. Mayer-Wingert
FOM Hochschule, München, Deutschland
E-Mail: carolin.zeller@condrobs.de; manfred.cassens@fom.de

© Der/die Autor(en), exklusiv lizenziert an Springer Fachmedien Wiesbaden
GmbH, ein Teil von Springer Nature 2022, korrigierte Publikation 2023
M. Cassens, T. Städter (Hrsg.), *Erkenntnisse aus COVID-19 für zukünftiges
Pandemiemanagement*, https://doi.org/10.1007/978-3-658-38667-2_6

schaftlich sozialen Herausforderungen zu bewältigen. Die Gesundheitsbildung kann einen bislang ungenutzten Teilbeitrag des Gesundheitsinformationssystems darstellen, um die bestehende Lücke zu schließen.

Schlüsselwörter

Gesundheitsinformation · Gesundheitskommunikation · (Sozial) Epidemiologie · Gesundheitsbildung · Gesundheitskompetenz

6.1   Die Sozialepidemiologie und ihr Klassifikationsproblem

Bereits seit der Aufklärung des späten 18. Jh. versuchte man im deutschsprachigen Raum in Form der „Medizinischen Topographien" Zusammenhänge zwischen Lebensverhältnissen, Ernährung, Kleidung, der Lebensweise und weiterer Indikatoren aus ärztlicher Perspektive zu identifizieren, um diese mit dem Krankheits- und Sterbegeschehen zu korrelieren (Schwartz et al., 2012, S. 61). Spätestens seit dem Vormärz der 1840er-Jahre und der damit einhergehenden Industrialisierung Deutschlands sind in dem Zusammenhang erste namhafte Impulsgeber der sozialmedizinischen Gesundheitsberichterstattung zu nennen: Salomon Neumann (1819–1908) und Rudolf Virchow (1821–1902). Ersterer stellte in seinem Werk „Die öffentliche Gesundheitspflege und das Eigenthum" (1847) bereits in jungen Jahren einen Bezug zwischen Gesundheitszustand und Bildung her (Flügel, 2012, S. 90 f.). Mit dem einsetzenden Ersten Weltkrieg brach das Erkenntnisinteresse an sozialepidemiologischen Fragestellungen in Deutschland für lange Zeit ein (Lampert et al., 2016, S. 154); die deutsche Sozialepidemiologie verlor den Anschluss an die internationale Forschung (Franke, 2012, S. 225). Diese Situation beendete der 1980 in England veröffentlichte sog. „Black-Report", benannt nach dem damaligen Präsidenten des „Royal College of Physicians", Douglas Black. Franke (2012, S. 224) bringt die bis in die jüngste Vergangenheit geltende Denktradition prägnant auf einen Punkt: „Dass es soziale Ungleichheit in der gesundheitlichen Versorgung gibt, wird in der gesundheitspolitischen Diskussion gerne ausgespart, gerne sogar geleugnet." Dass dem Faktor Bildung bei der Entstehung sozialer Ungleichheit auch in der aktuellen Pandemie-Diskussion noch eine zentrale Bedeutung beigemessen wird, unterstreicht u. a. Stolpe (2001, S. 17–27) in Rekursion auf z. T. deutlich ältere sozialepidemiologische Werke aus den 1960er-Jahren. Das, was dabei klassischerweise seit dieser Zeit als sozioökonomischer Status bezeichnet wird, bedürfte gerade aufgrund der aktuellen, Gewalt bejahenden Debatte um Impfgegnerinnen und Impfgegner der Ergänzung um den Terminus „vertikal": Implizit sind hierbei neben der Bildung die Dimensionen Einkommen und beruflicher Status (Kaba-Schönstein & Kilian, 2018, o.S.). Beachtet werden sollte im Zusammenhang, dass mit der kritiklosen Rezeption von „vertikal" im Sinne gesundheitssoziologisch tradierter Schichtmodelle davon ausgegangen wird, dass i.S. sozialer Schichten ein

„Oben und Unten" existiert. Dementsprechend wird auch aktuell zu selten hinterfragt, dass u. a. das Robert Koch-Institut – wie selbstverständlich – im Rahmen seines Gesundheitsmonitorings in die drei sozioökonomischen Schichten „hoch", „mittel" und „niedrig" unterteilt. Kritisiert werden sollte dieser Modell- und Denkansatz nicht nur darin, dass ihm die soziologischen Muster des prosperierenden Wirtschaftswunder-Deutschlands zu Grunde liegen. Vielmehr zeigt das individuelle Präventions-, insbes. das Impfverhalten in der aktuellen Pandemie, dass neben den vertikalen die oft vernachlässigt scheinenden horizontalen Dimensionen des sozioökonomischen Status in ihrer Bedeutung rasant gestiegen sein dürften. Hierzu gehören Alter, Nationalität/Migrationshintergrund, Geschlecht und Familienstand. Selbst, wenn diese berücksichtigt werden sollten, so bleiben häufig berufliche Inkonsistenzen, regionale Unterschiede und die Tatsache, dass eine Person mehreren Schichten angehören kann, in sozialepidemiologischen Klassifikationsansätzen und Modellbildungen unberücksichtigt. Wird die Dimension Bildung zudem in einer nur ansatzweisen Vertiefung analysiert, so wird das menschliche Leben häufig auf zwei Kenngrößen reduziert: dem höchsten jeweiligen Schul- und Berufsausbildungsabschluss (Hörmann, 2009, S. 19). Diese „Unzulänglichkeiten" und Einschränkungen wohl beachtend, scheinen aktuell keine Alternativen zu bleiben, den Zusammenhang von Bildung und Covid-19-Geschehen in diesem Beitrag zu reflektieren. Wohlmöglich liegt aber gerade hier, in der Festgefahrenheit wissenschaftstradierter Modellbildungen und -anbindungen „der" vermeintliche Denkfehler, um plausible Erklärungen für das zu finden, was unter anderem das soziale Pandemiegeschehen der Jahreswende 2021/2022 prägt: Das drohende gesellschaftliche Schisma zwischen Impfbefürwortenden und -gegnern vor dem Hintergrund rasant steigender Inzidenzen aufgrund der COVID-Variante Omikron.

6.2 Gesundheitskompetenz: Ein Begriff mit aktuell fataler pädagogischer Inhärenz

Vor diesem lediglich grob skizzierten Hintergrund muss der Fokus der Pandemiebewältigung nach zwei Jahren virologisch-pharmakologischer Fixiertheit dringend erweitert werden, dies um zumindest eine Komponente. Denn die pandemische Krise legt offen, was die epidemiologische Transition (Siegrist, 2005, S. 30) über Jahrzehnte diskret vermittelte: Die aktuelle Gesundheitskrise ist eine gesundheitspädagogische und -psychologische Krise! Um dies zu verdeutlichen, strichen Schaeffer et al. (2016, S. 1) nicht nur die begründete Vermutung heraus, dass die „Gesundheitskompetenz" möglicherweise wichtiger sei, als alle bisherigen Dimensionen des sozioökonomischen Status. Vielmehr stellten sie im Zusammenhang von pädagogischer Relevanz in noch vorpandemischen Zeiten und mit Blick in Richtung Überwindung von Folgen der epidemiologischen Transition vier Fragen, die aktuell jeweils wie ein Brennglas wirken möchten (Schaeffer et al., 2016, S. 2):

- *„Wie stellt sich die Gesundheitskompetenz (Health Literacy) der Bevölkerung und einzelner Bevölkerungsgruppen in Deutschland dar?*
- *Wie ist das Informationsverhalten von Menschen mit niedriger Gesundheitskompetenz?*
- *Welche Konsequenzen hat eine niedrige Gesundheitskompetenz für die Gesundheit und das Gesundheitsverhalten sowie die Nutzung gesundheitlicher Dienstleistungen?*
- *Welche Konsequenzen erwachsen daraus für die Förderung von Gesundheitskompetenz?"*

Diese Fragen erscheinen vielen Lesenden, (COVID-19-)Impfbereitschaft vorausgesetzt, nur allzu plausibel, um mit den Antworten Kampagnen zu entwickeln, mit denen die Impfverweigerer, vielleicht sogar die -gegner, „dann endlich" überzeugt werden können. Dies sollte vor dem Hintergrund aktueller sozialer und gesellschaftlicher Entwicklungen des frühen Jahres 2022 vielmehr Anlass zu kritischen Überlegungen geben. Ein erster an dieser Stelle klar zu konstatierender Denkfehler liegt in der zumeist unreflektierten Rezeption und Integration des Kompetenzbegriffs in die Bereiche von Gesundheitspädagogik und -psychologie. Denn hier sollte die wissenschaftliche Reflexion von Begriffen wie „Gesundheitskompetenz" vor einer etwaigen Etablierung primär verortet sein. Es kann und darf nicht verschwiegen werden, dass sich gerade in der deutschsprachigen Hochschul- und Schulpädagogik – und ohne Einfluss von COVID – eine Diskussion hält, die im Zusammenhang des Terminus „Kompetenzorientierung" ihre eindeutige Positionierung in Form vom „Sündenfall der Pädagogik" findet (Liessmann, 2014, o.S.). Der keinesfalls triviale Grund hierfür: Vom Begriff „Kompetenz" kann ausschließlich gesprochen werden, wenn diese zuvor operationalisierbar (messbar) gemacht wurde, um dann in der Folge zumindest dichotom in „kompetent" und „inkompetent" unterscheiden zu können. Konkret bezogen auf die aktuellen Ergebnisse zur Gesundheitskompetenz in der Bundesrepublik Deutschland bedeutet dies, dass 58,8 % der Bevölkerung eine geringe Gesundheitskompetenz aufweisen (Schaeffer et al., 2021, o.S.). Mit der sich hieran logisch anschließenden Festlegungsfrage, wer über kompetent und inkompetent entscheidet, offenbart sich nicht selten ein delikater Interessenkonflikt, der zu Polarisierung führen kann, so auch in der COVID-19-Pandemie. Etwas zumindest indirekt Vergleichbares scheint hier zu geschehen, wenn es um das Impfverhalten geht: Geimpfte und Geboosterte werden dabei nur allzu schnell als kompliant und gesundheitskompetent klassifiziert, Ungeimpfte als inkompliant und weniger gesundheitskompetent. Gefördert wird dies im Sinne von Gesundheitskompetenz durch die Tatsache, dass schließlich genügende Informationen zum Thema „Impfen" und den (Langzeit-)Folgen einer Erkrankung bei Nichtimpfung existieren. Doch hier schleicht sich möglicherweise ein zweiter Denkfehler ein: Information ist keine Kommunikation; sie ist einseitig von den Informationsgebenden in Richtung Informationsinteressierter ausgerichtet; Information ist nicht auf Nachfragen hin konzipiert. Dingen also, die in pädagogischen und psychologischen Zusammenhängen absolut essenzielle Kernprozesse darstellen. Im Zusammenhang des Kompositums „Gesundheits-" kommt erschwerend hinzu, dass die sog. Laientheorien von Gesundheit (Naidoo & Wills, 2019, S. 43 f.) eine Kommunikation auf Augenhöhe erfordert, diese aber gleichsam erschwert. Verfolgt man den Kompetenzbegriff langzeitkatamnestisch und exemplarisch am Fallbeispiel von PISA, so fällt auf, dass die OECD mit der Einführung des PISA-Tests nicht nur den Begriff der Kompetenzfelder förderte, sondern zugleich den Trend zur Ökonomisierung von Bildung und Erziehung massiv forcierte (vgl. Trutmann & Kanele, 2017, S. 29). Viele negative Folgen sind offensichtlich und klar diagnostizierbar. Kritisierende bemängeln vor allem, dass sich curriculare Inhalte primär am Prinzip der praxisrelevanten Nützlichkeit an sog. „Handlungsfeldern" orientieren. Besonders deutlich wird dies am Modularisierungsprinzip, dessen negative Folgen nirgendwo deutlicher werden, als in den nicht staatsexaminierten Studiengängen im Setting Universität. Konkret existiert in Deutschland seit 2014 ein aus dem Englischen übersetztes Testmanual zur Überprüfung der Gesundheitskompetenz, der „Health Literacy Survey" (HLS-GER). Die nicht direkte Messbarkeit dieses Begriffes erforderte dessen weiter oben bereits angedeutete Operationalisierung. Hierzu wurden folgende vier Kompetenzbereiche kategorisiert:

I. *„Gesundheitsinformationen finden und erschließen,*
II. *Gesundheitsinformationen verstehen*
III. *Gesundheitsinformationen beurteilen und*
IV. *Gesundheitsinformationen kommunizieren und für die eigene Gesundheit nutzen und anwenden zu können"* (Schaeffer et al., 2016, S. 16).

Als Handlungsfelder in der Praxis werden im Rahmen dieses Konstruktes die Bereiche Krankheitsbewältigung, Krankheitsprävention und Gesundheitsförderung aufgezählt. Fest steht, dass die finanzierende Trägerinstitution dieser repräsentativen Bevölkerungsumfrage, das Bundesministerium für Justiz und Verbraucherschutz, zur Entscheidungsinstitution über Kompetenz und Inkompetenz wurde. Allein die bereits genannte Feststellung von 58,8 % an Personen mit geringer Gesundheitskompetenz dürfte für die Entscheidenden kurz vor den im selben Jahr anstehenden Bundestagswahlen eine wenig chalante Aufgabe gewesen sein, ein adäquater Umgang hiermit eine große und zugleich verantwortungsvolle Herausforderung. Kritik gibt es nicht nur hinsichtlich des Kompetenzbegriffs, sondern auch am Testmanual. So wurde der HLS-GER vom Max-Planck-Institut für Bildungsforschung im Februar 2018 zur „Unstatistik des Monats" gekürt (Gigerenzer, 2018, o.S.). Dessen ungeachtet wurde im selben Jahr der „Nationale Aktionsplan Gesundheitskompetenz" ins Leben gerufen, auf das ein Ministerium an dieser Stelle möglicherweise verweisen würde. Doch spätestens an dieser Stelle muss sich aus gesundheitspädagogischer und -psychologischer Perspektive Kritik manifestieren. Die aktuell stattfindenden, teils von rechtsideologischen „Querdenkern" unterminierten Demonstrationen, die als teilweise gewalttätige „Spaziergänge" vollkommen zweckentfremdet werden, indizieren dennoch eine Unwilligkeit gegenüber einer als oktroyiert empfundenen Gesundheitspolitik. Zum Informations- und Erziehungsansatz, der sich deutlich von der Bildungstradition Herbarths, von Humboldts und Hegels unterscheidet, passt dann auch der Kompetenznachweis in Sachen Corona, welcher im Kontext des zweiten Health Literacy-Surveys erwartetermaßen als Ergänzungsbefragung realisiert wurde. Diese klare Befundung soll keine „Abrechnung" mit der Regierungspolitik der Bundesrepublik darstellen, erst recht nicht die Legitimation illegalen Verhaltens von Impfgegnern. Vielmehr sollten die mehr als deutlichen „Zeichen der Zeit" im Sinne Max Webers als soziale Tatsachen interpretiert werden und damit eine Diskussion darüber einsetzen, welchen Beitrag eine praxis- und anwendungsorientierte Gesundheitspädagogik dazu leisten kann, dringend benötigte Umdenkprozesse zu initiieren und fortlaufend zu begleiten. Dies betrifft hoffentlich nur kurz- und mittelfristig die COVID-Pandemie, langfristig und darüber hinaus auf jeden Fall die epidemiologische Transition.

6.3 Eine Zwischenbilanz kann trotz skizzierter methodischer Probleme gezogen werden

Trotz der zuvor skizzierten methodologischen Probleme der Konstrukte sozioökonomischer Status und Gesundheitskompetenz existiert das Phänomen der sozialen und sich daraus ableitenden gesundheitlichen Chancenungleichheit, die sich während der COVID-Pandemie zum wiederholten Male und in verschärfter Form zeigt. Denn dass ein historisch dokumentierter Zusammenhang zwischen Pandemie/Epidemie und gesundheitlicher Chancenungleichheit besteht, zeigten bereits die Cholera-, Tuberkuloseverläufe des 19. Jh., sowie die sog. „Spanische Grippe" im frühen 20. Jh. (vgl. Ruckstuhl & Ryter, 2021, S. 13 f.). Bezüglich des via sozioökonomischem Status gemessenen Zusammenhangs von sozialer und gesundheitlicher Chancenungleichheit existieren zwei Hypothesen, die im Vorfeld aktueller Ergebnisse noch erwähnt werden sollten. Hierbei geht es einerseits um die soziogene Hypothese, die auch als Verursachungshypothese bezeichnet wird. Dementsprechend führen die Faktoren eines niedrigen sozioökonomischen Status zu gesundheitlichen Ungleichheiten. Andererseits konnte sich neben diesem Richtungszusammenhang die soziale Drifthypothese (auch Selektionshypothese) etablieren. Diese führt in die entgegengesetzte Richtung, indem gesundheitliche Ungleichheit zur sozialen führt. Im Fokus dieses Beitrages kann aufgrund der aktuellen Situation und Datenlage noch vor allem der soziogenen Hypothese nachgegangen werden, da zu Beginn des Jahres 2022 die zu sozialer Ungleichheit führenden Long-COVID-Verläufe noch keine gesicherte Datenbasis für die soziale Drifthypothese zu bieten scheinen. Dafür bietet Mielck jedoch mit seinem Zusammenhangsmodell von sozialer und gesundheitlicher Ungleichheit ein in der Medizin- und Gesundheitssoziologie etabliertes Erklärungsmodell an (Mielck, 2000, S. 173; Franke, 2012, S. 238 f.). Entsprechend der soziogenen Hypothese führt soziale Ungleichheit allgemein zu Unterschieden in der/im

- gesundheitlichen Belastung,
- Existenz von Bewältigungsmöglichkeiten und Erholungsmöglichkeiten und
- gesundheitlichen Versorgung, sowie alle drei zu
- Gesundheitsverhalten, wie dies in Abb. 6.1 visualisiert ist.

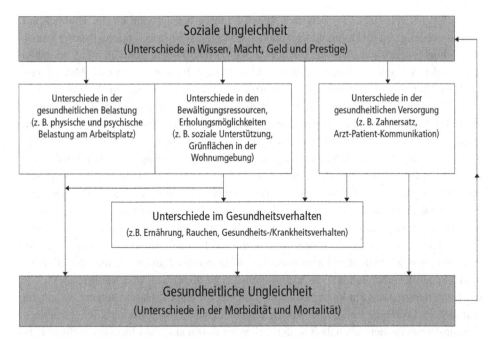

Abb. 6.1 Modell der sozialen und gesundheitlichen Ungleichheit (Mielck, 2000 in Franke, 2012, S. 238)

Deutlich wird bei der Analyse der Grafik allerdings auch, dass der Drifthypothese i.S. eines Erklärungsmodells keine wesentliche Bedeutung beigemessen wird.

Die Frage nach den langfristigen sozioökonomischen Konsequenzen, wie dem sozialen Abstieg nach schwerem Krankheitsverlauf inkl. starker Langzeitfolgen wird in absehbarer Zukunft wohl kaum auf den Paritätischen Wohlfahrtsverband und vergleichbare Institutionen eingrenzbar sein. Abseits von derartigen, von der Drifthypothese geprägten Überlegungen sollte jedoch konstatiert und bilanziert werden, dass die im Rahmen dieses Beitrags aggregierten Datensätze andockbar an die soziogene Hypothese und ihre Basis, dem sozioökonomischen Status, sind. Davon kann dann im Gesamtzusammenhang – und unter Beachtung der zuvor geäußerten Limitationen – ebenfalls abgeleitet werden, dass die Gesundheitskompetenz einen sehr wichtigen sozioökonomischen Faktor darstellt, der unmittelbare Konsequenzen bzgl. des Individualverhaltens in der Pandemie nach sich zieht. Einen ersten diesbezüglich nennenswerten Nachweis führten Orkan et al. (2021) mit der HLS-COVID-19-Studie, die auf dem von Sørensen et al. (2012, o.S.) publizierten Modell von Gesundheitskompetenz basiert. Die Analyse gesundheitlicher Chancen(un)gleichheit anhand des sozioökonomischen Status findet im Modell ebenfalls Beachtung. Diese, vom Bundesministerium für Gesundheit getragene Studie fand zwischen März/April und September/Oktober 2020 statt und kann aufgrund der Schnelllebigkeit des pandemischen Geschehens nur mehr als bedingt aktuell bewertet werden. Zu zwei Messzeitpunkten fand die repräsentative Onlinebefragung statt, im Rahmen derer der einmal 1037 (T_1) und bei der zweiten Erhebung 1021 (T_2) Personen über 16 Jahren befragt wurden. Im Hinblick auf eine in der Folge zu diskutierende gesundheitspädagogische Interventionsplanung gibt es einige hoch interessante Aspekte, die der HLS-COVID-19 herausgearbeitet hat. So gaben 45,2 % der Befragten an, sich ca. sieben Monate nach Beginn der Corona-Maßnahmen häufiger über Gesundheitsthemen zu informieren. Allerdings gaben zu T_2 auch 42,5 % (- 1,8 %) an, etwas, 8,9 % sehr verunsichert zu sein (- 2,0 %). Worin die Quelle dieser interessanten Gegensätzlichkeit liegen könnte, wurde leider im Testmanual nicht erhoben. Auch ist zu bedenken, dass der Grad der Verunsicherung trotz der quasi Absolutierung des Themas Covid auf allen Medien nur zu geringfügigen Veränderungen hinsichtlich der verunsicherten Personen geführt hat. Die größte Verunsicherung hinsichtlich der Selektionsproblematik vieler und davon relevanter Informationen weisen mit 36,3 % Personen mit einem inadäquaten Maß an Gesundheitskompetenz auf. Analysiert wurden hierbei jedoch ausschließlich Personen mit insgesamt ausreichenden, problematischen und inadäquaten Gesamtscores. Besonders interessant sind in der Rückschau auch die Informationen zum Impfverhalten. Zu bedenken ist hierbei, dass während des Messzeitraumes von T_2 noch kein Impfstoff vorhanden war. Immerhin nahmen zu dieser Zeit überwältigende 91,7 % der Befragten an, dass ein Vakzin existiert, welches vor einer Infektion schützt. Es gingen dem HLS-COVID-19 zur Folge jedoch allgemein und ohne offensichtlich genannten Corona-Bezug im Item auch 38,7 % der Befragten davon aus, dass Impfungen diejenigen Krankheiten verursachen, vor denen sie schützen sollen. Weitere 28 % gingen noch vor der Einführung der vier zugelassenen Vakzine davon aus, dass Impfungen oft schwerwiegende Impffolgen implizieren und immer noch 20,3 % der Stichprobe meinten, dass Impfungen das Immunsystem schwächen oder überlasten. Abschließend soll in dieser sehr stark verkürzten Rezeption des HLS-COVID-19 darüber berichtet werden, dass sich im September/Oktober 2020 lediglich 54,0 % der Teilnehmenden in ihrer Entscheidung sicher waren, an einer Immunisierungsimpfung teilzunehmen, 22,3 % waren zu dieser Zeit noch unentschlossen und 23,7 % entschieden sich für die Antworten „Eher nicht" (10,9 %) oder gar „Sicher nicht" (12,8 %). Eine gute Nachricht ist hierbei, dass die 54,0 % applizierter Erstimpfungen Ende Juni 2021, also ca. acht Monate nach Beendigung von T_2, überschritten wurde. Während dieser Zeit entwickelte sich die Deltavariante des SARS-CoV-2-Virus und dominierte als wesentlich gefährlichere Verlaufsform ab Juli das Infektionsgeschehen. Parallel dazu und der seit Herbst 2021 auftretenden Omikron-Variante konnten nur wenige weitere Erstimpfungen durchgeführt werden. Dies zu analysieren, konnte nicht mehr anhand der hier erwähnten Studie erfolgen. Retrospektiv bleibt fazitär festzuhalten, dass die HLS-COVID-19-Studie zum klaren Ergebnis kommt, dass Personen mit geringer coronaspezifischer Gesundheitskompetenz sich schlechter informiert, daher verunsicherter fühlen und letztlich auch zögerlicher bzw. gar nicht proaktiv und präventiv handeln. Die Gefahr, dass hieraus i.S. der soziogenen Hypothese gesundheitliche Chancenungleichheiten resultieren, wird zudem dadurch gefördert, dass diese Personen darüber berichten,

- vergleichsweise weniger Sorgen und Ängste darüber zu haben, sich mit dem Virus zu infizieren, dies wird auf nahestehende Personen übertragen;
- und dass die Gefahren, die vom Virus ausgehen, übertrieben sind.

Vom Konstrukt der Gesundheitskompetenz ausgehend ist vor allem davon auszugehen, dass Personen mit niedrigeren Scorewerten eine negativere Einstellung zum Impfen und eine geringere Bereitschaft aufweisen, sich gegen SARS-CoV-2 immunisieren zu lassen (vgl. Orkan et al., 2021, S. I).

Als zweites soll im Rahmen dieses Beitrages auf die Gutenberg COVID-19-Studie der Mainzer Universitätsmedizin eingegangen werden (Wild et al., 2021, o.S.). Dabei handelt es sich um eine prospektive, noch nicht abgeschlossene Kohorten-Studie, mit der im Herbst 2020 begonnen wurde und die im März 2022, somit nach Redaktionsschluss des vorliegenden Bandes, beendet werden wird. Bei der Stichprobe handelt es sich um insges. 10.250 Personen aus Mainz und der Region Rheinhessen, die an der Eingangsuntersuchung (T_1) und von denen wiederum 9145 an der Verlaufsuntersuchung (T_2) teilnahmen. Es wurden jeweils 1008 Erwachsene in repräsentativen Wellen eingeschlossen. Die Gutenberg COVID-19-Studie zählt zu den größten aktuell laufenden Studien in Deutschland mit Pandemiebezug und ist zudem interdisziplinär angelegt. Auch im Rahmen der Gutenberg COVID-19 Studie wurden die Testpersonen zu zwei Zeitpunkten evaluiert, dies im Zeitfenster Oktober 2020 bis Juni 2021; zwischen den beiden Messzeitpunkten sollte eine zeitliche Distanz von vier Monaten liegen. Seit Oktober 2021 findet eine dritte Erhebung statt, im Rahmen derer potenzielle langzeitkatamnestische Veränderungen analysiert werden. Diese Ergebnisse liegen aktuell noch nicht in publizierter Form vor. Das Evaluationsmanual besteht neben psychometrischen auch aus einer Mehrzahl biometrischer Testungen, so u. a. einer Stuhlprobe, einer Blutentnahme, einem Zahntaschenabstrich und der Sammlung von Tränenflüssigkeit. Als ein erstes interessantes Ergebnis kann die Studie damit aufwarten, dass die Anzahl bekannter Infektionen sich im Rahmen dieser Studie bei 57,6 % bewegte, die durch einen Wert von 42,4 % an unbekannten, bis zur Studienmessung nicht detektierten Infektionen ergänzt wurde. Das bedeutet: Zu zehn gemeldet Infizierten sind demnach acht unbekannte Personen hinzuzuaddieren, wenn es um die Tagesmeldungen des Robert Koch-Instituts hinsichtlich der Inzidenzwerte geht. Im Sinne des sozioökonomischen Status konnte auch bei dieser Studie bereits ein diesbezüglicher Unterschied identifiziert werden: Während Personen mit hohem sozioökonomischen Status 39,0 % der Dunkelzifferinfizierten ausmachen, sind dies bei Personen mit mittlerem sozioökonomischen Status 49 %; mit niedrigem 46,2 %. Auch die Gutenberg COVID-19-Studie kommt darüber hinaus zum Ergebnis, dass Homeoffice-Tätigkeiten und Infektionsrisiko in einem Zusammenhang stehen: Personen, die ausschließlich im Homeoffice arbeiten, haben demnach ein deutlich geringeres Risiko, sich mit dem Virus zu infizieren, als diejenigen Personen, die während der Pandemie weiterhin am Arbeitsplatz arbeiten. Als zu Beginn der Pandemie der Begriff „systemrelevant" im Kontext von präsenten Beschäftigungsverhältnissen verbreitet wurde, stellte sich sehr schnell heraus, dass es sich hierbei mit Masse um diejenigen Berufe und Personen handelte, die dem unteren sozialökonomischen Status zugerechnet werden können. Mit rasch zunehmender Erkenntnis, dass Systemrelevanz nicht nur zu einer derartigen Stigmatisierung generierte, sondern auch mit einer erhöhten Infektions- und Krankheitslast zu korrelieren scheinen, verschwand dieser Terminus wieder aus der tagespolitischen Diskussion; die Covid-Last blieb. Wie die

HLS-COVID-19-Studie, so streichen auch die Zwischenergebnisse der Gutenberg COVID-19-Studie heraus, dass die Impfbereitschaft und die tatsächlich durchgeführten Impfungen mit steigendem sozioökonomischem Status zunehmen: 78,7 % der Angehörigen mit niedrigem, 83,6 % mit mittlerem und 91,0 % derjenigen mit hohem sozioökonomischem Status weisen eine Impfbereitschaft auf. Als wesentliche neue Erkenntnis ist die Evidenz von prekären Wohnverhältnissen zu nennen. Das Relative Risiko (RR), sich am SARS-CoV-2-Virus zu infizieren, ist in diesem Zusammenhang um den Faktor 1,6 erhöht. Als prekär wohnend werden im Rahmen der Studie Personen klassifiziert, deren Wohnsituation als überbelegt (< 9 m^2) oder finanziell durch Wohnkosten belastet (> 50 % des Einkommens) eingestuft wurde. Auch dieser Sachverhalt stützt somit die soziogene Hypothese im Kontext des COVID-19-Geschehens. Widersprüchlich ist die Ergebnisfindung im Vergleich zur HLS-COVID-19-Studie dahingehend, dass bislang kein dahin gehender Nachweis geführt wurde, dass Personen, die in prekären Wohnverhältnissen leben, eine geringere Präventionscompliance aufweisen. Einen nicht explizit auf die Wohnverhältnisse, wohl aber allgemeiner auf den sozioökonomischen Status bezogenen Nachweis konnten Orkan et al. erbringen (Orkan et al., 2021, S. 20 f.). Insgesamt kommt auch die Gutenberg COVID-19-Studie hinsichtlich des sozioökonomischen Status zum Ergebnis, dass eine sozial-gesundheitliche Chancenungleichheit existiert, die ihre konkrete Explikation nicht nur im Infektionsgeschehen findet. Ergänzend stellt diese Studie fest, dass Angehörige der unteren Einkommensgruppen zudem stärker von Einkommenseinbußen betroffen sind. So gaben 28,7 % derjenigen, die von relativer Armut betroffen sind (< 60 Prozent des für Deutschland relevanten Einkommensmedians) an, dass ihr Einkommen seit Beginn der Pandemie gesunken ist. Vergleichsweise hierzu betraf dies lediglich 13,3 % derjenigen der höchsten Einkommensgruppe (> 200 %).

Abschließend sollte als dritte relevante Studie das COSMO COVID-19 Snapshot Monitoring genannt werden, dessen Ziel es ist, die Ergebnisse/Folgen der Gesundheitskommunikation professioneller Akteure des Gesundheitsinformationssystems mit der Bevölkerung abbildet. „Es wird analysiert, welche Bevölkerungsgruppen Vertrauen zeigen und wie dies mit Einstellungen, Risikowahrnehmung und Verhaltensweisen zusammenhängt" (Eitze et al., 2021, S. 270). Hierzu werden jeweils ca. 1000 nach sozioökonomisch und -demografisch selektierte Personen, ergänzt um die Kategorie Wohnortgröße, seit dem 26. Mai 2020 in zweiwöchentlichem Rhythmus evaluiert (zuvor seit 03.03.2020 einwöchentlich). Vom Studiendesign her handelt es sich um eine deutschlandweite, querschnittliche, nicht-probabilistische Quotenstichprobe, in der die Allgemeinbevölkerung nach Bundesländern erfasst ist. Eine derart engmaschige Erfassung von Selbstauskünften aus der Bevölkerung heraus ist aus gesundheitspädagogischer und -psychologischer und somit anwendungswissenschaftlicher Perspektive heraus als sehr wertvoller Gradmesser zu bewerten. Der diesem Beitrag primär zugrunde liegende Bericht Nr. 58 gibt den Diskussionsstand hinsichtlich COVID-19 Mitte Dezember 2021 wieder und fokussiert inhaltlich folgende Themen.

- Risikowahrnehmung und Schutzverhalten
- Die neu entdeckte Omikron-Variante

- Risikoverhalten und Schutzverhalten
- Regelungen und Akzeptanz der Maßnahmen
- Vertrauen
- Impfen
- Kinder gegen Corona impfen
- Belastungen und Sorgen
- Long-COVID

Vergleichbar dem Vorgehen bei den zuvor beschriebenen Studien soll auch an dieser Stelle lediglich auszugsweise dasjenige Material exzerpiert werden, das für die gesundheitspädagogischen und -psychologischen Konsequenzen von Relevanz sein kann. Vor dem Hintergrund der die gesundheitspolitische Wirklichkeit prägenden Gesamtsituation generieren folgende Themen zu Schwerpunkten: Hinsichtlich „Regelungen und Akzeptanz von Maßnahmen" geht es vor allem darum, zu identifizieren, wer deviantes Verhalten aufweist, dies zum Beispiel durch die Teilnahme an Demonstrationen gegen die COVID-Einschränkungen. Diesbezüglich stellt das aktuell vorliegende COSMO COVID-19 Snapshot Monitoring fest, dass 28 % der Befragten nicht genau wissen, welche Regelungen (AHA+L, GGG) aktuell für sie gelten. Zu psychologischen Reaktionen in Form von Demonstrationen gegen einschränkende Maßnahmen sind aktuell 14 % der Befragten bereit. Dieser Prozentwert ist unabhängig von der jeweiligen pandemischen Situation stabil und unabhängig von „Wellen" oder „Flauten". Ein weiterer wesentlicher Bereich funktionierender Gesundheitskommunikation basiert auf den Erkenntnissen zum Thema „Vertrauen". Denn Vertrauen in Informationen ist die Grundlage für Interventionen jeglicher Art vor Ort in Settings. Maßgeblich ist im Gesamtzusammenhang, dass das anfängliche Vertrauen in die Bundesregierung von knapp 60 % auf aktuell 38 % gesunken ist (seit Regierungswechsel leicht gestiegen). Demgegenüber gaben 44 % der Befragten an, der Bundesregierung (eher) weniger zu vertrauen. Der von Skeptikern stieg teils erheblich an und lag im März 2021 bei zwischenzeitig 60 %. Der Ärzteschaft wird seit Beginn der Pandemie auf stabil hohem Niveau vertraut (Werte bei ca. 5,3 auf einer Skala von 1 bis 7), Vergleichbares gilt für Krankenhäuser und die Wissenschaft (ca. 5). Dem Robert Koch-Institut wurde kurz nach Beginn der Pandemie am meisten von allen Organisationen vertraut, mittlerweile jedoch mit einem Wert von 4,8 weniger als den zuvor genannten Institutionen inkl. der Ärztinnen und Ärzten. Der Bundeszentrale für gesundheitliche Aufklärung wird weniger vertraut als dem Robert Koch-Institut (zuletzt 4,2), jedoch mehr als Bundes- und Landesregierungen. Das Vertrauen der Befragten ist gegenüber den Gesundheitsämtern (zuletzt 3,7) und den Medien (3,0) am geringsten. Eine letzte Kategorie, die im Rahmen des COSMO COVID-19 Snapshot Monitoring erwähnt werden sollte, behandelt das Thema „Impfen". Denn mit den als „Verweigerer", „Zögerliche" und „Unsichere/Unentschlossene" bezeichneten Gruppen sind gleichsam ca. 10 % der Grundgesamtheit genannt, die potenzielle Zielgruppen COVID-19-spezifischer gesundheitspädagogischer und -psychologischer Kommunikationsaktivitäten darstellen. Genauer ausgedrückt: Den Großteil der Ungeimpften (100 %) stellten Mitte Dezember 2022 Verweigerer dar (61 %), 26 % die Gruppe der „Zögerlichen" und „Unentschlossenen", die ergänzt werden durch 13 % von Personen, die impfbereit aber noch nicht erstgeimpft sind. Am schwersten zugänglich sind im Zusammenhang selbstverständlich die Verweigernden, wenngleich sich deren Anteil seit November 2021 verringert hat. Was den Themenkomplex „Impfen" betrifft, so kommt die Welle 58 des COSMO COVID-19 Snapshot Monitorings zu folgenden zusammenfassenden Ergebnissen:

„Im Vergleich zu Geimpften …

- *… sorgen sich Ungeimpfte weniger um die Überlastung des Gesundheitssystems,*
- *… denken Ungeimpfte, dass sie sich weniger wahrscheinlich infizieren,*
- *… vertrauen Ungeimpfte weniger der Regierung und der Wissenschaft – es gibt hier keinen Vertrauensvorsprung für die neue Regierung,*
- *… hängen Ungeimpfte eher Verschwörungserzählungen an (Corona ist ein Schwindel, menschengemacht),*
- *… halten Ungeimpfte die Maßnahmen eher für übertrieben und halten sich auch weniger an Maßnahmen wie z. B. das Masketragen"* (Betsch et al., 2021, S. 45).

Das COSMO-Konsortium verwendet in der Zusammenfassung unter der Rubrik „Empfehlungen" häufig den Terminus „Aufklärung" und zählt hierbei auf die ergebnisentsprechend vertrauensvollste Informationsquelle: Ärztinnen und Ärzte sowie ergänzend Apothekerinnen und Apotheker (COSMO, 2021, o. S.). Ob und inwieweit eine hier intendierte evidenzbasierte Aufklärung erfolgreich sein wird, soll an dieser Stelle jedoch erheblich bezweifelt werden. Denn die zuvor in der Strichaufzählung genannten Aspekte werden von einer gegenwärtig zunehmend von beiden Seiten (Impfbefürwortende und Impfgegner) gewaltbereiten, emotional schwer belasteten Gemengelage angebracht und ausgetauscht; dies im Setting von häufig ungenehmigten Demonstrationen oder sog. „Spaziergängen". Eben dies – Dialog orientierte, kommunikative Lösungen finden zu müssen – gilt es im Folgeteil zu diskutieren.

Insgesamt betrachtet erlauben die drei selektierten Studien, die HLS-COVID-19-Studie, die Gutenberg COVID-19-Studie und das COSMO COVID-19 Snapshot Monitoring die Weiterführung einer Diskussion darüber, ob die aktuelle pandemische Krisensituation eine Folge defizitärer Gesundheitsbildung ist und letztlich auch darüber, ob deren Stärkung in der Lage ist, einen Beitrag in der aktuell festgefahren scheinenden konfliktreichen Situation zwischen Impfbefürwortenden und -gegnern zu leisten. Die Studien sowie das laufende Cosmo-Monitoring scheinen einerseits auf sozioökonomisch begründbare Zielgruppen hinzuweisen. Ebenso klar ist aber auch, dass die Mittel und Maßnahmen derjenigen Organisationen, die im COSMO COVID-19 Snapshot Monitoring hinsichtlich ihrer Gesundheitskommunikation elaboriert werden, (sehr) begrenzt und in ihren Handlungsoptionen aktuell limitiert zu sein scheinen. Die Infektionsprävention gegen das SARS-CoV-2-Virus scheint derzeit zum Anlass eines drohenden gesamtgesellschaftlichen Schismas zu generieren, nicht zu dessen Ursache. Inwiefern Klassifikationen, wie diejenige um Informationsdefizite von Menschen mit den fremddiagnostizierten Attributen „niedriger sozioökonomischer Status" und „inadäquate Gesundheitskompetenz" dieser anstehenden und notwendigen Diskussion zuträglich sind, ist aktuell mehr als fraglich – eine Kommunikation auf Augenhöhe dagegen indiziert.

6.4 Wer und was kann helfen? Diskussion um mögliche und notwendige Maßnahmen

Im Anschluss an die zusammengefasste Ergebnisdiskussion soll nun ein integrativerer Ansatz diskutiert und für eine Anschlussreflexion aufbereitet werden. Mit diesem Terminus ist keineswegs eine auf akademische Foren begrenzte Diskussion gemeint. Vielmehr geht es darum, ansatzweise bestehende Lösungen breiter aufzustellen und konkret bestehende verwaltungs- und im Zusammenhang auch personalpolitische Hürden schnellstmöglich aus dem Weg zu räumen. Denn in der folgenden Diskussion wird es um die Implementierung von Gesundheitslotsen mit gesundheitspädagogischer oder/und gesundheitspsychologischer Akademisierung gehen. Dies durch umfassende Integration in die überkommenen ärztelastigen Strukturen des aktuell vollkommen überlastet wirkenden Öffentlichen Gesundheitsdienstes (ÖGD).

Da das Publikum der Transfertagung eHealth & Society keineswegs homo-, sondern seit mittlerweile sieben Jahren stets sehr heterogen war, generiert diese Erfahrung zur Annahme bezüglich der Rezipienten dieses Herausgeberwerkes. In diesem Zusammenhang bedarf es einer kurzen Einführung in die Gesundheitspädagogik, die bereits mehrfach angesprochen wurde. Terminologisch handelt es sich hierbei stark reduziert um einen Oberbegriff, der mehrere pädagogische Subdisziplinen integriert (Cassens, 2014, S. 101 f.). Als Kernbegriffe sind die klassischen Felder Gesundheitserziehung und Gesundheitsbildung als genuin pädagogische Handlungsfelder zu nennen. Darüber hinaus besteht eine hohe Affinität zur Gesundheitsberatung, die den Brückenschlag zur Gesundheitspsychologie eröffnet, sowie die Gesundheitsinformation/-kommunikation mit einer Vielzahl an Schnittmengen zur Medienpädagogik. Als fünfter, am wenigsten konturierter Terminus gesellt sich die Gesundheitsförderung hinzu, die die Begriffe Gesundheitserziehung und v. a. Gesundheitsbildung aus relevanten Dokumenten nahezu verdrängt zu haben scheint. Eines von zahlreichen Dokumenten mit nahezu alltäglicher Relevanz in vielen Bereichen von Gesundheit ist der „Leitfaden Prävention", herausgegeben vom Spitzenverband der Gesetzlichen Krankenkassen (GKVS, 2020, o.S.). Ein weiteres zu nennendes Dokument, in welchem der Gesundheitsbildungs- und -erziehungsbegriff maximal implizit vorkommen, ist dasjenige, in dem der Nationale Aktionsplan Gesundheitskompetenz verschriftlicht wurde (Schaeffer et al., 2018, o.S.). Neben dem Kompetenzbegriff findet sich auch hier wieder lediglich der Terminus Gesundheitsförderung. Diese offensichtliche Ignoranz pädagogischer Bezugspunkte kann nicht nur, sondern auch zur Erklärung der aktuellen Situation beitragen. Denn beachtet werden sollte, dass es sich bei Erziehung und Bildung keineswegs nur um theoretische Konstrukte handelt, beides ist vielmehr in der alltäglichen Handlungswirklichkeit aller Settings präsent und gefordert. Die bisherige Corona-Politik zeigt (und das betrifft keinesfalls nur Deutschland, Österreich und die Schweiz): Beide pädagogischen Kernkompetenzen scheinen bei richtungsweisenden Entscheidungen – wie der Umsetzung des Präventionsgesetzes oder den aktuellen Pandemieentscheidungen – nicht nur nicht präsent zu sein, sondern vollkommen ignoriert zu werden. Vielmehr scheint es, als sei die pädagogische Profession vergleichbar dem des

bedauernswerten Fußballnationaltrainers in Zeiten der Weltmeisterschaften: Eine „Jeder-
mannprofession", die „eigentlich" keine vieljährige Qualifikation zu erfordern scheint.
Aufgrund der aktuell verhärteten Situation zwischen Impfbefürwortenden und -gegnern
sollte man sich durchaus einmal fragen, ob Informations- und Aufklärungskampagnen
immer noch der „richtige" und alternativlose Weg sind. Schließlich sollte an dieser Stelle
abermals bedacht werden, dass es sich bei der Festlegung des sozioökonomischen Status
und von Gesundheitskompetenz um fremddoktroyierte Attribuierungen handelt, die aufgrund ihrer messtheoretischen Rahmenbedingungen keinesfalls unkritisiert sind. In diesem Zusammenhang stellte Franke bereits 2012 (S. 239–240) im Kontext von sozialer und
gesundheitlicher Ungleichheit fest: *„Im Gegenteil: Wir brauchen nicht noch mehr Daten,
die das immer gleiche Ergebnis bestätigen, sondern wir müssen Theorien entwickeln, die
diese Daten auf dem Hintergrund der gesellschaftlichen Situation analysieren. (…) Notwendig sind Theorien, die die Lebenswelten der verschiedenen sozialen Gruppen besser
erfassen, als es bisher der Fall ist.* " Einen solchen Ansatz können im Kontext von COVID-
Gesundheitsmonitorings empirisch qualitativ angelegte Sozialraumanalysen darstellen,
die sich von ihren Ergebnissen her deutlich von den etablierteren quantitativen unterscheiden. Hierauf geht Tab. 6.1 ein.

Der Terminus Sozialraum hat seinen Ursprung im pädagogisch und stadtsoziologisch
verstehend-interpretativen Ansatz räumlicher Umgebungen im Kontext sozialen Handelns. Hier liegt ein zentraler Unterschied zu den empirisch quantitativ erklärenden Ansätzen, die räumliche Grenzen an Stadtteilen und -bezirken bzw. Gemeinden und Dörfern
festmachen. Auch basieren diese ergänzend auf Theorie-, Modell- und Katgegoriebildun-
gen, wie diese zu Beginn dieses Beitrages wurden.

Bei den Unterschieden zwischen „verstehender" und „erklärender" Position der empi-
rischen Sozialwissenschaften handelt es sich um eine zwischenzeitig nahezu zum
„Glaubenskrieg" generierten Polarisierung ihrer wissenschaftlichen Vertreter. Mittlerweile indiziert der Terminus „Mixed-Methods" jedoch die logisch überaus sinnvolle Inte-
grierbarkeit beider Forschungsansätze (vgl. Niederberger, 2018, S. 85 f.). Tab. 6.2 zeigt in

Tab. 6.1 Grundtypologien der Sozialraumanalyse (Riege & Schubert, 2014, S. 38)

Typ	Funktion	Beschreibung	Methoden
I	Unterscheidung und Identifizierung von administrativ abgegrenzten Gebieten in der Gesamtstadt	Vergleich von Strukturen und Qualitäten zwischen den Stadtgebieten	Analyse quantitativer Aggregatdaten/Indikatoren nach dem klassischen humanökologischen Modell
II	Differenzierung eines ausgewählten Stadtgebietes nach innen	Tiefenscharfe Betrachtung der inneren Strukturen und Qualitäten eines Stadtgebietes	Analyse quantitativer und qualitativer Daten/Beob-achtungen mit vielfältigen methodischen Ansätzen

Tab. 6.2 Grundtypologien der Sozialraumanalyse (Riege & Schubert, 2014, S. 45)

Erhebungskontext	Methoden
Physische Raumabgrenzung und Raumdefinition	Zonierung, Kartierung, Stadtbildanalyse, Quartiersgeschichte
Strukturanalysen nach Administrationsräumen	Statistische Strukturanalysen, soziale und gesundheitliche Indikatoren, Fokus auf gesundheitliche Versorgung, gesundheitliche Vorsorge und Lebensqualität
Befragungen im Nutzungsraum	Narrative Interviews, fokussierte Leitfaden-gespräche, Gruppendiskussion, Passantenbefragung
Systematische Beobachtungen im Nutzungsraum	Teilnehmende Beobachtung, semiotische Methode (Street Reading), mediale Dokumentenanalyse, Stakeholderanalyse, Netzwerkanalyse, Aktionsforschung/aktivierende Befragung, ethnografische Methode
Erhebung von subjektiven Nutzungsaspekten des Sozialraums	Stadtteilerkundung/Begehung, Aktionsraumanalyse, Lebensweltanalyse/Nadelmethode

Übersichtsform die potenziellen Vorteile von Mixed-Methods im Zusammenhang kommunaler Gesundheitsmonitorings auf.

Die Komponente verstehender sozialräumlicher Nutzung in Mixed-Methods-Studiendesigns hat ihre Vorteile in der methodisch ergänzenden Erfassung sozialstruktureller Aggregatdaten nach Teilräumen eines kommunalen Settings und bietet so die tiefenscharfe Erfassung „subjektiv und kollektiv konstruierter (Wahrnehmungs-)Räume" (Riege & Schubert, 2014, S. 39). Hierbei handelt es sich um Informationsdimensionen, welche die drei zitierten Studien genauso wenig aufweisen, wie der größte Teil von im Rahmen dieses Beitrags stichprobenartig analysierten kommunalen Gesundheitsmonitorings und Sozialraumanalysen. Über die komplementären Effekte empirisch qualitativ angelegter Gesundheitsmonitorings in Form von Sozialraumanalysen kann der Autor des vorliegenden Beitrags aufgrund eines seit geraumer Zeit verstetigten Lehrprojektes Studierender (Cassens & Prasch, 2019, S. 61 f.) referenzieren.

Die methodisch abgesicherte, tiefenscharfe Erfassung der von Menschen (subjektiv) konstruierten gesundheitsbezogenen Sozial- als Lebensräume (engl. Settings) erscheint nach in diesem Beitrag vertretener Meinung unzweifelhaft eine der pädagogischen und psychologischen Kernfähigkeiten und -fertigkeiten abzubilden. Will man sich als entscheidungsbefugte Vertretende der Bundesrepublik und/oder eines Bundeslandes der Herausforderung des latent progredienten Prozesses eines drohenden gesellschaftlichen COVID-19-Schismas als hohe kommunikative – und nicht nur informative – Herausforderung stellen, so besteht ein dringender und ernst zu nehmender, aktuell hoher gesundheitsbildnerischer Handlungsbedarf. Die verzahnende Umsetzung kann ausschließlich vor Ort, auf kommunaler Ebene erfolgen. In diesem Zusammenhang sei auf den Sozialmediziner Alf Trojan rekurriert, der das kommunale bereits seit den frühen 1990er-Jahren als „Mutter aller Settings" bezeichnete (Süß & Trojan, 2018, S. 405 f.). Dieser Handlungsbedarf und die sich daraus ergebende Bildungsnotwendigkeit auf kommunaler Ebene dürften über den aktuellen Anlass hinaus dauerhaft steigender Natur sein. Das liegt darin begründet, dass globale Infektionserkrankungen i.S. der epidemiologischen Transition nicht schleichend durch eine diesbezügliche Verlagerung des Krankheitsspektrums von „infektiös" zu „Lebensstil bedingt" ersetzt, sondern durch sie ergänzt wurde; Dies demonstriert die COVID-19-Pandemie. In der Konsequenz bedeutet die Kombination von epidemischen/pandemischen Ereignissen und der epidemiologischen Tradition zudem, dass die aus gesundheitsökonomischer Perspektive relevante Allokationsproblematik zu einer langfristig sich zuspitzenden und verschärfenden gesundheitssystemischen Unterfinanzierung führen wird. Über daraus folgende Konsequenzen hinsichtlich der Reduktion des Versicherungsschutzes aufgrund inkomplianten Gesundheitsverhaltens wird nicht erst seit der Pandemie diskutiert, sondern durch sie katalysiert. Die im Rahmen der vierten Corona-Welle umgesetzten Beschlüsse der Bundesregierung zu Triagierung und Priorisierung im Infektionsfall sowie der Wegfall von Lohnfortzahlungen im Falle der Nicht-Impfung führen aktuell bereits zu teils militant-delinquenten Reaktionen von Impfverweigernden. Die Fortschreibung dieser und milderer Reaktionen kann dann erfolgen, wenn beispielsweise eine (teilweise) Kostenübernahme der Behandlungskosten für ein Bronchialkarzinom von sog. „Kettenrauchern" diskutiert werden wird; dies mit der Begründung durch eine von Allokationsproblemen gekennzeichneten ökonomischen Lage der Gesetzlichen Krankenversicherungen. Auch hier gilt, was bezüglich COVID-19 bereits besprochen wurde: Primär informierend und reaktiv-restriktiv durch Gesetze zu handeln, greift in einer Nation mit sozialpolitischem Anspruch zu kurz. Wenn nicht im Sinne von Gesundheitsbildung permanent und proaktiv nach konsensual primärpräventiven Lösungen gesucht wird, drohen Polarisierungen und nicht zuletzt gesellschaftliche Spaltungen nahezu zwangsläufig die Perspektive zu sein. Diesen Trends entgegenzuwirken, ist traditionell eine (gesundheits-)pädagogische Aufgabenstellung.

Es wurde bereits herausgearbeitet, dass die Gesundheitsbildung keine „Jedermannkompetenz" darstellt und dass sie imstande ist, auf der Basis von Mixed-Methods-Methoden konkrete gesundheitsbildnerische Handlungsbedarfe im Setting Kommune zu identifizieren. Was einer Umsetzung keineswegs im Wege steht, ist – im konjunktiven Sinne – akademisch qualifiziertes Personal. Eine stattliche Anzahl staatlicher und privater Universitäten und Hochschulen bieten seit geraumer Zeit dementsprechende Studienangebote an (Cassens, 2014, S. 170 f.). Trotz aller augenscheinlichen und auch tatsächlichen Notwendigkeiten mangelt es aktuell jedoch noch immer an der Anschlussfähigkeit derartiger Akademisierungsprozesse an berufliche Handlungsfelder. Dies betrifft zwar primär die öffentlichen Arbeitgeberstrukturen. Vergegenwärtigt man jedoch, um wie viele es sich hierbei neben Städten und Kommunen handelt (z. B. Wohlfahrtsverbände, Deutsche Rentenversicherung, Gesetzliche Krankenversicherungen), dann kann hier von einer tatsächlichen strukturellen Barriere sprechen. Während in der der Gesundheitsbildung verwandten Sozialen Arbeit landauf landab ein Fachkräftemangel herrscht (Fischer & Graßhoff, 2021, o.S.), können aktuell nur diejenigen Absolventinnen und Absolventen gesundheitspädagogischer und -psychologischer Studiengänge Stellen ausschließlich via begründetem Einzelfallverfahren besetzen. Hierbei handelt es sich im Gegensatz zur Sozialen Arbeit ausschließlich um Personen, die die Akademisierung ergänzend einen Gesundheitsfachberuf erlernt haben. Dieses Ausschlusskriterium, vielleicht sollte man den Sachverhalt besser als „Knockout" oder „K.O.-Kriterium" bezeichnen, bezieht sich auf alle öffentlichen Strukturen, in denen gesundheitspädagogisch (gesundheitsbildnerisch und -erzieherisch) gehandelt wird. Dass dieser Zustand im Kontext der in diesem Beitrag reflektierten Gesamtkomplexität als inhaltlicher „Un-Zustand" bezeichnet werden muss, sollte in aller Klarheit herausgestrichen werden. Allein die Tatsache, dass Soziale Arbeit aus ihrer Tradition heraus sozial und gesundheitlich (sehr) Benachteiligte fokussiert, fördert, an bestehenden Theorien, Modellen und Umsetzungsstrategien festzuhalten. Franke formulierte dies im weiten Vorfeld der Pandemie mit klaren Worten: *„Maßnahmen, die nur für „die da unten" sind, (…) folgen dem zynischen Muster: Wir tun was für Eure Gesundheit, aber bitte rüttelt nicht an der sozialen Leiter!"* (Franke, 2012, S. 242). Hinzugefügt sei, dass gerade die aktuelle Situation impliziert, dass die Kategorien „niedriger sozioökonomischer Status" und „inadäquate Gesundheitsbildung" nur teilweise erklärend sind, keineswegs jedoch vollumfänglich. Dieser Sachverhalt bestätigt, dass die Soziale Arbeit in den klassisch benachteiligten kommunalen Settings nur teilweise funktioniert. Impfverweigernde finden sich über benachteiligte kommunale Settings hinaus auch in privilegierten Quartieren, in denen Streetworker eher selten tätig sind. Die Unterschiede zwischen Sozialer Arbeit und Gesundheitspädagogik ergänzend sollte abschließend auf die daraus resultierenden inhaltlichen Unterschiede hingewiesen werden. So fehlt es der Akademisierung in der Sozialen Arbeit zumeist einerseits an vertiefenden Kenntnissen hinsichtlich der didaktischen Ausgestaltung von gesundheitsbildnerischen bzw. erzieherischen Lehreinheiten; dies über stigmatisierende gesellschaftliche Statusmerkmale wie einen niedrigen sozioökonomischen Status oder eine inadäquate Gesundheitskompetenz hinweg. Andererseits weist der überwiegende Teil gesundheitspädagogischer Studiengänge medizinische Inhalte in einer Tiefe und Breite auf, die in der Sozialen Arbeit kaum abgebildet sind. Summa summarum stellen diese Kern- und weitere Teilargumente aufgrund des aktuellen Handlungsbedarfs sehr gute Gründe dar, gerade im öffentlichen Bereich bislang auf Soziale Arbeit gewidmete Stellenprofile in Richtung Gesundheitspädagogik und Gesundheitspsychologie umzuwidmen, sie zumindest jedoch im Rahmen von Ausschreibungsverfahren für diese Gruppe zu öffnen. Das erfolgt aktuell eigenen Erfahrungen entsprechend bereits zum Teil, argumentiert wird die Öffnung jedoch zumeist mit dem Fachkräftemangel in der Sozialen Arbeit.

Schaut man sich in einem die Diskussion abschließenden Blick die Gesundheitsausgaben der Bundesrepublik Deutschland an, so wird sehr schnell klar, dass das Prinzip der sog. „Reparaturmedizin" dominiert (OECD, 2020, S. 10). Wollen politische Mandatare effektiveres Handeln bei den Bürgerinnen und Bürgern erreichen, um somit nicht nur in pandemischen Zeiten als Gesundheitssystem effektiver zu werden, bedarf es eines diesbezüglichen zeitlich realisierbaren Paradigmenwechsels. Dass dieser auf teilweise erheblichen Widerstand stoßen dürfte, indiziert exemplarisch das mittlerweile an einigen Stellen sehr konkrete Handeln aller Akteure hinsichtlich des Klimawandels: Ein Prozess der in Form der Partei „Die Grünen" spätestens seit 1982 im Deutschen Bundestag verortet ist. Überträgt man diesen zeitlich-prozessualen Gedanken auf das Gesundheitliches Handeln, so ist ein deutlich rascheres und konsequenteres Handeln indiziert, will man das Gesundheitssystem vor elementaren Finanzierungsproblemen im Rahmen des Möglichen schützen. Im Kern ist mit diesem Denkansatz der Öffentlichen Gesundheitsdienst intendiert, dem im Gesamtkontext des Paradigmenwechsels eine zentrale Bedeutung zukommen dürfte. Wie veraltet die Denkstrukturen hier oft sind, zeigt sich allein bereits daran, dass anstatt einer in der Pädagogik und der Sozialen Arbeit fest etablierten aufsuchenden Struktur bei der Umsetzung der Impfstrategie lange Zeit die Impfzentren mit ihrer impliziten „Komm-Struktur" dominierten. Dass gesundheitsferne Personen in Zeiten bis zum Frühsommer 2021, in denen wesentlich entschlossener gehandelt werden können, ggf. sogar müssen, nicht in Impfzentren oder bei Hausärzten vorstellig wurden, unterstreicht dies. Pädagogisch unzureichend ausgebildetes ärztliches Personal (vgl. Cassens et al., 2021, S. 488 f.) dürfte nur in Ausnahmefällen primär gesundheitsbildnerischen Aufgabenstellungen gerecht werden, wofür es mehrere plausible Erklärungsmodelle gibt. Dies bedeutet, dass der Öffentliche Gesundheitsdienst und weitere im Gesundheitswesen relevante öffentliche Akteure in der Wahrnehmung ihres behördlich öffentlichen Aufgabenspektrums perspektivisch um gesundheitspädagogisch qualifiziertes Personal wird ergänzt werden müssen.

6.5   Was konkret und rasch erfolgen sollte

Resumierend werden folgende Schlüsse/„Take-away"-Botschaften als Impulse für Entscheidungstragende in den Raum gestellt:

- Sozialepidemiologisch generierte Daten, die z. B. auf Modellen zur sozial-gesundheitlichen Chancenungleichheit basieren, können das Sozialgeschehen der COVID-19-Pandemie nur bedingt erklären.
- Die im Beitrag vorgestellten Ergebnisse des HLS-COVID-19, der Gutenberg COVID-19 und des COSMO COVID-19 Snapshot Monitorings erklären die aktuelle pandemische Situation, Defizite zeigen sich jedoch in Form von rein auf Information ausgerichteten Handlungsempfehlungen.
- Ein Beispiel hierfür sind die von derartigen Datensätzen abgeleiteten, nicht pharmazeutischen Handlungsempfehlungen. Diese sollten perspektivisch nicht mehr rein informativ, sondern stärker partizipativ und kommunikativ ausgerichtet sein.
- Um dies gewährleisten zu können, müssen die tradierten, zur Datengenerierung dominierenden sozialwissenschaftlich-quantitative Modellvorstellungen und Operationalisierungsverfahren ergänzt werden.
- Mixed-Methods-Designs sind primär auf kleine und somit kommunale Sozialräume begrenzt. Diese sind in der Lage, mehr tiefenscharfe Ergebnisse zu liefern, als dies bei tradierten Gesundheitsmonitorings der Fall ist. Sie könnten nicht nur dabei helfen, z. B. Impfverweigerer besser zu verstehen, sondern sind auch in der Lage, zentrale Beiträge zu leisten, wenn es um die Gruppen „Zögerliche" und „Unentschlossene" geht.

- Die durch Mixed-Methods generierten Ergebnisse sollten durch für derartige Tätigkeiten qualifiziertes Personal ausgewertet und in partizipativ gestaltete, niedrigschwellige und vor allem nicht stigmatisierend ausgrenzenden Bildungsangeboten didaktisch umgesetzt werden.
- Eine derartige Didaktikarbeit kann nur durch diesbezüglich qualifiziertes Personal erfolgen. Potenzielle akademische Bewerbende existieren zwar, ihr Zugang zu entsprechenden Arbeitsplätzen ist jedoch aktuell faktisch verschlossen, da diese tradiert mit Absolventen der Sozialen Arbeit (nach-)besetzt werden.
- Soll der (aktuellen) pandemischen Situation und der perspektivisch weiterhin relevanten epidemiologischen Transition effektiv und effizient entgegengetreten werden, so muss das Netzwerk der gesundheitspädagogisch und -psychologisch Handelnden auf der Basis der aktuellen Erkenntnisse massiv verdichtet werden, d. h. über das aktuelle Maß hinaus müssen Stellen im öffentlichen Kontext neu geschaffen werden.

Literatur

Betsch, C., Eitze, S. Korn, L., Sprengholz, P., Siegers, R., & Ochel, P. (2021). *Ergebnisse aus dem COVID-19 Snapshot Monitoring COSMO: Die psychologische Lage – 58 Wellen, KW 50, Stand 17.12.2022.* https://projekte.uni-erfurt.de/cosmo2020/files/COSMO_W58.pdf. Zugegriffen am 07.01.2022.

Betsch, C., Sprengholz, P., Korn, L., Taubert, F., & Böhm, R. (2021). *Ergebnisse aus dem COVID-19 Snapshot Monitoring COSMO-Panel: Deutsche Teilstudie Dezember 2021.* https://projekte. uni-erfurt.de/cosmo2020/files/COSMO_PANEL_W1.pdf. Zugegriffen am 13.10.2022.

Cassens, M. (2014). *Einführung in die Gesundheitspädagogik.* utb.

Cassens, M., & Prasch, C. (2019). The importance of research based learning as a didactic necessity in German public health degree programs. *Labor et Educatio, 7,* 61–67.

Cassens, M., Zucker, R., Marchwacka, M., Dengler, R., & Kistler, T. (2021). Gesundheitspädagogik in gesundheitlichen Versorgungseinrichtungen. In M. Goldfriedrich & K. Hurrelmann (Hrsg.), *Gesundheitsdidaktik* (S. 488–502). Beltz Juventa.

Eitze, S., Felgendorf, L., Korn, L., Sprengholz, P., Allen, J., Jenny, M., et al. (2021). Vertrauen der Bevölkerung in staatliche Institutionen im ersten Halbjahr der Coronapandemie: Erkenntnisse aus dem Projekt COVID-19 Snapshot Monitoring (COSMO). *Bundesgesundheitsblatt, 64,* 268–276.

Fischer, J., & Graßhoff, G. (Hrsg.). (2021). *Fachkräfte! Mangel! Die Situation des Personals in der Sozialen Arbeit.* Beltz Juventa.

Flügel, A. (2012). *Public Health und Geschichte – Historischer Kontext, politische und soziale Implikationen der öffentlichen Gesundheitspflege im 19. Jh.* Beltz Juventa.

Franke, A. (2012). *Modelle von Gesundheit und Krankheit.* Huber.

Gigerenzer, G. (2018). *Unstatistik des Monats: 54 Prozent der Deutschen haben eine eingeschränkte Gesundheitskompetenz.* https://www.mpib-berlin.mpg.de/unstatistik-vermeintliche-gesundheitskompetenz. Zugegriffen am 04.02.2022.

Hörmann, G. (2009). Gesundheitserziehung und Gesundheitspädagogik – Perspektiven eines „alten" neuen Fachs. In J. Nicolaus, U. Ritterbach, U. Spörhase & K. Schleider (Hrsg.), *Leben nach Herzenslust? Lebensstil und Gesundheit aus psychologischer und pädagogischer Sicht* (S. 13–33). Centaurus.

Kaba-Schönstein, L., & Kilian, H. (2018). Gesundheitsförderung und soziale Benachteiligung/Gesundheitsförderung und gesundheitliche Chancengleichheit. *Bundeszentrale für gesundheitliche*

Aufklärung. https://leitbegriffe.bzga.de/alphabetisches-verzeichnis/gesundheitsfoerderung-und-soziale-benachteiligung-gesundheitsfoerderung-und-gesundheitliche-chanceng/. Zugegriffen am 30.12.2021.

Lampert, T., Richter, M., Schneider, S., Spallek, J., & Dragano, N. (2016). Soziale Ungleichheit und Gesundheit – Stand und Perspektiven der sozialepidemiologischen Forschung in Deutschland. *Bundesgesundheitsblatt, 59,* 153–165.

Liessmann, P. (15. April 2014). Das Verschwinden des Wissens. *Neue Züricher Zeitung.* https://www.nzz.ch/meinung/debatte/das-verschwinden-des-wissens-1.18383545. Zugegriffen am 02.01.2022.

Mielck, A. (2000). *Soziale Ungleichheit und Gesundheit – Empirische Ergebnisse, Erklärungsansätze, Interventionsmöglichkeiten.* Huber.

Naidoo, J., & Wills, J. (2019). *Lehrbuch Gesundheitsförderung.* Hogrefe.

Niederberger, M. (2018). Mixed-Methods-Studien in der Gesundheitsförderung – Studie über junge Menschen mit Fluchterfahrung. *Prävention und Gesundheitsförderung, 13,* 85–90.

Organisation für wirtschaftliche Zusammenarbeit und Entwicklung (OECD). (2020). *State of Health in the EU: Deutschland – Länderprofil Gesundheit 2019.* https://ec.europa.eu/health/sites/default/files/state/docs/2019_chp_de_german.pdf. Zugegriffen am 09.01.2022.

Orkan, O., Bollweg, T.M., Bauer, U., Hurrelmann, K., Janner, C., & Schaeffer, D. (2021). *Trendstudie zur coronaspezifischen Gesundheitskompetenz: Ergebnisse der zweiten Erhebung der HLS-COVID-19 Studie.* https://pub.uni-bielefeld.de/download/2950307/2951265/HLS-COVID-19_Bericht_2_Welle.final.pdf. Zugegriffen am 03.01.2022.

Riege, M., & Schubert, H. (2014). Zur Analyse sozialer Räume – Ein interdisziplinärer Integrationsversuch. In M. Riege & H. Schubert (Hrsg.), *Sozialraumanalyse – Grundlagen, Methoden, Praxis* (S. 1–63). Springer VS.

Ruckstuhl, B., & Ryter, E. (2021). Pandemien als Seismografen von Ungleichheit. In Schweizerisches Rotes Kreuz (Hrsg.), *verletzlich – solidarisch -resilient. Erfahrungen und Erkenntnisse aus der Corona-Krise.* https://assets.ctfassets.net/fclxf7o732gj/1J2E8Yu4zLJ6YpJkniQ5Fk/28ed04383e76e348457ac98658197a43/GI_GIG_bro_Fachpublikation_2021_A4_D_Internet.pdf. Zugegriffen am 03.01.2022.

Schaeffer, D., Vogt, D., Berens, E. M., & Hurrelmann, K. (2016). *Gesundheitskompetenz der Bevölkerung in Deutschland.* Universität Bielefeld.

Schaeffer, D., Hurrelmann, K., Bauer, U., & Kolpatzik, K. (Hrsg.) (2018). *Nationaler Aktionsplan Gesundheitskompetenz – Die Gesundheitskompetenz in Deutschland stärken.* https://www.napgesundheitskompetenz.de/app/download/8068934963/NAP%20Strategiepapier%20Nr.%205.pdf?t=1627300513. Zugegriffen am 08.01.2022.

Schaeffer, D., Berens, E. M., Gille, S., Griese, L., Klinger, J., de Sombre, S., & Hurrelmann, K. (2021). *Gesundheitskompetenz der Bevölkerung in Deutschland vor und während der Corona Pandemie – Ergebnisse des HLS-GER 2.* Universität Bielefeld.

Schwartz, F. W., Schlaud, M., Siegrist, J., & v. Troschke, J. (2012). Gesundheit und Krankheit in der Bevölkerung. In F. W. Schwartz, U. Walter, J. Siegrist, P. Kolip, R. Leidl, M. L. Dierks, R. Busse & N. Schneider (Hrsg.), *Public Health – Gesundheit und Gesundheitswissen* (S. 37–70). Elsevier.

Siegrist, J. (2005). *Medizinsoziologie.* Elsevier.

Sørensen, K., van den Broucke, S., Fullam, J., Doyle, G., Pelikan, J., & Slonska, Z., …, & Brand, H. (2012). Health literacy and public health – A systematic review and integration of definitions and models. *BMC Public Health.* https://bmcpublichealth.biomedcentral.com/articles/10.1186/1471-2458-12-80#citeas. Zugegriffen am 03.01.2022.

Spitzenverband der Gesetzlichen Krankenkassen (GKVS). (2020). *Leitfaden Prävention – Handlungsfelder und Kriterien nach § 20 Abs. 2 SGB V; Leitfaden Prävention in stationären Pflegeeinrichtungen nach § 5 SGB XI – Ausgabe 2020.* https://www.gkv-spitzenverband.de/media/dokumente/krankenversicherung_1/praevention__selbsthilfe__beratung/praevention/praevention_leitfaden/Leitfaden_Pravention_komplett_P210177_2021_barrierefrei.pdf. Zugegriffen am 08.01.2022.

Stolpe, S. (2001). Schulbildung/Berufliche Ausbildung und Gesundheitszustand. In A. Mielck & K. Bloomfield (Hrsg.), *Sozialepidemiologie – Eine Einführung in die Grundlagen, Ergebnisse und Umsetzungsmöglichkeiten* (S. 17–27). Juventa.

Süß, W., & Trojan, A. (2018). Prävention und Gesundheitsförderung in Kommunen. In K. Hurrelmann, M. Richter, T. Klotz & S. Stock (Hrsg.), *Referenzwerk Prävention und Gesundheitsförderung* (S. 405–418). Hogrefe.

Trutmann, G., & Kanele, Y. (2017). Kompetenzorientierung als Sündenfall in der Pädagogik? *GYMNASIUM HELVETICUM* 5 2017. https://bildung-wissen.eu/wp-content/uploads/2018/01/GH_05_2017_S29-31.pdf. Zugegriffen am 02.01.2022.

Wild, P., Beutel, M., Lackner, K., Münzel, T., Pfeuffer, N., & Strauch, K. (2021.). *Gutenberg COVID-19 Studie. Ergebnisse aus einer bevölkerungsrepräsentativen Studie.* https://corona.rlp.de/fileadmin/rlp-stk/pdf-Dateien/Corona/Gutenberg_Covid19_Studie.pdf.   Zugegriffen   am 04.01.2022.

Dr. Carolin Zeller ist als Klinische- und Gesundheitspsychologin seit 2010 Abteilungsleitung bei Condrobs e.V. München. Nach der Promotion 2002 legte sie den Fokus auf das Thema Psychische Gesundheit und Soziale Kompetenz. Als Suchttherapeutin begleitet sie Menschen in kritischen Lebensphasen und unterstützt bei dem Ziel, Patient:innen in ein unabhängiges Leben zu begleiten. Im Bereich der Hochschullehre an der FOM München liegt der Schwerpunkt bei der Psychologischen Gesprächsführung und der systemischen Beratung. In verschiedenen Präventionsveranstaltungen werden individuelle Lösungsstrategien zu Thema Stress und Ressourcenstärkung vermittelt.

Prof. Dr. habil. Manfred Cassens ist im Jänner 2015 zum Professor für Gesundheitsmanagement an der FOM Hochschule für Oekonomie & Management berufen worden. Er lehrt am FOM Hochschulzentrum München v.a. Gesundheitspädagogik, -psychologie und -soziologie. Cassens ist zudem Direktor des im Februar 2016 gegründeten FOM-Instituts für Gesundheit & Soziales. Im August 2017 wurde ihm die Venia Legendi für Gesundheitspädagogik verliehen und ist seitdem Lehrbefugter am Lehrstuhl für Sozial- und Gesundheitspädagogik der Katholischen Universität Eichstätt-Ingolstadt. Seine international dokumentierten Forschungsschwerpunkte fokussieren gesundheitsbezogene Sozialräume wie Gesundheitsregionen oder das kommunale Quartiersmanagement sowie gesundheitliches Lernen und Lehren.

 **Dr. Nadja Mayer-Wingert** ist seit 2021 Dozentin im Bereich Gesundheit & Soziales am Standort Münster der FOM Hochschule für Oekonomie & Management. Als Internistin, Palliativmedizinerin und Ethikerin war sie jahrelang auf internistischen Intensivstationen und in der fächerübergreifenden Patientenversorgung tätig. Schwerpunkt ihrer Tätigkeiten war die Versorgung chronisch-schwerkranker Patienten. Dabei war und ist ihr die Förderung der interdisziplinären Zusammenarbeit verschiedenster Fachbereiche und Berufsgruppen besonders wichtig. Forschungsfokus Mayer-Wingerts stehen die zukunftsorientierte Personal- und Organisationsentwicklung in Kliniken und medizinischen Organisationen, sowie die Gesundheitsförderung an Hochschulen und Schulen.

Erkenntnisse aus COVID-19: Öffentliche Gesundheit radikal neu denken

7

Nadja Mayer-Wingert, Manfred Cassens und Carolin Zeller

Inhaltsverzeichnis

7.1 Ein kurzer Blick zurück 129
7.2 Die Gesundheitsdienste neu orientieren 137
Literatur 142

Zusammenfassung

Die während der vergangenen Jahrzehnte etablierten Erfolge einer sich allmählich etablierenden Public Health wurden während der bisherigen Pandemie maximal reduziert. Die über Jahrhunderte etablierte Medizin dominiert mit den tradierten Maßnahmen der Hygiene, der Virologie und der Epidemiologie das Geschehen. Sich davon weitgehend unbeachtet entwickelnde Langzeitfolgen legen offen, dass parallel zur unbestritten notwendigen medizinischen Komponente ein eigenständiger und neuer Bereich der öffentlichen Gesundheit erforderlich ist: die Public Health. Die bereits in der Ottawa Charta (1986) geforderte Neuorientierung der Gesundheitsdienste muss nun erfolgen, um einer dramatischen Beschleunigung der epidemiologischen Transition damit effizient und effektiv zu begegnen. Der vorliegende Beitrag fokussiert, wie die öffentliche Gesundheit von Anbeginn eine medizinische Domäne war, was Auswirkungen bis in die Gegenwart hat. Eine grundsätzliche Neuorientierung ist daher nicht nur anzudenken, sondern umzusetzen.

N. Mayer-Wingert · M. Cassens (✉) · C. Zeller
FOM Hochschule, Münster, Deutschland
E-Mail: manfred.cassens@fom.de; carolin.zeller@condrobs.de

© Der/die Autor(en), exklusiv lizenziert an Springer Fachmedien Wiesbaden
GmbH, ein Teil von Springer Nature 2022, korrigierte Publikation 2023
M. Cassens, T. Städter (Hrsg.), *Erkenntnisse aus COVID-19 für zukünftiges
Pandemiemanagement*, https://doi.org/10.1007/978-3-658-38667-2_7

Schlüsselwörter

Öffentliche Gesundheitspflege · Öffentlicher Gesundheitsdienst ·
Gesundheitsförderung · Neuorientierung des Gesundheitswesens · Epidemiologische
Transition

Im Zentrum dieses Beitrages steht die öffentliche Gesundheit, ein Terminus, der aufgrund
seiner bis zur Pandemie geringen Präsenz in der Alltagssprache der einführenden Erklärung bedarf: Öffentliche Gesundheit ist dadurch gekennzeichnet, *„dass eine aktuelle
und zukünftige Normalität überindividueller und damit sozialer Körper zunächst wahrgenommen und dann unter normativen Aspekten bewusst gestaltet wird"* (Labisch &
Woelk, 2016, S. 83). Dies setzt voraus, dass die öffentliche Gesundheit gesellschaftlich
konstituiert und konstruiert wird. Während sie in Deutschland seit der Wiedervereinigung
für lange Zeit ein eher unspektakuläres Randthemengebiet war, so rücken die Kernkompetenzen und die damit verbundenen Institutionen des Öffentlichen Gesundheitsdienstes (ÖGD) seit Ausbruch der COVID-19-Pandemie ins Zentrum des öffentlichen Interesses. Letzt genannter Begriff bezieht sich dies ergänzend allgemein darauf, dass aus
juristischer Perspektive generell das Gemeinwohl über dem Individualwohl steht. Nach
zwei Jahren Pandemie kann gefragt werden: Wer kannte vor Corona das Leitinstitut der
deutschen Public Health, das Robert Koch-Institut (RKI), die Bundeszentrale für gesundheitliche Aufklärung (BZgA) oder aber auch ein Landesamt für Gesundheit und Lebensmittelsicherheit? Das hat sich seit dem Frühjahr 2020 – zumindest temporär – entscheidend
geändert. So haben 75 % der Bevölkerung bis zum Dezember 2021 „vom RKI gelesen/
gehört", etwa ein Drittel (32,6 %) von der BZgA. Was das öffentliche Vertrauen in diese
Institutionen betrifft, so erreicht das RKI während des bisherigen Pandemieverlaufes vergleichsweise (deutlich) höhere Werte als die Bundes- und Landesministerien, die regionalen Gesundheitsbehörden sowie die BZgA (Betsch et al., 2022, o.S.). Erstaunlich ist vor
allem das geringe Vertrauen in die jeweiligen öffentlichen Gesundheitsinstitutionen vor
Ort, die Gesundheitsämter bzw. -referate. Diesbezüglich stellte das COSMO COVID-19
Snapshot Monitoring bei der Januarbefragung 2022 fest: *„Das lokale Gesundheitsamt hat
seit September 2020 an Vertrauen verloren und sich mittlerweile auf mittlerem oder niedrigem Niveau stabilisiert"* (ebd.). Diese Befragungsergebnisse stehen im Gegensatz zu
denjenigen von Ärztinnen/Ärzten und Krankenhäusern, welche seit Beginn des Monitorings auf konstant hohem Niveau liegen. Dabei sollte dies im Sinne des öffentlichen Interesses gänzlich anders sein: So, wie es der Hamburger Sozialmediziner Alf Trojan treffend
auf den Punkt brachte: Die Kommune sollte demnach die „Mutter aller Settings" (2009,
S. 307) sein – und somit das wesentliche Gestaltungselement öffentlicher Gesundheit.
Dieser Anspruch erscheint u. a. deshalb sinnvoll, da alle anderen Lebenswelten wie
Schulen, Betriebe und öffentlichen Einrichtungen gleich mehrere Schnittstellen zum
Landkreis, Bezirk oder Kanton aufweisen.

Alle bisher genannten Organisationen standen von Anbeginn der Pandemie im öffentlichen Fokus. Das mediale Echo reflektierte Neuinzidenzen, die fortan täglich in allen Nachrichtensendungen vermeldet wurden, unpopuläre, zugleich aber auch notwendige Hygienemaßnahmen wie das Tragen eines Mundschutzes, soziale Distanz oder sogar die bis zum März 2020 nicht für möglich gehaltene temporäre Lahmlegung des öffentlichen Lebens. All dies sind seit Jahrhunderten vorhandene Befugnisse des Öffentlichen Gesundheitsdienstes, die auch für die bis dato 71-jährige Bundesrepublik vorgesehen waren; sie waren lediglich in den Köpfen der meisten Menschen verdrängt worden. Mit der pandemiebedingten massiven Fokussierung einher ging der abrupte Abriss aller öffentlichen Aktivitäten, die sich mit Gesundheitsförderung befassten. Einem Themenfeld, das noch vergleichsweise neu im Kontext öffentlicher Gesundheit ist. Erste Folgen eines Prozesses, der als epidemiologische Transition bezeichnet wird, machten einen Paradigmenwechsel öffentlicher Gesundheitspolitik notwendig – und in ihrer Folge auch der Ausführungsorgane. Die über Jahrhunderte tradierte, sich an der Vermeidung, Entstehung und Bekämpfung von Epidemien wie Pest und Cholera orientierende soziale Hygienemedizin musste spätestens seit den 1980er-Jahren durch proaktives „Handeln für Gesundheit" ergänzt werden; und zwar im öffentlich kommunalen Kontext.

7.1   Ein kurzer Blick zurück

Um die aktuelle Problematik adäquat erfassen zu können, ist es eingangs nahezu unerlässlich, einen kurzen Exkurs in die Geschichte zu machen. Eines offenbart sich dabei sehr schnell: Im engeren historischen Zusammenhang reduziert sich die öffentliche Gesundheit dabei größtenteils auf die Medizingeschichte.

7.1.1   Entstehung in der frühen Neuzeit

Denn spätestens seit der frühen Neuzeit und der damit verbundenen Urbanisierung können für den deutschen Sprachraum Strukturen der Öffentlichen Gesundheit auf kommunaler Ebene in medizinischer Affiliation nachgewiesen werden. Daher gilt es dabei eines fortan zu bedenken: Mit der Einführung der Stadtphysici in der frühen Neuzeit befand sich die Öffentliche Gesundheit sogleich im Hoheitsgebiet der Medizin. Einer der prominentesten Stadtphysici dieser ersten Phase war der für die Iatrotheologie bekannte Theophrastus von Hohenheim, besser allerdings bekannt unter dem Namen Paracelsus (1493–1541). Bereits zu dieser Zeit wurden die Stadtphysici vom Rat der jeweiligen Stadt bestellt (Schipperges, 1986, S. 129); die Verbindung von Kommune und Physici ist somit spätestens seit dem 14. Jh. nicht nur dokumentiert, sondern auch tradiert. Fortan kümmerten sie sich neben einer eigenen Praxis um die Öffentliche Gesundheit ihrer jeweiligen Stadt. In Zeiten von Pest und später zusätzlich der Cholera ging es vor allem um die Überwachung der Einhaltung hygienisch primärer Präventionsmaßnahmen, unter anderem aber auch um die fachliche

Aufsicht von Apotheken, der Arbeit der Hebammen und Bader. Somit ist mit diesen früh-neuzeitlichen Strukturen ein noch heute prägendes Merkmal der Öffentlichen Gesundheit gelegt worden: Die organisationsstrukturelle Prädominanz der Medizin. Denn neben der Jurisprudenz, der Theologie und der Philosophie wurde in universitärem Kontext der Nachweis einer medizinischen Fakultät erstmals auf das Jahr 1231 datiert (Fisch, 2013, S. 30). Weitere Wissenschaften konnten sich erst ab dem 16. Jh. etablieren. Die akademi-sche Entstehung von Wissenschaften, die sich mit dem Menschen befassten, so z. B. in zeitlicher Abfolge die Pädagogik, die Psychologie, die Pflege und erst recht die Gesund-heitswissenschaften begann erst ab dem Ende des 18. Jh. Eine historisch lange Zeit wäh-rende akademische Monopolstellung der Medizin kann sicherlich nicht allumfassend als Erklärung für heutige Strukturen in der Öffentlichen Gesundheit dienen, einen deutlich erkennbaren Beitrag dazu kann die Geschichte jedoch auf jeden Fall leisten.

7.1.2 Die „medizinische Policey"

Ohne Zweifel erfassen die Termini „Aufklärung", „Industrielle Revolution" und „Ab-solutismus" eine Zeitenwende, die, im vorliegenden Kontext relevant, als naturwissen-schaftliche Wende bezeichnet werden kann. Die Erkenntnisse und Einflüsse damals neuer Wissenschaften führten zu einer umfassenden Ausweitung der Universitäten und der Uni-versitätsmedizin. Diesbezüglich als exemplarisch kann die Gründung der Charité (frz.: Nächstenliebe, Wohltätigkeit) im von König Friedrich I (1657–1713) regierten Preußen bewertet werden: Der aufgeklärte Alleinherrschende kümmerte sich nicht nur um die Armen, um damit seine Macht und Möglichkeiten innenpolitisch für sich zu nutzen. Viel-mehr steht die Geschichte der Charité auch für ein seinerzeit neues medizinisches Curri-culum. Wesentlich ist im vorliegenden Zusammenhang jedoch die Entwicklung der öffent-lichen Gesundheitspflege, der Gewerbehygiene, der Epidemiologie und des Impfwesens, somit mit Ausnahme der Begutachtungen aller wesentlichen Säulen des heutigen Öffent-lichen Gesundheitsdienstes (vgl. Eckart, 2013, S. 159 ff.). Einen zentralen, den Zeitgeist erfassenden Einfluss hatte das Werk „System einer vollständigen medicinischen Policey" von Franz Anton Mai (1742–1814). Auf Basis dieses „monumentalen Werkes" (Schott, 2004, o.S.) gilt er als Begründer der Sozialmedizin, die zu der Zeit zutreffend als „Staats-arzneykunde" (Metzger, 1792, o.S.) bezeichnet wurde. Beide Publikationen dokumentie-ren den damaligen Prozess der Professionalisierung einer neuen medizinischen Spezial-disziplin, die sich mit der öffentlichen Gesundheitspflege befasste. In diese Zeit fällt ebenfalls Johann Christoph Fausts (1755–1842) „Gesundheits-Katechismus zum Ge-brauche in den Schulen und beym häuslichen Unterricht". Mit diesem Werk ist die Aus-weitung der öffentlichen Gesundheit in auch heute noch relevante Lebenswelten doku-mentiert: Schulen und Familien. Ab den 1840er-Jahren stieg die Bedeutung der öffentlichen Gesundheitspflege permanent an. Ausschlaggebend hierfür war die einsetzende Industria-lisierung Deutschlands in Form rasant wachsender Industriestädte, die den Zuzug der Landflüchtigen nicht bewältigen konnten. Sozialmedizinisch große Namen wie Rudolf

Virchow (1821–1902), Maximilian von Pettenkofer (1818–1901) und Salomon Neumann (1819–1908) stehen Pate für die sich immer weiter profilierende öffentliche Gesundheitspflege unter dem Prädiktum der Medizin dominierten Sozialhygiene. Die durch die Industrialisierung entstandene Schicht des Proletariats stand dabei im Zentrum der zumeist kommunal geregelten gesundheitspolitischen Maßnahmen. Denn außer Frage stand spätestens seit Mitte der 1850er-Jahre, dass die unterste Sozialschicht den überwältigenden Großteil der Epidemien, v.a. war es nun die Cholera, zu tragen hatte. Dabei entwickelte sich dann auch die Hygienepolitik in den folgenden Jahrzehnten tendenziell zur zielgruppenspezifischen Sozialhygiene. Während Virchow Mitte des vorletzten Jahrhunderts eine „Sociale Medicin" einforderte, ist für die Zeit der Weimarer Republik und die Programmatik der „Sozialen Hygiene" der Name Alfred Grotjahn zu nennen – dies sogar mit globaler Wirkung (Hubensdorf, 2005, S. 5). Das Konzept der Sozialhygiene basierte neben deskriptiven Erklärungszusammenhängen auch auf normativen (Verhaltens-)Vorgaben und manifestierte damit wohlmöglich das Bild einer schulmeisterlichen medizinischen Policey. Die nicht-ärztlichen Aktivitäten übernahmen seit dem Ende des 19. Jh. Fürsorgeeinrichtungen, die in Form des Sozialsystems z. T. noch heute wichtige, das Gesundheitssystem ergänzende Partner darstellen; in erster Linie sind dies bürgerliche und konfessionelle Institutionen. Diesbezüglich ist zu erwähnen, dass es in Deutschland die berufliche Profession der Sozialarbeit seit 1920 gibt, sie aber erst mit der Entstehung der Fachhochschulen Ende der 1960er-Jahre akademisiert wurde (Hammerschmidt et al., 2017, S. 117). In diesem Zusammenhang entstand in den USA 1916 die Johns Hopkins Bloomberg School of Public Health als überinstitutionelle akademische Leitinstitution. Sie hat bis dato eine Orientierungsfunktion, die keine der Universitäten und Hochschulen für den deutschen Sprachraum hat. Lediglich einzelne Städte verfügten sowohl im Kaiserreich als auch in der Weimarer Republik über Gesundheitsämter (vgl. Flügel, 2012, S. 160). Für den weiteren Verlauf dieses Beitrages ist die Epoche sehr bedeutsam: Die institutionalisiert öffentliche Gesundheit wurde durch die Hygiene zunehmend medikalisiert, professionalisiert und zielgruppenspezifiziert. Durch ihr instruktiv normatives Auftreten kann unterstellt werden, dass die medicinische Policey, zumeist vertreten durch den Stadtphysicus und teils Kreisarzt, während der naturwissenschaftlichen Wendezeit in der Bevölkerung tendenziell eher unbeliebt war.

7.1.3 Die nationalsozialistische Entartung

Von Entartung spricht man gem. Duden, wenn etwas von bestimmten Gesetzmäßigkeiten oder Normen in negativer Weise abweicht. Ohne Zweifel hatte die öffentliche Gesundheitspolitik der NS-Diktatur an der Entartung dessen Menschenbildes einen entscheidenden Beitrag geleistet. Auf der Basis des „Gesetzes zur Vereinheitlichung des Gesundheitswesens" vom 3. Juli 1934 wurden nun in allen Städten und Landkreisen des Dritten Reiches Gesundheitsämter installiert und mit infiltriertem Personal besetzt. Demokratieorientierte Sozialhygieniker wurden als „nicht arisch" oder „unzuverlässig" klassifiziert und bereits auf Basis des „Gesetzes zur Wiedereinführung des Berufsbeamtentums" (03. April 1933) aus dem Dienstverhältnis entlassen. Dies geschah systematisch und großflächig (vgl. Eckart, 2013, S. 256). Stellvertretend für dieses Gesetz, in dem u. a. im Teil II die Aufgaben der Gesundheitsämter als Gesundheitspolizei eingegrenzt wurden, soll an dieser Stelle auf die Implementierung von „Beratungsstellen für Erb- und Rassenpflege einschl. Eheberatung" hingewiesen werden. In den Folgejahren wurden Zusatzerlasse ergänzt, die Schritt für Schritt den Weg in den surrealen Wahnsinn der Diktatur legalisierten. Aus der Sozialhygiene war binnen ca. 40 Jahren eine Rassehygiene geworden, dies mit Folgen, die ausschließlich als entartet bezeichnet werden können. Wenngleich dies die mit Abstand schlimmste Facette öffentlicher Gesundheitspflege unter der NS-Diktatur war, so kommen weitere Aspekte der Gleichschaltungspolitik hinzu, die die „arische Bevölkerung" betraf. Ideologiegetreue NS-Institutionen ersetzten dabei die etablierten, gewachsenen Strukturen aus der Kaiserzeit und der Weimarer Republik. Hierzu gehörten:

- Die Freizeitorganisation ‚Kraft durch Freude' (KdF): Die populärste NS-Gemeinschaft des Regimes, gegründet im November 1933. Im Kontext erwähnenswert ist u. a. das ‚Volkswagen-Projekt' sowie die Organisation von Nah- und Fernreisen. Die KdF verkaufte bis Kriegsausbruch 43 Mio. Reisen, vorwiegend Tagesausflüge. KdF war das Vorzeigeprojekt der NS-Propagandamaschine.
- Das Winterhilfswerk (WHW, gegründet im September 1933): Direkt dem Propagandaministerium unterstellt, verfolgte das WHW die angeblichen Ziele der Überwindung gesellschaftlicher Zerrissenheit und der nationalen Erstarkung. Es waren dies ‚Eintopfsonntage', Lotterien und Kulturveranstaltungen sowie ein lukrativer Abzeichenverkauf, die die notwendigen Erlöse bis 1943 erzielten.
- Die NS-Frauenschaft (NSF, gegründet 1931): Diese Organisation bereitete Frauen auf ihre Rolle als nationalsozialistisch erziehende Mutter und Hausfrau vor und diente nach der Machtübernahme als Dachorganisation bei der Überwachung aller Frauenorganisationen. Der Einfluss des NSF auf die Politik war entsprechend der Ideologie gering.
- Die Jugendorganisationen ‚Jungvolk', ‚Jungmädlbund' ‚Bund Deutscher Mädl' (BDM) und ‚Hitlerjugend' (diverse Gründungsdaten): Sie dienten der ideologischen Prägung von Kindern und Jugendlichen. Zentral waren hierbei auch zahlreiche paramilitärische Ausbildungselemente, die zur Desensibilisierung gegenüber kriegerischen Gewalttaten dienten.

Es würde das Thema des Beitrages verfehlen, auf die mikro-, meso- und makrosozialen Folgen, sowohl von der Rassenhygiene, dem Vernichtungskrieg und auch der Ideologisierung einer nahezu gesamten Bevölkerung näher einzugehen. Einzig: Es sollte erwähnt werden, dass die seit 1934 flächendeckend präsenten Gesundheitsämter zentral an allem zuvor Genannten beteiligt waren. Die Konsequenzen waren lange Zeit ein sehr geringes Vertrauen in die Institutionen des ÖGD, von denen eingangs berichtet wurde.

7.1.4 Die öffentliche Gesundheit im zweigeteilten Deutschland

Die Wiederaufnahme der öffentlichen Gesundheitspflege gestaltete sich nach dem II. Weltkrieg als schwierig. Das lag zum einen daran, dass die demokratisch orientierten Sozialhygienikerinnen und Sozialhygieniker emigriert oder in den Konzentrationslagern ermordet worden waren – von seltenen Ausnahmen abgesehen. Zum anderen waren nicht nur die Gesundheitsämter von ihrem Ruf her schwer beschädigt. Die Tatsache, dass 82 % der dort tätigen Amtsärzte Parteimitglieder der NSDAP waren (Stöckel, 2015, S. 34) indiziert, wie infiltriert die öffentliche Gesundheit und eben auch ihre ärztlichen Akteure zu dieser Zeit waren. Dementsprechend waren Deutsche bei der Gründung der Weltgesundheitsorganisation nur als Beobachter zugelassen, als diese in ihrer Verfassung vom 22. Juli 1946 Gesundheit wie folgt definierte: „*Die Gesundheit ist ein Zustand des völligen körperlichen, geistigen und sozialen Wohlergehens und nicht nur das Fehlen von Krankheit oder Gebrechen.*" Diese Zusammenfassung leitete schlussendlich einen sehr zögerlichen Paradigmenwechsel ein, der erst vierzig Jahre später in der 1. WHO-Konferenz zur Gesundheitsförderung und zur ebenfalls sehr bekannten Ottawa Charta führen sollte. Und weitere 29 Jahre dauerte es danach in Deutschland (25. Juni 2015), ehe mit dem seit dem Jahr 2000 dritten Anlauf ein kleiner, zarter Setzling namens Präventionsgesetz erlassen wurde. Auf dem Weg dorthin wurde Deutschland bekanntlich geteilt – und so prägten sich dementsprechend auch zwei unterschiedliche Gesundheitssysteme heraus.

Das Gesundheitssystem der Deutschen Demokratischen Republik war zentralstaatlich nach sowjetischem Vorbild strukturiert. Seit 1952 existierten in den 14 Bezirken des Landes Gesundheitsabteilungen, denen die Aufsichtspflicht im Sinne von Gesundheitsämtern oblag. Die Leistungserbringung erfolgte weitestgehend in staatlichen Einrichtungen, neben den Krankenhäusern waren dies v.a. die Polikliniken und Ambulatorien, die im Gegensatz zur westdeutschen „Silo-Versorgungslandschaft" sehr gut miteinander verzahnt waren. Ebenfalls viel stärker als in der Bundesrepublik wurden betriebsinterne Gesundheitsleistungen gefördert, was insbes. für die Volkseigenen Betriebe (VEB) galt. Hier waren Arbeitssicherheit und -schutz, primäre Prävention und Gesundheitserziehung deutlich früher fest installiert als in der BRD. Simon (2017, S. 37 f.) akzentuiert in dem Zusammenhang, dass im Gegensatz zur Bundesrepublik für das Gesundheitswesen Ost-Deutschlands generell galt, dass „*auf Prävention und Prophylaxe sowie Gesundheitserziehung der gesamten Bevölkerung als Teil sozialistischer Bewusstseinsbildung besonderer Wert gelegt wurde.*" Im Kontext des sozialistischen Staatsideals wurde auch in der DDR die Gesundheit ab der frühen Kindheit in Strukturen, die denen der NS-Zeit ähnelten, instrumentalisiert. Dass dies grundsätzlich negativ zu bewerten ist, dürfte außer Frage stehen. Durchaus positive organisationale Aspekte hätten in der 1990 erfolgten „Generalabrechnung" mit dem unterlegenen Wirtschafts- und eben auch Gesundheitssystem beibehalten werden können; dies aber selbstverständlich ausschließlich entideologisiert.

Als direkte Konsequenz aus den Erfahrungen des Dritten Reiches legte dem hingegen bereits der Art. 2 GG für die Bundesrepublik Deutschland die „freie Entfaltung der Persönlichkeit, soweit diese nicht die Rechte anderer verletzt …", sowie „das Recht auf Leben und körperliche Unversehrtheit" fest. Zudem wurde im Grundgesetz im Art. 28 GG für Westdeutschland ein Gesundheitssystem der „gemeinsamen Selbstverwaltung" etabliert, das noch heute als Grundlage zur Finanzierung individueller und öffentlicher Gesundheitsleistungen dient. Als wesentliches Element ist hinsichtlich der konkreten Umsetzung das fünfte Sozialgesetzbuch (SGB V) zu nennen. An dem kaum hinterfragten System der gemeinsamen Selbstverwaltung wird klar, dass es sich bei diesem seit ca. 70 Jahren verfolgten Prinzip vor allem um die Vergütung von medizinisch indizierten Interventionen und Therapien handelt. Häufig wird in dem Zusammenhang der Begriff der „Reparatur-Medizin" verwendet (Ganz, 2015, S. 340). Dies rührt primär daher, dass das diesbezüglich relevante Sozialgesetzbuch (SGB) V in den Leistungsbeschreibungen in erster Linie diejenigen von Vertragsärzten (§§ 77 ff.) und Spitälern (§§ 107 ff.), darüber hinaus von Heilmittelerbringern (§§ 124 ff.), Hilfsmittelerbringern (§§ 128 ff.), sowie Apotheken und pharmazeutische Unternehmen (§§ 129 ff.) erfasst. Ergänzend kommen sonstige Leistungserbringer (§§ 132 ff.) hinzu, die exakt definiert sind. Was sonstige Akteure, insbes. in mittlerweile mehr denn je relevanten Bereichen des Gesundheitssports, der gesunden Ernährung oder auch der Resilienzförderung betrifft, so gilt: Delegation ist in stark limitiertem Rahmen möglich, eine Substitution nahezu unmöglich. Diese gesetzlich geregelte und legitimierte Eingrenzung bedeutet sowohl für die privaten als auch die öffentlichen Leistungserbringer, dass eine Delegation ärztlicher Leistungen an nicht ärztliche Mitarbeitende und freiberuflich Tätige ausschließlich einzelfallbezogen erfolgen darf, eine Substitution nur in sog. Modellvorhaben (§ 63 ff., SGB V) realisiert werden kann. Zur Untermauerung seiner Monopolstellung hinsichtlich der Delegation von Leistungen forderte der Deutsche Ärztetag den Gesetzgeber 2012 wie folgt erfolgreich: *„Dabei müssen Auswahl der delegierten Leistungen, Anleitung, Koordination und Kommunikation, Durchführungs- und Erfolgskontrolle sowie deren Dokumentation vollständig in der Verantwortung des Arztes bleiben"* (BÄK, 2012, o.S).

Die hier skizzierten Vergütungsstrukturen betreffen insbes. auch die Gesundheitsförderung und die primäre Prävention, hinsichtlich derer sich der öffentliche Gesundheitsdienst in Westdeutschland von Anbeginn schwer tat. Noch in den 1980er-Jahren führte eine Umfrage im ÖGD hinsichtlich des Auftrages zur Gesundheitserziehung zu folgendem Ergebnis:

> „Ein paternalistisches Verständnis von Gesundheitserziehung mit erhobenem Zeigefinger und eine maternalistische Fürsorgeeinstellung hinsichtlich Kind und Familie waren vorherrschend und trugen zu dem in der einschlägigen Literatur bekannten „blaming the victim"-Syndrom bei. Es bestand die allgegenwärtige Gefahr der Medikalisierung des sozialen Lebens und damit die Herausbildung einer neuen Form von sozialer Kontrolle." (Plümer, 2015, S. 46).

Das Leitbild der sozialen Hygiene aus der Weimarer Zeit wurde zwar in beiden deutschen Teilstaaten in der öffentlichen Gesundheitspflege bis in die späten 1980er-Jahre hinein kultiviert, jedoch in Gänze anders interpretiert. Wie die Ausführungen dieses Teilabschnitts zeigen, bleiben in beiden Staatssystemen die etablierten Verhältnisse zwischen Leistungsträgern und -erbringern auf eine jeweils eigene Art erhalten. Für den Westen gilt dabei stärker als für den Osten die „Rolle" des Patienten, die vom Medizinethiker Heinrich Schipperges bereits 1986 monografisch verfassend treffend als „Homo patiens" bezeichnet (Schipperges, 1986) wurde. Gesundheit impliziert für diese „Species" weitestgehend deliberalisierter Versicherter und Beitragszahlender vor allem eine der beiden „Laientheorien" von „Gesundheit" (Naidoo & Wills, 2019, S. 44): „Gesundheit als Abwesenheit von Krankheit" oder „Gesundheit als Funktionsfähigkeit".

7.1.5   Wiedervereinigung und epidemiologische Transition

Die erste WHO-Konferenz zur Gesundheitsförderung in Ottawa (1986) wurde bereits erwähnt. Sie diente als Anlass zur Revitalisierung des „neuen" Gesundheitsbegriffs, wie er von der WHO vierzig Jahre zuvor in der Gesundheitsdefinition von 1946 festgeschrieben worden war. Passiert war diesbezüglich seitdem vor allem im westdeutschen Gesundheitssystem sehr wenig. Nun forderten die Folgen des sich vor allem in den westlichen Industrienationen ändernden Krankheitsspektrums zu konsequenterem präventivem Handeln auf. Denn mittlerweile häuften sich im Rahmen der sich abzeichnenden sog. „epidemiologischen Transition" (Siegrist, 2005, S. 30) die Fälle von Lebensstil bedingten Erkrankungen. Die Ottawa Charta sollte als Impuls eine weltweite Initialwirkung haben, proaktiv etwas für die Gesundheit zu tun. In der stellte sich heraus, dass bei der Umsetzung der fünf Aktionsfelder der Charta einer Lebenswelt besondere Bedeutung zukam: der Kommune, die von Trojan treffend als „Mutter aller Settings" bezeichnet wurde (Trojan, 2009, S. 307). Der emeritierte Sozialmediziner war es auch, der in Co-Herausgeberschaft den sich abzeichnenden Paradigmenwechsel von der Sozialhygiene hin zu proaktivem Gesundheitshandeln publikatorisch mit dem Titel „Gesundheit fördern statt kontrollieren" einforderte (Trojan & Stumm, 1991); bereits in diesem Werk akzentuiert er zugleich gemeinsam mit Hildebrandt die prioritäre Rolle der Kommune (Hildebrandt & Trojan, 1991, S. 117 ff.). Ganz in dem Sinne und in demjenigen der fünf Aktionsfelder der Ottawa Charta initiierte das WHO Regionalbüro Europa das „Gesunde Städte-Netzwerk". Bezogen auf Westdeutschland erfolgte dies am 6. Juni 1989. Bereits im darauffolgenden Jahr der Wiedervereinigung schlossen sich zahlreiche ostdeutsche Städte dem Netzwerk an. „Schon" Ende der 1970er-Jahre hatte sich in Westdeutschland eine sozialökologische Gesundheitsbewegung entwickelt, in der sich Elemente von Konzepten gesunder Stadtentwicklung wiederfinden lassen. Diese befanden sich außerhalb der Strukturen des ÖGD und erhielten mit der WHO-Initiative die notwendigen Impulse, um der Arbeit einen adäquaten Rahmen zu geben. Der ÖGD nahm sich der neuen Paradigmen in sehr unterschiedlicher Geschwindigkeit an. Zwar wurde bereits auf der 64. Gesundheitsministerkonferenz der Länder (1991) die Gesundheitsförderung als Teil einer präventiven kommunalen Gesundheitspolitik festgeschrieben und in ihrer Umsetzung dem ÖGD zugewiesen. Plümer (2013, S. 46) weist diesbezüglich jedoch auf anfängliche Widerstände und auf die notwendige Charaktereigenschaft der Beharrlichkeit hin, die die rasche Umsetzung des neuen Paradigmas deutlich verlangsamten. So gelang es nur nach und nach, die Impulse von Gesundheitsförderung und primärer Prävention in den Gesundheitsämtern und -referaten, aber auch in den oberen Landesbehörden zu etablieren. Diese Bedenken und Unsicherheiten liegen vor allem darin begründet, dass, wie die Sozialmediziner Trabert und Waller in aller Deutlichkeit feststellen, *„Gesundheitsförderung primär Aufgabe im Gesundheits- und Sozialbereich und keine medizinische Dienstleistung ist"* (Trabert & Waller, 2013, S. 151). Die Reformbestrebungen der 1990er-Jahre gingen so weit, dass die Stadt Gelsenkirchen mit Michael Salisch erstmals einen Pädagogen zum Leiter ihres Gesundheitsamtes berief (Dtsch ArzteBl, 1998, o.S.). Für viele Vertreter des ÖGD brach mit einem 1998 erlassenen Gesetz, das Berufungen von Nichtärzten auf derartige Positionen ermöglichte, eine Welt zusammen (vgl. Plümer, 2013, S. 43). Die vielfachen Reaktionen dokumentieren dies. Als weitere Meilensteine der öffentlichen Gesundheit sind die Gründung des Kooperationsverbundes „Gesundheitliche Chancengleichheit" oder auch der Kongress „Armut und Gesundheit" zu nennen. Im Gegensatz zum Gesunde Städte-Netzwerk werden hier jedoch wiederum Zielgruppen benannt, die sich in eine historische Reihung zu denjenigen der Sozialen Hygiene bringen lassen. Auch wenn bei diesen Aktivitäten die pädagogisch relevanten Begriffe der Gesundheitserziehung und Gesundheitsbildung während der 1990er-Jahre von demjenigen der Gesundheitsförderung ersetzt wurde; das Bild des Homo patiens existierte weiter und dominiert bis heute die öffentliche Gesundheit, v.a. die Public Health-Organisationen RKI, BZgA und den ÖGD. Schnell offenbart sich, dass Informationspolitik und Aktivitäten von ärztlichem und auch nicht-ärztlichem Personal bis in das letzte Jahrzehnt hinein mit zumeist edukativen Didaktikansätzen konzipiert waren, um Menschen aus ihrer gesundheitlichen Benachteiligung herauszuführen. Diesbezüglich partizipative Ansätze finden sich erst in der jüngeren Vergangenheit (Göpel, 2008; Wright, 2010). Dem Ziel der emanzipatorischen Überwindung von gesundheitlicher Chancenungleichheit soll auch das am 25. Juni 2015 vom Bundestag ratifizierte Präventionsgesetz dienen. Hierauf weist der für Antragstellende aktuelle „Leitfaden Prävention" der Gesetzlichen Krankenversicherungen nicht explizit hin, er bezieht sich vielmehr auf die seit 2003 sukzessive entwickelten Nationalen Gesundheitsziele. Den Kommunen kommt als „Mutter aller Settings" auch hierbei eine zentrale Bedeutung zu (MDS & GKV, 2020, S. 15 f.). 36 Jahre nach Ratifizierung der Ottawa Charta und 33 Jahre nach Gründung des Gesunde Städte-Netzwerkes liegt die Deutungshoheit von öffentlicher Gesundheit entsprechend der traditionellen Entwicklung in den Händen von Medizinerinnen und Medizinern, was zumindest den ÖGD als wesentlichsten Akteur betrifft. In einigen Kommunen konnten sich Initiativen wie der Berliner oder der Münchener Gesundheitsladen über die Jahrzehnte hinweg halten, diese werden zumeist kommunal gefördert. Hierbei handelt es sich primär um lokale Aktivitäten und Akteure, deren institutionelle Wurzeln aus der sozialökologischen Bewegung der 1970er-Jahre herrühren. Für den ländlichen Raum wurden im vergangenen Jahrzehnt vielfach Gesundheitsregionen gegründet, in Österreich gibt es die „Gesunde Gemeinde"-Initiative. Derartige Strukturen sind bis heute personell vollkommen unzureichend besetzt und hoffnungslos unterfinanziert, um den immer deutlicher werdenden Effekten der epidemiologischen

Transition wirkungsvoll entgegentreten zu können. Hier bieten sich nur sehr wenige Tätigkeitsfelder für die vielen Absolventen gesundheitswissenschaftlicher Studiengänge. Die in der Ottawa Charta geforderte Neuausrichtung des Gesundheitssystems ist dabei allenfalls teilweise gelungen. Das Prinzip der gemeinsamen Selbstverwaltung lässt hierfür insbes. wegen der Vergütungsprinzipien noch immer keinen Spielraum zu; eine adäquate Vergütung von nicht-ärztlichen Leistungen in größerem Umfang wäre dringend indiziert. Denn die COVID-19-Pandemie legt in aller Dramaturgie Krankheitsbilder offen, die trotz aller bisherigen Öffnungen des Öffentlichen Gesundheitsdienstes hätten vermieden werden müssen. Am Ende dieses Rückblicks steht ein völlig veraltetes System öffentlichen Gesundheitsmanagements, dies in der allgemeinen Kritik von Bevölkerung und Politik. Es ist wahrlich nicht nur die absehbare Kapitulation des völlig überalterten Meldesystems, das in der Kritik stehen sollte. Mit der Fokussierung auf Inzidenzen und Hygienevorschriften folgten die Akteure dem, was sie als Sozialmedizinerinnen und Sozialmediziner gelernt haben. Dass dabei die Aspekte der Gesundheitsförderung „sträflich" vernachlässigt wurden, wird die Träger des öffentlichen Gesundheitssystems langfristig beschäftigen. Der Terminus Gesundheitsförderung rückt hierbei zwangsläufig in den Fokus. „Gesundheitsdienste neu orientieren" hätte als eines der fünf Aktionsfelder der Ottawa Charta seit der Gründung der Gesunde Städte-Netzwerk viel konsequenter umgesetzt werden müssen, ein glaubhafter Paradigmenwechsel ist bislang hinsichtlich der öffentlichen Gesundheit – trotz epidemiologischer Transition und COVID-19 – nicht erkennbar. Vielmehr ist es das Festhalten an gewachsenen Strukturen, das Anlass zu konkreter Sorge geben sollten.

7.2   Die Gesundheitsdienste neu orientieren

Genau dies forderte die Ottawa Charta in ihrem fünften Handlungsfeld „reorient health services" und adressierte hierbei die Verantwortung öffentlicher Gesundheitsdienste für Gesundheitsförderung. Somit fordert die WHO von ihren Mitgliedsstaaten nicht nur, den Begriff der öffentlich gesundheitlichen Versorgung neu zu interpretieren, sondern vielmehr auch, sich systemisch neu aufzustellen (vgl. Kaba-Schönstein, 2018, o.S.). In ihrer Gesamtheit steht die Charta dafür, hierin liegt die Brisanz der mittlerweile 36 Jahre alten Charta. Auf theoretischer Ebene sollte somit aus dem einseitig sich an Krankheit ausrichtenden, „proximalen Pathogenesemodell" (Nowak et al., 2022, o.S.) das Theoriekonzept der Salutogenese treten. Dies implizierte zugleich die Umformulierung der medizinischen Kernfrage „Was macht Menschen krank?" in die gesundheitswissenschaftliche Fragestellung „Was erhält Menschen gesund?" Mit dem im ersten Teilabschnitt beschriebenen Exkurs in die Medizingeschichte wurde erfasst, wie sich die Sozialmedizin über die Jahrhunderte hinweg seit 1231 ihre Monopolstellung in der öffentlichen Gesundheit erarbeiten konnte. In der Folge soll nun der Frage nachgegangen werden, was für einen Beitrag Gesundheitswissenschaften und Public Health leisten müssen, wenn sie den Anspruch nach Eigenständigkeit erfüllen wollen. Denn momentan wird seitens des Autors beiden Bereichen allenfalls die Rolle mittlerweile akademisierter zumeist nicht-ärztlicher

Funktionserfüller attestiert. In diesem Zusammenhang ist es ein offenes Geheimnis, dass im ÖGD bei der Personalauswahl für die höhere Beamtenlaufbahn Absolventinnen und Absolventen mit sozialmedizinischer Approbation, am besten ergänzt um ein Masterstudium der Public Health, für die (Nach-)Besetzung vakanter Stellen präferiert werden. Bei einer derartig ausgerichteten Haltung von Personalverantwortlichen drängt sich zwangsläufig die Frage auf, wann die Gesundheitsförderung die Bedeutung zugemessen wird, die notwendig ist, um der epidemiologischen Transition wirkungsvoller und konsequenter entgegengetreten wird. Was die aktuelle Situation betrifft, so verdeutlichen die länderspezifischen Gesundheitsprofile der Europäischen Kommission 2021 die Bedeutung von Gesundheitsförderung und Prävention. Im Rahmen der Gesamtausgaben der Bundesrepublik Deutschland belaufen sich diese auf drei Prozent des Etats (Europäische Kommission, 2021a, S. 10) in Österreich sind dies sogar nur zwei Prozent (Europäische Kommission, 2021b, S. 10). Dass die Ausgaben für nicht ärztliche Prävention deutlich erfolgreicher sein kann, zeigen die Beispiele starker Public Health-Nationen wie der Niederlande oder Schwedens. Abb. 7.1 und 7.2 verdeutlichen dies anhand des jeweiligen nationalen Risikoverhaltens an den Beispielen der Niederlande und Österreichs, beide Nationen verwenden vergleichsweise wenig Geld pro Kopf für die nicht-ärztliche Gesundheitsförderung und Prävention, in den Niederlanden sind dies – wie in Deutschland – drei Prozent (European Commission, 2021b, S. 10).

In Kombination zum Risikoverhalten muss sowohl für Österreich, als auch für Deutschland festgestellt werden, dass die Europäische Union beiden Nationen eine starke Krankenhausorientierung attestiert; dies betrifft auch die primärärztliche Konsultation (Europäische Kommission, 2021a, S. 22, 2021b, S. 22). Im Gegensatz zu den beiden Nationen hebt der Länderbericht der Kommission für die Niederlande die Funktion des „National Institute for Public Health and the Environment" (RIVM) positiv hervor: It „provides guidance for public health services at the national level, while municipalities cover most services such as screening, vaccination and health promotion" (Europäische Kommission, 2021a, b, c, S. 8 f.). Insgesamt bringt der Länderbericht für die Niederlande zum Ausdruck, dass

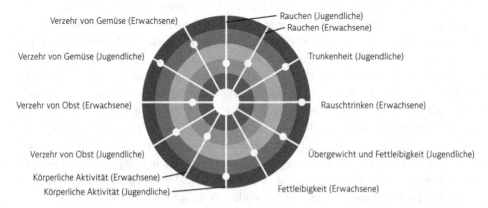

Abb. 7.1: Risikoverhalten in Österreich (Europäische Kommission, 2021b, S. 7)

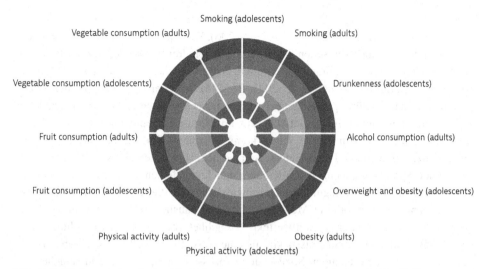

Abb. 7.2 Risikoverhalten in den Niederlanden (Europäische Kommission, 2021c, S. 8)

die Existenz nationaler Public Health-Strukturen entscheidend dazu beitrug, die Folgen der COVID-19-Pandemie einzudämmen. Hier liegt ein aktuell offensichtlicher Vorteil des niederländischen Gesundheitssystems.

7.2.1 Beschleunigung der epidemiologischen Transition

Bei aller COVID-19 bedingt notwendigen Fokussierung auf die traditionellen Themen der Sozialhygiene und in deren Erweiterung der Virologie und Infektiologie darf im Kontext der WHO-Gesundheitsdefinition aus dem Jahr 1946 nicht vergessen werden, dass der Ausgangspunkt dieses Beitrages unverändert und weiterhin gilt: Es besteht ein öffentliches Interesse an individueller und öffentlicher Gesundheit. Dies betrifft alle Altersgruppen und Sozialschichten. Verdeutlicht werden soll die äußerst komplexe Problematik an einem Fallbeispiel von Kindergesundheit, die eindringlich aufzeigt, dass öffentliche Gesundheit weit mehr umfasst, als die Sozialmedizin: „13 Uhr aufgestanden, wenn man keine Schule hat, fast nur PS4, fast nur Handy, viel nur am Liegen, fast nur am Essen, dann war's wieder nachts. Und das immer und immer wieder. Wochenlang, monatelang, ist natürlich sehr, sehr schlimm, aber man macht's trotzdem so" (Reichart, 2021, o.S.). So oder ähnlich erging es nicht nur dem Einzelfall des 16-jährigen Bruno, der in der Zeit von März 2020 bis zum Dezember 2021 insgesamt 50 Kilogramm zugenommen hat und zum zweiten genannten Messzeitpunkt 118 Kilogramm wog. In ihrer klinischen Studie konnten Vogel et al. (2021) diesbezüglich nicht nur nachweisen, dass das Gewicht deutscher Kinder zwischen 2005 und 2019 tendenziell weiter anstieg, sondern auch, dass die COVID-19-Pandemie eine diesbezüglich katalytische Wirkung implizierte. Die Studie kommt zum Schluss, dass sich eine „substanzielle Gewichtszunahme über alle Gewichtsklassen und

Altersstufen hinweg zeigte. Die Änderung des mittleren BMI-SDS war wesentlich höher als in den Jahren zuvor" (Vogel et al., 2021, S. 206). Es ist jedoch nicht nur das Phänomen Übergewicht, das einen kritischen Blick auf die ersten drei Wellen der Corona-Pandemie werfen lässt. Die Fernbeschulung hatte weitere Folgen, die das Gesundheitssystem länger-fristig belasten dürften (Bantel et al., 2021, S. 1545): In erster Linie sind hierbei psychi-sche und Verhaltensstörungen zu nennen, die in dieser Zeit ebenfalls deutlich zunahmen. Beide Symptomgruppen führen letztlich zur Forcierung der epidemiologischen Transi-tion – dies bereits im Kindesalter. Hinzu kommen weitere Effekte, die sich längerfristig auf das soziale Leben und Erleben auswirken werden. Hierzu gehören v.a. die zunehmend mangelnde Sprachkompetenzen von Kindern und Jugendlichen, ihre motorischen Fähig-keiten im Kontext von Bewegungsmangel sowie der in der zitierten freiwilligen Selbstaus-kunft genannte unkontrollierte Medienkonsum. Die häusliche Umgebung, in der Fach-terminologie als „primärer Herkunftseffekt" bezeichnet, scheint bei der Entstehung dieses COVID-19 bedingten Krankheitsspektrums eine wesentliche Rolle zu übernehmen. Mit dem Begriff werden diejenigen Soziaisationsprozesse erfasst, „die sich in schichtspezi-fische(n) Unterschiede(n) der schulischen Leistung und Kompetenzen des Kindes nieder-schlagen" (Becker, 2017, S. 115). Hierzu gehört v.a. das (soziale) Lernen und die dazu-gehörigen lernfördernden Rahmenbedingungen. Bantel et al. (2021, S. 1546) konnten bei einer Elternbefragung Ergebnisse generieren, die diesbezügliche Unterschiede verdeut-lichen: Nach dem zweiten Lockdown konnte eine Verdichtung der Konflikte in Familien nachgewiesen werden, in denen es keine Rückzugsmöglichkeiten gab. Hier stieg auch der Anteil von Kindern, die über Schlafprobleme und Kopfschmerz klagten, deutlicher an als in Familien mit besseren primären Herkunftseffekten.

7.2.2 Neuorientierung mittels Public Health

Wenngleich die gesundheitliche Chancenungleichheit, das zeigt u. a. auch wieder die COVID-19-Pandemie, vulnerable Zielgruppen aus unteren Sozialschichten stärker trifft, so steht die Pandemie aber auch dafür, dass Public Health nicht mit Sozialmedizin oder auch Sozialarbeit gleichgesetzt werden kann (Hammerschmidt et al., 2017, S. 147). Denn für Letztere gilt zwar, dass Gesundheitshilfen zu ihren Handlungsfeldern zählen, jedoch primär für Menschen in sozialen Problemlagen. Die Pandemie verdeutlicht hingegen, dass sich die öffentliche Gesundheit auf alle Bevölkerungsgruppen beziehen muss. In diesem Kontext ist dementsprechend die Definition der American Public Health Association wegweisend:

> „Public Health promotes and protects the health of people and the communities where they live, learn, work and play. While a doctor treats people who are sick, those of us working in public health try to prevent people from getting sick or injured in the first place. We also pro-mote wellness by encouraging healthy behaviors. Public Health saves money, improves our quality of life, helps children thrives and reduces human suffering" (APHA, 2022, o.S.).

Ähnlich beschreibt es für den deutschen Sprachraum Babitsch (2020):

> „Public Health ist definiert als Multidisziplin, bei der Gesundheit von Bevölkerungen in Forschung und Praxis im Vordergrund stehen. Mit dem Übergang von Old zu New Public Health haben sich die Ansatzpunkte und die beteiligten Einzeldisziplinen erweitert. Wesentlich ist der Bezug auf die sozialen Determinanten der Gesundheit sowie auf die Gestaltung von gesundheitsförderlichen Lebenskontexten und Systemen" (Babitsch, 2020, S. 5).

Während der ersten zwei Jahrzehnte dominierte demgegenüber der Begriff Gesundheitswissenschaften das im Kontext von Neuorientierung dringend benötigte neue Fach. Mit entscheidend dafür war die Gründung einer ersten Fakultät für Gesundheitswissenschaften an der Universität Bielefeld unter ihrem Gründungsdekan Klaus Hurrelmann (vgl. Hurrelmann et al., 2016, S. 30), die eben nicht auf Fakultät für Public Health lautet. Die Autoren warnen wegen der in der deutschen Vergangenheit problematischen Nähe von Sozialer Hygiene und Öffentlicher Gesundheit in ihrer zur Politik sogar davor, den Terminus Public Health für die neue Disziplin zu verwenden (ebd., S. 29 f.). Darüber hinaus fällt bei der Benennung von sog. „Kernprofessuren" auf, dass relevante Praxisdimensionen, die u. a. im bereits erwähnten „Leitfaden Prävention" benannt sind, bei dieser Aufzählung noch immer fehlen. Der Schluss liegt nahe, dass die in Pandemiezeiten so dringend benötigten Public Health-Themen Bewegung, Ernährung und Stressmanagement hier mit Ausnahme der Gesundheitspsychologie nicht entsprechend gewürdigt werden (ebd., S. 33). Hier liegt eines der zentralen Probleme, die durch die zu fordernde Rezeption des Begriffes Public Health auf inhaltlich curricularer Seite angegangen werden muss. Ein anderes Problem, auf das die Autoren auch bereits in vorherigen Auflagen ihres Standardwerkes „Handbuch Gesundheitswissenschaften" frühzeitig hingewiesen haben, ist das Problem thematisch äußerst unterschiedlich ausgestalteter gesundheitswissenschaftlicher Studiengänge. Die Anzahl derartiger Abschlüsse ist sogar für Expertinnen und Experten mittlerweile vollkommen unübersichtlich geworden. Ursächlich für diese ungute Entwicklung waren zwei Impulse: Die im Lauf der vergangenen zwei Jahrzehnte rasant gestiegene Anzahl öffentlicher und privater Hochschulen einerseits und die damit verbundene Diversifikation inhaltlicher Schwerpunkte andererseits. Dies führt nicht nur zu hochgradig unterschiedlichen Master- und mehr noch Bachelorabschlüssen. Vielmehr verwässert dies auch die notwendigen klaren Konturen eines Kompetenzprofils, das i.S. der Erstattungs- und Vergütungsprinzipien der gemeinsamen Selbstverwaltung eingefordert würden; deren Änderung vorausgesetzt. So notwendig die Einführung von Public Health aktuell auch sein mag, die Vereinheitlichung von Ausbildungsstrukturen ist dabei notwendig – das hat die Medizin im Laufe vieler Jahrhunderte vorgelebt. Dass die Deutsche und die Österreichische Gesellschaft für Public Health als Interessensvertretungen nicht das politische Mandat einer jeweiligen Ärztekammer haben, darf in diesem Zusammenhang nicht unterbewertet bleiben. Auch diesbezüglich bleibt die strukturelle Professionalisierung ein notwendiges Ziel. Mit Blick auf die lange Entwicklungsgeschichte der Sozialmedizin sollte auf dem Weg zur Neuorientierung des Gesundheitssystems ein generischer Prozess forciert werden, dem jedoch auch eine adäquate Entwicklungszeit gewährt werden muss.

Literatur

American Public Health Association (APHA). (2022). *What is public health?* https://apha.org/what-is-public-health. Zugegriffen am 27.02.2022.

Babitsch, B. (2020). Gesundheitswissenschaften – eine Einführung. In R. Haring (Hrsg.), *Gesundheitswissenschaften* (S. 3–13). Springer.

Bantel, S., Buitkamp, M., & Wünsch, A. (2021). Kindergesundheit in der COVID-19-Pandemie: Ergebnisse aus Schuleingangsuntersuchungen und einer Elternbefragung in der Region Hannover. *Bundesgesundheitsblatt, 64*, 1541–1550.

Becker, R. (2017). Entstehung und Reproduktion dauerhafter Bildungsungleichheiten. In R. Becker (Hrsg.), *Lehrbuch der Bildungssoziologie* (S. 89–150). Springer.

Betsch, C., Korn, L., Felgendreff, L., Eitze, S., Schmidt, P., & Sprengholz, P. (2022). *Das COSMO COVID-19 Snapshot Monitoring – Vertrauen in Institutionen.* https://projekte.uni-erfurt.de/cosmo2020/web/topic/vertrauen-ablehnung-demos/10-vertrauen/#vertrauen-in-behörden-stand-14.12.21. Zugegriffen am 20.02.2022.

Bundesärztekammer. (Hrsg.). (2012). *Drucksache: Entschließung VI-25: Delegation ja, Substitution nein.* https://www.bundesaerztekammer.de/aerztetag/aerztetage-der-vorjahre/115-daet-2012-in-nuernberg/beschlussprotokoll/top-vi-taetigkeitsbericht-der-bundesaerztekammer/gesundheitspolitik/vi-25-delegation-ja-substitution-nein/. Zugegriffen am 13.02.2022.

Deutsches Ärzteblatt (Dtsch ArzteBl). (1998). *Berufen.* https://www.aerzteblatt.de/archiv/13061/Berufen. Zugegriffen am 27.02.2022.

Eckart, W. (2013). *Geschichte, Theorie und Ethik der Medizin.* Springer.

Europäische Kommission. (2021a). *State of health in the EU: Deutschland – Länderprofil 2021.* https://ec.europa.eu/health/system/files/2021-12/2021_chp_de_german.pdf. Zugegriffen am 27.02.2022.

Europäische Kommission. (2021b). *State of health in the EU: Österreich – Länderprofil 2021.* https://ec.europa.eu/health/system/files/2021-12/2021_chp_de_german.pdf. Zugegriffen am 27.02.2022.

Europäische Kommission. (2021c). *State of health in the EU: Netherlands – Country profile 2021.* https://ec.europa.eu/health/system/files/2021-12/2021_chp_nl_english.pdf. Zugegriffen am 27.02.2022.

Fisch, S. (2013). *Geschichte der Europäischen Universitäten – von Bologna nach Bologna.* Beck.

Flügel, A. (2012). *Public Health – Historischer Kontext, politische und soziale Implikation der öffentlichen Gesundheitspflege im 19. Jahrhundert.* Beltz Juventa.

Ganz, C. (2015). Symposium 2015 der Stiftung für Naturheilkunde und Erfahrungsmedizin: „Wege zur Gesundheit". *Schweizerische Zeitschrift für Gesundheitsmedizin.* https://doi.org/10.1159/000441815

Göpel, E. (2008). *Systemische Gesundheitsförderung.* Mabuse.

Hammerschmidt, P., Weber, S., & Seidenstücker, B. (2017). *Soziale Arbeit – die Geschichte.* Budrich.

Hildebrandt, H., & Trojan, A. (1991). Auf dem Weg zu „gesünderen" Städten – Vom Programm zur Praxis vor Ort. In A. Trojan & B. Stumm (Hrsg.). *Gesundheit fördern statt kontrollieren – Eine Absage an den Mustermenschen.* Fischer.

Hubensdorf, M. (2005). *Sozialhygiene, Staatsmedizin, Public Health – Konzeptwandel oder deutscher Sonderweg.* https://www.dgsmp.de/100-jahre/CD_DGSMP/PdfFiles/Texte/M_H.pdf. Zugegriffen am 21.02.2022.

Hurrelmann, K., Laaser, U., & Razum, O. (2016). Entwicklung und Perspektiven der Gesundheits-wissenschaften in Deutschland. In K. Hurrelmann, U. Laaser & O. Razum (Hrsg.), *Handbuch Gesundheitswissenschaften* (S. 15–54). BeltzJuventa.

Kaba-Schönstein, L. (2018). *Gesundheitsförderung 1: Grundlagen.* https://leitbegriffe.bzga.de/alphabetisches-verzeichnis/gesundheitsfoerderung-1-grundlagen/. Zugegriffen am 27.02.2022.

Labisch, A., & Woelk, W. (2016). Geschichte der Gesundheitswissenschaften. In K. Hurrelmann & O. Razum (Hrsg.), *Handbuch Gesundheitswissenschaften* (S. 55–98). BeltzJuventa.

Medizinischer Dienst des Spitzenverbandes Bund der Krankenkassen (MDS), & Spitzenverband der Gesetzlichen Krankenversicherungen (GKV-S). (Hrsg.). (2020). *Präventionsbericht 2020 – Berichtsjahr 2019.* https://www.gkv-spitzenverband.de/media/dokumente/krankenversiche-rung_1/praevention__selbsthilfe__beratung/praevention/praeventionsbericht/2020_GKV_MDS_Praeventionsbericht.pdf. Zugegriffen am 22.02.2022.

Metzger, J. D. (1792). *Materialien für die Staatsarzney* (Bd. 1). Nicolovius.

Naidoo, J., & Wills, J. (2019). *Lehrbuch Gesundheitsförderung.* Hogrefe.

Nowack, A. C., Kolip, P., & Razum, O. (2022). Gesundheitswissenschaften. *Public Health.* https://doi.org/10.17623/BZGA:224-i061-1.0

Plümer, K. D. (2015). Gesundheitsförderung und ÖGD: Von der Reformhoffnung der 1990er-Jahre zum Weisenkind kommunaler Gesundheitspolitik – eine persönliche Bilanz. *Gesundheits-förderung durch den öffentlichen Gesundheitsdienst, 1,* S. 41–50.

Reichart, K. (2021). *Diagnose Adipositas: Dick durch Corona.* https://www.br.de/nachrichten/bay-ern/diagnose-adipositas-zu-dick-durch-corona,Sr5laUr. Zugegriffen am 30.01.2022.

Schipperges, H. (1986). *Homo patiens – Zur Geschichte des kranken Menschen.* Piper.

Schott, H. (2004). Medizingeschichte(n): Sozialmedizin – Armut und Krankheit. *Deutsches Ärzte-blatt.* https://www.aerzteblatt.de/archiv/44491/Medizingeschichte(n)-Sozialmedizin-Armut-und-Krankheit. Zugegriffen am 21.02.2022.

Siegrist, J. (2005). *Medizinsoziologie.* Elsevier.

Simon, M. (2017). *Das Gesundheitssystem in Deutschland – Eine Einführung in Struktur und Funktionsweise.* Huber.

Stöckel, S. (2015). Ein neues Gesundheitsverständnis und der Öffentliche Gesundheitsdienst – ein historischer Rückblick auf die Anfänge. In J. Kuhn & M. Heyn (Hrsg.), *Gesundheitsförderung durch den öffentlichen Gesundheitsdienst* (S. 29–39). Huber.

Trabert, G., & Waller, H. (2013). *Sozialmedizin - Grundlagen und Praxis.* Kohlhammer.

Trojan, A. (2009). Prävention und Gesundheitsförderung in Städten und Gemeinden. In K. Hurrel-mann, T. Klotz & J. Haisch (Hrsg.), *Prävention und Gesundheitsförderung* (S. 307–317). Huber.

Trojan, A., & Stumm, B. (1991). *Gesundheit fördern statt kontrollieren – Eine Absage an den Mustermenschen.* Fischer.

Vogel, M., Geserick, M., Gausche, R., Beger, C., Poulain, T., Meigen, C., et al. (2021). Gewichts-zunahme bei Kindern und Jugendlichen während der COVID-19 Pandemie. *Adipositas – Ursa-chen, Folgeerkrankungen, 15*(4), 206–211.

Wright, M. T. (2010). *Partizipative Qualitätsentwicklung in der Gesundheitsförderung und Prä-vention.* Huber.

Dr. Nadja Mayer-Wingert ist seit 2021 Dozentin im Bereich Gesundheit & Soziales am Standort Münster der FOM Hochschule für Oekonomie & Management. Als Internistin, Palliativmedizinerin und Ethikerin war sie jahrelang auf internistischen Intensivstationen und in der fächerübergreifenden Patientenversorgung tätig. Schwerpunkt ihrer Tätigkeiten war die Versorgung chronisch-schwerkranker Patienten. Dabei war und ist ihr die Förderung der interdisziplinären Zusammenarbeit verschiedenster Fachbereiche und Berufsgruppen besonders wichtig. Forschungsfokus Mayer-Wingerts stehen die zukunftsorientierte Personal- und Organisationsentwicklung in Kliniken und medizinischen Organisationen, sowie die Gesundheitsförderung an Hochschulen und Schulen.

Prof. Dr. habil. Manfred Cassens ist im Jänner 2015 zum Professor für Gesundheitsmanagement an der FOM Hochschule für Oekonomie & Management berufen worden. Er lehrt am FOM Hochschulzentrum München v.a. Gesundheitspädagogik, -psychologie und -soziologie. Cassens ist zudem Direktor des im Februar 2016 gegründeten FOM-Instituts für Gesundheit & Soziales. Im August 2017 wurde ihm die Venia Legendi für Gesundheitspädagogik verliehen und ist seitdem Lehrbefugter am Lehrstuhl für Sozial- und Gesundheitspädagogik der Katholischen Universität Eichstätt-Ingolstadt. Seine international dokumentierten Forschungsschwerpunkte fokussieren gesundheitsbezogene Sozialräume wie Gesundheitsregionen oder das kommunale Quartiersmanagement sowie gesundheitliches Lernen und Lehren

Dr. Carolin Zeller ist als Klinische- und Gesundheitspsychologin seit 2010 Abteilungsleitung bei Condrobs e.V. München. Nach der Promotion 2002 legte sie den Fokus auf das Thema Psychische Gesundheit und Soziale Kompetenz. Als Suchttherapeutin begleitet sie Menschen in kritischen Lebensphasen und unterstützt bei dem Ziel, Patient:innen in ein unabhängiges Leben zu begleiten. Im Bereich der Hochschullehre an der FOM München liegt der Schwerpunkt bei der Psychologischen Gesprächsführung und der systemischen Beratung. In verschiedenen Präventionsveranstaltungen werden individuelle Lösungsstrategien zu Thema Stress und Ressourcenstärkung vermittelt

Erkenntnisse aus COVID-19 für die onkologische Versorgung von Krebspatienten

8

Robert Dengler

Inhaltsverzeichnis

8.1 Einführung ... 146
8.2 Methodik ... 146
8.3 Ergebnisse ... 147
8.4 Fazit und Perspektiven ... 152
Literatur ... 154

Zusammenfassung

Die COVID-19-Pandemie kann neben der Infektion auch für Menschen mit Krebserkrankungen durch Versorgungsengpässe prognostisch bedeutsam werden. Dieser Beitrag stellt in einem Review Ergebnisse einer systematischen Literaturrecherche zu der Frage der Veränderungen der Versorgungslage von Patientinnen und Patienten mit malignen Erkrankungen im Rahmen der COVID-19-Pandemie im Vergleich zur präpandemischen Lage dar. Dabei werden einerseits der stationäre und andererseits der ambulante Versorgungsbereich betrachtet und sowohl internationale als auch nationale Daten berücksichtigt. Es zeigt sich, dass es in der Pandemie zu einem Rückgang von Früherkennungsuntersuchungen und Diagnosen sowie Inzidenzen bei Tumorerkrankungen kam. Auch Tumorbehandlungen wurden eingeschränkt. Prognosen aus Modellierungen gehen von einer signifikanten Zunahme krebsbedingter Todesfälle

R. Dengler (✉)
Oncologic GbR, Nitteldorf, Deutschland
E-Mail: info@onkologieberatung.de

© Der/die Autor(en), exklusiv lizenziert an Springer Fachmedien Wiesbaden GmbH, ein Teil von Springer Nature 2022, korrigierte Publikation 2023

M. Cassens, T. Städter (Hrsg.), *Erkenntnisse aus COVID-19 für zukünftiges Pandemiemanagement*, https://doi.org/10.1007/978-3-658-38667-2_8

durch die veränderte Versorgungslage aus. Aufklärungskampagnen sind dringend indiziert, um einer Verstetigung der reduzierten Inanspruchnahme entgegenzuwirken. Darüber hinaus ist die Datenverfügbarkeit für die Gesundheitsforschung zu verbessern.

Schlüsselwörter

COVID-19 · Pandemie · Tumorpatienten · Versorgungslage · Prognose

8.1   Einführung

Gemäß dem Coronavirus Resource Center der Johns Hopkins University liegt die Zahl der bestätigten COVID-19-Infizierten zum Stand der Abfassung dieses Artikels (Anfang 2022) weltweit bei 413.746.208, die Zahl der Neuinfektionen liegt bei 82,2 Millionen pro Monat, bislang wurden 5,8 Mio. Tote im Zusammenhang mit dieser Virusinfektion registriert (Johns Hopkins Coronavirus Resource Center, 2022). Unklar bleibt, wie hoch die Dunkelziffer ist. Die Pandemie hat weltweit zu einer Neuzuweisung der verfügbaren Ressourcen geführt (Martinelli & Garbi, 2020, S. 1104), Personal wurde gebunden und steht damit nicht mehr für die gewohnte Versorgung zur Verfügung. Auch wurden planbare Behandlungen wie operative Eingriffe verschoben. Global geschah dieser Prozess unterschiedlich und hat sich je nach Phase der Pandemie geändert. Eines der Hauptprobleme bestand darin, Priorisierungskriterien für die Behandlung zu definieren, um Ressourcen für die (potenzielle) Versorgung COVID-19-Erkrankter zur Verfügung zu stellen, ohne gleichzeitig die Behandlung anderer schwerer Krankheiten, darunter Krebs, zu beeinträchtigen. Darüber hinaus zählen auch Menschen mit malignen Erkrankungen zu den definierten Risikogruppen für besonders schwere Verläufe einer COVID-19-Infektion (Robert-Koch-Institut, 2020). Ein weiteres Problem war die Reduzierung des Krankenhauszugangs und des Aufenthalts. Die COVID-19-Pandemie hat daher auch potenziell Auswirkungen auf Früherkennung, Diagnose, Behandlung und Nachsorge von Patienten mit Krebserkrankungen. Diverse medizinische Gesellschaften haben daher Richtlinien und Webressourcen publiziert, die sich ständig weiterentwickeln (SGO, 2020, o.S.; ASCO, 2020, o.S.; ESMO, 2020, o.S.). Bereits im Sommer debattiert worden, was eine reduzierte oder verzögerte Versorgung für dieses Kollektiv bedeuten könnte (Ärzteblatt, 2020, o.S.).

8.2   Methodik

Der hier vorgestellte Artikel basiert auf der Auswertung einer Sekundärdatenanalyse. Zwischen 02.02.2022 und 12.02.2022 wurde eine systematische Literaturdatenbankrecherche nach dem RefHunter Konzept (Nordhausen & Hirt, 2020, o.S.) durchgeführt. Themenbezogene Schlagwörter wurden mittels Suchoperatoren zu Suchstrings kombiniert, darunter PICO (Schardt et al., 2007). Recherchiert wurde in PubMed/Medline, Cochrane

Library, Livivo, OPACplus, sowie den Datenbanken Statista und Eurostat, außerdem über die Webseiten des Bundesministeriums für Gesundheit und des Deutschen Ärzteblatts. Die Ergebnisse wurden nach Volltexten und peer reviewed Artikeln eingegrenzt. Dabei wurde die Checkliste der Peer Review of Electronic Search Strategie (PRESS) verwendet (McGowan et al., 2016). Nach Entfernen von Duplikaten wurden zunächst die Titel, sodann die Abstracts und zuletzt die verbleibenden Artikel als Volltext gelesen. Zuletzt wurden die verbleibenden, als relevant eingeschätzten Publikationen für die hier vorgelegte Arbeit ausgewählt.

8.3 Ergebnisse

8.3.1 Vorsorge, Früherkennung und Nachsorge

Es zeigten sich auf internationaler Ebene Verzögerungen bei der Krebsdiagnostik (Sud et al., 2020, S. 69–72) sowie ein erheblicher Rückgang bei der Zahl der diagnostizierten Krebsfälle (Burki, 2020, S. 628; Dinmohamed et al., 2020, S. 750–751; Jones et al., 2020, S. 749–750) sowie der Überweisungen bei Krebsverdachtsfallen (Kaufman et al., 2020, S. 2; Piontek et al., 2021, S. 328–329). In Deutschland setzte der Gemeinsame Bundesausschuss im April 2020 vorübergehend das Mammografie-Screening aus, um unnötige Kontakte zu vermeiden (BMG, 2020, o.S.). Das Deutsche Krebsforschungszentrum (DKFZ), die Deutsche Krebshilfe und die Deutsche Krebsgesellschaft (DKG) richteten bereits im März 2020 eine gemeinsame Taskforce ein, um eine mögliche Unterversorgung onkologischer Patientinnen und Patienten frühzeitig erfassen und Entscheidungsträger und Öffentlichkeit entsprechend informieren zu können. Zum Aufbau eines solchen Frühwarnsystems wurde ein Fragebogen für eine prospektive Panel-Erhebung entwickelt und in enger Abstimmung mit den Direktoren der in die Studie eingebundenen 18 Comprehensive Cancer Centers (CCCs) über 5 Monate regelmäßig eingesetzt, analysiert und bewertet (Fröhling & Arndt, 2020, S. 2235–2242) Ziel dieser Befragung war eine quantitative und qualitative Bestandsaufnahme in verschiedenen Bereichen der komplexen onkologischen Versorgung, die Erfassung möglicher Auswirkungen der COVID-19-Pandemie auf die klinisch-onkologische Forschung sowie auf die Versorgung und die Früherkennung. Über insgesamt 10 Befragungsrunden wurden bei über 90 % aller Rückmeldungen Veränderungen in Zusammenhang mit der COVID-19-Pandemie bei der Nachsorge und im Bereich Psychoonkologie/Ernährungs- und Bewegungstherapien/soziale Beratung angegeben. Einschränkungen bei der Krebsfrüherkennung zeigten sich bereits zu Beginn der Erhebungsphase, das heißt Ende März 2020 (KW 13). Erst in KW 24 (Mitte Juni) wurde im Bereich der meisten CCCs eine Normalisierung bei der Krebsfrüherkennung wahrgenommen. Bezüglich der Früherkennung wurden einerseits Einschränkungen seitens der Kliniken selbst genannt (z. B. Mammascreening, Vorsorgeendoskopien), jedoch auch eine geringere Nachfrage beziehungsweise Wahrnehmung seitens der Versicherten. In diesen Bereichen konnte ein Teil über Beratung am Telefon oder in Videokonferenzen aufrechterhalten werden Einschränkungen bei der Nachsorge während des Beobachtungs-zeitraumes betrafen alle CCCs. (Fröhling & Arndt, 2020, S. 2239).

Der Berufsverband der Niedergelassenen Hämatologen und Onkologen (BNHO) hat eine retrospektive Bestandsaufnahme der Versorgung in den hämatoonkologischen Schwerpunktpraxen während der Corona-Pandemie durchgeführt (Heidt et al., 2021). Hierfür wurden die Mitglieder aufgefordert, die anonymisierten Abrechnungsdaten des von der ersten Pandemiewelle betroffenen zweiten Quartals 2020 an das Wissenschaft-liche Institut der Niedergelassenen Hämatologen und Onkologen (WINHO) zu über-senden, um mögliche Veränderungen der Versorgung unter pandemischen Bedingungen zu erfassen. Die Datenbasis stammt aus 101 Schwerpunktpraxen, die bundesweit tätig sind und 162.315 Patientinnen und Patienten im zweiten Quartal 2020 versorgt haben. Es fand sich im zweiten Quartal 2020 ein Rückgang bei der durchschnittlichen Anzahl der Patien-tinnen und Patienten in onkologischen Schwerpunktpraxen im Vergleich zu den Mittel-werten von 2017–2019 um 8,2 % (Heidt et al., 2021, S. 312). Ursächlich hierfür dürften mehrere Faktoren sein: Zum einen kam es zu einer Anpassung von elektiver Diagnostik an die Pandemie, indem zeitlich unkritische Diagnostik und Verlaufsuntersuchungen ver-schoben wurden, etwa Diagnostik von Zytopenien, Verlaufsuntersuchungen bei stabil chronischen Erkrankungen, Nachsorgeuntersuchungen und Zweitmeinungsverfahren. Zu-dem konnte ein Teil der Sprechstunden als Videokonferenz abgehalten werden. Damit konnte zumindest teilweise der allgemeinen Zurückhaltung von Personen, die aufgrund von Sicherheitsbedenken Fachärzte nicht aufsuchten, begegnet werden. Zu möglichen Verzögerungen einer Diagnostik von Tumorerkrankungen, etwa wegen der Reduktion von Screening-Mammografien, Bronchoskopien, Gastroskopien oder Koloskopien, kann diese Studie keine Auskunft geben.

8.3.2 Stationäre Versorgung

Im ersten Lockdown wurden Krankenhausaufnahmen, Operationen und andere Prozedu-ren verschoben (20. März bis 15. Mai 2020). Nationale und internationale Veröffent-lichungen zeigen Verzögerungen bei elektiven Operationen (Bakouny et al., 2020, S. 640; Sud et al., 2020, S. 69) sowie Rückgänge bei systemischen Therapien (Clark et al., 2021, S. 70) und Bestrahlungen (Spencer et al., 2021, S. 313–317). Bei Krebspatienten wurden nicht chirurgische Behandlungen oder eine Verringerung der chirurgischen Aggressivität erwogen, um Ressourcen insbesondere auf Intensivstationen zu schonen und den Kranken-hausaufenthalt zu verkürzen (Martinelli & Garbi, 2020, S. 1104; Harky et al., 2020, S. 749–750; Pramesh & Badwe, 2020, S. 1–2; El-Shakankery et al., 2020, S. 3–4; Casella et al., 2020, S. 1591; Kling & Philip, 2020, S. 1–2). In der Literatur finden sich auch Hin-weise auf Verschiebungen oder Veränderungen bei der Behandlung, wie zum Beispiel die Reduktion der Anzahl von Fraktionen der Strahlentherapie (Hypofraktionierung), das Aussetzen beziehungsweise die Reduktion chemotherapeutischer Interventionen oder Ver-änderungen bei der Palliativversorgung (SGO, 2020; ASCO, 2020; ESMO, 2020; Onesti et al., 2020, S. 5; Richards et al., 2020, S.1–3; Wörmann et al., 2020, S. 27). Zudem wurde empfohlen, vermehrt Telemedizin oder telefonische Konsultationen durchzuführen und stationäre Behandlungen einzuschränken (Ramirez et al., 2020, S. 562; Burki, 2020, S. 628). Jazieh et al. (2020) führten zwischen 21. April und 8. Mai 2020 eine Querschnittstudie mittels eines Online-Fragebogens zur Versorgungslage und den damit einhergehenden möglichen schädlichen Auswirkungen auf die Patienten durch. Sie befragten Onkologen aus 356 Zentren in 54 Ländern auf sechs Kontinenten. Dabei berichteten 19,1 % der Befragten über fehlende Schutzausrüstung, 17,9 % über Personalmangel, und 9,8 % über eingeschränkten Zugriff auf Medikamente. 55 % der Einrichtungen reduzierten ihre Angebote, dabei gaben 46,3 % an, mindestens zehn Prozent der Patienten hätten mindestens einen Chemotherapiezyklus verpasst. Insgesamt gaben 36,5 % an, dass eine reduzierte krebsspezifische Versorgung stattgefunden habe, die sich schädlich für die Patienten ausgewirkt haben könnte.

2021 wurden in Deutschland 370.000 Patienten mit COVID-19 stationär in Kliniken behandelt (DKG, 2022). Zur Sicherstellung einer ausreichenden Versorgung wurden die Krankenhäuser im Rahmen des COVID-19-Krankenhaus-Entlastungsgesetzes angewiesen, Klinikbetten für COVID-19-Erkrankte freizuhalten (Deutscher Bundestag, 2020). Zusätzlich setzte der Gemeinsame Bundesausschuss im April 2020 vorübergehend das Mammografie-Screening aus, um unnötige Kontakte zu vermeiden (BMG, 2020).

Die bereits oben zitierte Umfrage der Taskforce der CCC (Fröhling & Arndt, 2020) ergab über insgesamt 10 Befragungsrunden bei über einem Drittel aller Rückmeldungen Veränderungen bei der bildgebenden Diagnostik, der Systemtherapie solider wie auch hämatologischer Neoplasien, den Tumoroperationen und der Palliativmedizin. Einige Zentren ergänzten zur bildgebenden Diagnostik, dass die Einschränkungen nur bestimmte Verfahren beträfen (z. B. Nuklearmedizin) oder bestimmte Patientengruppen (z. B. Nachsorge). Bezüglich Systemtherapien solider Tumore wurde genannt, dass Therapien aufgeschoben beziehungsweise Therapiezyklen modifiziert wurden, sofern es klinisch vertretbar gewesen sei (z. B. Erhaltungstherapien). Veränderungen bei hämatologischen Systemtherapien betrafen hauptsächlich eine Reduktion beziehungsweise das Aufschieben autologer und allogener Stammzelltransplantationen. Zum Bereich Tumoroperationen wurde vereinzelt in den ersten Wochen genannt, dass Termine mit geringerer Dringlichkeit verschoben worden seien, überwiegend wurde jedoch betont, dass onkologischen Patienten bei einer Triage grundsätzlich eine hohe Priorität eingeräumt worden sei. Im palliativen Bereich wurde teilweise beschrieben, dass eine Umstellung auf ambulante häusliche Versorgung beziehungsweise Verlegung in Hospize angestrebt wurde. Allerdings wurden auch diesbezüglich Probleme genannt, zum Beispiel bei der Bereitstellung von Pflegebetten oder durch die ebenfalls eingeschränkte Aufnahmekapazität von Hospizen. Seltener wurden Veränderungen in den Bereichen Diagnostik (Pathologie und Labor), Tumorbiopsien, Tumorboard (abgesehen von vermehrten Online-Meetings), der Strahlentherapie (hier meist längere Intervalle), bei der pädiatrischen Onkologie, den Spezialangeboten wie Fertilitätsprotektion, der Info-Hotline und bei der Kapazität zur

Aufnahme von Erkrankten an deren Standorten berichtet. Einschränkungen betrafen bildgebende Diagnostik (61 %), Systemtherapie hämatologischer Neoplasien (56 %) und Tumoroperationen (50 %), diese dauerten dabei bei der Mehrzahl der CCCs jeweils mehr als 12 Wochen an. Einschränkungen in der Versorgung im Outreach bezogen sich zum Beispiel auf die Übernahme von Patientinnen und Patienten aus umliegenden Krankenhäusern, aber teilweise wurden auch weniger Zuweisungen genannt. Einige Einschränkungen bezogen sich auch auf die Kooperationen selbst (z. B. weniger Teilnehmer an Videokonferenzen, geringere Nachfrage von regionalen Partnern nach Zweitmeinungen der CCCs).

Das Bayerische Landesamt für Gesundheit und Lebensmittelsicherheit (LGL) analysierte Daten des bevölkerungsbezogenen Bayerischen Krebsregisters von 1. Januar 2019 bis 26. Marz 2021 (Voigtländer et al., 2021). Es wurden alle Krebsneuerkrankungen (Inzidenzen) und Krebsbehandlungen von Meldern mit zeitnaher Registrierung ausgewertet. Diese bestanden aus 29 von 42 zertifizierten onkologischen Zentren beziehungsweise Organkrebszentren, 36 von 210 Krankenhausabteilungen sowie 231 von 621 ambulanten Einrichtungen in fünf der sieben bayerischen Regierungsbezirke. Der Vergleich dieser Stichprobe mit Daten aller Melder für 2019 zeigte keine Unterschiede hinsichtlich der Stadienverteilung, mit Ausnahme eines geringeren Anteils von Fallen mit unbekanntem Stadium X (13 % versus 34 %). Hauptzielgrößen waren die Zahl der Inzidenzen (ICD-10 C00–C69 ohne C44, C73/C74) nach Tumorstadium (I, II, III, IV, X), der Krebsbehandlungen nach Therapietyp (Operation, Bestrahlung, systemische Therapie) sowie der Operationen für Krebserkrankungen im Stadium I nach Lokalisation (Brust, Prostata, Darm, Lunge, Haut/Melanom).

Zwischen Januar und September sank entsprechend dieser Studie die Zahl von gemeldeten Krebsneuerkrankungen von 7361 im Jahr 2019 auf 7123 im Jahr 2020, was statistisch nicht signifikant war. Stratifiziert nach Stadium zeigte sich jedoch ein statistisch signifikanter Rückgang bei Krebsneuerkrankungen im Stadium I um 10,5 %, aber nicht für die Stadien II–IV. Stratifiziert nach Lokalisation waren die größten Rückgänge für Krebserkrankungen im Stadium I bei Darm und Prostata zu beobachten.

Die monatlichen Inzidenzen für alle Lokalisationen sanken in 2020 verglichen mit 2019 um 10,7 %, 18,5 % und 16,5 % für März, April und Mai 2020 im Vergleich zu 2019. Im Juni 2020 erhöhte sich die Zahl der Krebsneuerkrankungen um 22,7 % verglichen mit 2019 wieder. Die Zahl der Krebsbehandlungen reduzierte sich zwischen Januar und September 2020 verglichen mit 2019 statistisch signifikant für alle Therapietypen zusammen um 4,0 % sowie für Bestrahlungen um 6,1 %. Die Veränderungen für systemische Therapien waren nach Korrektur für multiples Testen nicht mehr signifikant. Während sich Operationen insgesamt nicht signifikant reduzierten (−2,3 %), gingen die Operationen bei Krebserkrankungen im Stadium I statistisch signifikant zurück. Signifikante Rückgänge zeigten sich für alle Lokalisation zusammen (−8,4 %), Darm (−26,4 %) und Melanome (−28,5 %), aber nicht für Brust, Prostata und Lunge (Voigtländer et al., 2021, S. 661.

8.3.3 Ambulante Versorgung

Bei der Analyse des WINHO (Heidt et al., 2021), auf die bereits im Abschn. 3.1 eingegangen wurde, waren in den Datensätzen folgende Informationen enthalten: Diagnosen nach ICD-10, Angaben zur ärztlichen Leistung – Gebührenziffern mit Leistungsdatum, verordnete Arzneimittel –, Anzahl der Versicherten sowie praxis- und arztbezogene Daten. Zur Vergleichbarkeit wurden Mittelwerte oder Mediane für 2020 berechnet und diese mit den entsprechenden Werten der Jahre 2017–2019 verglichen. Dabei wurde bei den Personen in hämatologischen und onkologischen Schwerpunktpraxen zwischen der Gruppe „Alle Patienten" und „Krebspatienten" unterschieden. Die Gruppe „Alle Patienten" umfasst auch solche ohne spezifische Krebstherapie, die im Rahmen von Nachsorge- oder Diagnostikprogrammen behandelt werden. Hier kam es zu einem Rückgang um 8,2 % auf 162.315 im 2. Quartal 2020 (Heidt et al, S. 311). Hingegen umfasst die Gruppe „Krebspatienten" nur diejenigen Personen, die eine Krebstherapie erhalten, also an einer floriden Erkrankung leiden und behandlungsbedürftig sind. In der Gruppe der Krebspatienten zeigte sich anhand der Abrechnungsdaten ein Anstieg der therapeutisch betreuten Patientinnen und Patienten im Mittel zu den drei vorangegangenen Jahren um 8,3 % auf 143.683 Personen (Heidt et al., 2021, S. 313). Eine mögliche Interpretation ist, dass Versorger im stationären Bereich sich auf das erforderliche Vorhalten von personellen und strukturellen Ressourcen in der ersten Ausprägung der Pandemiewelle im Frühling 2020 konzentriert haben und diese durch die intersektorale Kooperation in den Praxen aufgefangen wurde. Die vorliegende Untersuchung verdeutlicht, dass eine Reduktion oder Verzögerung der Therapie von Krebserkrankungen im „Lockdown" in den Schwerpunktpraxen wohl nicht stattgefunden hat.

8.3.4 Auswirkungen auf die Mortalität

Die britische Arbeitsgruppe um A. Sud modellierte hazard ratios potenzieller Verluste an Lebensjahren sowie zusätzlicher Mortalität auf dem Boden COVID-19 bedingter Ressourcen-Reallokation, insbesondere operativer Eingriffe (Sud et al., 2020). Die Datensätze für die Vergleichsbasis beinhalteten diejenigen des National Health Service (NHS) von Patienten zwischen 15 und 84 Jahren aus den Jahren 2013–2017. Die Berechnungen zeigen, dass es bei einer Verzögerung der Operation um drei Monate für alle untersuchten Tumorentitäten zu einem Verlust attributaler Lebensjahre – life years gained -(LYG) von 92.214 Lebensjahren bei einer Verschiebung der Tumoroperation um drei Monate sowie 208.275 verlorener Lebensjahre bei einer Verschiebung um sechs Monate kommt. Bei einem dreimonatigen Aufschieben der Tumorresektion würde es zu einer zusätzlichen Zahl an der Krebserkrankung versterbenden Personen um 4755 kommen, bei einer Verzögerung des Eingriffs um sechs Monate würde diese Zahl auf 10.760 zusätzliche Todesfälle steigen. Am stärksten würde sich eine sechsmonatige Verschiebung der Operation bei

Patientinnen und Patienten mit colorektalem Karzinom (2980 zusätzliche Todesfälle), bei Bronchialkarzinom (1439) sowie 804 bei Brustkrebs (804) auswirken.

Maringe et al. (2020) führten eine Studie zur Modellierung bezüglich des Einflusses einer Diagnoseverzögerung in einem Zeitraum von 12 Monaten auf das Überleben innerhalb von 1, 3 und 5 Jahren nach Diagnose durch, um die zusätzlichen krebsbedingten Todesfälle, sowie die Jahre an Lebensverlust (YLL), verglichen mit den Prä-Pandemie Daten, statistisch abzuschätzen. Dabei wurden Daten des britischen National Health Service (NHS) bezüglich Krebsregistrierung und Krankenhausverwaltungsdaten für 32.583 Personen zwischen 15 und 84 Jahren mit Brustkrebs, Lungenkrebs, Dickdarmkrebs und Speiseröhrenkrebs für den Zeitraum Januar 2012 bis Dezember 2012 mit einem follow-up bis Dezember 2015 analysiert. Es fand sich eine geschätzte Zunahme von Krebstodesfällen von 7,9–9,6 % bis zu 5 Jahre nach Diagnose, was 3291–3621 zusätzliche Todesfälle innerhalb 5 Jahren entspricht. Die zusätzlichen YLL wurden mit 59.204–63.229 Jahren errechnet (Maringe et al., 2020, S. 1029).

8.4   Fazit und Perspektiven

Die publizierten Daten zeigen für alle Länder inkl. Deutschland relevante Auswirkungen der Einschränkung üblicher Versorgungsroutinen für den Bereich der Krebserkrankungen, bedingt durch die Konzentration auf COVID-19-Erkrankte. Die Rückgänge bei der Inzidenz in einzelnen Monaten als Folge eingeschränkter Früherkennungsuntersuchungen sowie zurückhaltender Inanspruchnahme geben Anlass zur Sorge, da auch kleinere Verzögerungen bei der Diagnose zu schlechteren Outcomes führen könnten. Auch die berichteten Effekte im Bereich der Diagnostik, Therapie und Nachsorge stimmen bedenklich. In welchem tatsächlichen Ausmaß sich die beobachteten Veränderungen in der Versorgung langfristig nachteilig auf die Behandlungsergebnisse im Sinne von Überlebensprognosen auswirken, kann erst in einigen Jahren exakt bestimmt werden. Auch aussagekräftige Analysen zur Stadienverteilung, um etwaige Auswirkungen einer verzögerten Diagnosestellung zu quantifizieren, sind aufgrund des Zeitverzugs bei der bevölkerungsbezogenen Krebsregistrierung erst mit einer Latenz von mindestens 2 Jahren zu erwarten. Die Modellierungen der Arbeitsgruppe um Sud et al. (2020) und Maringe et al. (2020) geben allerdings Anlass zu großer Sorge.

Veränderungen im Nachfrageverhalten seitens der Patientinnen und Patienten, wie bereits für Schlaganfall und Herzinfarkt beschrieben (Masroor, 2020, S. 1346; Lange et al., 2020, S. 798; Schirmer et al., 2020, S. 640), wurden für Tumorerkrankungen nicht systematisch erfasst. Die an der Taskforce-Umfrage teilnehmenden CCCs berichteten aber von einem verminderten Nachfrageverhalten während der Wochen mit hohen Zahlen an COVID-19-Neuerkrankungen im Jahr 2020. Zumindest in Deutschland zeigt die bei den ambulanten Systemtherapien (Chemotherapie) etablierte sektorale Versorgungsstruktur eine gute Anpassungsfähigkeit (Wörmann et al., 2020, S. 27). Sie hat gerade in der

Pandemie Vorteile, indem der stationäre Sektor auch bei der hoch spezialisierten Versorgung durch leistungsfähige Schwerpunktpraxen entlastet wird.

Eine zukünftige Herausforderung für Krebsregister und sonstige Erfassungssysteme in Deutschland wird sein, ihre derzeit sehr trägen Abläufe weiter zu optimieren, um Daten sehr viel schneller als bisher zur Verfügung zu stellen. Nur so können Krankheitszahlen und Bedarfsdaten im Falle von akut knappen Ressourcen im Interesse der Versicherten für regionale und überregionale Planungsprozesse zur Verfügung stehen. Wie zu erwarten war, hat sich bestätigt, dass das jetzige System der Krebsregister dies nicht leisten kann (Fröhling & Arndt, 2020, S. 2242). Auch der Nationale Krebsplan (NKP) hat die an ihn gestellten Erwartungen diesbezüglich nicht erfüllt (Dengler, 2022, S. 210).

Der Expertenrat der Bundesregierung hatte jüngst ein „eklatantes Defizit" bei der Verfügbarkeit von Daten in der gesamten Gesundheitsforschung beklagt (ExpertInnenrat der Bundesregierung, 2022). Deutschland liegt im Bereich der Gesundheitsepidemiologie weit hinter Ländern wie z. B. Großbritannien zurück. Gerd Antes, Co-Direktor von Cochrane Deutschland, sieht unser Land mindestens ein halbes Jahrhundert im Rückstand bezüglich Public Health und Datenverfügbarkeit, verglichen mit Großbritannien (Antes, 2022, o.S.). Jürgen Windeler, Leiter des Instituts für Qualität und Wirtschaftlichkeit im Gesundheitswesen (IQWiG) vermisst ein ausreichend erkennbares Interesse der Entscheidungsträger an Evidenzgenerierung, eine ausreichende öffentliche Versorgungsforschungsfinanzierung, sowie die nötige Forschungsstruktur in Deutschland (Windeler, 2020, S. 15).

Die Deutsche Krankenhausgesellschaft (DKG, 2022, o.S.) hält die Datenlage ebenfalls für unbefriedigend. Trotz Erhebung vieler Daten in den Kliniken würden diese nicht adäquat aufbereitet, zusammengeführt und veröffentlicht. Öffentlicher Gesundheitsdienst und RKI arbeiten weiterhin in veralteten, analogen Meldestrukturen. Derzeit müssten die Beschäftigten in den Krankenhäusern für die Meldungen nach Infektionsschutzgesetz noch manuell Bögen ausfüllen, die sie dann per Fax oder per E-Mail an die Gesundheitsämter schicken. Die Mitarbeitenden der Gesundheitsämter übertragen sie dann wiederum manuell in neue Meldeformulare und geben diese an das RKI weiter. Verzögerungen und Fehler seien somit vorprogrammiert. Das angekündigte Gesundheitsdatennutzungsgesetz müsse so gestaltet werden, dass die schon vorhandenen relevanten Daten ausgeleitet werden können. „Diese Daten könnten dann auch nach der Pandemie im Interesse der Bürgerinnen und Bürger für wichtige politische Entscheidungen, wissenschaftliche Forschung und für die Information der Öffentlichkeit genutzt werden" (DKG, 2022, o.S.).

Im Rahmen der Medizininformatik-Initiative (MII) sollen nun erneut 200 Millionen Euro bis 2026 bereitgestellt werden, um durch eine Verbesserung der Dateninfrastruktur Forschungsdaten bereitzustellen (Medizin Informamtik Initiative, 2022). Neu sind diese Ideen allerdings nicht. Bereits 1979 wurden große Teile davon auf dem Kongress „Medical Informatics Berlin" diskutiert (Möhr et al., 1979, o.S.), geschehen ist seither nicht viel. Erneut ist diese Initiative leider wieder nur für die medizinischen Fakultäten und Universitätskliniken, verschiedene Forschungseinrichtungen, Unternehmen sowie Krankenkassen zugänglich, nicht jedoch für den ambulanten Sektor der Vertragsärzte. Und dies, obwohl die Universitätsklinika lediglich 15–20 % der Tumorpatienten betreuen (Klein, 2018, S. 82) und bereits von allen Fachgesellschaften konsentiert wurde, dass das Netzwerk der Versorgung von Tumorerkrankten auch die ambulanten Schwerpunktpraxen beinhaltet (DGHO, 2018, o.S.).

Der Autor des Beitrags plädiert an dieser Stelle für eine Intensivierung und verbesserte Zusammenführung der Versorgungsforschungsdaten, um Veränderungen und Langzeiteffekte zeitnah erkennen, also proaktiv erfassen und mit den Datensätzen entsprechend reagieren und steuern zu können. Dies ist auch im Lichte einer künftigen Pandemie bedeutsam. Aktive Gegenmaßnahmen wie öffentliche Aufklärungskampagnen sind für eine Wiederherstellung der Teilnahme an Früherkennungsuntersuchungen und Behandlungen dringend erforderlich, damit sich die beobachteten Trends nicht verstetigen.

Literatur

American Society of Clinical Oncology (ASCO). (2020). *COVID-19 patient care information.* https://www.asco.org/asco-coronavirus-information/care-indiciduals-cancer-during-covid-19. Zugegriffen am 09.02.2022.

Antes, G. (2022). *Interview im Deutschlandfunk mit Britta Fecke zur Datenverfügbarkeit im deutschen Gesundheitssystem.* https://www.deutschlandfunk.de/es-gibt-bei-dieser-form-des-virus-keine-herdenimmunitaet-9f17952f-0cdd-4cf4-b04e-52e4b744e-53e4b1b0-100.html. Zugegriffen am 04.02.2022.

Ärzteblatt. (2020). *Onkologen warnen vor Bugwelle an zu spät diagnostizierten Krebsfällen.* https://www.aerzteblatt.de/nachrichten/112249/Onkologen-warnen-vor-Bugwelle-an-zu-spaet-diagnostizierten-Krebsfaellen. Zugegriffen am 13.02.2022.

Bakouny, Z., Hawley, J. E., Choueiri, T. K., Peters, S., Rini, B. I., Warner, J. L., & Painter, C. A. (2020). COVID-19 and cancer: Current challenges and perspectives. *Cancer Cell, 38,* 629–646.

Bundesministerium für Gesundheit. (2020). Bekanntmachung eines Beschlusses des Gemeinsamen Bundesausschusses über die befristete Aussetzung der Einladung zum Mammografie-Screening. *Bundesanzeiger., 26,* B72020.

Burki, T. K. (2020). Cancer care in the time of COVID-19. *Lancet Oncology., 21,* 628.

Casella, D., Fusario, D., Cassetti, D., Miccoli, S., Pesce, A. L., Bemini, A., et al. (2020). The patients pathway for breast cancer in the COVID-19 era: An Italian single-center experience. *Breast Journal, 26,* 1589–1592.

Clark, J. J., Dwyer, D., Pinwill, N., Clark, P., Johnson, P., & Hackshaw, A. (2021). The effect of clinical decision making for initiation of systemic anticancer treatments in response to the COVID-19 pandemic in England: A retrospective analysis. *Lancet Oncology, 22,* 66–73.

Dengler, R. (2022). The National decade against cancer 2019 – 2029: Contents of the initiative and some critical thoughts. In M. Cassens, Z. Kollanyi & A. Tsenov (Hrsg.), *Transdisciplinary perspectives on public health in Europe* (S. 201–216). Springer Gabler.

Deutsche Gesellschaft für Hämatologie und medizinische Onkologie (DGHO). (2018). *Positionspapier: Gegenwart und Zukunft der medizinischen Onkologie.* https://www.dgho.de/aktuelles/news/newsarchiv/2018/positionspapier-gegenwart-und-zukunft-der-medizinischen-onkologie-erarbeitet. Zugegriffen am 14.02.2022.

Deutsche Krankenhausgesellschaft (DKG). (2022). *Krankenhäuser veröffentlichen Corona-Hospitalisierungsdaten.* https://www.dkgev.de/dkg/presse/details/krankenhaeuser-veroeffentlichen-corona-hospitalisierungsdaten/. Zugegriffen am 09.02.2022.

Deutsche Krebshilfe, Deutsches Krebsforschungszentrums und Deutsche Krebsgesellschaft. (2020). *Gemeinsame Pressemitteilung Nr. 31: Corona Task Force warnt weiterhin vor zu spät diagnostizierten Krebserkrankungen.* https://www.dkfz.de/de/presse/pressemitteilungen/2020/dkfz-pm-20-31-Corona-Task-Force-warnt-weiterhin-vor-zu-spaet-diagnostizierten-Krebserkrankungen.php. Zugegriffen am 06.02.2022.

Deutscher Bundestag. (2020). Gesetz zum Ausgleich COVID-19 bedingter finanzieller Belastungen der Krankenhäuser und weiterer Gesundheitseinrichtungen (COVID-19 Krankenhausentlastungsgesetz). Bundesgesetzblatt Teil I, Nr. 14 vom 27. März 2020. Bundesanzeiger 2020.

Dinmohamed, A. G., Visser, O., Verhoeven, R. H., Louwman, M. W., van Nederveen, F. H., Willems, S. M., et al. (2020). Fewer cancer diagnoses during the COVID-19 epidemic in the Netherlands. *Lancet Oncology, 21,* 750–751.

El-Shakankery, K. H., Kefas, J., & Crusz, S. M. (2020). Caring for our cancer patients in the wake od COVID-19. *British Journal of Cancer, 123,* 3–4.

European Society for Medical Oncology. (2020). *Cancer patient management during the COVID-19 pandemic.* https://www.esmo.org/guidelines/cancer-patient-patient-management-during-the-covid-19-pandemic. Zugegriffen am 08.02.2022.

ExpertInnenrat der Bundesregierung zu COVID-19. (2022). *Stellungnahme vom 22. Januar 2022: Dringende Maßnahmen für eine verbesserte Datenerhebung und Digitalisierung.* https://www.bundesregierung.de/resource/blob/974430/2000790/9d2b24aef2a1745548ba870166b64b7e/2022-01-22-nr-3-expertenrat-data.pdf?download=1. Zugegriffen am 13.02.2022.

Fröhling S., & Arndt V. (2020). Versorgung von Krebspatienten: Corona-Effekt in der Onkologie. *Deutsches Ärzteblatt, 117*(46), A-2234/B-1893. https://www.aerzteblatt.de/archiv/216717/Versorgung-von-Krebspatienten-Corona-Effekt-in-der-Onkologie. Zugegriffen am 07.03.2022.

Harky, A., Chiu, C. M., Yau, T. H. L., & Lai, S. H. (2020). Cancer patient care during COVID-19. *Cancer Cell, 37,* 749–750.

Heidt, V., Knauf, W., Illmer, T., Engel, E., & Goetzenich, A. (2021). Trotz Pandemie ambulant gut versorgt. *Deutsches Ärzteblatt, 118*(6), A310–A313.

Jazieh, A. R., Akbulut, H., Gurigliano, G., Rogado, A., Alshram, A. A., Razis, E. D., et al. (2020). Impact of the COVID-19 pandemic on cancer care: A global collaborative study. *JCO Global Oncology., 6,* 1428–1438.

Johns Hopkins University (Ed.). (2022). *Coronavirus Resource Center/COVID19 dashboard.* https://coronavirus.jhu.edu/map.html. Zugegriffen am 05.02.2022.

Jones, D., Neal, R. D., Duffy, S. R. G., Scott, S. E., Witaker, K. L., & Brain, K. (2020). Impact of the COVID-19 pandemic on the symptomatic diagnosis of cancer: The view from primary care. *Lancet Oncology, 21,* 748–750.

Kaufman, H. W., Chen, Z., Niles, J., & Fesko, Y. (2020). Changes in the number of US patients with newly identified cancer before and during the coronavirus disease 2019 (COVID-19) pandemic. *JAMA Netw Open, 3,* e2017267.

Klein, F. (2018). Netzwerk Onkologische Spitzenzentren – Vernetzung für eine bessere Patientenversorgung. *Im Focus Onkologie, 21,* 81–83.

Kling, S. M., & Philip, M. M. (2020). The effects of the COVID-19 pandemic on oncological surgery. *Journal of Surgical Case Reports., 2020*(5), rjaa 157.

Lange, S. J., Richtey, M. D., Goodman, A. B., Dias, T., Twentyman, E., Fuld, J., et al. (2020). Potential indirect effects oft he COVID-19 pandemic on use of emergency departements for acute life-threatening conditions – United Status, January-May 2020. *MMWR Morbidity and Mortality Weekly Report, 69,* 795–800.

Maringe, C., Spicer, J., Morris, M., Purushotham, A., Nolte, E., Sullivan, R., et al. (2020). The impact of the COVID-19 pandemic on cancer deaths due to delays in diagnosis in England, UK: A national, population-based, modelling study. *Lancet Oncology, 21*, 1023–1034. https://doi.org/10.1016/S1470-2045(20)30388-0

Martinelli, F., & Garbi, A. (2020). Change in practice in gynecologic oncology during the COVID-19 panemic: A social media survey. *International Journal of Gynecological Cancer, 30*, 1101–1107.

Masroor, S. (2020). Colateral damage of COVID-19 pandemic: Delayed medical care. *Journal of Cardiac Surgery, 35*, 1345–1347.

McGowan, J., Sampson, M., Salzwedel, D. M., Cogo, E., Foerster, V., & Lefebvre, C. (2016). PRESS peer review of electronic search strategies: 2015 guideline statement. *Journal of Clinical Epidemiology, 75*, 40–46.

Medizin Informamtik Initiative. (Hrsg.). (2022). *Die Gesundheitsforschung muss digitaler warden.* https://www.medizininformatik-initiative.de/de/stark-watzinger-die-gesundheitsforschung-muss-digitaler-werden. Zugegriffen am 06.02.2022.

Möhr, J. R., Hofmann, J., & Leven, F. J. (1979). A specialized curriculum for medical informatics — Review after 6 years of experience. In B. Barber, F. Grémy, K. Überla & G. Wagner (Hrsg.), *Medical informatics Berlin 1979* (Lecture notes in medical informatics). Springer. https://doi.org/10.1007/978-3-642-93120-8_7

Nordhausen, T., & Hirt, J. (2020). *RefHunter. Manual zur Literaturrecherche in Fachdatenbanken.* Version 5.0. https://www.refhunter.eu/manual/. Zugegriffen am 07.03.2022.

Onesti, C. E., Rugo, H. S., Generali, D., Peeters, M., Zaman, K., Wilders, H., et al. (2020). Oncological care organisation during COVID-19 outbreak. *ESMO Open, 5*, e000853.

Piontek, D., Klagges, S., Schubotz, B., Werner, C., & Wulff, J. (2021). Documented new cases of cancer in the clinical cancer registries of the German state of Saxony during the COVID-19 pandemic. *Deutsches Ärzteblatt International, 118*, 328–329.

Pramesh, C. S., & Badwe, R. A. (2020). Cancer management in India during COVID-19. *New England Journal of Medicine, 382*(426), e61.

Ramirez, P. T., Chiva, L., Eriksson, A. G., Frumovitz, M., Fagotti, A., Martin, A. G., et al. (2020). COVID-19 global pandemic: Options for management of gynecologic cancers. *International Journal of Gynecological Oncology, 30*, 561–563.

Richards, M., Anderson, M., Carter, P., Ebert, B. L., & Mossialos, E. (2020). The impact of the COVID-19 pandemic on cancer care. *Nature Cancer, 1*, 565–567.

Robert Koch-Institut (RKI). (Hrsg.). (2020). *Informationen und Hilfestellungen für Personen mit einem höheren Risiko für einen schweren COVID-19-Krankheitsverlauf.* https://www.rki.de/DE/Content/InfAZ/N/Neuartiges_Corona virus/Risikogruppen.html. Zugegriffen am 14.02.2022.

Schardt, C., Adams, M. B., Owens, T., Keitz, S., & Fontelo, P. (2007). Utilization of the PICO framework to improve searching PubMed for clinical questions. *BMC Medical Informatics and Decision Making.* https://doi.org/10.1186/1472-6947-7-16

Schirmer, C. M., Ringer, A. J., Arthur, A. S., Binning, J. J., Fox, W. C., James, R. F., et al. (2020). Delayed presentation of acute ischemic strokes during the COVID-19 crisis. *Journal of Neurointerventional Surgery, 12*, 639–642.

Society of Gynecologic Oncology (SGO, Ed.). (2020). *COVID-19 resources for health care practioners.* https://www.sgo.org/practice-management/covid-19/. Zugegriffen am 10.02.2022.

Spencer, K., Jones, C. M., Girdler, R., Roe, C., Sharpe, M., Lawton, S., et al. (2021). The impact of the COVID-19 pandemic on radiotherapy services in England, UK: A population-based study. *Lancet Oncology, 22*(3), 309–320.

Sud, A., Jones, M., Broggio, J., Loveday, C., Torr, B., Gamett, A., et al. (2020). Collateral damage: The impact on outcomes from cancer surgery of the COVID-19 pandemic. *Annals of Oncology, 31(8)*, 65–74. https://doi.org/10.1016/j.annonc.2020.05.009

Voigtländer, S., Hakimhashemi, A., Inwald, E. C., Ortmann, O., Gerken, M., Klug, S. J., et al. (2021). The impact of the COVID-19 pandemic on cancer incidence and treatment by cancer stage in Bavaria, Germany. *Deutsches Ärzteblatt International, 118*, 660–661. https://doi.org/10.3238/arztebl.m2021.0329

Windeler, J. (2020). Wir wissen zu wenig. *G+G Wissenschaft, 1(21)*, 15.

Wörmann B., Rüthrich M.M., Einsele H., Tamm, I., de Wit, M., Trümper, L., & von Lilienfeld-Toal, M. (2020). COVID-19 und Onkologie: Anpassungsfähiges System. *Deutsches Ärzteblatt, 117*. Supplement Perspektiven in der Onkologie. 27 – 2.

Dr. med. Robert Dengler ist Vorstandsmitglied des Berufsverbands der Niedergelassenen Hämatologen und Onkologen Deutschlands (BNHO) sowie Landesgeschäftsführer des BNHO Bayern. Außerdem Mitglied des Wissenschaftlichen Instituts der Niedergelassenen Hämatologen und Onkologen (WINHO) GmbH sowie Vorstandsvorsitzender des Bundesverbandes ambulante spezialfachärztliche Versorgung (BV-ASV). Zudem ist er Inhaber und Geschäftsführer der OncoLogic Consulting GbR mit den Beratungsschwerpunkten transsektorale Versorgungskonzepte und Pharmakoökonomie. Von 2017 bis 2022 Professor für Gesundheitsmanagement an der FOM Hochschule für Oekonomie & Management am Hochschulzentrum München und Mitglied des Instituts für Gesundheit & Soziales (ifgs). Bis 2022 leitete er das Versorgungsforschungsprojekt GOAL-ASV im Rahmen des Innovationsfonds im Auftrag des Gemeinsamen Bundesausschusses (G-BA).

Medizinischer Dienst Bayern im Fokus der COVID-19-Pandemie. Amtshilfe im Gesundheitssystem und Arbeitsprozesse ohne Personenkontakt. Erfahrungen und Ausblick

9

Julia K. Maier und Katja Lehmann

Inhaltsverzeichnis

9.1 Rolle des Medizinischen Dienstes im Gesundheitssystem.. 160
9.2 Auswirkungen von Covid-19 auf die Tätigkeiten des Medizinischen Dienstes Bayern..... 161
9.3 Was lernt der Medizinische Dienst Bayern aus der Covid-19-Pandemie?........................ 173
9.4 Rückblick und Ausblick... 173
Literatur.. 174

Zusammenfassung

Die Corona-Pandemie stellt eine in dieser Art nie zuvor da gewesene Herausforderung für das Gesundheitssystem dar. Dies gilt auch für den Medizinischen Dienst Bayern (MD Bayern). Seit 2020 leisten Mitarbeiterinnen und Mitarbeiter des MD Bayern immer wieder Unterstützung in systemrelevanten Bereichen des Gesundheitssystems, wo sie ihre fachlich ärztliche, pflegerische und organisatorische Expertise in die Pandemiebekämpfung einbringen. Zeitgleich muss das Tagesgeschäft des Medizinischen Dienstes pandemiekonform aufrechterhalten werden, um dem gesetzlichen Auftrag nachzukommen. Beiden Anforderungen gerecht zu werden erforderte gerade zu Pandemiebeginn, angesichts einer völlig neuen und schwer überblickbaren Situation, schnelle Reaktionsfähigkeit und innovative Lösungswege, beispielsweise durch multiple pro-

J. K. Maier · K. Lehmann (✉)
MD Bayern, München, Deutschland
E-Mail: anna.wolf@md-bayern.de; katja.lehmann@md-bayern.de

© Der/die Autor(en), exklusiv lizenziert an Springer Fachmedien Wiesbaden GmbH, ein Teil von Springer Nature 2022, korrigierte Publikation 2023
M. Cassens, T. Städter (Hrsg.), *Erkenntnisse aus COVID-19 für zukünftiges Pandemiemanagement*, https://doi.org/10.1007/978-3-658-38667-2_9

zessuale Anpassungen, Aufgabenpriorisierungen und Ressourcenumverteilung. Wie der MD Bayern diese Aufgabe gemeistert hat und wie sich seine Arbeitsweise auch künftig nachhaltig verändern wird, ist im vorliegenden Beitrag beschrieben.

Schlüsselwörter

Amtshilfe · Medizinischer Dienst Bayern · Gesetzliche Krankenversicherung · Soziale Pflegeversicherung · Coronapandemie

9.1 Rolle des Medizinischen Dienstes im Gesundheitssystem

Die Medizinischen Dienste sind auf Landesebene als selbstständige Körperschaften organisiert und tragen gemäß § 281 SGB V den Medizinischen Dienst Bund als gemeinsame „Dachorganisation". Das Aufgabenspektrum des Medizinischen Dienstes umfasst demnach in erster Linie die Beratung der Kranken- und Pflegekassen in allen Grundsatzfragen der medizinischen und pflegerischen Versorgung, versichertenorientierte Einzelfallbegutachtung und Qualitätsprüfungen. Mit den letzten Gesetzesänderungen sind auch Prüfungen im Auftrag anderer Institutionen im Gesundheitswesen als neue gesetzliche Aufgaben hinzugekommen. Der MD Bayern im Speziellen ist für über 10 Millionen gesetzlich Versicherte in Bayern sowie in zugeordneten Ländern des europäischen Wirtschaftsraums verantwortlich. Mit einem Marktanteil von nahezu 16 Prozent ist er der größte Medizinische Dienst bundesweit (Medizinischer Dienst Bayern, 2022).

In Deutschland hat der Gesetzgeber festgelegt, dass jeder gesetzlich Kranken- und Pflegeversicherte Anspruch auf eine „ausreichende, zweckmäßige und wirtschaftliche" (§ 12 & § 275 SGB V) Gesundheitsversorgung hat. Welcher Leistungsanspruch sich daraus für gesetzlich Versicherte ergibt, legt im Rahmen des Sozialgesetzbuches der Gemeinsame Bundesausschuss (G-BA) fest, ein Gremium, bestehend aus Vertretern der Kostenträger (gesetzliche Kranken- und Pflegekassen) und Leistungserbringer (Krankenhäuser, niedergelassene Ärztinnen und Ärzte, Psychotherapeutinnen und -therapeuten und Zahnärztinnen und Zahnärzte). Hinzu kommen Patientenvertreterinnen und Patientenvertreter. Damit über diesen Leistungsanspruch unabhängig nach medizinischen und pflegefachlichen Kriterien in ganz Deutschland einheitlich entschieden wird, hat der Gesetzgeber festgelegt, dass die Kranken- und Pflegekassen medizinische und pflegefachliche Voraussetzungen für Leistungsentscheidungen durch den unabhängigen Medizinischen Dienst prüfen lassen können bzw. müssen (§ 12 & § 275 SGB V; § 18 & §§ 112/114 ff. SGB XI). Aufgabe des Medizinischen Dienstes ist es, den Auftraggebern in gutachtlichen Stellungnahmen medizinische und pflegefachliche Bewertungen bzw. wie im Fall von Struktur- und Qualitätsprüfungen die Ergebnisse in Form von Bescheiden bzw. Berichten zur Verfügung zu stellen (siehe Abb. 9.1 und 9.2). Das gesamte Aufgabenspektrum des Medizinischen Dienstes wird im Sozialgesetzbuch (SGB V und SGB XI) definiert. (Medizinischer Dienst Bayern, 2022)

Aufgaben des Medizinischen Dienstes
Medizinischer Beratungs- und Begutachtungsdienst

Begutachtungen

* Arbeitsunfähigkeit
* Prävention und Rehabilitation
* häusliche Krankenpflege
* Notwendigkeit und Dauer stationärer Krankenhausbehandlungen
* Kodierqualität im DRG- & PEPP-System
* Einsatz unkonventioneller Untersuchungs- und Behandlungsmethoden
* Heil- und Hilfsmittelversorgung
* Behandlungsfehler
* zahnmedizinische und kieferorthopädische Versorgung
* Expertise zu speziellen Fragestellungen, z. B. humangenetische Untersuchungen, Transsexualismus, Kryokonservierung, bariatrische Chirurgie, plastische Chirurgie

Berater in medizinischen Versorgungsfragen

* gesundheitliche Versorgung der Versicherten
* Qualitätssicherung und Patientensicherheit
* neue Behandlungsmethoden
* Krankenhausversorgung
* Konzeptbeurteilung von Versorgungsstrukturen
* Arzneimittelversorgung
* Fachliche Unterstützung von Gremien der Selbstverwaltung

Abb. 9.1 Aufgaben des Bereichs Medizin im Medizinischen Dienst

Aufgaben des Medizinischen Dienstes
Pflegerischer Beratungs- und Begutachtungsdienst

Einstufung der Pflegebedürftigkeit

* Begutachtung zur Feststellung der Pflegebedürftigkeit
* Ermittlung der Selbstständigkeit und Fähigkeiten
* Empfehlung von Maßnahmen zur Prävention, Rehabilitation und für Hilfsmittel

Begutachtung

* der Sicherstellung häuslicher Pflege
* der Notwendigkeit der Versorgung mit Pflegehilfsmitteln
* von wohnumfeldverbessernden Maßnahmen
* der Beratung von pflegebedürftigen Versicherten und deren Angehörigen
* der Mitwirkung in Ausschüssen und Gremien auf Landes- und Bundesebene

Sicherung der Pflegequalität

* Qualitätsprüfung in (teil-)stationären und ambulanten Pflegeeinrichtungen sowie ambulanten Betreuungsdiensten
* Abrechnungsprüfungen im ambulanten Bereich
* Beratung im Rahmen von Vertragsverhandlungen
* Konzeptprüfung bei Antrag auf Versorgungsvertrag
* Mitwirkung in Ausschüssen und Gremien auf Landes- und Bundesebene
* Strukturprüfung in Pflegeeinrichtungen
* Pflegeberichterstattung

Abb. 9.2 Aufgaben des Bereichs Pflege im Medizinischen Dienst

9.2 Auswirkungen von Covid-19 auf die Tätigkeiten des Medizinischen Dienstes Bayern

Der bisherige Verlauf der Corona-Pandemie hat massive Auswirkungen auf die Arbeitsweise der Gemeinschaft der Medizinischen Dienste gehabt. Die Herausforderung bestand gerade am Anfang darin, auf der operativen Ebene handlungsfähig zu bleiben, schnell belastbare Lösungen hinsichtlich der Funktionsfähigkeit des Dienstbetriebs bei gleichzeitigem Schutz von Risikogruppen zu finden und eine Art Routine im Umgang mit der prägenden Corona-Pandemie aufzubauen. In den folgenden Abschnitten wird näher beleuchtet welche coronaspezifischen rechtlichen Vorgaben speziell die Arbeit des MD Bayern bestimmten, welche konkreten Auswirkungen sich daraus für dessen Aufgaben ergeben haben und welche Veränderungen die Chance haben, zu einem neuen Status quo zu werden. Betrifft ein Aspekt die gesamte Gemeinschaft der Medizinischen Dienste, wird darauf hingewiesen.

9.2.1 Covid-19-bezogene rechtliche Vorgaben

Die Arbeitsprozesse des MD Bayern wurden und werden durch die jeweils gültige Gesetzgebung bzgl. der aktuellen Corona-Schutzmaßnahmen und Unterstützungsgesuche maßgeblich mitbestimmt und verändert. Dies erfordert eine hohe Flexibilität und Reaktionsgeschwindigkeit. Daher wurde im MD Bayern frühzeitig eine koordinierende „Taskforce Coronavirus" für arbeitssicherheitstechnische und organisatorische Maßnahmen gegründet, die aus Vertretern aller Fachbereiche sowie des Personalrats besteht.

Am 16. März 2020 rief der Freistaat Bayern erstmals den Katastrophenfall aufgrund der Corona-Pandemie aus (Artikel 7 Absatz 1 BayKSG). Daraufhin erging am 27. März 2020 eine Aufforderung des Bayerischen Staatsministeriums des Inneren, für Sport und Integration (StMI) an den MD Bayern, unter Berufung auf das Katastrophenschutzgesetz, Mitarbeiterinnen und Mitarbeiter zur Unterstützung systemrelevanter Organisationen und Einrichtungen abzustellen. Der MD Bayern sah sich aufgrund seiner Rolle im Gesundheitssystem und seiner fachlichen Expertise in der Pflicht, seiner gesellschaftlichen Verantwortung nachzukommen und zur Bewältigung der Corona-Pandemie beizutragen. Dies wird im folgenden Abschnitt anhand von Fallbespielen näher erläutert. Dennoch galt es gleichzeitig dem so wichtigen eigenen gesetzlichen Auftrag nachzukommen. Zum einen implizierte dies zu gewährleisten, dass Versicherte durch die Amtshilfe keinen Nachteil erfahren würden. Beispielsweise wäre eine mangelnde Sicherstellung der Versorgung von Pflegebedürftigen nicht zu rechtfertigen gewesen, desgleichen weitläufige Verzögerungen in Rehabilitations- oder Hilfsmittelanträgen, um nur einige Themengebiete zu nennen. Zum anderen wurde der MD Bayern vom Gesetzgeber nur partiell von seinem gesetzlichen Auftrag entbunden. Dem Gros des Prüfauftrags galt es jedoch vollumfänglich und unter erschwerten Pandemiebedingungen nachzukommen, denn der MD Bayern unterliegt der Haftung bezüglich der Erfüllung seiner Aufgaben. Gemäß dem Bayerischen Katastrophenschutzgesetz (BayKSG) Artikel 7 Absatz 1 muss der MD Bayern als eine der Aufsicht des Freistaats Bayern unterliegende Körperschaft Katastrophenhilfe leisten, wenn nicht durch die Hilfeleistung die Erfüllung dringender eigener Aufgaben ernstlich gefährdet wird. Daher erfolgte nach Eingang des Amtshilfeersuchens zeitnah eine interne Priorisierung der gesetzlichen Aufgaben sowohl im Bereich Medizin als auch im Bereich Pflege, um sicherzustellen, dass unaufschiebbare Begutachtungsfelder wie üblich durchgeführt werden und um zu eruieren wo sich aufgrund von gesetzlichen Regelungen die Möglichkeit des Abstellens von Personal zur Hilfeleistung im Gesundheitssystem ergeben könnte.

Zeitgleich zum ausgerufenen Katastrophenfall in Bayern wurde durch das COVID-19-Krankenhausentlastungsgesetz explizit der temporäre Verzicht auf Personenkontakt in der Pflege- und Krankenversicherung geregelt, um vulnerable Personengruppen zu schützen sowie das medizinische und pflegerische Fachpersonal zu entlasten. Persönliche Pflegebegutachtungen, Krankenhausbegehungen zur Krankenhausabrechnungsprüfung, körperliche Untersuchungen und die Sozialmedizinische Fallberatung (SFB) vor Ort am Sitz der Krankenkasse wurden somit zeitweise ausgesetzt. Der originäre Prüfauftrag blieb allerdings bestehen. Eine Ausnahme stellten die Qualitätsprüfungen in der Pflege dar. Zeitweise wurden die Regelprüfungen in der ambulanten und stationären Pflege vollständig ausgesetzt, wobei Anlassprüfungen jederzeit möglich waren und durchgeführt wurden. Eine gewisse Erleichterung in der Erfüllung des gesetzlichen Auftrags entstand durch die Verschiebung der Einführung der Strukturprüfungen im Krankenhaus von 2020 auf 2021 und auch die Senkung der Quote zulässiger Krankenhausabrechnungsprüfungen für das Jahr 2020 (COVID-19-Krankenhausentlastungsgesetz, 2020; GKV-Spitzenverband, Deutsche Krankenhausgesellschaft e.V., 2020). Die gebündelte Überprüfung von Strukturmerkmalen in abrechnungsrelevanten Operationen- und Prozedurenschlüsseln (OPS) durch den Medizinischen Dienst, Strukturprüfungen, wurde im Zuge des MDK-Reformgesetzes eingeführt, um die kontinuierlich steigende Zahl an Einzelfallabrechnungsprüfungen zu reduzieren. Demnach müssen Krankenhäuser die Einhaltung von Strukturmerkmalen überprüfen lassen, bevor sie bestimmte Leistungen abrechnen können. Erst nach einem positiven Bescheid durch den Medizinischen Dienst können sie die entsprechenden OPS-Kodes abrechnen. Bisher musste der Medizinische Dienst die Strukturmerkmale im Zuge von Einzelfallprüfungen, die von der Krankenkasse beauftragt wurde, neu prüfen (MDK-Reformgesetz, 2019).

Das Krankenhauszukunftsgesetz vom 23. Oktober 2020 ermöglichte, dass ab dem ersten Oktober 2020 die Pflegebegutachtungen wieder in der Häuslichkeit durchgeführt werden können, sofern es das Pandemiegeschehen zulässt und, dass die Regelqualitätsprüfungen wieder stattfinden dürfen. Die Rahmenbedingungen für Pflegebegutachtungen während der Corona-Pandemie sind in den „bundesweit einheitlichen Maßgaben des Medizinischen Dienst Bund (seit Januar 2022 der Rechtsnachfolger des MDS) für Begutachtungen zur Feststellung der Pflegebedürftigkeit" geregelt (Medizinischer Dienst des Spitzenverbandes Bund der Krankenkassen, 2021a). Diese wurden im Dezember 2021 aktualisiert und sehen vor, dass die Feststellung von Pflegebedürftigkeit ohne eine persönliche Pflegebegutachtung im Hausbesuch erfolgen kann, wenn dies zum Schutz der verletzlichen Personengruppe der Pflegebedürftigen vor einer Ansteckung mit dem SARS-CoV-2-Virus erforderlich ist. Generelle Grundlage jeder Begutachtung sowie Prüfung und Begehung durch den Medizinischen Dienst ist das bundesweit einheitliche Hygienekonzept der Gemeinschaft der Medizinischen Dienste, das kontinuierlich aktualisiert wird (Medizinischer Dienst des Spitzenverbandes Bund der Krankenkassen, 2021b).

9.2.2 Geleistete Amtshilfe im Gesundheitssystem

Der MD Bayern stellte im Zeitraum von April bis September 2020 (trotz der Beendigung des Katastrophenfalls in Bayern am 16. Juni 2020) rund 100 Mitarbeiterinnen und Mitarbeiter für den Katastrophenschutz und die Amtshilfe zur Verfügung. Unterstützung leisteten insbesondere Pflegefachkräfte, ärztliche Gutachterinnen und Gutachter sowie Kodier- und Dokumentationsassistenzen und Medizinische Begutachtungsfachkräfte

- im Bayerischen Landesamt für Gesundheit und Lebensmittelsicherheit (LGL), das den Katastropheneinsatz für Bayern steuerte,
- in Landratsämtern oder Gesundheitsämtern
- sowie in weiteren Einrichtungen wie Pflegeheimen, Seniorenstiften oder Flüchtlingsunterkünften.

Die Mitarbeitenden des MD Bayern wirkten u. a. beim Nachverfolgen von Infektionsketten und dem Festlegen von und Beraten über Quarantänemaßnahmen mit. Beispielsweise brachten Mitarbeitende aus der Pflege ihr tiefes Fachwissen ein, wie in Pflegeheimen ein akutes Ausbruchsgeschehen eingedämmt werden und präventive Maßnahmen ergriffen werden können.

> **Fallbeispiel: Im Landesamt für Gesundheit und Lebensmittelsicherheit (LGL): Maßnahmenplanung und Koordination**
>
> Ein Teamleiter der Auditoren im Bereich Pflege des MD Bayern übernahm, als Mitglied der neu gegründeten Steuerungsstelle Pflegeheime, im LGL vor Ort die Koordination des Hilfseinsatzes seiner MD-Kolleginnen und -Kollegen. Im ersten Schritt nahm die Steuerungsstelle die Pflegeeinrichtungen mit akutem Ausbruchsgeschehen in den Fokus und wirkte mit Testungen den Infektionen entgegen. Im nächsten Schritt folgte dann ein präventives Konzept, bei dem die stationären Pflegeeinrichtungen zum Pandemiegeschehen telefonisch oder bei Bedarf auch in einer Begehung vor Ort zum Infektionsschutz beraten wurden. Ziel der Beratung war, den Pflegeeinrichtungen konkrete Handlungsempfehlungen mitzugeben, z. B. wie sie Schleusen oder Pandemiezonen einrichten, wie der richtige Umgang mit der Schutzausrüstung aussieht oder welche Hygienemaßnahmen zielführend sind. In dieser Steuerungsstelle kamen unterschiedliche – teilweise fachfremde – Kolleginnen und Kollegen zusammen. Es musste sich dort vieles erst einmal einspielen sowie Strukturen und Informationswege geschaffen werden. Es hat sich schnell gezeigt, dass vor allem Fachwissen zu den Abläufen in Pflegeheimen fehlte. Denn anders als in einer Klinik können Bewohnerinnen und Bewohner in Heimen nicht einfach isoliert und das Bett an einen anderen Platz verschoben werden, wenn eine Pandemiezone eingerichtet werden muss. Hier konnte der MD Bayern seine fachliche Expertise im Bereich Pflege sehr gut einbringen und gemeinsam konnten letztendlich zielführende Maßnahmen zur Pandemieeindämmung gefunden werden. Alle stationären Einrichtungen in Bayern – insgesamt 1800 – konnten erfolgreich kontaktiert werden. ◄

Fallbeispiel: In der telefonischen Beratung von Pflegeeinrichtungen: Kommunikation und Einfühlungsvermögen

Von großen Herausforderungen berichtet eine Auditorin des MD Bayern, die als Unterstützungskraft im Auftrag des LGL die telefonische Beratung der Pflegeeinrichtungen übernahm. „Vor allem die vielen Neuerungen und Veränderungen, über die wir Bescheid wissen mussten, um bestmöglich zu beraten, waren zu Beginn herausfordernd", betont sie. Ein weiterer Aspekt: Mit Alten- und Pflegeheimen ist die MD-Mitarbeiterin gut vertraut, aber jetzt fielen z. B. auch Behinderteneinrichtungen in ihren Beratungsbereich. Hier war sie für den guten Austausch mit MD-Kolleginnen und -Kollegen sehr dankbar. Einfühlungsvermögen, Kommunikationsstärke, Krisensicherheit und natürlich fachliches Know-how waren von den MD-Einsatzkräften gefragt. Da alle Auditorinnen und Auditoren auf eine lange Berufserfahrung in der praktischen Pflege zurückblicken, waren die Grundsteine dafür gelegt. Anstrengend waren die Einsätze dennoch: „Man stand die ganze Zeit unter Anspannung", berichtet sie aus eigener Erfahrung und den Rückmeldungen ihrer Kolleginnen und Kollegen. „Man wusste nie, was morgen kommt." Nicht selten kam erst abends die Info, welche Aufgabe am nächsten Tag auf einen wartete. ◄

Fallbeispiel: Direkt vor Ort: Als Berater und Tester in stationären Pflegeeinrichtungen

Eingehüllt in Schutzkleidung, führte ein Auditor des MD Bayern im Rahmen des Katastrophenschutzes und der Amtshilfe Reihentestungen der Mitarbeiterinnen und Mitarbeiter sowie der versorgten Personen in Pflegeeinrichtungen durch und stand den Einrichtungen beratend zur Seite. Dabei war besonders seine Flexibilität gefordert: „Es waren überwiegend sehr kurzfristige Einsätze für den nächsten Tag. Manchmal hat in der Früh das Telefon geklingelt, und kurze Zeit später war ich schon unterwegs", erzählt er. Mit Krisensituationen kann er umgehen, schon lange arbeitet er ehrenamtlich beim Roten Kreuz im Katastrophenschutz. Neu war in diesem Fall die fachliche Herausforderung. Nicht nur änderte sich gefühlt jeden Tag die Corona-Lage, auch neue Themen kamen hinzu, z. B. das Thema Brandschutz, das bei der Umsetzung von Pandemiezonen berücksichtigt werden musste; oder Einrichtungen der Behindertenhilfe, mit denen der Auditor in seiner MD-Tätigkeit in der Regel keine Berührungspunkte hatte. Auch die Auswirkungen auf die Psyche waren nicht zu unterschätzen, wenn z. B. in Pflegeeinrichtungen viele Bewohnerinnen und Bewohner an Corona verstorben waren. „Wir trafen oft auf extrem psychisch belastetes oder verunsichertes Personal – von der Einrichtungsleitung bis zum Haustechniker", erzählt er und hat in diesen Fällen dann den psychologischen Krisendienst mit eingebunden. Besonders gut geklappt hat aus seiner Sicht das fach- und bereichsübergreifende Miteinander. „Jeder hat sein Bestes gegeben." Sein Resümee für den ganzen Einsatz lautet: „Wertvoll". Das bezieht er zum einen auf sich selbst, weil er in dieser schwierigen Zeit seinen Beitrag leisten konnte, aber auch auf die Menschen vor Ort, denen er eine Hilfe sein konnte. „Es war auch wertvoll in der Außenwirkung, dass wir als MD unsere Fachlichkeit hier extrem gut einbringen konnten und sehr positiv wahrgenommen wurden." ◄

Mehr als **800** Mitarbeiterinnen und Mitarbeiter aller MD waren bundesweit im Höhepunkt im Einsatz (Mai 2020).

Mehr als **150** Mitarbeiterinnen und Mitarbeiter meldeten sich im MD Bayern für den Einsatz, darunter Pflegefachkräfte (Auditorinnen und Auditoren), Ärztinnen und Ärzte und Kodier- und Dokumentationsassistenzen sowie Medizinische Begutachtungsfachkräfte.

Rund **100** Personen stellte der MD Bayern dem Bayerischen Staatsministerium für Gesundheit und Pflege zur Verfügung.

Die Mitarbeiterinnen und Mitarbeiter des MD Bayern waren bayernweit im Einsatz, leisteten insgesamt fast

20.000 Stunden Unterstützungsleistung und legten dabei u.a. über

160.000 Kilometer zurück.

2.800 Stunden telefonische präventive Beratung für
1.177 Pflegeeinrichtungen und
747 Reihentestungen und Beratungen zählten u.a. zum Einsatz.

Abb. 9.3 Amtshilfe des MD Bayern

Ärztliche Gutachter unterstützten in der Führungsgruppe Katastrophenschutz, bauten Fieberambulanzen auf und führten Überprüfungen von Hygienekonzepten oder medizinische Beratung am Bürgertelefon durch. Auch in mobilen Teststationen sowie bei der Beratung von Pflege- oder Behinderteneinrichtungen kamen Mitarbeitende des MD Bayern zum Einsatz. Dadurch konnten die Medizinischen Dienste einen beträchtlichen Beitrag zur Pandemiebekämpfung leisten (siehe Abb. 9.3).

Fallbeispiel: Im Gesundheitsamt: Medizinisches Know-how und neue Themen

Ein ärztlicher Gutachter des MD Bayern, meldete sich freiwillig für den Einsatz, als sich quasi direkt vor seiner Haustür in Rosenheim ein Hotspot bildete. Von Ende April bis Ende Mai 2020 unterstützte er das Gesundheitsamt und ermittelte anhand des Verlaufs von einer möglichen Infektion bis zur Entwicklung von Symptomen im Einzelfall die Quarantänezeit. „Vor allem der Beginn war herausfordernd, da durch die Welle ein massiver Druck auf die Gesundheitsämter ausgeübt wurde und es dementsprechend nur eine knappe Einarbeitungszeit gab", erinnert er sich an den Anfang zurück. Ein weiteres Problem zu Beginn: Zeitweise gab es nur wenige oder widersprüchliche fachliche Informationen, an denen man sich orientieren konnte. „Es war manchmal schwierig, einen richtigen Weg zu finden." Im Selbststudium holte er sich weitere wichtige Informationen zu Inkubationszeit, Virulenz und Übertragbarkeit, mit denen er in seinem regulären MD-Arbeitsalltag wenig zu tun hat. „Ich wollte den Betroffenen ja eine vernünftige Aussage geben", so sein Anspruch. Rückblickend habe die Tätigkeit im Gesundheitsamt ganz gut geklappt, auch wenn es gelegentlich Probleme im Arbeitsprozess gab, wie falsche Kontaktdaten, Sprachbarrieren oder Widerstände von Betroffenen. ◄

Fallbeispiel: In der Teststation: Engagement und Durchhaltevermögen

Eine Kodier- und Dokumentationsassistentin des MD Bayern wurde Mitte Mai 2020 vom Gesundheitsamt direkt zu einer mobilen Teststelle nach Erding geschickt. „Nachdem ich vor dem MD in der Notaufnahme gearbeitet hatte, dachte ich, dass ich eine ganz gute Unterstützung sein könnte." Komplett in die Schutzausrüstung eingepackt, führte sie von neun bis 13 Uhr für die nächsten zwei Monate mit Kolleginnen und Kollegen Rachen-Nasen-Abstriche bei Infizierten oder Verdachtsfällen durch und registrierte die Kontakte. Manchmal waren es nur 30 Tests am Tag, manchmal bis zu 120. „Wir hatten im Juni einen Ausbruch bei einer Großfamilie. Die Kinder waren schon wieder in der Schule, also kamen dann ganze Schulklassen zu uns zum Testen", erinnert sie sich an einen Tag, an dem es hoch herging. Zwei Testspuren für Autos und eine Spur für Fußgänger forderten ihre ganze Aufmerksamkeit, denn mit nur wenig Testpersonal war praktisch eine Spur immer unbesetzt bzw. musste parallel im Auge behalten werden. Vor allem den Beginn ihrer temporären Tätigkeit empfand sie als herausfordernd. Zu diesem Zeitpunkt galt es für alle Unterstützenden die noch uneingeschliffenen organisatorischen Prozesse und das Zeitmanagement des Gesundheitsamtes zu optimieren, was auch gelang. Ihren Einsatz empfand sie als wichtig, freute sich aber auch, wieder zu ihrem regulären MD-Job als Kodier- und Dokumentationsassistentin zurückzukehren. ◄

Fallbeispiel: Ganz nah dran: Als Versorgungsarzt in Aschaffenburg

Der Lockdown in Bayern bedeutete für die meisten: Zu Hause bleiben und den Kontakt auf ein Minimum beschränken. Nicht so für einen ärztlichen Gutachter des MD Bayern, der zu dieser Zeit als Versorgungsarzt im Katastrophenschutz in Aschaffenburg tätig war. „In der Zeit der Kontakt- und Ausgansbeschränkungen hatte ich so viel zu tun wie noch nie und habe so viele Menschen kennengelernt wie noch nie", sagt er. Das kam so: Seit 2002 fährt der ärztliche Gutachter Notarztwagen in der Stadt, im Landkreis und ist unter ärztlichen Kollegen bekannt. Als an einem Samstag Ende März 2020 das Telefon klingelte und er gefragt wurde, ob er die von der bayerischen Staatsregierung neu geschaffene Position des Versorgungsarztes übernehmen möchte, war sein erster Impuls: „Klar, das ist interessant, das mach ich!" Zwei Tage später war er von seiner regulären Arbeit freigestellt und unterstützte als einer der ersten Mitarbeiter des MD Bayern den Katastrophenschutz. Es folgten drei intensive Monate, bei denen die Arbeitstage nicht selten von acht bis 20 Uhr dauerten. In dieser Zeit baute er innerhalb von nur zehn Tagen eine Fieberambulanz für Corona-Patienten auf und akquirierte für den Betrieb dieser neuen Praxis 25 niedergelassene Ärzte aus Aschaffenburg. In Urlaubszeiten sprang er selbst mit ein. Zu seinen weiteren Aufgaben gehörten die Materialverteilung der Schutzausrüstung an niedergelassene Ärzte sowie der Aufbau und Betrieb einer Corona-Teststrecke. Gefordert waren seine Eigeninitiative, sein Organisationstalent und seine Kommunikationsfähigkeit. „Es war eine tolle Erfahrung und hat sich gelohnt", lautet sein Resümee. „Aber es war auch wirklich anstrengend. Vor allem thematisch immer am Puls der Zeit zu sein, war eine Herausforderung. Und es war viel Arbeit. Jedes Jahr brauchen wir das nicht." ◄

Durch diese Maßnahmen und Erfahrungswerte war der MD Bayern schnell in der Lage auf eine erneute Aufforderung zur Amtshilfe am 20. Oktober 2020 zu reagieren und auch ohne die Ausrufung des Katastrophenfalls, aber aufgrund der rapide steigenden Infektionszahlen das Gesundheitssystem in den Folgemonaten mit 75 Mitarbeitenden zu unterstützen. Dies setzte der MD Bayern nach der erneuten Ausrufung des Katastrophenfalls in Bayern am 11. November 2021 und einem weiteren Amtshilfeersuchen am 26. November 2021 fort. Weitere Einsätze zur Amtshilfe sind zum Zeitpunkt des Verfassens dieses Artikels nicht auszuschließen, abhängig vom weiteren Verlauf der Pandemie.

9.2.3 Einführung neuer Arbeitsprozesse ohne Personenkontakt

Aufgrund des hohen Infektionsgeschehens wurden durch Beschlüsse der Bayerischen Landesregierung Kontaktbeschränkungen vereinbart, mehrfach verlängert und in Teilen verschärft (Abschn. 9.2.1) Infolgedessen mussten beim Medizinischen Dienst die überwiegend auf persönlichen Kundenkontakt ausgelegten Arbeitsprozesse aller Bereiche auf eine möglichst kontaktlose digitale Infrastruktur umgestellt werden. Ziel war es, das Risiko einer Infektion mit COVID-19 intern wie extern maximal zu reduzieren, um die Arbeitsfähigkeit der Mitarbeitenden sicherzustellen und den gesetzlichen Auftrag weiter zu erfüllen. Hierzu war es hilfreich, dass der MD Bayern bereits im Vorfeld mit einer Digitalisierungsoffensive begonnen hatte, auf die er aufbauen konnte. Aufgrund der Kurzfristigkeit der Ereignisse und globalen Angebotsengpässen, bedeutete die Umsetzung einen enormen Kraftakt, der den Mitarbeitenden über einen langen Zeitraum viel abverlangte. Es entwickelte sich aber auch ein enormes Resilienzpotenzial und die Möglichkeit zur Weiterentwicklung von Geschäftsprozessen.

So wurde in einem ersten Schritt flächendeckend das mobile Arbeiten ausgeweitet. Dazu wurden alle Mitarbeitenden, deren Tätigkeit ein mobiles Arbeiten ermöglicht, mit einem mobilen Arbeitsplatzrechner ausgestattet, sowie Videokonferenz- und -telefoniesysteme eingeführt. Auch in anderen Bereichen wurde die Digitalisierung vorangetrieben. Insbesondere durch die vermehrte Aufnahme des Datenaustauschverfahrens (DAV) über alle Anlassgruppen durch die Kranken- und Pflegekassen, konnten digitale Prozesse ausgeweitet und Medienbrüche vermieden werden. DAV dient dem Dokumentenaustausch zwischen dem Medizinischen Dienst und den Leistungsträgern. Die Nutzung des Leistungserbringerportals (LE-Portal) verzeichnete ebenfalls einen Anstieg, obwohl zum damaligen Zeitpunkt noch keine Nutzungsverpflichtung bestand. Über diese Plattform können die Medizinischen Dienste und die Krankenhäuser elektronische Daten und Dokumente (zur Abrechnungsprüfung) austauschen. Krankenhäuser erhalten über das LE-Portal die Unterlagenanforderungen, sie können dem Medizinischen Dienst die entsprechenden Dokumente in das Portal hochladen und der Medizinische Dienst stellt wiederum Prüfanzeigen und Gutachten für stationäre Begutachtungen über das LE-Portal zur Verfügung.

Um das Infektionsrisiko für die pflegebedürftigen Menschen zu verringern und die Gutachterinnen und Gutachter des Medizinischen Dienstes vor einer Ansteckungsgefahr durch das SARS-CoV-2-Virus zu schützen, wurden, wie in Abschn. 9.2.1 beschrieben, neue Rahmenbedingungen zugrunde gelegt. Die Begutachtung zur Feststellung der Pflegebedürftigkeit finden in der Regel in Form einer umfassenden persönlichen Befunderhebung des Versicherten in seinem Wohnbereich statt (§ 18 Absatz 2 Satz 1 SGB XI). Aufgrund der Corona-Pandemie ist im Rahmen des § 147 Absatz 1 SGB XI (befristet bis 31.03.2022) die regelhafte Möglichkeit geschaffen worden, statt einer Untersuchung im Wohnbereich eine kontaktlose telefonische Befragung („strukturiertes Telefoninterview" mithilfe eines Selbstauskunftsbogens) durchzuführen. Die Medizinischen Dienste hatten schnell und zentral dieses alternative Verfahren zu Beginn der Pandemie neu entwickelt und teilweise ausschließlich eingesetzt. Mittlerweile können die Medizinischen Dienste auf eine Erfahrung von nahezu zwei Jahren mit dem strukturierten Telefoninterview zurückblicken. Die Sozialmedizinische Expertengruppe 2 (SEG 2) „Pflege/Hilfebedarf" der Gemeinschaft der Medizinischen Dienste weist darauf hin, dass statistische Auswertungen nahezu identische Ergebnisse der Begutachtungen im Vergleich zu den Standardbegutachtungen im Hausbesuch zeigen. Sie seien für bestimmte Fallkonstellationen eine sinnvolle Ergänzung der bisher zur Verfügung stehenden Produkte (Standardprodukt im Hausbesuch und Aktenlage). Zwar war das Verfahren in erster Linie zum Infektionsschutz der vulnerablen Personengruppe der Versicherten sowie Gutachterinnen und Gutachtern etabliert worden. In der Praxis hatte sich gezeigt, dass das Verfahren auch weitere Vorteile aufweise: So können Angehörige und Betreuer, die weiter entfernt wohnen, mittels Telefonschaltung an der Begutachtung teilhaben, ohne möglicherweise lange Reisewege auf sich zu nehmen. Das Verfahren biete sich auch bei Versicherten mit psychiatrischen Erkrankungen wie Xenophobie oder Soziophobie an. Auch bei Versicherten, bei denen ein Hausbesuch zu belastend wäre, wie beispielsweise Versicherte, die mittels einer spezialisierten ambulanten Palliativversorgung (SAPV) oder im Hospiz betreut werden, lassen sich strukturierte Telefoninterviews ohne Weiteres durchführen. Da strukturierte Telefoninterviews einen sehr flexiblen zeitlichen und vor allem geografischen

Einsatz der Gutachterinnen und Gutachter zulassen, so die SEG 2 „Pflege/Hilfebedarf", gelinge es auch Versicherte zu erreichen, die sich wegen wiederkehrenden stationären Behandlungen nur kurzzeitig in der Häuslichkeit befinden. Zudem ermöglichen sie den Medizinischen Diensten aufgrund des Wegfalls der Fahrzeiten auch eine sehr deutliche Steigerung der Flexibilität in Planung und Ersatz ausgefallener Begutachtungen. Mit dieser Begutachtungsform können krankheitsbedingte Ausfälle von Gutachterinnen und Gutachtern einfacher kompensiert werden. Schließlich werde durch die Begutachtung mittels strukturiertem Telefoninterview die Nachhaltigkeit durch Reduktion von Fahrtstrecken mit einer unmittelbaren Einsparung an CO_2-Emissionen gesteigert. Das strukturierte Telefoninterview unterliege allerdings auch teilweise Einschränkungen, da manche Aspekte, die in der regelhaften Begutachtungssituation vor Ort visuell oder olfaktorisch erfasst werden, seit Einführung dieser Begutachtungsmethode von den Versicherten umschrieben werden müssen. Ein möglicher dauerhafter Einsatzschwerpunkt wird unter Abwägung der bisherigen Erfahrungen daher insbesondere bei Höherstufungsgutachten (von einem niedrigeren auf einen höheren Pflegegrad) gesehen. Allerdings ist momentan eine Begutachtung mittels strukturiertem Telefoninterview weder in der Begutachtungsrichtlinie (BRi) zur Feststellung der Pflegebedürftigkeit (Medizinischer Dienst des Spitzenverbandes Bund der Krankenkassen, GKV-Spitzenverband, 2021) noch im SGB XI auf Dauer vorgesehen.

Einen weiteren Lösungsansatz könnte die videogestützte Begutachtung darstellen. Dazu wurde beim MD Bayern von Februar bis April 2021 eine explorative Projektstudie mit einer gut eingrenzbaren und technikaffinen Zielgruppe durchgeführt. Dabei zeigte sich ein Zugewinn der gutachtlichen Wahrnehmung bei der Beurteilung, da neben dem reinen Beschwerdevortrag der Versicherten bzw. der Angehörigen auch eine videogestützte Befunderhebung möglich ist (Medizinischer Dienst Bayern, 2021a). Die Vorteile der Begutachtung mittels strukturierten Telefoninterviews gelten auch für die videogestützte Begutachtung. Nachteilig könnte allerdings laut SEG 2 „Pflege/Hilfebedarf" sein, dass zum aktuellen Zeitpunkt eine einfache und anwenderfreundliche technische Lösung für die Versicherten noch nicht verfügbar ist. Diese Begutachtungsform wird im Rahmen einer Studie der MD Gemeinschaft mit dem MD Bayern unter Leitung des MD Bund geprüft, weiterentwickelt, wissenschaftlich begleitet und evaluiert werden. Ein Schwerpunkt liegt auch darauf technische Lösungen so auszugestalten, dass der besondere Schutz der Patientendaten im Sinne der EU-Datenschutz-Grundverordnung (DSGVO) gewährleistet ist. Wie auch eine Begutachtung mittels strukturiertem Telefoninterview ist eine solche Begutachtungsform derzeit jedoch weder in der Begutachtungsrichtlinie (BRi) noch im SGB XI auf Dauer vorgesehen.

Aufgrund seiner hohen fachlichen Kompetenz und Unabhängigkeit beauftragen Pflegekassen den MD Bayern seit mehr als zehn Jahren mit der Durchführung der Pflegeberatung für ihre Versicherten. Erfahrene § 7a SGB XI Beraterinnen und Berater übernehmen die Pflegeberatung telefonisch, in Pflegestützpunkten in Bayern oder im häuslichen Umfeld (aufsuchende Pflegeberatung). Auch die Pflegestützpunkte mussten streckenweise aufgrund der pandemischen Lage geschlossen werden. Es wurde versucht den Beratungsbedarf schwerpunktmäßig telefonisch über den Pflegeservice Bayern abzudecken, den die Pflegekassen und der MD Bayern gemeinsam betreiben. Der Pflegeservice wurde in dieser Situation personell um die Mitarbeiterinnen und Mitarbeiter der Pflegestützpunkte verstärkt. Aufsuchende Pflegeberatung erfolgte in dieser Zeit nur sehr eingeschränkt. In der Corona-Pandemie stieg der Beratungsbedarf deutlich an. Viele Angehörige waren mit der Situation überfordert, vor allem als von heute auf morgen Versorgungsstrukturen wegbrachen, Tages- oder Kurzzeitpflegeeinrichtungen geschlossen waren, es einen Aufnahmestopp in Pflegeheimen oder ein Besuchsverbot gab. Die Pflegeberaterinnen und Pflegeberater haben versucht bestmöglich mit Fachwissen und Empathie auf die Sorgen und Nöte der Anruferinnen und Anrufer einzugehen. Sie sind aber auch an Grenzen gestoßen, weil zustehende Leistungen aufgrund Corona-bedingter Versorgungsengpässe nicht abgerufen werden konnten. Dazu gehörte auch der so genannte Entlastungsbetrag. Gemäß § 45b SGB XI haben Pflegebedürftige im ambulanten Bereich Anspruch auf einen Entlastungsbetrag in Höhe von bis zu 125 Euro monatlich. Der Betrag ist „zweckgebunden einzusetzen für qualitätsgesicherte Leistungen" zur Entlastung der Pflegeperson. Gemeint sind damit Betreuungs- und Entlastungsleistungen, wie z. B. Putz- und Haushaltshilfe, Alltagsbegleitungen (beispielsweise für Einkäufe), die nur durch einen zugelassenen Dienst erbracht werden können. Unter Corona ergab sich hier aber ein Dilemma: Denn (Pflege-)Dienste konnten wegen Personalengpässen die Entlastungsleistung oftmals nicht mehr erbringen. Personengruppen außerhalb der zugelassenen Dienste wie z. B. hilfsbereite Nachbarn oder die private Haushaltshilfe konnten für diese Leistung bis dato nicht eingesetzt und bezahlt werden. Angesichts dieser Notsituation hat die Koordinatorin der Pflegeberatung die Inanspruchnahme anderer Hilfen, bei Pflegegrad 1, vorgeschlagen. Diese Initiative wurde über den MD Bayern an das Bundesministerium für Gesundheit herangetragen. Im Zweiten Gesetz zum Schutz der Bevölkerung bei einer epidemischen Lage von nationaler Tragweite ist sie wiederzufinden. Pflegebedürftige im Pflegegrad 1 können temporär begrenzt den Entlastungsbetrag – abweichend von den derzeit geltenden Vorgaben nach Landesrecht – auch anderweitig verwenden. Zusätzlich wurden niedrigschwellige Informations- und Dialogangebote für Versicherte und Angehörige etabliert bzw. ausgeweitet. So gibt es seit 2021 die Pflegeberatung auf Facebook. Dort und auf dem Blog der Webseite der Pflegeberatung gibt es wöchentliche News, Podcasts und Informationen. In der digitalen Veranstaltungsreihe „Der Medizinische Dienst im Dialog" wurde seit Februar 2021 u. a. über die Themen Servicetelefon Pflege, die Qualitätsprüfung sowie pflegende Angehörige informiert und der Dialog mit Expertinnen und Experten ermöglicht. Sowohl in der aufsuchenden Pflegeberatung als auch im Pflegeservice Bayern hat der MD Bayern Projekte zur Testung der Videoberatung initiiert. Hier erhofft man sich, ein ergänzendes Werkzeug in die Produktpalette aufnehmen zu können.

Auch im Bereich Medizin führte die Pandemie zu einer nachhaltigen Ausweitung digitaler Prozesse. Die Krankenhausabrechnungsprüfungen wurden vor der Pandemie vorrangig im Rahmen von Begehungen im Krankenhausbereich auf der Grundlage von § 276 Abs. 4 SGB V (Falldialoge) durchgeführt. Aus Gründen des Infektionsschutzes aller Beteiligten, wurde mit Wirkung zum 17. März 2020 das Verfahren auf eine aktenlagige Begutachtung (unter zunehmender Nutzung des LE-Portals) umgestellt, wie dies gesetzlich in § 275c Abs. 1 SGB V grundsätzlich vorgesehen ist. Im Frühjahr 2021 startete der MD Bayern dann mit 17 Kliniken ein Projekt zur Erprobung der Videobegehung (Medizinischer Dienst Bayern, 2021b, S. 31–32). Dazu wurde der Prozess einer Krankenhausbegehung virtuell nachgebaut. Die Erfahrungen der Beteiligten waren durchweg positiv (Medizinischer Dienst Bayern, 2021b, S. 31–32), sodass nun eine weitere Begutachtungsform zur Verfügung steht.

Die Einführung der Strukturprüfungen gemäß § 275d SGB V wurde pandemiebedingt um ein Jahr verschoben (COVID-19-Krankenhausentlastungsgesetz, 2020). Die Anträge für die Prüfung abrechnungsrelevanter Operationen- und Prozedurenschlüssel (OPS), die ein Krankenhaus abrechnen will, hatte das Krankenhaus bis zum 15. August 2021 (nach Verlängerung) beim MD vor Ort einzureichen. Nach Antragseingang beim örtlich zuständigen MD entscheidet dieser binnen zehn Tagen über die Erledigungsart, die in Form einer Vor-Ort-Prüfung oder Dokumentenprüfung (ggf. mit ergänzender Vor-Ort-Prüfung) erfolgen kann, sowie über die zu übermittelnden Unterlagen. Für die Qualitätskontrollen des Medizinischen Dienstes (MD) in Krankenhäusern wurden rechtsverbindlich zeitlich befristete Ausnahmen von Anforderungen an die Qualitätssicherung festgelegt. Sie betreffen insbesondere Abweichungsmöglichkeiten von der Mindestausstattung mit Intensivpflegepersonal bei bestimmten komplexen Behandlungen und Aussetzungen zu Dokumentations- und Nachweispflichten. Der MD Bayern prüft hier vor Ort. Es gelang dem MD Bayern, trotz der vielen pandemiebedingten Unwägbarkeiten, die beiden neuen Prüfinstrumente zu implementieren und alle beantragten Strukturprüfungen sowie alle beauftragten Qualitätsprüfungen abzuschließen.

Körperliche Untersuchungen in sozialmedizinischen Einzelfallbegutachtungen wurden zeitweise ausgesetzt und werden auch weiterhin nur in Fällen, in denen eine Beurteilung per Aktenlage nicht möglich ist unter Beachtung der geltenden Hygieneregeln durchgeführt. Da in der Sozialmedizin die gesetzliche Grundlage zur Beschaffung von ausführlichen Unterlagen gegeben ist, ist die Begutachtung per Aktenlage der Regelfall, die körperliche Untersuchung eher die Ausnahme. Corona hat daher zu keiner grundlegenden Veränderung der Begutachtungspraxis geführt. Die (nicht fallabschließende) Sozialmedizinische Fallberatung (SFB) wird nach wie vor mit Hauptschwerpunkt im Leistungsbereich Arbeitsunfähigkeit ausschließlich per Telefon durchgeführt. In Folge der pandemischen Begutachtungseinschränkungen werden in der Gemeinschaft der Medizinischen Dienste für den Bereich Sozialmedizin ebenfalls Überlegungen angestrengt, für welche unterschiedlichen Anwendungsbereiche und – fälle Videobegutachtungen eine probate Produktergänzung darstellen könnten.

9.3 Was lernt der Medizinische Dienst Bayern aus der Covid-19-Pandemie?

Für den MD Bayern bestätigte sich im Verlauf der Corona-Pandemie einmal mehr die Wichtigkeit stets offen für innovative Lösungen und alternative Prozesse zu sein. Viele der beschriebenen Maßnahmen, die implementiert wurden, um unter den erschwerten Bedingungen der Pandemie dem eigenen gesetzlichen Auftrag nachzukommen und Amtshilfe im System zu leisten, werden die Corona-Pandemie überdauern. Hierzu zählt die Möglichkeit der Wohnraumarbeit, ein breiterer Produkt- und Prozessmix, z. B. aus Begutachtungen und Prüfungen vor Ort, Gutachten per Aktenlage, via Telefon und per Video für jeweils geeignete Anlässe und Fallkonstellationen. Der MD Bayern nimmt die Veränderungen mit in die Zukunft und prüft für sich und institutionsübergreifend, welche Chancen diese bieten. Die neu gewonnenen Werkzeuge erlauben dem MD Bayern auch künftig dynamisch zu reagieren. Dies bezieht sich nicht nur auf eine Pandemie, sondern auch auf kalkulierbarere Faktoren wie die Zunahme von Begutachtungsanträgen aufgrund demografischer und politischer Entwicklungen. Hierfür ist eine enge, bundesweite Zusammenarbeit mit dem Bundesgesundheitsministerium essenziell, um die gesetzlichen Grundlagen für diese flexible Art der Begutachtung zu schaffen, auch im Hinblick auf Datenschutz und Datensicherheit.

9.4 Rückblick und Ausblick

Das Aufgabenspektrum des MD Bayern umfasst in erster Linie die Beratung der Kranken- und Pflegekassen in allen Grundsatzfragen der medizinischen und pflegerischen Versorgung, versichertenorientierte Einzelfallbegutachtung und Qualitätsprüfung. Mit den letzten Gesetzesänderungen sind auch Prüfungen im Auftrag anderer Institutionen im Gesundheitswesen als neue gesetzliche Aufgaben hinzugekommen. Angesichts des pandemischen Ausbruchs stand der MD Bayern vor der Schwierigkeit seinen gesetzlichen Auftrag weiterhin zu erfüllen, Risikogruppen zu schützen und Amtshilfe in Form gezielter Unterstützung im bayerischen Gesundheitswesen zu leisten. Sein Lösungsansatz bestand darin Aufgaben neu zu priorisieren, Personalressourcen flexibel umzuverteilen und auf eine möglichst kontaktlose digitale Infrastruktur umzustellen. Der MD Bayern hat dabei stark davon profitiert, dass er schon im Vorfeld mit einer Digitalisierungsoffensive begonnen hatte, auf die er aufbauen konnte. Der unfreiwillige Feldversuch war eine Chance die Anforderungen an Wohnraumarbeit und einen breiteren Produkt- und Prozessmix testen zu können. Beispiele sind Pilotprojekte zur Videobegehung, Begutachtungen per Telefon oder Aktenlage, mehr Videokonferenzen statt Präsenzveranstaltungen. Digitale Kommunikationswege wurden ausgebaut und bevorzugt, sowohl intern als auch in Zusammenarbeit mit der Kranken- und Pflegeversicherung, Leistungserbringern und

Versicherten. Der MD Bayern nimmt viele Veränderungen mit in die Zukunft und prüft für sich und institutionsübergreifend, welche Chancen diese bieten. Dies erlaubt dem MD Bayern auch künftig dynamisch zu reagieren. Nicht nur auf eine Pandemie, sondern auch auf kalkulierbarere Faktoren wie die Zunahme von Begutachtungsanträgen aufgrund demografischer und politischer Entwicklungen. Hierfür ist eine enge, bundesweite Zusammenarbeit mit dem Bundesgesundheitsministerium essenziell, um die gesetzlichen Grundlagen für diese flexible Art der Begutachtung zu schaffen, auch im Hinblick auf Datenschutz und Datensicherheit.

Literatur

Gesetz für bessere und unabhängigere Prüfungen (MDK-Reformgesetz) vom 14. Dezember 2019. (2019). https://www.bgbl.de/xaver/bgbl/start.xav?startbk=Bundesanzeiger_BGBl&start=//*%5B@attr_id=%27bgbl119s2789.pdf%27%5D#__bgbl__%2F%2F*%5B%40attr_id%3D%27bgbl119s2789.pdf%27%5D__1647423571841. Zugegriffen am 02.02.2022.

Gesetz zum Ausgleich COVID-19 bedingter finanzieller Belastungen der Krankenhäuser und weiterer Gesundheitseinrichtungen (COVID-19-Krankenhausentlastungsgesetz) vom 29. März 2020. (2020). https://www.bgbl.de/xaver/bgbl/start.xav?startbk=Bundesanzeiger_BGBl&jumpTo=bgbl120s0580.pdf#__bgbl__%2F%2F*%5B%40attr_id%3D%27bgbl120s0580.pdf%27%5D__1647009455394. Zugegriffen am 02.02.2022.

GKV-Spitzenverband, Deutsche Krankenhausgesellschaft e.V. (2020). Ergänzungsvereinbarung zur Übergangsvereinbarung vom 10.12.2019 zur Vereinbarung über das Nähere zum Prüfverfahren nach § 275 Absatz 1c SGB V (Prüfverfahrensvereinbarung – PrüfvV) gemäß § 17c Absatz 2 KHG vom 03.02.2016. https://www.dkgev.de/fileadmin/default/Mediapool/2_Themen/2.2_Finanzierung_und_Leistungskataloge/2.2.7._MDK-Pruefungen/Ergaenzungsvereinbarung_zur_UEbergangsvereinbarung_zur_PruefvV_02-04-2020.pdf. Zugegriffen am 02.02.2022.

Medizinischer Dienst Bayern. (2021a). [Abschlussbericht. Explorative Projektstudie zur Erprobung der Videobegutachtung von Kindern und Jugendlichen]. Unveröffentlichte Daten.

Medizinischer Dienst Bayern. (2021b). [Jahresbericht 2020]. Unveröffentlichtes Dokument.

Medizinischer Dienst Bayern. (2022). *Über den Medizinischen Dienst Bayern.* https://www.md-bayern.de/ueberuns/ueber-uns/. Zugegriffen am 02.02.2022.

Medizinischer Dienst des Spitzenverbandes Bund der Krankenkassen. (2021a). *Bundesweit einheitliche Maßgaben des MDS für Begutachtungen zur Feststellung der Pflegebedürftigkeit im Rahmen der COVID-19-Pandemie nach § 147 Abs. 1 Satz 3 SGB XI vom 16. Dezember 2021.* https://md-bund.de/fileadmin/dokumente/Publikationen/SPV/Begutachtungsgrundlagen/Massgaben_MDS_211220.pdf. Zugegriffen am 02.02.2022.

Medizinischer Dienst des Spitzenverbandes Bund der Krankenkassen. (2021b). *Aktualisiertes Hygienekonzept der Gemeinschaft der Medizinischen Dienste für die Begutachtung im Rahmen der COVID-19-Pandemie.* https://md-bund.de/fileadmin/dokumente/Fragen_Antworten/Hygienekonzept_MD_21_11_11.pdf. Zugegriffen am 02.02.2022.

Medizinischer Dienst des Spitzenverbandes Bund der Krankenkassen, GKV-Spitzenverband. (2021). *Richtlinien des GKV-Spitzenverbandes zur Feststellung der Pflegebedürftigkeit nach dem XI. Buch des Sozialgesetzbuches.* https://www.medizinischerdienst.de/fileadmin/MDK-zentraler-Ordner/Downloads/01_Pflegebegutachtung/21_05_17_BRi_Pflegebeduerftigkeit.pdf. Zugegriffen am 02.02.2022.

Dr. Julia K. Maier ist sein Oktober 2018 für den Medizinischen Dienst Bayern tätig. Zunächst arbeitete sie als Referentin des Vorstands. Seit Februar 2019 leitet sie das Ressort Unternehmensentwicklung. Dieses inkludiert die Funktionen Projekt-, Prozess- und Qualitätsmanagement sowie das interne Key Account Management. Schwerpunkte ihrer Arbeit sind die zukunftsorientierte Ausrichtung und die Digitalisierung des Unternehmens. Zuvor arbeitete die promovierte Biologin in strategischen und operativen Positionen im englischen Gesundheitssystem im Bereich Public Health, wo sie sich überwiegend mit Strategieentwicklung und Geschäftsplanung beschäftigte.

Katja Lehmann hat Betriebswirtschaftslehre und Gesundheitsökonomie studiert. Sie arbeitet seit Mai 2014 beim Medizinischen Dienst Bayern als Referentin Gesundheitsökonomie. Seit 2021 verstärkt sie das Team von Frau Dr. Maier im Bereich Strategische Planung und Innovationsmanagement. Dabei beschäftigt sie sich schwerpunktmäßig mit der Leitfrage, wie sich der MD Bayern im Kontext wandelnder Rahmenbedingungen zukunftsorientiert weiterentwickeln kann und befasst sich mit der Analyse umfangreicher Datensätze, wie zum Beispiel GKV- oder MD-(Routine-)Daten, zur Beantwortung versorgungs- und steuerungsrelevanter Fragestellungen

Erkenntnisse aus COVID-19 – Was bedeuten diese für zukünftiges politisches Pandemiemanagement?

10

Bernhard Seidenath

Inhaltsverzeichnis

10.1 Die Rolle des Öffentlichen Gesundheitsdienstes – vom Dornröschenschlaf zum
      resilienten und modernen Bevölkerungsschutz 178
10.2 Föderale Strukturen haben sich bewährt 180
10.3 Gesundheitsdaten besser nützen 181
10.4 Pandemiezentrallager – Versorgungssicherheit vor Ort 182
10.5 Der Katastrophenschutz – Eine lernende Struktur vor neuen Herausforderungen 183
10.6 Entwicklung von Medikamenten für an Corona Erkrankte – die Bayerische
      Therapiestrategie 184
10.7 Kampf gegen den Fachkräftemangel in allen Bereichen des Gesundheitswesens 185
10.8 Fazit – Gesundheitswirtschaft als Leitökonomie des 21. Jahrhunderts 188
Literatur 188

Zusammenfassung

Die COVID-19-Pandemie war und ist ein Stresstest für unser Gesundheitssystem. Den Opfern der Pandemie und auch den Beschäftigten im Gesundheitswesen sind wir es schuldig, so viele Erkenntnisse wie nur möglich aus der Pandemie zu ziehen. Denn nach der Pandemie ist vor der Pandemie. Eine Erkenntnis war und ist, dass die Arthur Schopenhauer zugeschriebene Sentenz stimmt: „Gesundheit ist nicht alles, aber ohne Gesundheit ist alles nichts." Um künftig noch besser für derartige Lagen gerüstet zu sein, ist und bleibt die Bekämpfung des Fachkräftemangels in den medizinischen und pflegerischen

B. Seidenath (✉)
Bayerischder Landtag, München, Deutschland
E-Mail: info@bernhard-seidenath.de

© Der/die Autor(en), exklusiv lizenziert an Springer Fachmedien Wiesbaden
GmbH, ein Teil von Springer Nature 2022, korrigierte Publikation 2023
M. Cassens, T. Städter (Hrsg.), *Erkenntnisse aus COVID-19 für zukünftiges
Pandemiemanagement*, https://doi.org/10.1007/978-3-658-38667-2_10

Berufen eine der zentralen Herausforderungen. Auf diese und weitere anstehende Herausforderungen möchte der Autor im Folgenden in einigen Schlaglichtern eingehen.

Schlüsselwörter

Fachkräftemangel bekämpfen · Öffentlichen Gesundheitsdienst und Katastrophenschutz stärken · Gesundheitsdaten intelligenter nutzen · Föderale Strukturen erhalten · Resolution der CSU-Landtagsfraktion zum Personal im Gesundheitswesen v. 18.01.2022

10.1 Die Rolle des Öffentlichen Gesundheitsdienstes – vom Dornröschenschlaf zum resilienten und modernen Bevölkerungsschutz

10.1.1 Aufgaben und Struktur

Der Öffentliche Gesundheitsdienst (ÖGD) ist eine tragende Säule der Daseinsvorsorge und innerhalb des Sozialstaats unverzichtbar. Zur Aufrechterhaltung und Förderung der Bevölkerungsgesundheit ist er mit vielen Aufgaben betraut. Die Gesundheitsministerkonferenz definierte diese im Jahr 2018 so:

> „Gesundheitsschutz (Hygiene, Infektionsschutz, einschließlich Impfen, umweltbezogener Gesundheitsschutz, Medizinalaufsicht, Ausbruchs- und Krisenmanagement), Beratung und Information, Begutachtung, Gesundheitsförderung und Prävention, niedrigschwellige Angebote und aufsuchende Gesundheitshilfen, insbesondere bei Personen mit besonderen Bedarfen (z. B. Kinder- und Jugendgesundheit, Mund- und Zahngesundheit, sozialmedizinische Aufgaben, wie Schwangerenberatung, Sozialpsychiatrie, Suchtberatung), Koordination, Kommunikation, Moderation, Anwaltschaft, Politikberatung, Qualitätssicherung (Gesundheitsberichterstattung, Gesundheitsplanung, Gesundheitskonferenzen, Öffentlichkeitsarbeit etc.)" (GMK, 2018, o.S.)

Darüber hinaus setzten die einzelnen Länder noch weitere, diese Aufzählung ergänzende Schwerpunkte. Um dieser Aufgabenfülle gerecht werden zu können, sind viele Behörden und Institute auf allen staatlichen Ebenen mit der Umsetzung betraut: Das Bundesgesundheitsministerium, die Bundeszentrale für gesundheitliche Aufklärung, das Paul-Ehrlich-Institut, zuständig für Impfstoffe, oder das Robert Koch-Institut, welches Infektionsschutz, Epidemiologie und die Gesundheitsberichterstattung zu seinem Aufgabengebiet zählt, sind die zentralen Einrichtungen auf Bundesebene (vgl. Reisig & Kuhn, 2020, o.S.). Auf Landesebene zählen hierzu beispielsweise in Bayern das Bayerische Staatsministerium für Gesundheit und Pflege und das ihm nachgeordnete Bayerische Landesamt für Gesundheit und Lebensmittelsicherheit mit den von ihnen wahrgenommenen Aufgaben des Öffentlichen Gesundheitsdienstes. Auf lokaler Ebene sind die Gesundheitsämter für die Umsetzung des breiten Spektrums zuständig und Ansprechpartner für Bürgerinnen und Bürger. In Bayern sind dies 76 Gesundheitsämter (ByLGL, o. J., o.S.).

10.1.2 Personelle Stärkung und Steigerung der Attraktivität

Fakt ist: Die Beschäftigten des Öffentlichen Gesundheitsdienstes haben nach meiner Ansicht während des bisherigen Pandemieverlaufes Großartiges, ja Übermenschliches geleistet. Und dies, obwohl die Kommunikationsstrukturen im ÖGD zu Beginn der Pandemie beileibe nicht auf dem aktuellsten Stand waren – Stichwort Faxgerät. Bei der digitalen Transformation bestehen weiterhin zeitnahe Innovationspotenziale. Um seinen Aufgaben besser nachkommen zu können, haben sich Bund und Länder zwischenzeitlich auf ein umfangreiches Maßnahmenpaket geeinigt, das am 29. September 2020 unter dem Namen „Pakt für den Öffentlichen Gesundheitsdienst" beschlossen wurde (BMG, 2020). Dessen Ziel ist es, die Gesundheitsämter in Deutschland personell zu stärken, zu modernisieren und zu vernetzen. Für die Umsetzung stellt der Bund bis 2026 vier Milliarden Euro bereit (ebd.). Ein erstes Zwischenziel, die Schaffung von bundesweit mindestens 1500 unbefristeten Vollzeitstellen in den Behörden des ÖGD, wurde erfüllt und in Bayern sogar übertroffen. Im Freistaat konnten 403 neue Stellen generiert werden, 258 davon in den Gesundheitsämtern. Nach dem Erreichen der ersten Zielmarke sieht der Bund-Länder-Pakt die Schaffung von bundesweit weiterer 3500 unbefristeten Vollzeitstellen im ÖGD vor. Die geschaffenen und noch zu schaffenden Stellen entfallen auf Ärztinnen und Ärzte, weiteres Fachpersonal sowie Verwaltungspersonal (ByStMGP, 2022a, o.S.).

Um die Arbeit im ÖGD attraktiver zu gestalten, wurden beispielsweise in Bayern für über ein Viertel der ärztlichen Stellen die Besoldungen angehoben und deutlich mehr Beförderungsmöglichkeiten eingerichtet. Außerdem sind nun Zuschläge möglich (ebd.). Dies ist ein wesentlicher Schritt, um den Fachkräftemangel im ÖGD zu begegnen, da ärztliches Personal hier im Vergleich zu anderen Berufsbildern (zu) wenig verdiente (vgl. GMK, 2018, o.S.). Auch die Amtsarztquote, die der Bayerische Landtag bereits vor der Pandemie – am 5. Dezember 2019 – beschlossen hat, die am 1. Januar 2021 in Kraft getreten ist und innerhalb derer die ersten Studierenden ihr Studium zum Beginn des Wintersemesters 2021/2022 aufgenommen haben, wird perspektivisch für eine bessere Versorgung der Gesundheitsämter mit ärztlichem Personal führen. Ein Prozent der bayerischen Studienplätze für Humanmedizin sind danach für Personen reserviert, die sich verpflichten, nach ihrer Facharztprüfung mindestens zehn Jahre lang im ÖGD zu arbeiten. Um auf diesem Weg einen Studienplatz zu erhalten, spielt d keine Rolle mehr. Entscheidend ist eine Eingangsprüfung, eine medizinische Vor-Ausbildung sowie ehrenamtliches Engagement (Bayerischer Landtag, 2019).

Darüber hinaus müssen weitere Instrumente zur Steigerung der Arbeitgeberattraktivität des ÖGD eingeführt werden, um die nötigen Fachkräfte gewinnen und halten zu können. Dazu gehören Investitionen in Fort-, Aus- und Weiterbildung, eine stärkere Betrachtung der Themenfelder des öffentlichen Gesundheitswesens schon während des Medizinstudiums und eine Steigerung des Ansehens des ÖGD in der öffentlichen Wahrnehmung. Auch hierfür wurde im Bund-Länder-Pakt von 2020 der Grundstein gelegt. Mehr Forschung für und durch den ÖGD

Darüber hinaus wurde in diesem Pakt eine Intensivierung der Forschung im Rahmen des ÖGD beschlossen. Hier soll es vor allem um Fragen der Prävention, der Gesundheitsförderung, der sozialen Ungleichheit und der Kommunikation gehen, für die Kooperationen und Netzwerke mit anderen wissenschaftlichen Einrichtungen aufgebaut und gepflegt werden müssen Hierzu hat sich auch die Deutsche Gesellschaft für Public Health gemeinsam mit neun anderen Fachgesellschaften geäußert – in einer lesenswerten Stellungnahme vom 16. Dezember 2021 (DGPH, 2021).

Die Pandemie hat klar gezeigt, wie wichtig klare Leitlinien für Kommunikation und Handeln sind. Gerade bei der Kommunikation des Pandemiegeschehens oder einzelner Maßnahmen nach außen, aber auch intern, müssen klare Strukturen und Vorgehensweisen etabliert und konsequent moderne Medien genutzt werden. Um hier fundierte und stichhaltige Erkenntnisse generieren zu können, hat der „Beirat zur Beratung zukunftsfähiger Strukturen im Öffentlichen Gesundheitsdienst in Umsetzung des Paktes für den Öffentlichen Gesundheitsdienst (Beirat Pakt ÖGD)" Ende 2021 eine eigene Arbeitsgruppe eingesetzt, um Lösungsvorschläge zu erarbeiten.

Der Beirat Pakt ÖGD unterstützt Bund und Länder in der Transformation des Öffentlichen Gesundheitsdienstes hin zu einer „schlagkräftigen", modernen und schlanken Institution im Kampf gegen künftige Bedrohungen. Er hat im Oktober 2021 einen ersten Zwischenbericht zur besseren Vorbereitung des ÖGD auf Pandemien und Notlagen vorgelegt (Beirat Pakt ÖGD, 2021). Das in den Öffentlichen Gesundheitsdienst investierte Geld halte ich für hervorragend angelegt, denn durch seine vielfältigen Aufgaben ist der ÖGD unverzichtbar für das Gesundheitswesen in Deutschland. Was hier investiert wird, wird direkt in einen starken Gesundheitsschutz investiert.

10.2   Föderale Strukturen haben sich bewährt

Ich vertrete die Ansicht, dass sich die föderale Struktur Deutschlands in vielen Katastrophen und nun auch in der Pandemie bewährt hat. Demnach kann nur vor Ort entschieden werden, was vor Ort nötig ist. Auch eine globale Krankheit entwickelt sich von Region zu Region unterschiedlich und muss mit jeweils speziellem Wissen um die Besonderheiten einer jeden Region bekämpft werden. Der Föderalismus zeigt hier (persönliche Haltung wird durch „ich vertrete die Ansicht" oben klar) klar seine Stärken. Das heißt nicht, dass übergeordnete Ebenen und Strukturen hinderlich oder unwichtig wären – ganz im Gegenteil: Die Behörden auf lokaler und Landesebene können ihre Stärken nur ausspielen, weil auf Bundesebene Strukturen vorhanden sind, die durch Expertise, Vernetzung und personelle sowie finanzielle Mittel die Umsetzung vor Ort unterstützen, wo nötig.

Ein Beispiel ist das „Kleeblatt-System", mit dem schwerst an Corona erkrankte Personen bundesweit in freie Betten verlegt werden konnten und können. Unter den Eindrücken der ersten Coronawelle 2020 wurde dieses System eingeführt. Dabei wurde Deutschland in vier Zonen, die Kleeblätter, aufgeteilt. Stoßen die Intensivbettenkapazitäten in einem Kleeblatt an ihre Grenzen, so können Kranke erst unkompliziert innerhalb eines Kleeblatts, das – mit Ausnahme des Kleeblatts Süd (Bayern) – mehrere Bundesländer umfasst, und für den Fall, dass die Kapazitäten in einer kompletten Zone erschöpft sind, auch bundesweit verlegt werden. Die heftige vierte Coronawelle machte solche Verlegungen, die auch auf Bitten Bayerns durchgeführt wurden, nötig. Transportfähige Coronapatienten auf Intensivstationen konnten so in weniger ausgelastete Regionen der Republik gebracht werden. Wie sich die örtliche Intensivbettensituation darstellt, wissen die Behörden vor Ort am besten. Trotzdem hat hier die Bundesebene unverzichtbare koordinative Unterstützung geleistet und Hilfe in Form der Bundeswehr bereitgestellt. Damit lebt das Kleeblattsystem das Subsidiaritätsprinzip, das Bayern seit jeher hoch gehalten hat. Dass die Länder zusammen schnell und flexibel handeln können, zeigt auch die Gesundheitsministerkonferenz (GMK), in der die Gesundheitsminister aller Bundesländer unter wechselndem Vorsitz zusammentreten und mit dem Bundesgesundheitsminister als ständigem Gast ihre Arbeit koordinieren. In der Regel tagt sie einmal pro Jahr. In Coronazeiten wurde dieses Gremium die zentrale Denk- und Entscheidungsplattform für die Bekämpfung der Pandemie. Das zeigt sich an eindrucksvollen Zahlen für das Jahr 2021: In 47 Telefon- und Videokonferenzen und zwei analogen Treffen besprachen sich die Gesundheitsminister. Dabei kamen sie auf 75 Stunden Besprechungszeit und über 282 Tagesordnungspunkte bei 94 Beschlüssen. Oft konnten so verschiedene Positionen zusammengeführt werden, insbesondere bei den zentralen Themen Impfen und Testen (ByStMGP, 2022b, o.S.).

10.3   Gesundheitsdaten besser nützen

10.3.1 Datenschutz ist ein hohes Gut

In einer hoch vernetzten und modernen Welt produzieren wir alle Unmengen von Daten. Besonders sensible personenbezogene Daten müssen geschützt werden. Bei der Bekämpfung der Pandemie traten Zielkonflikte mit dem Datenschutz offen zutage. Durch Bewegungsprofile zum Beispiel etwa hätte auf das Infektionsgeschehen und Infektionsrisiken rückgeschlossen werden können. Als zu Beginn der Impfkampagne die Vakzine noch Mangelware waren, entstand eine App, mit deren Hilfe freie Impfdosen schnell und unbürokratisch verteilt hätten werden können. Wegen der strengen Datenschutzregeln konnte diese App nicht genutzt werden, obwohl jede Impfdosis, die verworfen werden musste, eine zuviel war. Das Grundrecht auf informationelle Selbstbestimmung, das hinter einem starken Datenschutz steht, steht jedoch nicht über anderen Grundrechten und muss sich in diese einreihen. In der Pandemie schien es hier bisweilen zu einem Missverhältnis zwischen der Unantastbarkeit von personenbezogenen Daten und den drastischen Freiheitsbeschränkungen, die wir alle während der Lockdowns und Ausgangssperren erdulden mussten, zu kommen. Es braucht deshalb eine gesellschaftliche Debatte über die Möglichkeiten, den Datenschutz und den Umgang mit Daten konsensual in gesamtgesellschaftlich gewollte Prozesse einzubinden. Die Situation ist durchaus zwiespältig, da ein strenger Datenschutz zum einen manch sinnvolles Projekt verhindert, zum anderen aber viele Menschen freizügig oder auch unwissend, sensible Daten in fremde Hände geben, ohne prüfen zu können, was mit ihnen geschieht.

10.3.2 Nötig sind klare Regelungen durch ein Gesundheitsdaten-Nutzungsgesetz

Die gesellschaftliche Diskussion über Datenschutz und Datennutzung ist besonders wichtig im Hinblick auf Gesundheitsdaten. Es handelt sich hierbei um hochsensible und hochpersönliche, aber auch um immens wertvolle Daten, denn nur mit Hilfe solcher Daten sind moderne Medizin und Fortschritte darin denkbar. Dabei geht es nicht um einzelne Daten, sondern um das komplexe Zusammenspiel verschiedenster Datenpakete. Durch deren Auswertung kann zum Beispiel erkannt werden, warum eine Person auf ein Medikament besser anspricht als eine andere oder bei welchen Personengruppen welches Medikament einen wirksamen Einsatz verspricht. Auch die Entwicklung neuer Therapiemöglichkeiten wird erst so möglich. Insgesamt gilt der Fundamentalsatz: „Daten teilen heißt besser heilen." Ich setze mich deshalb für ein Gesundheitsdaten-Nutzungsgesetz ein (vgl. Rückert & Seidenath, 2021). Die Diskussion darüber ist umso wichtiger, weil die EU bis 2025 einen europäischen Gesundheitsdatenraum schaffen möchte, in dem für die Gesundheitsversorgung und die Gesundheitsforschung ein direkter Zugriff auf unterschiedliche Gesundheitsdaten möglich sein wird. Die Datenschutz-Grundverordnung muss deshalb durch ein Datennutzungsgesetz ergänzt werden, das patientenzentriert ist und Forschung ermöglicht – zum Wohle der Patienten! Das neue Mantra muss hier lauten „Datenschutz UND Datenschatz zusammen denken!" Datenschutz steht einem bestmöglichen Schutz von Patienten nicht im Wege, denn er ist vielmehr im Dienste des Patientenschutzes zu denken. Schließlich hat beispielsweise ein bösartiger Tumor kein Recht auf informationelle Selbstbestimmung.

Viele Personen sind bereit, ihre Daten der Wissenschaft zur Verfügung zu stellen, vor allem dann, wenn sie der Erforschung von Krankheitsbildern und der Weiterentwicklung von Medikamenten dienen. Unter dem schon erwähnten Motto „Daten teilen, heißt besser heilen" müssen Datenspenden gesetzlich neu geregelt werden. Da Wissenschaft und Forschung auf konkrete Informationen angewiesen sind, brauchen wir Opt-Out-Regelungen statt der gängigen Opt-In-Vorschriften. Um diese Daten und den Zugriff auf sie im Einklang mit dem Datenschutz sinnvoll zu sichern, ist eine Sammelstelle für Forschungsdaten, die Prüfung, Verwaltung, Normierung und Kuratierung der Daten und der Forschungsanfragen notwendig. Dabei muss es selbstverständlich sein, dass diese Institution eine sichere Umgebung für die Daten und die Forschung bietet.

10.4 Pandemiezentrallager – Versorgungssicherheit vor Ort

Weil das SARS-CoV 2-Virus Anfang 2020 die gesamte Welt getroffen hat, wurden selbst einfache und gewöhnliche medizinische Alltagsgegenstände knapp, etwa Einmalhandschuhe oder OP-Masken. Der Engpass führte international gar zu bis dahin nicht vorstellbaren Akten der Piraterie. Die Krankenversorgung war dadurch ernsthaft gefährdet.

Um einem derartigen Mangel an medizinischer Grundausrüstung für die Zukunft vorzubeugen, hat Bayern bereits im Juli 2020 den Aufbau eines Bayerischen Pandemiezentrallagers beschlossen. Mit dessen Aufbau waren im Jahr 2020 25 Personen beschäftigt. In ihm befinden sich Güter zur Aufrechterhaltung der medizinischen Versorgung im Pandemiefall für Einsatzkräfte, die Pflege und die medizinische Versorgung, wobei das Sortiment unter anderem Desinfektionsmittel, diverse Maskentypen und andere persönliche Schutzausrüstung wie Schutzbrillen, Schutzanzüge, Kittel und Spezialgegenstände wie Beatmungsgeräte umfasst (ByLGL, 2021, S. 11 f.). Durch diese Depothaltung hat sich Bayern zukunftssicher aufgestellt und wurde ein Stück weit unabhängig von der globalen Marktsituation.

Eine Katastrophensituation ist grundsätzlich die Stunde der Exekutive. Sie muss zupackend handeln, sie muss Menschenleben schützen und retten, sie muss die überlebensnotwendigen Entscheidungen treffen, ganz so, wie es die Bayerische Staatsregierung von Anfang an getan hat. Die Legislative kommt dann ins Spiel, wenn die Rahmenbedingungen für die Exekutive nicht ausreichen, wenn weitere Befugnisse nötig sind. Genau hierum ging es, als der Bayerische Landtag am 25. März 2020 das Bayerische Infektionsschutzgesetz beschlossen hatte. Im Fokus stand dabei die Versorgung des bayerischen Gesundheitssystems mit geeignetem Material und das Lenken von Personal dorthin, wo es am dringendsten gebraucht wurde. Aus den Maßnahmen zum Material hat sich in der Folge das Bayerische Pandemiezentrallager entwickelt, aus denen zum Personal der Pflegepool, der unten unter dem Unterpunkt 7 dieses Beitrages noch näher beschrieben werden wird.

10.5   Der Katastrophenschutz – Eine lernende Struktur vor neuen Herausforderungen

Eine große Stütze bei der Bekämpfung der Pandemie war die Ausrufung des Katastrophenfalls. Der Katastrophenschutz bildet bei uns die unverzichtbare Phalanx im Kampf gegen große Unglücke, bei denen schnell kompetente Hilfe in komplexen Situationen organisiert und geleistet werden muss. Der Katastrophenschutz ist in Deutschland primär auf Länderebene organisiert. Auch Großschadenslagen sind in der Regel lokale Ereignisse. Ganz anders verhält es sich mit der Coronapandemie, die den Katastrophenschutz vor ganz neue Herausforderungen gestellt hat. Zum ersten Mal wurde der Katastrophenfall flächendeckend in Bayern ausgerufen.

Die grundsätzliche Struktur des Katastrophenschutzes in Bayern hat sich dabei in der Pandemie bewährt (ByStMI, 2020, o.S.). Dabei ist die Koordination der nötigen Maßnahmen bei den jeweils zuständigen Katastrophenschutzbehörden angesiedelt. Je nach Schadenslage sind dies die 96 Kreisverwaltungsbehörden, also die Landratsämter und kreisfreien Städte, die sieben Bezirksregierungen als Mittelbehörden und das Bayerische Innenministerium (ByStMI, o. J.-a, o.S.). Auch wenn das Virus weltweit kursiert, so müssen die konkreten Maßnahmen zur Bekämpfung vor Ort gewählt und umgesetzt werden, was dank der Flexibilität der einzelnen Elemente des Katastrophenschutzes auch bei dieser neuartigen Bedrohungslage möglich ist. Der Katastrophenschutz ist als lernende Struktur konzipiert und wird von daher regelmäßig aktuellen Bedürfnissen angepasst. Das zeigt sich in den laufenden Investitionen, die allein in Bayern für den Haushalt 2021 mehr als 17 Millionen Euro betragen (Bayerischer Landtag, 2021, S.4). Darüber hinaus macht sich Bayern durch das Sonderinvestitionsprogramm Katastrophenschutz 2030 fit für die Zukunft Integration (ByStMI,o. J.-b, o.S.) Die darin aufgelisteten Investitionsschwerpunkte Naturkatastrophen, terroristische Bedrohungen und Verwundbarkeit der kritischen Infrastruktur zeigen aber auch, wie komplex die Aufgaben des Katastrophenschutzes sind. Das führt zwangsläufig dazu, dass eine Stärkung in einem bestimmten Feld nicht kurzfristig zu bewerkstelligen ist und lange Vorlaufzeiten benötigt.

Der Katastrophenschutz muss deshalb in seiner lernenden Verfasstheit weiter gestärkt werden. Dies wird sicherlich auch zu Änderungen in Abläufen führen. Dass in vielen Fällen aber schon jetzt auf erkannte Defizite reagiert werden kann, zeigt die im November 2021 beschlossene Einführung des „Cell Broadcasts". Mit diesem System können hilfreiche und warnende SMS an alle Handys verschickt werden, die sich innerhalb eines bestimmten Gebiets befinden, ohne dass auf dem Handy dafür eine extra Software installiert werden muss. Im Gefahrenfall kann dies Leben retten (ByStMI, o. J.-c, o.S.). Um die Kräfte des Katastrophenschutzes auch bei einem großflächigen Ausfall der Festnetz-, Mobilfunk- und Digitalfunkversorgung arbeitsfähig halten zu können, wird Bayern in diesem Jahr rund eine Million Euro in die Ausstattung des Katastrophenschutzes mit Satellitenkommunikationsmitteln investieren. Darüber hinaus wird sich auf Bundesebene das Bundesamt für Bevölkerungsschutz und Katastrophenhilfe reorganisieren und den bisherigen Fokus auf militärische Ereignisse weiten, um die Landesbehörden besser unterstützen zu können. Auch auf EU-Ebene wird sich aufgrund der Erkenntnisse aus dem bisherigen Pandemiegeschehen strukturell und organisatorisch etwas tun. Dass dies nötig ist, zeigte sich zu Beginn der Pandemie auf tragische Weise, als Italien bei seinen europäischen Nachbarn um Hilfe bat, diese jedoch aufgrund der eigenen angespannten Lage nicht im erforderlichen Maße helfen konnten. Mit der Stärkung von RescEU sollen hier Hilfsstrukturen ausgebaut und wichtige medizinische Produkte bereitgehalten werden (European Commission, n.d.).

10.6 Entwicklung von Medikamenten für an Corona Erkrankte – die Bayerische Therapiestrategie

Die Bayerische Corona-Strategie basiert auf vier verschiedenen Säulen, die seit dem Beginn der Pandemie weiterentwickelt wurden. Neben der Prävention, der Teststrategie und der Impfstrategie setzte Bayern früh auf eine Therapiestrategie: Mit ihr werden erfolgversprechende bayerische Therapieansätze vom Freistaat mit 55,4 Millionen Euro unterstützt. Im Rahmen der „Bayerischen Therapiestrategie" hat sich der Freistaat einen Überblick über Medikamente verschafft, die in Bayern entdeckt oder entwickelt wurden und werden und die potenziell gegen Corona hilfreich sein können. Sechs von ihnen werden aktuell weiterentwickelt und stehen hoffentlich möglichst bald schwerkranken Patientinnen und Patienten zur Verfügung. Anfang 2021 zog auch der Bund mit einer Förderung für Entwicklung neuer COVID-Therapeutika nach und stellt mittlerweile 390 Millionen Euro bereit. In der EU-Strategie für Covid-19-Therapeutika stehen zudem mehr als 140 Millionen Euro zu Forschungszwecken bereit. Bayern wird außerdem eine Nationale Allianz für Pandemietherapeutika (NA-Path) fördern, die das Deutsche Zentrum für Infektionsforschung (DZIF) gemeinsam mit dem Helmholtz-Zentrum für Infektionsforschung entwickelt hat. Dabei geht es um generell raschere Reaktionsmöglichkeiten auf Viren. Denn es kann auch künftig Pandemien geben, auf die besser vorbereitet reagiert werden muss. Dazu können bereits heute Vorstufen von Medikamenten gegen Influenza-, Corona- oder Flavi-Viren entwickelt werden, die dann – neben Impfstoffen – so rasch wie möglich fertig entwickelt werden und den Kampf gegen die Viren aufnehmen können. Die langwierige Vorarbeit ist dann bereits erledigt. Die kostspieligen letzten Studien können dann zeitnah umgesetzt werden, wenn sie gebraucht werden (HZI & DZIF, 2021, o.S.).

10.7 Kampf gegen den Fachkräftemangel in allen Bereichen des Gesundheitswesens

Ein Fachkräftemangel in letztlich allen Bereichen des Gesundheitswesens besteht schon seit längerem. In der Pandemie ist er als Flaschenhals der medizinischen Versorgung offen zutage getreten. Schon vor dem Auftreten des SARS-CoV-2-Virus war die Politik um Abhilfe bemüht. So gab es etwa mit der Einführung der generalistischen Ausbildung für Pflegekräfte erste Verbesserungen, aber es braucht noch viel mehr. Die Corona-Pandemie hat unsere Gesellschaft verändert. Bei allem Leid und bei aller Einschränkung, die das Virus gebracht hat, gibt es auch etwas Gutes: Die Pflegeberufe werden deutlich mehr geschätzt als vor der Pandemie. Dieses „Pfund" muss genutzt werden. Dies ist wichtig, weil es sich bei der Stärkung der Pflegeberufe um ein gesamtgesellschaftlich relevantes Schicksalsthema des Gesundheitsbereichs handelt. Die Attraktivität der Berufsbilder aller Gesundheitsberufe muss deshalb gesteigert werden, um das dringend nötige Personal zu gewinnen bzw. im Beruf zu halten. In Bayern ist hier schon einiges geschehen: Der Ministerrat hat Anfang Dezember 2021 beschlossen, die Versorgung mit Krankenhaus-Intensivbetten mit einem Maßnahmenpaket im Umfang von rund 66 Millionen Euro zu stärken. Ziel war und ist es dabei, die Kapazitäten zur Intensiv-Behandlung zu sichern und weitere Kapazitäten zu schaffen. Dies ist eine Art Blaupause für künftige Maßnahmen gegen den Fachkräftemangel.

Darüber hinaus wurde der „Pflegepool-Bayern" ins Leben gerufen, der sich zu einem wichtigen Instrument der Bewältigung der Krise entwickelt hat: insgesamt über 4100 Freiwillige haben sich bisher hierunter registriert, um im Bedarfsfall während der Pandemie pflegerische Unterstützung zu leisten. Allein seit dem 11. November 2021 – an diesem Tag wurde erneut der Katastrophenfall in Bayern ausgerufen – bis zum 16. Januar 2022 registrierten sich 480 Personen, die sich zu Hilfe bereit erklärt haben (ByStMGP, 2022c, o.S.). Dabei handelt es sich um qualifizierte Personen, die momentan großteils nicht am Patienten arbeiten, dafür jedoch eine Ausbildung z. B. als medizinisch-technische Assistenz, medizinische Fachangestellte, operations- und anästhesietechnische Assistenz, Pflegekräfte, Notfallsanitäter oder Physio- und Ergotherapeuten durchlaufen haben. Personen ohne Fachausbildung, aber mit langjähriger pflegerischer Erfahrung, können sich als Pflegehilfskräfte registrieren (VDPB, o. J.). Es ist wünschenswert, dass der von der Vereinigung der Pflegenden in Bayern gemanagte Pflegepool verstetigt und am besten durch einen Ärzte- und Hebammenpool ergänzt wird. Denn für Katastrophen- und Pandemiezeiten bedarf es verlässlicher Personalpools: Fachkräfte, auf die im Fall des Falles auch von Senioren- und Pflegeheimen zurückgegriffen werden kann. Das Beispiel der neonatologischen Versorgung in München zeigt die Dramatik der Lage: Von 80 Intensivbetten in der Frühchen-Versorgung können aktuell (Stand Februar 2022) lediglich 50 betrieben werden, weil das Personal fehlt.

Zur Attraktivitätssteigerung der verschiedenen Berufe des Gesundheitswesens schlage ich weitere konkrete Schritte vor. Eine Umsetzung dieser Punkte halte ich für ist dringend geboten, um das Gesundheitssystem in der bekannten Güte langfristig zu bewahren (vgl. Resolution „Post-Pandemie braucht mehr Personal in der Pflege und im Gesundheitswesen" der CSU-Landtagsfraktion vom 18. Januar 2022 (CSU, 2022)):
Diese sind:

1. Stärkung der neuen Körperschaft öffentlichen Rechts „Vereinigung der Pflegenden in Bayern" (VdPB) und eine Pflichtregistrierung der Pflegekräfte in Bayern., damit wir wissen, wie viele Pflegekräfte es tatsächlich gibt.
2. Mehr Ausbildung im gesamten Bereich:
   - bundesweit 50 Prozent mehr Studienplätze im Bereich der Humanmedizin. Bei der Vergabe der Studienplätze bedarf es einer Überprüfung des „Königsteiner Schlüssels", um so den Bundesländern Anreize für die Schaffung von Studienplätzen zu bieten.
   - Deutlich mehr Ausbildungsplätze für Notfallsanitäter und Notfallsanitäterinnen. Hier muss gegebenenfalls auch „über Bedarf" ausgebildet werden. Entsprechend ausgebildete Personen werden händeringend nämlich auch in anderen Bereichen des Gesundheitswesens gesucht. Die Zahl der Bewerberinnen und Bewerber auf die wenigen Ausbildungsplätze ist enorm hoch, was bedeutet: Auch im Bereich von Notfallsanitäterinnen und -sanitätern ist der Fachkräftemangel hausgemacht. Hier darf es auch keine Denkverbote geben. Anzudenken wären u. a. Public-Private-Partnership-Modelle (PPP), die – zum Nutzen aller – zur Problemlösung beitragen können. Beispielsweise suchen Krankenhäuser für Ihre Notaufnahmen häufig Notfallsanitäterinnen und -sanitäter, die sie bisher aber nicht selbst ausbilden (lassen) können. Ein PPP-Modell könnte darin bestehen, dass dies künftig – gegen Erstattung der Ausbildungskosten seitens des Krankenhauses – möglich ist.
   - Nach den Bachelorstudiengängen für Hebammen sollte darauf aufbauend in Bayern ein Masterstudiengang entwickelt werden, um so das für die Ausbildung in den

bayerischen Studiengängen notwendige wissenschaftliche Personal sichern zu können.

- Unabdingbar ist eine neue Ausbildungsoffensive für die Pflege, um mehr junge Menschen zu begeistern. Ein Anreiz könnte etwa sein, dass ein Jahr der Ausbildung im Ausland abgeleistet werden kann.

3. Finanzielle Anreize:
- Stipendien für Pflegestudierende, um die vom Wissenschaftsrat empfohlene Quote von (mindestens) zehn Prozent akademisch gebildeter Pflegekräfte zu erreichen.
- Über die Schulgeldfreiheit hinaus eine Ausbildungsvergütung für Heilmittelerbringer.
- Bessere Honorierung von Nacht-, Sonn- und Feiertagszuschlägen, etwa durch deren komplette Steuerfreiheit.
- Bessere Bezahlung Medizinischer Fachangestellter (MFA), wobei die Tarifabschlüsse vollständig von den Kostenträgern refinanziert und ambulante Tätigkeiten, die durch qualifizierte MFA erbracht werden, flächendeckend in den Leistungskatalog der Krankenkassen übernommen werden müssen.

4. Comeback-Offensive:
- Der Wiedereinstieg von Pflegefachkräften nach der Elternzeit muss konkret gefördert werden.

5. Pflege generationengerecht:
- durch die Förderung eines Arbeitsplatzwechsels von älteren Pflegekräften, zum Beispiel in eine Tagespflege (u. a. kein Nachtdienst, in der Regel keine Schwerstpflege)/ attraktive Alters-Teilzeitmodelle, o. ä.
- durch ein verbessertes betriebliches Gesundheitsmanagement in allen Bereichen – auch einrichtungs- und trägerübergreifend, welches eine Supervision schon ab der Ausbildung miteinschließt. Wir brauchen eine bessere „Pflege der Pflegenden".

6. Karriereturbo für das Gesundheitswesen:
- Mehr Weiterbildungsangebote und Studienmöglichkeiten, die alle pflegerischen und medizinischen Berufe für junge Menschen attraktiv machen und für High Potentials attraktiv bleiben lassen.
- Analog zur Bezahlung für Studierende im Bachelor „Hebammenkunde" brauchen wir auch eine Bezahlung für Studierende im Bereich der Pflege.
- Ein Promotionsprogramm für Absolventen des Pflegestudiengangs, um akademischen Nachwuchs zu locken und zu fördern.
- Mehr Delegation von ärztlichen Tätigkeiten und Verantwortlichkeiten. Es bedarf einer differenzierten Personalplanung mit einer entsprechenden Bezahlung und rechtliche Klärung der Haftungsfragen.
- Die Pflegeausbildung muss insgesamt attraktiver, die Lücke zwischen der ärztlichen und der pflegerischen Tätigkeit kleiner werden. Wenn nur ein Teil derjenigen, die in unserem Land gerne Medizin studieren wollen, zunächst eine Pflegeausbildung absolvieren würden, wäre schon viel gewonnen. Schließlich ist die Sorge für die Gesundheit der Menschen doch ganz offenbar ihr Herzenswunsch – das verbindet beide Ausbildungen.

Die Krankenhausinvestitionsfinanzierung muss in Bayern weiterhin auf dem derzeit hohen Niveau von mindestens 643 Millionen Euro pro Jahr bestehen bleiben. Allen Bestrebungen auf Bundesebene, die Kompetenzen einzelner Bundesländer in der Krankenhausplanung und -finanzierung zu beschneiden, ist eine klare Absage zu erteilen.

Ebenso zeigt sich klar: Für Extremfälle, wie wir sie gerade erleben, muss die Bettenanzahl bundesweit rasch aufwuchsfähig sein. Es sind daher stationäre Versorgungsmöglichkeiten in der Fläche wichtig. Eine Konzentration auf einige wenige Megakrankenhäuser ist hier gerade die falsche Strategie. Die Bertelsmann-Studie aus dem Jahr 2019, die eben dies forderte (Bertelsmann Stiftung, 2019), wird durch die Erfahrungen aus der Pandemie klar widerlegt.

Der Schlüssel zur Linderung des akuten Fachkräftemangels in medizinischen Berufen liegt in einer Aufwertung dieser Berufsbilder durch bessere Entlohnung, bessere Weiterqualifizierungsmöglichkeiten und in einer Kompetenzsteigerung: mehr Handlungen müssen in Eigenverantwortung ausgeführt werden können.

10.8   Fazit – Gesundheitswirtschaft als Leitökonomie des 21. Jahrhunderts

Die COVID-19-Pandemie zeigt es deutlich: Das Gesundheitswesen in seiner ganzen Vielfalt ist eine zentrale Stütze unserer Gesellschaft, denn ohne Gesundheit ist alles nichts. Ungeachtet der staatstragenden Funktion ist die Gesundheits- und Pflegewirtschaft ein gigantischer Wirtschaftszweig. Jeder sechste Arbeitsplatz hängt bereits heute von der Gesundheits- und Pflegewirtschaft ab, mehr als von der Automobilindustrie. Digitalisierung, demografischer Wandel und medizinisch-technischer Fortschritt werden hier ebenso zu einem weiteren Aufschwung führen wie ein verstärktes Gesundheitsbewusstsein der Bevölkerung. Wenn wir die richtigen Lehren aus der Coronapandemie ziehen und zukunftsweisende Entwicklungen beachten, wird es uns gelingen, das Gesundheitswesen gestärkt und zukunftssicher aufzustellen. Allerdings müssen wir damit schnell beginnen, denn die Transformation zu einem schlagkräftigen und zukunftssicheren Gesundheitssystem benötigt viel Zeit. Machen wir es richtig, so hat die Gesundheits- und Pflegewirtschaft die Voraussetzungen, zur Leitökonomie des 21. Jahrhunderts zu werden. Die Erfahrungen aus der COVID-19-Pandemie verpflichten uns, diesen Weg zu gehen. Den Opfern der Pandemie und auch den Beschäftigten im Gesundheitswesen sind wir es schuldig.

Literatur

Bayerischer Landtag. (2019). *Drucksache 18/5242: Bayerisches Land- und Amtsarztgesetz.* http://www1.bayern.landtag.de/www/ElanTextAblage_WP18/Drucksachen/Folgedrucksachen/0000003500/0000003852.pdf. Zugegriffen am 06.03.2022.

Bayerischer Landtag. (2021). *Drucksache 18/17507 (2021)*, S. 4. https://www.bayern.landtag.de/www/ElanTextAblage_WP18/Drucksachen/Basisdrucksachen/0000010500/0000010979.pdf. Zugegriffen am 06.03.2022.

Bayerisches Landesamt für Gesundheit und Lebensmittelsicherheit (ByLGL). (2021). *Jahresbericht 2019/2020 (2021)*. https://www.lgl.bayern.de/publikationen/doc/lgl_jahresbericht_2019_2020.pdf. Zugegriffen am 06.03.2022.

Bayerisches Landesamt für Gesundheit und Lebensmittelsicherheit (ByLGL). (o. J.). *Der öffentliche Gesundheitsdienst.* https://www.lgl.bayern.de/gesundheit/sozialmedizin/oegd_handbuch/oegd_hintergrund.htm. Zugegriffen am 06.03.2022.

Bayerisches Staatsministerium des Inneren, für Sport und Integration (ByStMI). (o. J.-a). *Aufgaben und Organisation des Katastrophenschutzes in Bayern.* https://www.stmi.bayern.de/sus/katastrophenschutz/katastrophenschutzsystem/aufgabenundorganisation/index.php. Zugegriffen am 06.03.2022.

Bayerisches Staatsministerium des Inneren, für Sport und Integration (ByStMI). (o. J.-b). *Ausstattung und Finanzierung im Katastrophenschutz.* https://www.stmi.bayern.de/sus/katastrophenschutz/katastrophenschutzsystem/ausstattungundfinanzierung/index.php. Zugegriffen am 06.03.2022.

Bayerisches Staatsministerium des Inneren, für Sport und Integration (ByStMI). (o. J.-c). *Cell Broadcast: Schnelle Alarmierung im Katastrophenfall.* https://www.stmi.bayern.de/med/aktuell/archiv/2021/211126cell-broadcast/. Zugegriffen am 06.03.2022.

Bayerisches Staatsministerium des Innern, für Sport und Integration (ByStMI). (2020). *92 Tage Katastrophenfall – Corona-Pandemie in Bayern, August 2020.* https://www.stmi.bayern.de/sus/katastrophenschutz/fuegk/index.php. Zugegriffen am 06.03.2022.

Bayerisches Staatsministerium für Gesundheit und Pflege (ByStMGP). (2022a). *Holetschek: 403 neue Stellen für den Öffentlichen Gesundheitsdienst in Bayern geschaffen – Bayerns Gesundheitsminister: Zielsetzung für den ÖGD für 2021 übertroffen.* https://www.stmgp.bayern.de/presse/holetschek-403-neue-stellen-fuer-den-oeffentlichen-gesundheitsdienst-in-bayern-geschaffen/. Zugegriffen am 06.03.2022.

Bayerisches Staatsministerium für Gesundheit und Pflege (ByStMGP). (2022b). *Pressemitteilung 1/2022: Holetschek: Gesundheitsministerkonferenz ist zentrales Gremium der Pandemie-Bekämpfung geworden – Bayerns Gesundheitsminister mit positiver Bilanz nach einem Jahr bayerischer GMK-Vorsitz – Lehren aus der Pandemie ziehen.* https://www.stmgp.bayern.de/presse/holetschek-gesundheitsministerkonferenz-ist-zentrales-gremium-der-pandemie-bekaempfung/. Zugegriffen am 06.03.2022.

Bayerisches Staatsministerium für Gesundheit und Pflege (ByStMGP). (2022c). *Pressemitteilung 10/2022: Bayerns Gesundheits- und Pflegeminister Holetschek ruft gemeinsam mit BRK-Präsidentin Schorer und VdPB-Präsident Sigl-Lehner zum Engagement im Pflegepool Bayern auf.* https://www.stmgp.bayern.de/presse/bayerns-gesundheits-und-pflegeminister-holetschek-ruft-gemeinsam-mit-brk-praesidentin/. Zugegriffen am 06.03.2022.

Beirat zur Beratung zukunftsfähiger Strukturen im Öffentlichen Gesundheitsdienst in Umsetzung des Paktes für den Öffentlichen Gesundheitsdienst (Beirat Pakt ÖGD). (2021). *Empfehlungen zur Weiterentwicklung des ÖGD zur besseren Vorbereitung auf Pandemien und gesundheitliche Notlagen (2021).* https://www.bundesgesundheitsministerium.de/fileadmin/Dateien/3_Downloads/O/OEGD/Erster_Bericht_Beirat_Pakt_OeGD_bf.pdf. Zugegriffen am 06.03.2022.

Bertelsmann Stiftung. (Hrsg.). (2019). *Zukunftsfähige Krankenhausversorgung – Simulation und Analyse einer Neustrukturierung der Krankenhausversorgung am Beispiel einer Versorgungsregion in Nordrhein-Westfalen.* https://www.bertelsmann-stiftung.de/de/publikationen/publikation/did/zukunftsfaehige-krankenhausversorgung/. Zugegriffen am 06.03.2022.

Bundesministerium für Gesundheit (BMG). (2020). *Pakt für den öffentlichen Gesundheitsdienst.* https://www.bundesgesundheitsministerium.de/fileadmin/Dateien/3_Downloads/O/OEGD/Pakt_fuer_den_OEGD.pdf. Zugegriffen am 06.03.2022.

CSU-Fraktion im Bayerischen Landtag. Arbeitstagung am 18. Januar 2022 (CSU). (2022). *Post-Pandemie braucht mehr Personal in der Pflege und im Gesundheitswesen.* https://www.csu-landtag.de/image/inhalte/file/Resolution%20Pflege%20final.pdf. Zugegriffen am 06.03.2022.

Deutsche Gesellschaft für Public Health et al. (2021). *Ein neues Bundesinstitut für öffentliche Gesundheit – was lässt sich aus der Corona-Pandemie lernen? Stellungnahme zum geplanten Institut für öffentliche Gesundheit.* https://www.public-health-covid19.de/images/2021/Ergebnisse/Stellungnahme-Fachgesellschaften-Institut-fuer-oeffentliche-Gesundheit_16122021.pdf. Zugegriffen am 06.03.2022.

European Commission. (n.d.). *EU Civil Protection Mechanism.* https://ec.europa.eu/echo/what/civil-protection/eu-civil-protection-mechanism_de. Zugegriffen am 06.03.2022.

Gesundheitsministerkonferenz, Beschlüsse (GMK). (2018). *TOP: 10.21 Leitbild für einen modernen Öffentlichen Gesundheitsdienst – „Der ÖGD: Public Health vor Ort".* https://www.gmkonline.de/Beschluesse.html?id=730&jahr=2018. Zugegriffen am 06.03.2022.

Helmholtz-Zentrum für Infektionsforschung (HZI), & Deutsches Zentrum für Infektionsforschung e.V. (DZIF). (2021). *Nationale Allianz für Pandemie-Therapeutika.* https://www.dzif.de/system/files/document/Konzept%20-%20Nationale%20Allianz%20f%C3%BCr%20Pandemie-Therapeutika_1.pdf. Zugegriffen am 06.03.2022.

Reisig, V., & Kuhn, J., (2020). *Öffentlicher Gesundheitsdienst (ÖGD) und Gesundheitsförderung.* https://leitbegriffe.bzga.de/alphabetisches-verzeichnis/oeffentlicher-gesundheitsdienst-oegd-und-gesundheitsfoerderung/. Zugegriffen am 06.03.2022.

Rückert, M., & Seidenath, B. (2021). *Deutschland braucht ein Gesundheitsdatennutzungsgesetz!.* https://www.hss.de/publikationen/deutschland-braucht-ein-gesundheitsdatennutzungsgesetz-pub1956/. Zugegriffen am 06.03.2022.

Vereinigung der Pflegenden in Bayern (VDPB). (o.J.). *Pflege-Pool.* https://www.pflegepool-bayern.de/anmeldung-zum-pflegepool/. Zugegriffen am 06.03.2022.

Bernhard Seidenath, Ministerialrat a.D. ist Mitglied des Bayerischen Landtages, Vorsitzender des Ausschusses für Gesundheit und Pflege des Bayerischen Landtags, des Arbeitskreises Gesundheit und Pflege der CSU-Landtagsfraktion und des gesundheits- und pflegepolitischen Arbeitskreises der CSU. Er ist seit 2008 durchgehend Mitglied des Bayerischen Landtages und in dem Zusammenhang Stimmkreisabgeordneter des Landkreises Dachau.

Triagierung und Priorisierung im Falle von Versorgungsengpässen

11

Michael Schörnig und Isabel Schörnig

Inhaltsverzeichnis

11.1   Historische Einordung 192
11.2   Medizinische Rahmenbedingungen 196
11.3   Rechtliche Betrachtung 198
11.4   Entscheidung des BVerfG vom 16.12.2021 200
11.5   Fazit und Ausblick 203
Literatur 204

Zusammenfassung

Zu Beginn der COVID-19-Pandemie waren zunächst die Blicke insbesondere auf das italienische Krankenhaus Papa Giovanni XXIII in Bergamo gerichtet. Dies hat sich jedoch mit der weltweiten Ausbreitung der COVID-19-Pandemie sehr schnell geändert. Plötzlich ist auch in Deutschland der Begriff der Triage aus der öffentlichen Diskussion nicht mehr wegzudenken gewesen. Doch wie wäre im Falle von Versorgungsengpässen auf der Grundlage der derzeit herrschenden Rechtslage im deutschen Gesundheitssystem vorgegangen worden? Nach welchen medizinischen Grundlagen wäre im Fall einer

M. Schörnig (✉)
FOM Hochschule, Nürnberg, Deutschland
E-Mail: michael.schoernig@fom.de

I. Schörnig
Gerichtsärztlicher Dienst bei dem Oberlandesgericht Nürnberg, Außenstelle Regensburg,
Regensburg, Deutschland
E-Mail: isabel@schoernig-law.de

© Der/die Autor(en), exklusiv lizenziert an Springer Fachmedien Wiesbaden
GmbH, ein Teil von Springer Nature 2022, korrigierte Publikation 2023
M. Cassens, T. Städter (Hrsg.), *Erkenntnisse aus COVID-19 für zukünftiges
Pandemiemanagement*, https://doi.org/10.1007/978-3-658-38667-2_11

derartigen Situation in Deutschland entschieden worden? Welche gesetzlichen Grundlagen wären zu beachten gewesen und auf welche Empfehlungen hätten die behandelnden Ärzte und Ärztinnen zurückgreifen können? Zu diesen aktuell noch nicht abschließend behandelten medizinethischen Fragestellungen höchster Relevanz leistet dieser Aufsatz einen Beitrag.

Schlüsselwörter

Triage · Versorgungsengpass · Priorisierung · Entscheidung · Arzt

11.1 Historische Einordnung

Die Triage (franz. Auslesen bzw. Auswählen) wurde u. a. 1792 vom französischem Chirurgen Dominique Jean Larrey für die napoleonischen Kriege entwickelt und stammt insoweit ursprünglich aus der Kriegsmedizin (Blöß, 2004, S. A2216). Noch früher, im 16. Jahrhundert, gab Kaiser Maximilian I. im Rahmen seiner Heeres-, Sanitäts-Verfassung vor, nur überlebensfähige Verwundete zu retten und zu versorgen. Später führte der Sanitätsdienst das Prinzip „Triage – Transport – Traitement" ein und legte damit das Vorgehen „Auswahl – Transport – Behandlung" fest. Historische Ansätze gab es zudem parallel bei Schiffsuntergängen mit den allgemeinen Verhaltensregeln „Frauen und Kinder zuerst" bzw. „Der Kapitän geht als letzter von Bord". All diesen Leit- und Verhaltensregeln ist immanent, dass damit feste Vorgehensweisen für Versorgungs- und Kapazitätsengpässe geschaffen werden sollten, die die prinzipielle Verantwortung vom konkreten Entscheidungsträger auf abstrakte Regelungen delegieren sollen (vgl. zur Problematik auch Dederer et al., 2021, S. 552).

Nach dem 2. Weltkrieg verlor die Triage in Bezug auf die Kriegsmedizin an Bedeutung, rückte jedoch gleichzeitig in den Fokus der modernen Katastrophenmedizin, welche zwar dogmatisch auf die Kriegsmedizin zurückzuführen ist, jedoch primär außergewöhnliche Schadensereignisse, wie beispielsweise zivile Katastrophen (Pandemien, Industrieunfälle und Terroranschläge) sowie Massenbehandlungen, die unter Zeitdruck und widrigen Bedingungen durchzuführen sind, umschreibt (vgl. Kern, 2021, S. 139 f.). Kennzeichnend für all diese Situationen ist, dass die eigentlich für die Behandlung aller Bedürftigen notwendigen personellen und materiellen Ressourcen in diesen Situationen nicht vollumfänglich zur Verfügung stehen.

Am 11.03.2020 erklärte die WHO die Erkrankungen mit dem CORONA-Virus zur weltweiten Pandemie (World Health Organization, 2020, o.S.). Unmittelbar im Anschluss daran wurde bekannt, dass Intensivbetten und insbesondere Beatmungsgeräte in Bergamo (Ehlers et al., 2021, o.S. mit Hinweis auf die italienische Presse) für COVID-19-Patienten knapp wurden (Beneker, 2020, o.S.). Die italienische Gesellschaft für Anästhesie, Analgesie, Reanimations- und Intensivmedizin (SIAARTI) hat den Intensivmedizinern für die Sortierung von Patienten in Gruppen vor- und nachrangig zu Behandelnder eine Empfehlung hierzu gegeben (vgl. ausführlich Riccioni et al., 2021, o.S.). So seien nach dieser bei erheblicher Knappheit Ressourcen zunächst für diejenigen zu reservieren, die eine höhere Überlebenswahrscheinlichkeit haben und nachrangig für diejenigen, die mehr an Jahren gerettetem Leben erreichen können. Dabei sei eine Maximierung des Nutzens für die größte Anzahl von Personen zu berücksichtigen (Lübbe, 2020, o.S.).

Diese Frage stellte sich nach Berichten in Bergamo wohl nicht zum ersten Mal. Als im Frühjahr 1348 die Pest nahte, ließ der Mailänder Herrscher Luchino Visconti die Stadt komplett isolieren, Kranke in der Stadt wurden vorsorglich eingemauert. Die Pestkarte Europas zeigte eine erstaunliche Ähnlichkeit mit der der ersten Corona-Welle, in der allerdings das damalige Mitteldeutschland ausgespart blieb (vgl. Abb. 11.1 und 11.2). Im Gegensatz zu diesem konsequenten Vorgehen zeigte die Cholera-Epidemie in Hamburg in den Jahren 1892/1893, dass sie sich besonders heftig ausbreiten konnte, weil der Hamburger Senat die vom kaiserlichen Gesundheitsamt in einer Denkschrift empfohlene Vorschläge nicht umgesetzt hatte (Kern, 2021, S. 139 f.).

Während bezogen auf die aktuelle Pandemie insbesondere für Bergamo Bilder von vor Kliniken anstehenden Krankenwagen in den Nachrichten veröffentlicht wurden, so musste

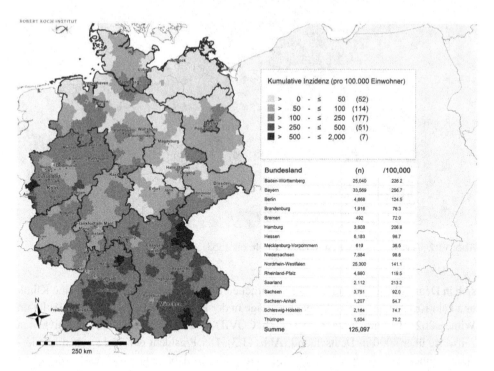

Abb. 11.1 Übermittelte COVID-19-Fälle in Deutschland nach Landkreis und Bundesland am 14.04.2020

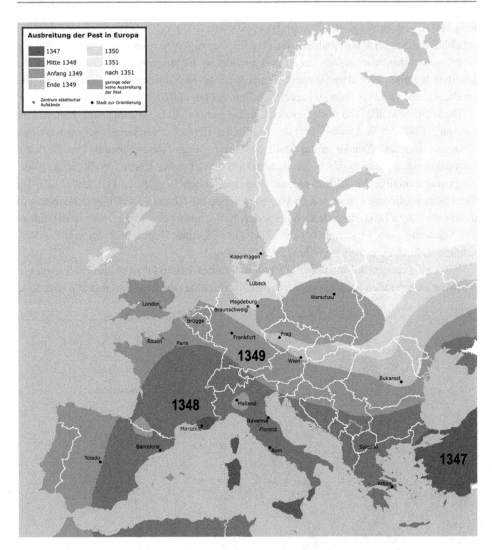

Abb. 11.2 Ausbreitung der Pest in Europa 1346 bis 1353

sich in Deutschland – zumindest der öffentlichen Berichterstattung zufolge – keine Klinik und kein Krankenhaus einer Frage der Triage in der Praxis stellen. In der dritten Welle im Winter 2021 lag die Anzahl der durch COVID-19-Patienten belegten Intensivbetten zeitweise über 4000 in Deutschland (Abb. 11.3). Der Präsident der Sächsischen Landesärztekammer, Erik Bodendieck, kündigte am 22.11.2021 bei einer 7-Tages-Inzidenz von knapp unter 1000 in Sachsen an, dass schon in den nächsten Tagen mit einer Überlastung

Anzahl gemeldeter intensivmedizinisch behandelter COVID-19-Fälle

Deutschland, Erwachsenen-Intensivstationen

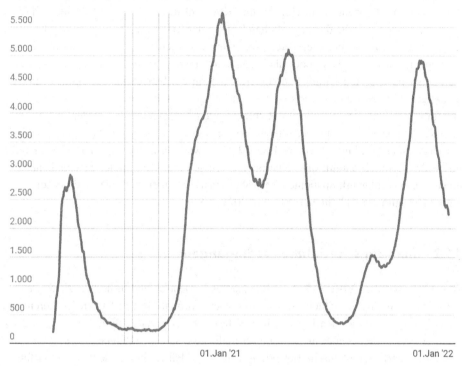

Stand: 27.01.2022 12:24

Quelle: DIVI-Intensivregister · Daten herunterladen · Erstellt mit Datawrapper

Abb. 11.3 Anzahl gemeldeter intensivmedizinisch behandelter COVID-19-Fälle in Deutschland, Stand: 27.01.2022

der Intensivstationen zu rechnen sei. Schon bald müssten in bestimmten Regionen des Bundeslandes Sachsen zwei Patienten um ein Bett konkurrieren. Wer dann die bessere Aussicht auf eine erfolgreiche Behandlung habe, werde bevorzugt. Ungeimpfte hätten dabei die schlechteren Überlebenschancen, so Bodendieck in einem Interview mit dem Deutschlandfunk (vgl. Müller, 2021, o.S.).

Anders verhielt es sich zum gleichen Zeitpunkt in Österreich. Der österreichische Gesundheitsminister Wolfgang Mückstein berichtete am 28.11.2021 im Hauptausschuss des österreichischen Parlaments öffentlich, dass Triagen bereits nicht nur bei leichten

Operationen, sondern auch bei jenen für Krebspatienten stattfinden. In manchen Fällen müsse, so Gesundheitsminister Mückstein, darüber entschieden werden, welcher Patient größere Überlebenschancen habe (BR24, 2021, o.S.).

Auch wenn von staatlicher Seite bis zur Abfassung dieses Beitrags permanent dementiert wurde, dass in deutschen Kliniken und Krankenhäusern Triagen stattfinden würden, so intensivierten sich die diesbezüglichen Rufe in der Ärzteschaft gerade zum Höhepunkt der dritten Corona-Welle. Viele Medizinerinnen und Mediziner verwiesen auf die Notwendigkeit einer „weichen" oder aber „latenten" Triage (Staeck, 2021, o.S.). So bezog sich beispielsweise die Klinik I für Innere Medizin am Universitätsklinikum Köln zum damaligen Zeitpunkt darauf, dass eine weiche Triage z. B. bereits dann eintrete, wenn ein Herzinfarktpatient eine Stunde im Rettungswagen herumgefahren werden müsse, falls kein Krankenhaus über ein freies Intensivbett verfügt. Auch die Klinik für Intensivmedizin am Universitätsklinikum Hamburg-Eppendorf verwies im Zeitfenster der dritten Pandemiewelle öffentlich darauf, dass eine latente Triage bereits stattfinde, da Krankenhäuser einen akuten Schlaganfallpatienten oder aber einen Patienten mit einer akuten Leukämie nicht mehr aufnehmen können (Osterloh, 2021, o.S.).

11.2 Medizinische Rahmenbedingungen

Abgesehen von der COVID-19-Pandemie kam es in Deutschland bisher nur zu vergleichsweise wenigen Unglücksfällen mit katastrophalem Ausmaß. In den letzten 25 Jahren sind etwa 750 Menschen an den Folgen einer Katastrophe gestorben (Blöß, 2004, S. A2218). Insoweit verwundert es auch nicht, wenn verbindliche gesetzliche Rahmenbedingungen, insbesondere für die medizinische Bewertung von Triage-Fällen, in Deutschland bisher fehlen (vgl. zu den bestehenden Klinisch-ethische Empfehlungen der DIVI, der DGINA, der DGAI, der DGIIN, der DGNI, der DGP, der DGP und der AEM: Marckmann et al., 2020, o.S.).

Der aktuelle Bundesärztekammerpräsident Dr. Klaus Reinhardt hat in der COVID-19-Pandemie anlässlich der Vorstellung einer Orientierungshilfe für Ärztinnen und Ärzte zur Allokation medizinischer Leistungen im Falle eines Kapazitätsmangels (vgl. Bundesärztekammer (BÄK), 2020, o.S.) folgende Feststellung getroffen:

> „Das Gesundheitssystem in Deutschland ist zum jetzigen Zeitpunkt weit von einer Überlastung durch die Corona-Pandemie entfernt. Dennoch müssen wir personell und strukturell auf eine mögliche zweite Welle vorbereitet sein. Dazu gehört auch, Ärztinnen und Ärzten wichtige rechtliche und ethische Orientierungshilfen zu geben, wenn sie im Falle knapper Behandlungskapazitäten schwierige Entscheidungen über die Vergabe medizinischer Ressourcen treffen müssen."

Nach Überzeugung der Bundesärztekammer handeln Ärzte dann rechtmäßig, wenn sie unter sorgfältiger Berücksichtigung der ärztlichen Berufsordnung und des aktuellen Stands der medizinischen Erkenntnisse einzelfallbezogene Entscheidungen über die Vergabe intensivmedizinischer Ressourcen treffen.

Hierzu hat die Dachorganisation zwar im Jahr 2020 eine Orientierungshilfe veröffentlicht. Dennoch bleibt aktuell noch die in der Praxis nicht zufriedenstellende Situation, dass im Falle einer Triage-Situation konkrete Entscheidungen vor Ort durch die behandelnden Ärzte getroffen werden müssen. Diese ethische potenziell konfligrante Situation kann weder eine Orientierungshilfe noch eine gesetzliche Regelung verhindern oder ersetzen.

Nach der Orientierungshilfe der Bundesärztekammer sind insbesondere nachfolgende Grundsätze zu beachten (vgl. 2020, S. 2 f.):

- Autonomie und Selbstbestimmung des Patienten müssen gewahrt bleiben.
- Kein Menschenleben ist mehr wert als ein anderes. Es gilt der Grundsatz der Gleichbehandlung.
- Zentrale Kriterien für Entscheidungen sind: Indikation, Patientenwille und klinische Erfolgsaussichten.
- Stetige kritische Prüfung der Indikation zur Fortführung einer Intensiv- und/oder Beatmungstherapie.

Während der vierten Welle der COVID-19-Pandemie (Herbst/Winter 2021/2022) veröffentlichte die Deutsche Interdisziplinäre Vereinigung für Intensiv- und Notfallmedizin (DIVI) am 14.12.2021 eine aktualisierte Empfehlung zur Zuteilung intensivmedizinischer Ressourcen im Kontext der COVID-19-Pandemie (DIVI, 2021, o.S.). Die DIVI orientiert sich mit ihren klinisch-ethischen Empfehlungen für medizinische Entscheidungen insbesondere am Bedarf des einzelnen Patienten und ergänzt diese im Falle der Mittelknappheit mit einer überindividuellen Perspektive. Hierbei wird für die medizinische Praxis in zwei Fallgruppen unterschieden. Zu differenzieren ist hierbei einerseits zwischen Fällen, bei denen intensivmedizinische Maßnahmen erst begonnen und andererseits Fällen, bei welchen bereits eingeleitete intensivmedizinische Maßnahmen beendet werden. Betont wird hierbei, dass ein vorab definiertes Verfahren der Entscheidungsfindung mit klar geregelten Verantwortlichkeiten Voraussetzung für konsistente, faire sowie medizinisch und ethisch gut begründete Priorisierungsentscheidungen ist. Auch dies zeigt wiederum, dass das Vorhandensein von möglichst verbindlichen Regelungen nicht nur rechtliche, ethische und medizinische Klarheit schafft, sondern auch zumindest einen Teil der konkreten Entscheidungslast von den Ärztinnen und Ärzten in den jeweiligen Situationen nimmt. Dies gilt umso mehr, als nach den Empfehlungen der DIVI stets Entscheidungen nach dem Mehr-Augen-Prinzip (ebenda S. 6) unter Beteiligung von möglichst zwei intensivmedizinisch erfahrenen Ärzten, einem erfahrenem Vertreter der Pflegenden sowie ggf. von weiteren Fachvertretern erfolgen sollen.

Mit der Aktualisierung zum 14.12.2021 wurden die zusätzlichen Entscheidungsgrundlagen um den Hinweis ergänzt, dass auf Basis einer sich abzeichnenden Ressourcenknappheit Krankenhäuser den Regelbetrieb an diese Situation anpassen sollen, wobei Nicht-COVID-19-Patienten gegenüber COVID-19-Patienten nicht benachteiligt werden dürfen (ebenda S. 4). Dies entspricht auch dem Grundsatz der Gleichbehandlung aller zu versorgenden Patienten und ist eine organisationsethische Aufgabe.

Auch verweisen die Empfehlungen wiederum darauf, dass im Rahmen der Kriterien für Priorisierungsentscheidungen Informationen zum Patientenwillen, der aktuelle klinische Zustand des Patienten sowie die anamnestische und klinische Erfassung auch unter Verwendung von prognostisch relevanten Scores gehören (vgl. Marckmann et al., 2020, S. 447).

Waren früher in der Militärmedizin Sichtungsschemata, wie das STaRT-Schema (Simple Triage and Rapid Treatment) (Lin et al., 2020, S. 2.) oder aber das BASIC-Schema (Blutung, Atemwege, Schock, Immobilisation) (Bubser & Mochmann, 2012, S. 15 ff.) relevant, so sind diese inzwischen durch die Jahrzehnte langen katastrophenmedizinischen Erfahrungen deutlich verfeinert. Es darf diesbezüglich beispielsweise auf den auch von der DIVI angeführten SOFA-Score (Sequential organ failure assessment) (DIVI, 2021, S. 6) exemplarisch hingewiesen werden.

11.3   Rechtliche Betrachtung

Auch in rechtlicher Hinsicht lässt sich die Vielzahl an Fragen, die mit einer Triage und Priorisierung im Falle von Versorgungsengpässen verbunden sind, nicht einfach und allgemein verbindlich entscheiden. Vielmehr sind die rechtlichen Fragestellungen vielschichtig und von Abwägungsprozessen getragen. Zudem verbindet sich, genauso wie bei der Frage der allgemeinen Impfpflicht, die rechtliche Bewertung mit den wissenschaftlichen und ethischen Feststellungen. Rechtliche Fragestellungen finden sich insbesondere in der strafrechtlichen Bewertung aber auch in den rechts- und sozialstaatlichen Vorgaben.

11.3.1 Strafrechtliche Relevanz einer Triage

Tritt ein Versorgungsengpass auf und nimmt ein behandelnder Arzt eine Triage vor und führt die Nichtbehandlung des Erkrankten zu dessen Tod, so ergibt sich aus der Garantenstellung für den verpflichteten Arzt bzw. die verpflichtete Ärztin eine mögliche Strafbarkeit aus einer vorsätzlichen Tötung durch Unterlassen gem. §§ 212, 13 StGB. Im Gegensatz zu einem Nicht-Arzt obliegen einem Arzt nach Behandlungsübernahme bzw. aufgrund seiner Position in der Organisation eines Krankenhauses als sog. Beschützer besondere Schutzpflichten (Laufs et al., 2019, § 151, Rdn. 2 f.).

Im Rahmen der strafrechtlichen Bewertung sind dabei die Fälle der sog. Ex-Antitriage und der sog. Ex-Posttriage zu differenzieren (Waßmer, 2021, S. 298). Bei der Ex-Antitriage stehen vor Behandlungsbeginn aufgrund von Versorgungsengpässen nicht genügend Behandlungskapazitäten zur Verfügung, um alle Patienten zu behandeln. Werden beispielsweise zwei Patienten gleichzeitig in die Notaufnahme eines Krankenhauses eingeliefert und steht nur ein Intensivbett zur Behandlung, insbesondere zur Beatmung, zur Verfügung und entscheidet sich der behandelnde Arzt, das Bett dem Patienten zu geben, der aus seiner Sicht die größere Überlebenschance hat, so führt dies im Regelfall zur Straflosigkeit des Arztes. Mit der herrschenden Meinung in der Rechtsprechung und der Literatur erfüllt zwar der Arzt den Tatbestand eines Totschlags, jedoch ist diese Handlung gerechtfertigt. Es ist von einer rechtfertigenden Pflichtenkollision (Sternberg-Lieben, 2020, S. 631 ff.) auszugehen, da nur ein Intensivbett zur Verfügung steht und daher auch nur ein Patient behandelt werden kann. Es gilt dabei der Grundsatz „impossibilium nulla est obligatio" (Engländer & Zimmermann, 2020, S. 1399).

Um den Arzt im konkreten „Entscheidungsdilemma" nicht allein zu lassen, kann dieser u. a. auch auf die vorstehend bereits aufgezeigten ethischen Auswahlkriterien zurückgreifen. Darüber hinaus sind derartige Entscheidungen grundsätzlich nach dem bereits beschriebenen Mehr-Augen-Prinzip zu treffen. Auch die Empfehlung der DIVI verweist ausdrücklich hierauf. In der rechtswissenschaftlichen Literatur wird u. a. diskutiert, ob sich die Entscheidung auch an Kriterien wie den klinischen Erfolgsaussichten der einzelnen Patienten, dem Zufallsprinzip, dem Prioritätsprinzip, das beispielsweise an der Reihenfolge der Ankunft in der Klinik anknüpft, oder aber auch an sozialen Merkmalen wie der Frage, ob der jeweilige Patient Familie hat oder dem Patienten eine besondere Verantwortung in der Gesellschaft obliegt, und dessen Systemrelevanz anknüpfen soll. Mangels Vorliegens von rechtlichen und gesetzlichen Vorgaben kann dies zum jetzigen Zeitpunkt nur verneint werden. Allerdings ist dies auch nicht zwingend eine rechtliche Frage. Vielmehr ist die Antwort den Schnittstellen zwischen einer pluralistischen Gesellschaft, ethischen Ansätzen und dem Ermessensspielraum in Politik und Gesetzgebung vorbehalten.

Anders verhält sich die strafrechtliche Bewertung in Fällen der Ex-Posttriage (Lindner, 2020, S. 724 f.). In derartigen Fällen bricht ein Arzt die bereits begonnene (intensiv-)medizinische Behandlung eines Patienten mit geringerer Überlebenschance zugunsten eines Patienten mit höherer Überlebenschance ab. Beispielsweise beendet ein behandelnder Arzt die Beatmung eines Patienten (vorzeitig), um die Beatmungsmaschine für einen anderen Patienten zur Verfügung zu haben. Dem Patienten, dem die intensivmedizinische Behandlung genommen wird, wird in derartigen Fällen in der Regel palliative Versorgung gewährt, was trotz dieser mit an Sicherheit grenzender Wahrscheinlichkeit zum Tode führt. In derartigen Fällen ist der Tatbestand der Tötung durch aktives Handeln erfüllt. Jedoch scheidet eine rechtfertigende Pflichtenkollision aus, da eine derartige Abwägung zwischen zwei Menschenleben i.S.d. § 34 StGB nicht vorgenommen werden darf. Hier finden sich zwar verschiedene Ansätze in der Rechtswissenschaft, die eine Rechtfertigung für möglich halten. Diesen Ansätzen ist jedoch nicht beizupflichten. Vielmehr ist eine Rechtfertigung gerade aufgrund des Vertrauenstatbestandes, der mit der Initiierung einer intensivmedizinischen Behandlung verbunden ist, abzulehnen (Merkel & Augsberg, 2020, S. 709; Sowada, 2020, S. 485; Waßmer, 2021, S. 302). So wird z. T. das Vorliegen eines sog. übergesetzlichen entschuldigenden Notstandes in den Fällen, in denen der aus der intensivmedizinischen Behandlung genommene Patient nur noch geringe Überlebenschancen hat, bejaht. Auch der deutsche Ethikrat hat im Rahmen der Bewertung einer Ex-Posttriage darauf hingewiesen, dass diese Gewissensentscheidung ethisch begründbar und nach transparenten Kriterien getroffen werden muss, um die „entschuldigende Nachsicht der Rechtsordnung" zugänglich zu machen (Deutscher Ethikrat, 2020, Ziff. 4; vgl. zur Kollision von Strafrecht und Arztethik auch Sternberg-Lieben, 2020, S. 627).

11.3.2 Rechtsstaats- und Sozialstaatsprinzip

Die rechtlichen Probleme und Konfliktlagen, die bei einer Triage im Kriegsfall, im Katastrophenfall, aber auch im Rahmen der COVID-19-Pandemie entstehen können, berühren in gesteigerter Hinsicht auch das unserer Rechtsordnung immanente Rechtsstaats- und Sozialstaatsprinzip, vgl. Art. 19 Abs. 3, 20 Abs. 1 GG. Gerade die Frage der Notwendigkeit einer gesetzlichen Regelung einer Triage ist im Hinblick auf den Parlamentsvorbehalt und die Wesentlichkeitstheorie im Rechtsstaatsprinzip zu suchen. Weit vor der COVID-19-Pandemie ist in der Literatur bereits die Forderung an den deutschen Gesetzgeber zu finden, eine Grundlage für ärztliches Vorgehen im Falle einer Gesundheitskrise zu schaffen, in der nicht alle Patienten intensivmedizinisch behandelt werden können. Die Nichttätigkeit bzw. „legislative Enthaltsamkeit" sei mit dem Grundgesetz nicht vereinbar (Brech, 2008, S. 308 ff.; Brade & Müller, 2020, S. 1792).

Die gleiche Frage hinsichtlich der Priorisierung (Bilsdorfer & Sigel, 2021, S. 594) von bestimmten Personen bzw. Personengruppen stellte sich auch in Bezug auf die Corona-Schutzimpfungen, insbesondere als bei Verfügbarkeit des ersten Impfstoffes noch nicht ausreichende Kapazitäten zur Verfügung standen, jedem Impfwilligen ein Impfangebot zu machen (VGH München Beschluss v. 10.02.2021 – 20 CE 21.321; VG Dresden, Beschluss vom 29.01.2021 – 6 L 42/21; Leisner-Egensperger, 2021, S. 202). Hinsichtlich der für die Frage der Triage gegebenen Untätigkeit hat das Bundesverfassungsgericht einen Eilantrag auf verbindliche Regelung der Triage im Rahmen der COVID-19-Pandemie durch Beschluss (BVerfG, Beschluss vom 16. Juli 2020, I BvR 1541/20, NVwZ 2020, S. 1353) im Jahr 2020 noch eine Rechtsverletzung abgelehnt. Im Eilverfahren konnte offenbleiben, ob und ggf. unter welchen Voraussetzungen der Gesetzgeber überhaupt zur Gesetzgebung verpflichtet werden kann. Nach der Auffassung des Bundesverfassungsgerichts aus dem Juli 2020 ließen es das damals erkennbare Infektionsgeschehen und die intensivmedizinischen Behandlungskapazitäten als nicht wahrscheinlich (ebenda S. 1353 Rdn. 9) erscheinen, dass die Situation der Triage eintreten könne. Dementsprechend wurde der Antrag auf Erlass einer einstweiligen Anordnung durch das Bundesverfassungsgericht abgelehnt.

11.4   Entscheidung des BVerfG vom 16.12.2021

Eine andere Bewertung ergab sich hinsichtlich dieser Frage jedoch im Hauptsacheverfahren vor dem Bundesverfassungsgericht. Die Beschwerdeführer rügten mit ihrer bereits am 27.06.2021 eingereichten Verfassungsbeschwerde, dass der Gesetzgeber u. a. das Benachteiligungsverbot aus Art. 3 Abs. 3 S. 2 GG verletze, weil er für den Fall einer Triage im Laufe der Corona-Pandemie nichts unternommen habe, um sie als Schwerbehinderte wirksam vor einer Benachteiligung zu schützen. Handle der Gesetzgeber auch weiterhin nicht, so drohe den Beschwerdeführern zudem die Verletzung ihrer Menschenwürde aus Art. 1 Abs. 1 GG und ihrer Rechte auf Leben und Gesundheit aus Art. 2 Abs. 2 GG. Die Beschwerdeführer waren schwer, z. T. schwerstbehindert und befürchteten daher im Falle einer Triage-Situation von einer lebensrettenden medizinischen Behandlung ausgeschlossen zu werden (BVerfG, Beschluss vom 16. Juli 2020, I BvR 1541/20, NVwZ 2020, S. 1353 Rdn. 9).

Nachdem es bisher, wie bereits ausgeführt, keine gesetzlichen Vorgaben für die Entscheidung über die Zuteilung nicht ausreichender intensivmedizinischer Kapazitäten gibt, könnten, so die Kläger im Verfahren, Ärzte nur auf die standardisierten Entscheidungshilfen, insbesondere die klinisch-ethischen Empfehlungen der DIVI, zurückgreifen. Hierbei wird u. a. als maßgebliches Kriterium in der Entscheidung über den Ausschluss von einer medizinischen Behandlung auf die Faktoren „Komorbidität" und „Gebrechlichkeit" abgestellt. Ergibt sich nämlich gemäß den Empfehlungen der DIVI in der Einschätzung der individuellen Erfolgsaussicht des Patienten die Wahrscheinlichkeit schlechter Erfolgsaussichten intensivmedizinischer Maßnahmen, so soll keine Intensivtherapie, sondern nur eine adäquate Versorgung einschließlich palliativer Maßnahmen erfolgen (DIVI, 2021, S. 7).

In seiner Entscheidung vom 16.12.2021 hat das Bundesverfassungsgericht den Verfassungsbeschwerden großteils stattgegeben und festgestellt, dass sich aus Art. 3 Abs. 3 S. 2 GG („*Niemand darf wegen seiner Behinderung benachteiligt werden.*") nicht nur ein Verbot unmittelbarer und mittelbarer Diskriminierung wegen Behinderung für den Staat ergibt, sondern auch ein Auftrag, Menschen wirksam vor Benachteiligung wegen ihrer Behinderung auch durch Dritte zu schützen. Dieser Schutzauftrag kann sich in bestimmten Konstellationen ausgeprägter Schutzbedürftigkeit zu einer konkreten Schutzpflicht verdichten. Dazu gehört die gezielte, als Angriff auf die Menschenwürde zu wertende Ausgrenzung von Personen wegen einer Behinderung. Ebenso zählt hierzu die mit der Benachteiligung wegen Behinderung einhergehende Gefahr für hochrangige grundrechtlich geschützte Rechtsgüter, wie das Leben und zudem die aus der Benachteiligung sich ergebenden Situationen struktureller Ungleichheit. Der Schutzauftrag verdichtet sich hier, weil das Risiko der Benachteiligung wegen einer Behinderung bei der Zuteilung knapper, überlebenswichtiger intensivmedizinischer Ressourcen besteht. Dabei steht dem Gesetzgeber auch bei der Erfüllung der konkreten Schutzpflicht ein Einschätzungs-, Wertungs- und Gestaltungsspielraum zu. Entscheidend ist, dass er hinreichend wirksamen Schutz vor einer Benachteiligung wegen der Behinderung bewirkt (BVerfG, Beschluss vom 16.12.2021 – I BvR 1541/20, Leitsätze 1 bis 3, COVuR 2022, S. 100):

„Der allgemeine Schutzauftrag des Staates aus Artikel 3 Abs. GG verdichtet sich angesichts des Risikos der Benachteiligung wegen einer Behinderung bei der Zuteilung knapper intensivmedizinischer Behandlungsressourcen zu einer konkreten Handlungspflicht (1). Der Gesetzgeber hat bislang keine hinreichenden Vorkehrungen getroffen, um die Beschwerdeführenden wirksam vor einer solchen Benachteiligung zu schützen (2). Es liegt im Einschätzungs-, Wertungs- und Gestaltungsspielraum des Gesetzgebers, wie er das Schutzgebot des Artikel 3 Absatz 3 Satz 2 GG hier konkret erfüllt, ob er also selbst materielle Maßstäbe für die intensivmedizinische Verteilungsentscheidung vorgibt oder andere Vorkehrungen trifft, um wirksam vor Benachteiligung zu schützen (3)."

Es liegt dann am Gesetzgeber, zu reagieren und dementsprechend wirksame Vorkehrungen zu schaffen. Wie das Bundesverfassungsgericht ausführt, haben im Verfahren mehrere

Sachkundige bestätigt, dass die Lebenssituation von Menschen mit Behinderungen oft sachlich falsch beurteilt werde und eine unbewusste Stereotypisierung des Risikos mit sich bringe, behinderte Menschen bei medizinischen Entscheidungen zu benachteiligen. Auch die Empfehlungen der DIVI würden nach Auffassung des Gerichts dieses Risiko nicht beseitigen, da sie rechtlich nicht verbindlich und auch kein Synonym für den medizinischen Standard im Fachrecht sind. Es sei zudem nicht ausgeschlossen, dass eine Behinderung pauschal mit Komorbiditäten in Verbindung gebracht oder stereotyp mit schlechten Genesungsaussichten verbunden werde. Zudem werde die Erfolgsaussicht der Überlebenswahrscheinlichkeit als ein für sich genommen zulässiges Kriterium nicht eindeutig nur auf die aktuelle Krankheit bezogen (Redaktion beck-aktuell, 2022, o.S.).

„Geleitet und begrenzt wird der Einschätzungs-, Wertungs- und Gestaltungsspielraum durch die Eigenart des in Rede stehenden Sachbereichs und die zu beachtenden Grundrechte aller Betroffenen. Dabei hat der Gesetzgeber auch zu berücksichtigen, dass die für die Behandlung zur Verfügung stehenden begrenzten personellen und sachlichen Kapazitäten des Gesundheitswesens nicht zusätzlich in einer Weise belastet werden, dass das letztendlich angestrebte Ziel, Leben und Gesundheit von Patientinnen und Patienten mit Behinderungen wirkungsvoll zu schützen, in sein Gegenteil verkehrt würde. Gleiches gilt im Hinblick auf die durch den Gesetzgeber zu beachtenden Schutzpflichten für das Leben und die Gesundheit der anderen Patientinnen und Patienten. Hierbei hat der Gesetzgeber die Sachgesetzlichkeiten der klinischen Praxis, etwa die aus medizinischen Gründen gebotene Geschwindigkeit von Entscheidungsprozessen, ebenso zu achten wie die Letztverantwortung des ärztlichen Personals für die Beurteilung medizinischer Sachverhalte im konkreten Einzelfall, die in deren besonderer Fachkompetenz und klinischer Erfahrung begründet liegt." (BVerfG, Beschluss vom 16.12.2021 – I BvR 1541/20, COVuR 2022, S. 108)

„Dass aufgrund der Achtung vor der Unantastbarkeit der Menschenwürde Leben nicht gegen Leben abgewogen werden darf [...], steht einer Regelung von Kriterien, nach denen zu entscheiden ist, wie knappe Ressourcen zur Lebensrettung verteilt werden, nicht von vornherein entgegen. [...] Sofern dies nach Einschätzung des Gesetzgebers wirksamen Grundrechtsschutz verspricht, kann er sich für ein Mehraugen-Prinzip bei Auswahlentscheidungen (so die DIVI-Empfehlungen 3.1. und 3.3.2.) oder für Vorgaben zur Dokumentation (so die Stellungnahme BAND oben Rn. 38 f.) entscheiden. Denkbar sind auch Regelungen zur Unterstützung vor Ort. Dazu kommt die Möglichkeit spezifischer Vorgaben für die Aus- und Weiterbildung in der Medizin und Pflege und insbesondere des intensivmedizinischen Personals, um auf die Vermeidung von Benachteiligungen wegen Behinderung in einer Triage-Situation hinzuwirken". (BVerfG, Beschluss vom 16.12.2021 – I BvR 1541/20, COVuR 2022, S. 108)

Der aktuelle Bundesjustizminister Marco Buschmann hat bereits angekündigt, dass die Bundesregierung dazu zügig einen Geschäftsentwurf vorlegen werde. „Das Bundesverfassungsgericht zeigt auf, dass ein Risiko einer Benachteiligung von Menschen mit einer Behinderung in einer Extremsituation wie einer Triage besteht." (Redaktion beck-aktuell, 2022, o.S.), so Buschmann. Die Bundesregierung werde die verschiedenen gesetzgeberischen Möglichkeiten „schnell und sorgfältig analysieren und zügig dem Deutschen Bundestag einen Gesetzentwurf vorlegen" (ebenda o.S.). Nachdem das Bundesverfassungsgericht einen weiten Gestaltungsspielraum lasse, seien rein prozedurale Regelungen ebenso denkbar wie konkret substanzielle Vorgaben. Auch die gesundheitspolitische Sprecherin der SPD-Fraktion stellte darauf ab, dass entscheidendes Kriterium die aktuelle und kurzfristige Überlebenswahrscheinlichkeit sein muss (ebenda o.S.).

Im Schrifttum wird die Entscheidung inzwischen kritisch hinterfragt und auch als Scheinsieg für Menschen mit Behinderungen gewertet. So hat das Gericht nämlich die wichtigste Variante der mittelbaren Diskriminierung unausgesprochen gebilligt (Walter, 2022, S. 363). Dem ist prima facie im aktuellen Zustand des Fehlens eines Triagegesetzes zuzustimmen. Es bleibt nun die Aufgabe des Staates, auch dies in der Umsetzung des Beschlusses des Bundesverfassungsgerichts zu berücksichtigen.

Gleichfalls zeigt der Beschluss des Bundesverfassungsgerichts vom 16.12.2021 auf, wie schwer eine Triage-Entscheidung nicht nur in der Situation eines Versorgungsengpasses ist, sondern mit welchen Schwierigkeiten das Festlegen von generell abstrakten gesetzlichen Regelungen in der Praxis verbunden ist. Bei der von vielen Seiten diskutieren Frage der Priorisierung im Fall einer Corona-Impfstoffzuteilung zu Zeiten von Lieferengpässen hat sich diese Schwierigkeit schon in der Festlegung von Gruppen mit höherer und niedrigerer Priorität ergeben. Mit der praktischen Umsetzung der Zuteilung musste die Exekutive anerkennen, dass trotz ausgefeilter gesetzlicher Regelungen im Nachgang noch eine Instanz zur Einzelfallentscheidung und zur Berücksichtigung von individuellen Schicksalen von Menschen mit seltenen Krankheiten zu implementieren war. In Bayern wurde diese Aufgabe beispielsweise durch die im März 2021 eingerichtete Bayerische Impfkommission wahrgenommen (Nedbal, 2021, S. 137).

11.5 Fazit und Ausblick

Die Menschheit befindet sich nun im dritten Jahr der COVID-19-Pandemie und dennoch sind eine Vielzahl von rechtlichen, medizinischen und ethischen Fragen im Bereich der Triage und der Priorisierung, insbesondere einer intensivmedizinischen Behandlung im Falle von Versorgungsengpässen nicht geklärt. Wurde anfangs der Corona-Pandemie noch die Frage von „Rettungstötungen in der Corona-Krise" (Engländer & Zimmermann, 2020, 1398 ff.) diskutiert, so hat die inzwischen in Deutschland vorherrschende Omikron-Variante diese Frage entschärft. Die Omikron-Variante ist zwar nach aktuellem Stand deutlich infektiöser und führt zu sehr hohen Inzidenzzahlen, doch bleibt bisher die befürchtete große Anzahl von schweren bzw. schwersten Verläufen aus, sodass die akute intensivmedizinische Hospitalisierungsrate relativ niedrig ist. Damit besteht zumindest zum jetzigen Zeitpunkt keine Notwendigkeit zur Triage und Priorisierung. Dies kann sich allerdings zukünftig mit neuen Sars-CoV-2-Mutationen ändern. Nicht verkannt werden darf zudem, dass eine Triage in Deutschland erhebliche Auswirkungen auf das Vertrauen der Bevölkerung in die medizinische Versorgung hätte. Auch sind im Zusammenhang Zwischenrufe aus der Politik zu erwähnen, die mit steigenden Impfzahlen im Falle einer

Triage-Situation die Bevorzugung Geimpfter fordern (vgl. zur Diskussion allgemein Taupitz, 2020, S. 440 ff.). Erst recht würde die in den USA inzwischen von Kliniken praktizierte Vorgehensweise die ohnehin komplizierte Triagediskussion verschärfen, bei der Ungeimpfte als Empfänger von Organen von den Transplantationslisten genommen werden (BR24, 2022, o.S.). Es besteht insoweit aktuell in Deutschland kein rechtsfreier Raum, der willkürliche Entscheidungen gestatten würde. Zwar hat, wie der Erste Senat des Bundesverfassungsgerichts ausdrücklich betont hat, der Gesetzgeber einen großen Einschätzungs-, Wertungs- und Gestaltungsspielraum. Dieser muss aber stets auch auf Basis des Rechtsstaats- und Sozialstaatsprinzips gefunden werden.

Noch in seiner ad-hoc-Empfehlung vom 27.03.2020 verweist der Deutsche Ethikrat darauf, dass die Möglichkeiten des Staates, in einer Triage-Situation abstrakt bindende Vorgaben für die Allokation knapper Ressourcen zu machen, begrenzt sind. Aus der Menschenwürde heraus stellt der Deutsche Ethikrat fest, dass der Staat im Wesentlichen negativ den Bereich des Nichtzulässigen beschreiben kann. Positive Orientierung für die konkrete Auswahlentscheidung vor Ort in einem Krankenhaus könne der Staat nach Auffassung des Deutschen Ethikrats hingegen kaum bieten. Die Entscheidungskompetenz hierfür, was inhaltlich über das hinausgeht, was staatlicherseits zulässig wäre, solle den Fachgesellschaften obliegen, so der Deutsche Ethikrat. Einer derartigen Einschätzung hat das Bundesverfassungsgericht – nach hier vertretener Meinung zu Recht – mit seiner Entscheidung vom 16.12.2021 widersprochen. Nunmehr obliegt es dem Gesetzgeber, diesen Auftrag in Bezug auf Menschen mit Behinderungen nachzukommen und die gesetzlichen Regelungen zum Schutz dieser Personengruppe zu schaffen. Sicherlich wird der Gesetzgeber Gutes daran tun, sich hier nicht nur auf die Erfüllung dieses Mindeststandards zu begrenzen, sondern, soweit möglich, allgemeine Regelungen für eine Triage und Priorisierung im Fall von Versorgungsengpässen zu schaffen.

Danksagung Frau Oberärztin Dr. med. Kathrin Thomann-Hackner, Fachärztin für Anästhesie vom Kreisklinikum Wörth an der Donau, darf herzlich für die praktischen Hinweise gedankt werden.

Literatur

Beneker, C. (2020). Corona-Pandemie: Italienische Ärzte fordern Perspektivwechsel. *ÄrzteZeitung.* https://www.aerztezeitung.de/Politik/Corona-Pandemie-Italienische-Aerzte-fordern-Perspektivwechsel-407939.html. Zugegriffen am 04.02.2022.

Bilsdorfer, M., & Sigel, R. (2021). Meilenstein und Stolperstein zugleich? Zur Priorisierung bei Corona-Schutzimpfungen. *Neue Zeitschrift für Verwaltungsrecht*, 40. Jahrgang, 40–44.

Blöß, T. (2004). Katastrophenmedizin: Zwang zur Selektion. *Deutsches Ärzteblatt, 101*, 33. A-2216/B-1854/C-1786.

BR24 Redaktion. (2021). *Gesundheitsminister bestätigt Triage in Kliniken.* https://www.br.de/nachrichten/bayern/oesterreich-gesundheitsminister-bestaetigt-triage-in-kliniken,SqKUjY9. Zugegriffen am 04.02.2022.

BR24 Redaktion. (2022). *US-Klinik streicht Ungeimpften von Transplantationsliste.* https://www.br.de/nachrichten/deutschland-welt/us-klinik-streicht-ungeimpften-von-transplantationsliste,Svj48yb. Zugegriffen am 04.02.2022.

Brade, A., & Müller, M. (2020). Corona-Triage: Untätigkeit des Gesetzgebers als Schutzpflichtverletzung? *Neue Zeitschrift für Verwaltungsrecht*, 39. Jahrgang, 1792–1797.

Brech, A. (2008). Triage und Recht, Schriften zum Gesundheitsrecht. *Schriften zum Gesundheitsrecht, 11.* Duncker & Humblot.

Bubser F., & Mochmann H. (Hrsg.). (2012). *Notfallmedizin II – Charité – Universitätsmedizin.* https://anaesthesieintensivmedizin.charite.de/fileadmin/user_upload/microsites/m_cc07/anaesthesieintensivmedizin/Script_Notfallmedizin2_5.Auflage_21.05.12.pdf. Zugegriffen am 05.02.2022.

Bundesärztekammer. (2020). *Orientierungshilfe der Bundesärztekammer zur Allokation medizinischer Ressourcen am Beispiel der SARS-CoV-2-Pandemie im Falle eines Kapazitätsmangels.* https://www.bundesaerztekammer.de/fileadmin/user_upload/downloads/pdf-Ordner/Stellungnahmen/BAEK_Allokationspapier_05052020.pdf. Zugegriffen am 04.02.2022.

Bundesärztekammer (BÄK). (Hrsg.). (2020). *Entscheidungen an Indikationen, Patientenwillen und Erfolgsaussichten ausrichten.* https://www.bundesaerztekammer.de/presse/pressemitteilungen/news-detail/entscheidungen-an-indikation-patientenwillen-und-erfolgsaussicht-ausrichten/. Zugegriffen am 04.02.2022.

Dederer, H., Gierhake, K., & Preiß, M. (2021). Ein Jahr Pandemie – eine Zwischenbilanz aus rechtsphilosophischer und verfassungsrechtlicher Perspektive (Teil2). *Covid-19 und Recht*, 2. Jahrgang, 522–527.

Deutsche Interdisziplinäre Vereinigung für Intensiv- und Notfallmedizin. (Hrsg.) (2022). *Zeitreihen, Anzahl gemeldeter intensivmedizinisch behandelter COVID-19-Fälle, Deutschland, Erwachsenen-Intensivstationen.* https://www.intensivregister.de/#/aktuelle-lage/zeitreihen. Zugegriffen am 05.02.2022.

Deutsche Interdisziplinäre Vereinigung für Intensiv- und Notfallmedizin (DIVI). (Hrsg.). (2021). *S1-Leitlinie – Entscheidungen über die Zuteilung intensivmedizinischer Ressourcen im Kontext der COVID-19-Pandemie – Version 3.* https://www.divi.de/empfehlungen/publikationen/viewdocument/6260/211214-divi-covid-19-ethik-empfehlung-version-3-entscheidungen-ueber-die-zuteilung-intensivmedizinischer-ressourcen. Zugegriffen am 04.02.2022.

Deutscher Ethikrat. (Hrsg.). (2020). *Solidarität und Verantwortung in der Corona-Krise – Ad-hoc-Empfehlungen.* https://www.ethikrat.org/fileadmin/Publikationen/Ad-hoc-Empfehlungen/deutsch/ad-hoc-empfehlung-corona-krise.pdf. Zugegriffen am 04.02.2022.

Ehlers, A., Bartholomä, J., & Menghin, D. (2021). Rechtliche Regelung der „Triage" – Gesundheitssysteme an ihren Grenzen. *Medizinrecht*, 39(5), 416–423.

Engländer, A., & Zimmermann, T. (2020). Die Covid-19-Pandemie und die Zuteilung von Ressourcen in der Notfall- und Intensivmedizin. *Neue Juristische Wochenzeitschrift*, 73. Jahrgang, 1398–1402.

Kern, B. (2021). Warum überraschen uns Seuchen? *Covid-19 und Recht*, 2. Jahrgang, 139–142.

Laufs, A., Kern, R., & Rehborn, M. (2019). *Handbuch des Arztrechts.* Beck.

Leisner-Egensperger, A. (2021). Impfpriorisierung und Verfassungsrecht. *Neue Juristische Wochenzeitschrift*, 74. Jahrgang, 202–208.

Lin, Y., Niu, K., Seak, C., Wenig, Y., Wang, J., & Lai, P. (2020). Comparison between simple triage and rapid treatment and Taiwan Triage and Acuity Scale for the emergency department triage of victims following an earthquake-related mass casualty incident: A retrospective cohort study. *World Journal of Emergency Surgery, 15.* https://doi.org/10.1186/s13017-020-00296-2. Zugegriffen am 04.02.2022.

Lindner, J. (2020). Die „Triage" im Lichte der Drittwirkung der Grundrechte. *Medizinrecht, 38*, 723–728.

Lübbe, W. (2020). Corona-Triage: Ein Kommentar zu den anlässlich der Corona-Krise publizierten Triage-Empfehlungen der italienischen SIAARTI-Mediziner. *Verfassungsblog: On Matters Constitutional.* https://intr2dok.vifa-recht.de/receive/mir_mods_00008303. Zugegriffen am 04.02.2022.

Marckmann, G., Neitzke, G., Schildmann, J., Michalsen, A., Dutzmann, J., Hartog, C., et al. (2020). Entscheidungen über die Zuteilung intensivmedizinischer Ressourcen im Kontext der COVID-19-Pandemie. *Medizinische Klinik – Intensivmedizin und Nofallmedizin, 115*, 477–485.

Merkel, R., & Augsberg, S. (2020). Die Tragik der Triage – straf- und verfassungsrechtliche Grundlagen und Grenzen. *JuristenZeitung, 14*, 704–714.

Müller, D. (2021). *Landesärztekammer Sachsen zu Intensivstationen: „Triage-Situation ist akut."* https://www.deutschlandfunk.de/erik-bodendieck-landesaerztekammer-sachsen-triage-100. html. Zugegriffen am 04.02.2022.

Nedbal, D. (2021). Bayerische Impfkommission für Einzelfallentscheidungen. *Bayerisches Ärzteblatt 2021, (4)*, 137.

Osterloh, F. (2021). „Latente Triage" hat begonnen. *Ärzteblatt.* https://www.aerzteblatt.de/nachrichten/129174/Latente-Triage-hat-begonnen. Zugegriffen am 04.02.2022.

Redaktion beck-aktuell. (2022). Gesetzgeber muss Menschen mit Behinderung vor Benachteiligung bei Triage schützen. *beck-aktuell Heute im Recht.* https://rsw.beck.de/aktuell/daily/meldung/detail/bverfg-gesetzgeber-muss-behinderte-menschen-vor-benachteiligung-bei-triage-schuetzen. Zugegriffen am 05.02.2022.

Riccioni, L., Ingravallo, F., Grasselli, G., Mazzon, D., Cingolani, E., Forti, G., et al. (2021). The Italian document: Decisions for intensive care when there is an imbalance between care needs and resources during the COVID-19 pandemic. *Annals of Intensive Care, 11.* https://doi.org/10.1186/s13613-021-00888-4. Zugegriffen am 04.02.2022.

Robert Koch-Institut (RKI). (Hrsg.). (2020). *Täglicher Lagebericht des RKI zur Coronavirus-Krankheit-2019 (COVID-19) – 14.04.2020.* https://www.rki.de/DE/Content/InfAZ/N/Neuartiges_Coronavirus/Situationsberichte/2020-04-14-de.pdf?__blob=publicationFile. Zugegriffen am 04.02.2022.

Sowada, C. (2020). Strafrechtliche Probleme der Triage in der Corona-Krise. *Neue Zeitschrift für Strafrecht*, 40. Jahrgang, 452–459.

Staeck, F. (2021). Arzt beklagt: „Intensivmedizin ist der Reparaturbetrieb für die Politik". *Ärztezeitung.* https://www.aerztezeitung.de/Politik/Arzt-beklagt-Intensivmedizin-ist-der-Reparaturbetrieb-fuer-die-Politik-424524.html. Zugegriffen am 04.02.2022.

Sternberg-Lieben, D. (2020). Corona-Pandemie, Triage und Grenzen rechtfertigender Pflichtenkollision. *Medizinrecht, 38*(8), 627–637.

Taupitz, J. (2020). Verteilung medizinischer Ressourcen in der Corona-Krise: Wer darf überleben? *Medizinrecht, 38*(8), 440–450.

Walter, T. (2022). Keine Verpflichtung zu einem Triagegesetz – und kaum Vorgaben dafür. *Neue Juristische Wochenschrift, 6*, 363–366.

Waßmer, M. (2021). Die strafrechtlichen Implikationen der Triage. *Juristische Arbeitsblätter*, 53. Jahrgang, 298–303.

World Health Organization. (2020). *WHO erklärt COVID-19-Ausbruch zur Pandemie.* https://www.euro.who.int/de/health-topics/health-emergencies/coronavirus-covid-19/news/news/2020/3/who-announces-covid-19-outbreak-a-pandemic. Zugegriffen am 04.02.2022.

Prof. Dr. Michael Schörnig ist als Professor für Wirtschaftsrecht an der FOM Hochschule für Oekonomie & Management am FOM Hochschulzentrum Nürnberg. Am dortigen Hochschulzentrum lehrt er einerseits im Studiengang Soziale Arbeit die Module „Sozialpolitik & Sozialverwaltung" und „Sozialrecht", andererseits im Studiengang Wirtschaftsrecht neben den Grundlagen mit den Rechtmethoden, das Verfassungs- und Strafrecht. Herr Prof. Schörnig ist überdies seit 2002 als Rechtswalt zugelassen und berät hier u. a. auch medizinische Einrichtungen. Zudem ist er kooptierter Wissenschaftler des ifgs – Instituts für Gesundheit & Soziales der FOM.

Isabel Schörnig ist Medizinaldirektorin und Fachärztin für Allgemeinmedizin, Fachärztin für öffentliches Gesundheitswesen und Fachärztin für Psychiatrie und Psychotherapie. Sie leitet die Außenstelle Regensburg des Gerichtsärztlichen Diensts beim Oberlandesgericht Nürnberg. Während der ersten Wellen der Corona-Pandemie war sie als Amtsärztin am Gesundheitsamt Regensburg tätig. Sie war dort an der „vordersten Front" vom ersten Tag an mit der Corona-Pandemie und deren Auswirkungen befasst. Dies hat nicht nur die Organisation und Begleitung des Contact Tracings und Anordnen von entsprechenden staatlichen Maßnahmen, sondern insbesondere auch die Abstimmung und Begleitung von Kliniken, Intensivstationen, Ärzten, Test- und Impfzentren und einer Vielzahl von weiteren Stellen im Rahmen der staatlichen Maßnahmen umfasst

Die COVID-19-Pandemie in Polen als gesellschaftliches Problem – Über die Notwendigkeit von Solidarität, Objektivität, Transparenz und Vertrauen

Marek Kulesza und Michał Stańczuk

Inhaltsverzeichnis

12.1 Einleitung – Bisherige Entwicklung und Verlauf der Pandemie in Polen 210
12.2 Strategien zur Pandemiebewältigung und deren Determinanten im bisherigen
Verlauf der Pandemie 211
12.3 Die polnische Gesellschaft angesichts der Pandemie und deren Bekämpfung –
ausgewählte Forschungsergebnisse und Analysen 214
12.4 Mehr Solidarität, Objektivität, Transparenz und Vertrauen ist erforderlich 220
Literatur 222

Zusammenfassung

Zwei Jahre Erfahrung mit COVID-19 in Polen ermöglichen den Versuch, eine vorläufige Einschätzung des Verlaufes, der durchgeführten Maßnahmen und Handlungen sowie der Richtigkeit und Angemessenheit der getroffenen Entscheidungen vorzunehmen. Einerseits wurden bestimmte Phänomene, Mechanismen und Regelmäßigkeiten entwickelt, die vielen Ländern gemeinsam sind; andererseits gab es erkennbare Unterschiede in den jeweiligen Strategien und den durchgeführten Maßnahmen. Dies alles beachtend sollte nicht vergessen werden, dass das durch die Pandemie fokussierte Gesundheitssystem auch andere Lebensbereiche stark tangiert hat: Politische, wirtschaftliche, soziale und kulturelle Rahmenbedingungen haben sich stark verändert. Aus die-

M. Kulesza (✉) · M. Stańczuk
Kardinal Wischinsky-Universität, Warschau, Polen
E-Mail: m.stanczuk@uksw.edu.pl

© Der/die Autor(en), exklusiv lizenziert an Springer Fachmedien Wiesbaden
GmbH, ein Teil von Springer Nature 2022, korrigierte Publikation 2023
M. Cassens, T. Städter (Hrsg.), *Erkenntnisse aus COVID-19 für zukünftiges
Pandemiemanagement*, https://doi.org/10.1007/978-3-658-38667-2_12

ser globaleren Gesamtbetrachtung heraus lassen sich ausgewählte relevante Postulate für die Gestaltung und Umsetzung zukünftiger Strategien zum Umgang mit solchen unvorhersehbaren Krisensituationen formulieren.

Schlüsselwörter

Pandemiebewältigung · Solidarität · Objektivität · Transparenz · Vertrauen

12.1 Einleitung – Bisherige Entwicklung und Verlauf der Pandemie in Polen

Der erste Fall von COVID-19 wurde in Polen am 4. März 2020 diagnostiziert und betraf eine Person, die aus Deutschland zurückkam und in Zielona Góra ins Krankenhaus eingeliefert wurde. Der Katastrophenfall wurde in Polen in weiterer Abfolge am 20. März 2020 ausgerufen. In der Anfangsphase der Ausbreitung (erste Hälfte März 2020) betraf die Infektion vor allem Personen, die aus dem Ausland zurückkehrten. Diese Situation änderte sich allmählich, so sank der Anteil der im Ausland Infizierten schnell auf 15 % Ende März und stabilisierte sich dann bei etwa 2–3 % der insgesamt Infizierten (vgl. Duszyński et al., 2020, S. 14). Wie in anderen Ländern Europas zeigte auch Polen in der Folge aufeinanderfolgende Wellen der Pandemie, verbunden mit teilweise unterschiedlichen Inzidenz- und Sterberaten, Strategien zur Bewältigung der Situation, Problemen, Einstellungen und Erfahrungen der Bevölkerung. Die erste Welle der Pandemie (März-Juni 2020) war in Polen begleitet von erheblicher Unsicherheit, schnellen und sehr rigorosen Maßnahmen zur Einschränkung sozialer Kontakte (weit verbreiteter Lockdown) trotz relativ niedriger Inzidenzen und Letalitäten. So übertraf die Zahl der täglichen Neuinzidenzen im Land während der ersten Welle kein Mal die Zahl von 600 Fällen, die Zahl der an und mit COVID-19 Verstorbenen reichte von 12 bis zu 40. Bereits Ende April begann die Regierung daraufhin langsam damit, ausgewählte Beschränkungen aufzuheben, die meisten folgten bis Ende Mai. Bis Ende Juni 2020 erkrankten laut offizieller Statistik des Gesundheitsministeriums in Polen 34.393 Menschen an COVID-19; 1463 von ihnen verstarben an oder mit dieser Diagnose (Rzeczpospolita Polska, 2022, o.S.).

Die zweite Welle der Pandemie traf auch Polen im Herbst-Winter 2020/2021. Die Zahl der Neuinfektionen begann Ende September 2020 rapide zu steigen und übertraf die Anzahl täglicher Meldungen von über 1500 Neuerkrankungen pro Tag bereits zu dieser Zeit. Im Oktober und November 2020 setzte sich dieser Trend fort: Am 31. Oktober wurden 21.897 neue Fälle und 280 Todesfälle gemeldet (ebd.). Bereits in der ersten Novemberhälfte 2020 erreichte die Zahl täglicher Inzidenzen stets zwischen 25.000 und 27.000, dies bei täglich zwischen 500 und 600 Todesopfern. Einschränkungen und Beschränkungen der sozialen Kontakte wurden erneut eingeführt, darunter die Schließung von Schulen und Kindergärten. In den folgenden Wochen gingen die Infektionszahlen langsam zurück und blieben in den Wintermonaten meist auf einem recht stabilen Niveau von mehreren tausend

Infektionen (täglich). Die täglichen Todesfälle blieben jedoch auf einem hohen Niveau (bis ca. 600 Fälle). Ende Dezember 2020 (27.12.2020) begann in Polen die Impfung gegen COVID-19. Priorisiert wurde zunächst das medizinische Personal als sogenannte „Gruppe Null". Was das Infektionsgeschehen des Jahres 2020 betrifft, so wurden bis Ende 2020 in Polen 1.294.878 Fälle positiv getestet und 28.554 Todesfälle wurden aufgrund von oder im Zusammenhang mit COVID-19 registriert.

Die dritte Welle der Pandemie erreichte auch Polen im Frühjahr 2021. Die Zahl der Neuinfektionen begann zum Ende des Winters wieder zu steigen und erreichte um die März-April-Wende Rekordwerte, so am 31. März mit 32.874 gemeldeten Neuinzidenzen und 35.251 am Folgetag. Dies hatte die bekannten, verzögerten Folgeeffekte hinsichtlich der Letalitäten – am 8. April 2021 wurde ein Rekord von 954 Todesfällen durch oder im Zusammenhang mit Corona registriert. Mit fortschreitender Immunisierung durch Impfung und dem Einsetzen der wärmeren Jahreszeit begann die Zahl der täglichen Infektionen wieder zu sinken. Am 24. Mai sank die Zahl der Neuerkrankungen wieder auf unter tausend (559), das war das beste Ergebnis seit September 2020. In den Monaten Juni, Juli und August überschritt die Zahl der Infektionen landesweit in der Regel nicht mehr als 100 Neuinfektionen pro Tag und die Zahl der im Kontext von COVID-19 registrierten Letalitäten lag oft bei 0. Trotz der eingehenden Signale aus dem Ausland, die bereits vor der Delta-Variante des Virus warnten und Zurückhaltung bei der Beurteilung der Wirksamkeit von Impfstoffen zeigten, glaubte man nach Einschätzung der Autoren in Polen lange an das ersehnte Ende der Pandemie. Die vierte Welle der COVID-19-Pandemie trat erneut in der Herbst-Winter-Periode auf, obwohl (anders als in Westeuropa) deutliche Anstiege der Inzidenz erst im November 2021 einsetzten. Zunächst waren sie nicht mit einem signifikanten Anstieg der Todesfälle verbunden. Dies änderte sich im Dezember: Nun wurden in der Statistik über 700 Todesfälle pro Tag an die Öffentlichkeit gemeldet. Tages- und Wochenzahlen der Infizierten näherten sich schnell den höchsten zuvor verzeichneten Werten an und stabilisierten sich auf recht hohem Niveau. Der Beginn des Jahres 2022 verbreitete sich die Omikron-Variante von Südafrika aus in die Welt und erreichte ebenfalls Polen. Die hohen, zunächst aber stabilen Werte der Infektionszahlen stiegen Ende Januar 2022 deutlich an und erreichten schnell neue Rekorde: Es waren bis zur Einreichung dieses Beitrages circa 57.000 Neuinfektionen pro Tag (bis Ende Januar 2022). Bis Anfang Februar 2021 wurden offiziell insgesamt etwa 5,4 Millionen Infektionen registriert, davon wurden circa 4,7 Millionen Polinnen und Polen als genesen klassifiziert.

12.2 Strategien zur Pandemiebewältigung und deren Determinanten im bisherigen Verlauf der Pandemie

Die Pandemie hat nahezu alle Bereiche des Lebens der Polinnen und Polen nachhaltig erfasst. So wie ihre Wirkung weit über das eng gefasste medizinische Tätigkeitsfeld hinausgeht, lassen sich auch die Strategien zur Bewältigung einer Pandemiesituation nicht auf eine rein medizinische Sichtweise beschränken. Das Erleben, Verstehen und Erklären der

Komplexität der Situation unterliegt erheblichen wahrnehmbaren Veränderungen, deren Hauptrichtungen in Bezug auf den zuvor skizzierten Zeitplan für die Entwicklung der Pandemie nachgezeichnet und charakterisiert werden können. In der ersten Phase der Pandemie herrschte erhebliche Unsicherheit und ein wachsendes Bedrohungsgefühl. Recht schnell wurden weitreichende Restriktionen und Beschränkungen eingeführt. So wurden beispielsweise alle Schulen und Bildungseinrichtungen ab dem 12. März 2020 geschlossen, nachdem am Vortag republikweit 9 Krankheitsfälle festgestellt wurden. Die Schließungen zielten einerseits darauf ab, die Ansteckungswege abzuschneiden und das Virusgeschehen so auf niedrigem Niveau zu halten. Wie in anderen europäischen Ländern konzentrierten sich die Akteure auf eine adäquate, flächendeckende Teststrategie und eine effiziente Identifizierung von Kontaktpersonen. Zentraler Bestandteil der Pandemiestrategie war es ebenfalls, die Infektionsübertragung über zwischenmenschliche Kontakte im alltäglichen Leben durch die Begrenzung von Versammlungen, Schließung von Einrichtungen, die Einführung von Telearbeit zu reduzieren. Wo Kontakte unablässig waren, wurden auch sehr zeitnah pandemiebedingte individuelle Hygienemaßnahmen eingeführt. Diese waren den Kontaktregeln in Deutschland sehr ähnlich und betrafen zusätzlich – auch hier ist der Vergleich möglich – den öffentlichen Raum.

Zunächst ging Polen, wie viele andere Länder, von der Möglichkeit aus, die Epidemie vollständig unter Kontrolle bringen und sie sogar auslöschen zu können, indem man sich auf die Reduzierung sozialer Kontakte und die Einschränkung der Mobilität, insbesondere der internationalen Mobilität, konzentrierte. Während sich eine vollständige Eliminierung des Virus schnell als unmöglich erwies, ließ diese Strategie Zeit, andere Aktivitäten zu organisieren und das Gesundheitswesen darauf vorzubereiten, die erhöhte Zahl von COVID-19-Patienten aufzunehmen. Mit dem Aufkommen aufeinanderfolgender Wellen der Pandemie wurde schnell erkannt, dass das übergeordnete Ziel darin bestehen musste, das pandemiebedingte Morbiditäts- und Letalitätsgeschehen auf einem möglichst niedrigen Niveau zu halten und gleichzeitig soziale Unruhen zu vermeiden. Ziel war bis in das Jahr 2021 hinein, dass diese Stabilität bis zur Umsetzung der bevölkerungsweiten Impfungen erhalten bleibt.

Die Umsetzung einer Strategie zur Erreichung der „Herdenimmunität durch Infizierung eines Großteils der Bevölkerung" wurde in Polen nie ernsthaft in Betracht gezogen. Dies hing hauptsächlich mit der Angst vor übermäßiger Morbidität und Mortalität und einer sehr begrenzten Möglichkeit zusammen, Menschen zu schützen, die einer schweren Krankheit ausgesetzt waren. Darüber hinaus wurden von Anfang an Zweifel an der Dauerhaftigkeit der natürlichen Immunantwort und den möglichen Nebenwirkungen der Krankheit geäußert (vgl. Duszyński et al., 2020, S. 18).

Während in der Anfangsphase der Pandemie Argumente und Begründungen für Entscheidungen im medizinischen Bereich deutlich dominierten, insbesondere in Bezug auf die Fokussierung auf die Perspektive der Virologie und Epidemiologie, traten im weiteren Pandemieverlauf gesellschaftspolitische, ökonomische, psychologische und psychologische Fragestellungen mehr und mehr in den Vordergrund. Gegenstand der öffentlichen Diskussion waren nicht nur die Beschränkungen selbst, sondern auch die Rechtmäßigkeit ihrer Einführung, Einschränkungen der Rechte des Einzelnen und damit verbundene Verwaltungsstrafen (Kosiedowski et al., 2021, S. 7 ff.).

Auch in der medizinischen Fachwelt gibt es unterschiedliche Sichtweisen hinsichtlich der notwendigen Perspektiven und medizinischen Leistungen sowie deren (Nicht-)Verfügbarkeit. Die Pandemie wird dabei schnell zu einem untrennbaren Bestandteil der polnischen Tagespolitik, alle damit verbundenen Entscheidungen werden im Zusammenhang mit ihrem politischen Nutzen und ihren Folgen betrachtet. Dies ist umso verständlicher, als die Pandemiesituation die ursprünglich für den 10. Mai 2020 geplanten Wahlen bestimmte. Die Wahlen wurden schließlich am 28. Juni 2020 und am 12. Juli 2020 (zweite Runde) abgehalten und brachten dem amtierenden Präsidenten A. Duda einen Sieg. Die Frage des Umgangs des herrschenden Lagers mit einer Pandemiesituation und der Chancengleichheit von Kandidaten in einer Pandemiesituation ist unter den Bedingungen des Wahlkampfs Gegenstand einer intensiven öffentlichen Debatte geworden.

Die zweite Welle der Pandemie wurde, viel mehr als die erste, zu einem „Spielball" politischer Kräfte. Sie fiel mit weit verbreiteten Protesten gegen die Verschärfung der Abtreibungsgesetze (Oktober/November 2020) zusammen. Die diesbezüglichen Entscheidungen der Regierung wurden von der Opposition heftig kritisiert, darunter insbesondere eine unzureichende Vorbereitung des medizinischen Versorgungssystems auf die erwartete zweite Welle der Pandemie. Angesichts der dramatischen Infektionszahlen beschloss die Regierung erneut, die sozialen Kontakte einzuschränken (u. a. Schulschließungen und beschleunigte Winterferien, Einschränkung in der Hotellerie und im öffentlichen Raum). Ein viel diskutiertes Problem war insbesondere das besorgniserregende Phänomen der im europäischen Vergleich deutlich erhöhten Sterblichkeit der Bevölkerung, die in diesem Zeitraum am höchsten war (bis 97 % zusätzliche Todesfälle im Vergleich zum Vorjahresnovember 2020; vgl. Ministerstwo Zdrowia, 2021, o.S.).

Die dritte Welle der Pandemie fiel auch in Polen mit dem Start von Massenimpfungen zusammen. Sehr hohe Sterblichkeitsraten haben mehr denn je zu Diskussionen über die Legitimität der sozialen Einschränkungen, die eingeschränkte Verfügbarkeit planmäßiger elektiver Leistungen und die realen Gesundheitskosten geführt. Anfängliche Schwierigkeiten hinsichtlich der Verfügbarkeit von Impfstoffen führten zu zusätzlichen Spannungen im Zusammenhang mit der Festlegung des Impfplans für ausgewählte Gruppen. Die öffentliche Debatte konzentrierte sich auf die Organisation des universellen Impfsystems, die allgemeine Verfügbarkeit der Vakzine und die Priorisierung bei anfangs sehr hoher Impfwilligkeit.

Die vierte Welle der Pandemie wird in Polen mit einer Vielzahl von Impfdurchbrüchen des SARS-CoV-2-Virus bei vollständig geimpften Menschen in Verbindung gebracht. Wie in anderen Ländern wurde im Herbst 2021 mit Auffrischungsimpfungen („booster") begonnen. Das Auftauchen einer neuen Virusvariante (Delta) sowie ein starker Anstieg der Infektionen, insbesondere bei vollständig geimpften Personen, erforderten eine belastbare Gesundheitskommunikation über die Situation, dies bezog sich vor allem auf die Impfwirksamkeit. Die Durchimpfungsrate blieb in Polen im Vergleich zum europäischen Niveau relativ niedrig; im Februar 2022 betrug der Prozentsatz der vollständig geimpften

Personen lediglich 58,5 %. Die hohen Infektionszahlen in Regionen mit hohen Durchimpfungsraten ließen sich nicht länger verheimlichen und bedurften daher einer Erklärung. Das Ausmaß der fünften Welle der Pandemie erzwang die Einführung neuer Lösungen, darunter beispielsweise die Verkürzung der Quarantänezeit. Die Zahl der Menschen, die sich in Quarantäne und häuslicher Isolation aufhielten, erreichte 500.000, was zur drohenden Situation führte, unter Beibehalt der 2020 eingeführten Quanrantänebestimmungen das gesamte Land zu lahmzulegen. Die auf die anhaltenden Hygienemaßnahmen spürbare Müdigkeit und die zunehmenden psychosozialen Langzeiteffekte führten, verbunden mit der Information über den relativ milden Krankheitsverlauf durch die Omikron-Variante, zu modifizierten, moderateren staatlichen Reaktionsstrategien.

12.3 Die polnische Gesellschaft angesichts der Pandemie und deren Bekämpfung – ausgewählte Forschungsergebnisse und Analysen

Masseninfektionen wie die COVID-19-Pandemie müssen als ein Phänomen mit sehr weitreichenden Auswirkungen und Bedrohungen für die Gesundheit und das Leben vieler Menschen reflektiert werden. Dabei ist es einerseits wichtig, öffentliche Teilsysteme und Individuen zu elaborieren. Andererseits bedarf es der Analyse von Einstellungen und spezifischen Verhaltensweisen einzelner Gesellschaftsmitglieder und bestimmter Kategorien sozialer Gruppen. Seit Beginn der Pandemie wurden diese Zusammenhänge zum Gegenstand multidisziplinärer Forschung und analytischer Untersuchungen. Im Fokus sozialwissenschaftlicher Forschung standen unter anderem Studien zu den Auswirkungen auferlegter Hygienevorschriften und -beschränkungen auf verschiedene Bereiche des menschlichen Lebens. So wurde bereits Ende März 2020 unter der Leitung von Dragan eine Online-Studie durchgeführt, die darauf abzielte, die bestehenden Anpassungsstörungen in der Frühphase der Pandemie zu erfassen (Dragan et al., 2021). An der Studie nahmen 1792 Personen teil. Für 75 % von ihnen war die Epidemie ein allgemein starker Stressfaktor; 49 % der Befragten gaben zudem an, unter starken Symptomen einer Anpassungsstörung zu leiden. Dies drücke sich der Studie zur Folge vor allem durch diffuse Angstzustände (44 %), Depression (26 %) und die Angst um die eigene Gesundheit, die der Angehörigen, die Sicherheit des Arbeitsplatzes und die Möglichkeit aus, nicht normalen Freizeitaktivitäten nachgehen zu können, aus. Dragan et al. attestierten somit der polnischen Bevölkerung für die ersten Wochen der COVID-19-Pandemie und des damit verbundenen Lockdowns hohe Werte schlechter psychischer Gesundheit (Dragan et al., 2021; Juszczyk et al., 2021).

Die von Gambin et al. im Mai, Juni, Juli und Dezember 2020 durgeführte Studie mit repräsentativer Stichprobe erwachsener polnischer Einwohner bestätigte die Ergebnisse Dragans zu Angstzuständen und Depressionen. Zudem fanden Gambin et al. heraus, dass im Dezember die meisten Depressionssymptome bei Personen im Alter von 35 bis 44 Jahren gemeldet wurden (Gambin et al., 2021). Eltern von Kindern im Alter von bis zu 18 Jahren zeigten eine stärkere Progredienz der depressiven Symptome als Personen, die in diesem Alter keine Kinder hatten (ebd.). Depressive Symptome und allgemeine Angstzustände gingen einher mit sozialen Schwierigkeiten: Das Aufrechterhalten zwischenmenschlicher Beziehungen, Gefühlen mangelnder Privatsphäre und der Aufgabenüberlastung und Zukunftsängsten aufgrund der sich weiterentwickelnden Epidemie (ebd.).

Im Rahmen einer internationalen Vergleichsstudie mit Teilnehmenden aus neun Ländern (Australien, Zypern, Griechenland, Niederlande, Spanien, Türkei, Großbritannien, USA und Polen) wurden insbesondere der psychische Zustand und potenzielle langfristige Folgen der Epidemie bei Kindern zwischen ein und sechs Jahren fokussiert (De Young et al., 2021). An der Vergleichsstudie nahmen 1112 Mütter mit einem Durchschnittsalter von 33 Jahren und Kinder mit einem arithmetischen Mittelalterswert von 4,5 Jahren teil. Die Mütter beurteilten, ob und inwieweit sich bestimmte Schwierigkeiten oder Verhaltensauffälligkeiten bei Kindern seit Beginn der COVID-19-Pandemie verstärkt hatten (z. B. Schlafstörungen, affektive und kognitive Störungen). Bezogen auf die erste Welle der Corona-Pandemie konnten keine größeren Veränderungen nachgewiesen werden. 10 Prozent der Mütter bemerkten, dass ein vor COVID festgestelltes psychisches Problem mittlerweile deutlicher auftritt. Die betrifft beispielsweise Schlafstörungen oder Probleme mit der pandemiebedingten Trennung von Bezugspersonen. Gleichzeitig berichten die Autoren, dass die Einschränkungen im Zusammenhang mit der Pandemiesituation von einigen Müttern als positive Auswirkungen auf die Familie festgestellt wurden, indem sich das Gefühl der Nähe zwischen Familienmitgliedern erhöht hatte. Ausschlaggebend hierfür war, dass man mehr Zeit mit der Familie verbrachte und den Mitgliedern gegenseitig mehr Dankbarkeit und Wertschätzung entgegenbrachte (Gambin et al., 2021). Die Forschungsgruppe um Woźniak-Prus dokumentierte in einer Studie an Jugendlichen in drei Wellen (August 2020 n = 360, September 2020 n = 281, und November 2020 n = 228) eine Progredienz generalisierter Angst- und Depressionssymptome. Ursächlich hierfür waren im September die Rückkehr in die Präsenzbeschulung und die damit verbundenen Beziehungen zu Lehrenden, einer erhöhten Anzahl schulischer Pflichten und die Neuausrichtung der Beziehungen in den Peer-Gruppen. Als die Fernbeschulung im November 2020 mit der zweiten Coronawelle wieder einsetzte, verstärkten sich die psychischen Symptome der Studie zur Folge (vgl. Gambin et al., 2021).

Eine weiteres im Zusammenhang relevantes Forschungsprojekt fokussierte die Bestimmung zur Einhaltung der Hygieneauflagen und – zu einem späteren Zeitpunkt – der Impfbereitschaft. Eine diesbezüglich von Oleksy et al. (2022) durchgeführte Untersuchung ging davon aus, dass eine geringe Impfbereitschaft mit Eigenschaften wie dem Glauben an Verschwörungstheorien, prosozialem Verhalten und Autoritarismus zusammenhängen könnte. Es wurden Längsschnittbeziehungen zwischen der individuellen Bereitschaft, sich Impfungen gegen COVID-19 zu unterziehen, und den drei sozialen Faktoren: Verschwörungsmentalität, Prosozialität und Autoritarismus elaboriert. Die Analysen wurden unter Verwendung von Random-Intercept-Cross-Lagged-Panel-Modellen durchgeführt. Die Autoren berichten von bidirektionalen positiven Korrelationen zwischen Prosozialität und der Bereitschaft während der ersten drei Messwellen geimpft zu werden. Dies traf auch für die Beziehung zwischen Autoritarismus und Verschwörungsmentalität zu. Es stellte sich heraus, dass sich der Glaube an Verschwörungstheorien als Barriere für die Impfbereitschaft darstellt, während die Neigung zu prosozialem Verhalten die Impfbereitschaft erhöht. Der Autoritarismus konnte nicht mit der Impfbereitschaft in Verbindung gebracht werden. Im Allgemeinen erhöhten Personen mit einem geringen Glauben an Verschwörungstheorien und einem hohen Maß an Prosozialität ihre Impfbereitschaft in späteren Stadien der Studie (Oleksy et al., 2022).

Die Gründe, warum Menschen eine negative Einstellung zu Impfungen äußern, wurden regelmäßig in Umfragen analysiert, die vom Centrum Badania Opinii Społecznej (CBOS; übers.: Zentrum für öffentliche Meinungsforschung) im Jahr 2021 durchgeführt wurden. Abb. 12.1 zeigt die Einstellungsänderung im Laufe des Jahres 2021. Charakteristischerweise wurden keine signifikanten Änderungen beobachtet.

Zusammen mit der weit verbreiteten Impfkampagne wurde ein Rückgang der Befürchtungen in Bezug auf ihre gesundheitlich negativen Auswirkungen beobachtet (von 78 % im Januar 2021 auf 61 % im Mai des Jahres). Die Abbildung zeigt zudem: Es besteht vor allem eine Unsicherheit in Bezug auf die Impfnebenwirkungen, es folgen die Bedenken hinsichtlich der Wirksamkeit des Impfstoffs an zweiter Stelle.

Monatliche Erhebungen des CBOS zu Veränderungen in der Wahrnehmung der Bedrohung durch eine Pandemiesituation zeigen Regelmäßigkeiten, die zyklische Zunahmen der Angst/Besorgnis im Zusammenhang mit den Pandemiewellen (siehe Abb. 12.2).

Die höchsten Angstwerte wurde in der Anfangsphase der Pandemie (April 2020) verzeichnet, als 69 % der Befragten angaben Angst zu haben, denen 28 % gegenüberstanden, die berichteten, keine Angst (der niedrigste Wert) vor einer Infektion zu haben. Während sich die pandemische Lage in den Frühlings- und Sommermonaten 2020 verbesserte, flachten die Angstgefühle wieder ab. Sie stiegen jedoch wieder an, als die zweite Pandemiewelle Polen erreichte. Besonders deutlich wurde der Zusammenhang von Bedrohungsempfinden und Pandemieverlauf im Sommer 2021. Während dieses Zeitfensters trafen die anfänglichen Erfolge der Impfkampagnen mit niedrigen Inzidenzen zusammen, sodass viele an ein Ende der Pandemie glaubten. Daher erscheint es plausibel, dass in diesem Zeitraum (Juni bis September 2021) ein größerer Anteil der Befragten keine Angst vor einer Infektion und gegenüber der Pandemie angab (jeweils 51 % bis 48 % im Juni, 53 % bis 46 % im Juli, 52 % bis 47 % im August und 53 % bis 48 % im September). In allen anderen Monaten überwog der Prozentsatz der Personen, die Angst hatten (hoch und mittel), den Prozentsatz der Personen, die keine Angst äußerten. Mit der Verbreitung der Omikron-Variante ab Februar 2022 begann der Anteil der Personen stark zu sinken, die eine Infektion befürchteten. Die Werte erreichten im März 2022 einen Tiefstwert (43 % der Befragten gaben an, Angst vor einer Infektion zu haben, 55 % der Personen stehen demgegenüber, die keine Angst vor einer Infektion haben).

Ohne den Versuch zu unternehmen, die obigen Messergebnisse ausführlich zu interpretieren, kann festgestellt werden, dass die Pandemiesituation mit dem Auftreten einer Reihe von sozialen Begleiterscheinungen verbunden wird, die gemeinhin als schädlich oder riskant diskutiert werden (vgl z. B. Dymecka, 2021; Heitzman, 2020; Dragan et al., 2021 u. A.) (siehe Abb. 12.3).

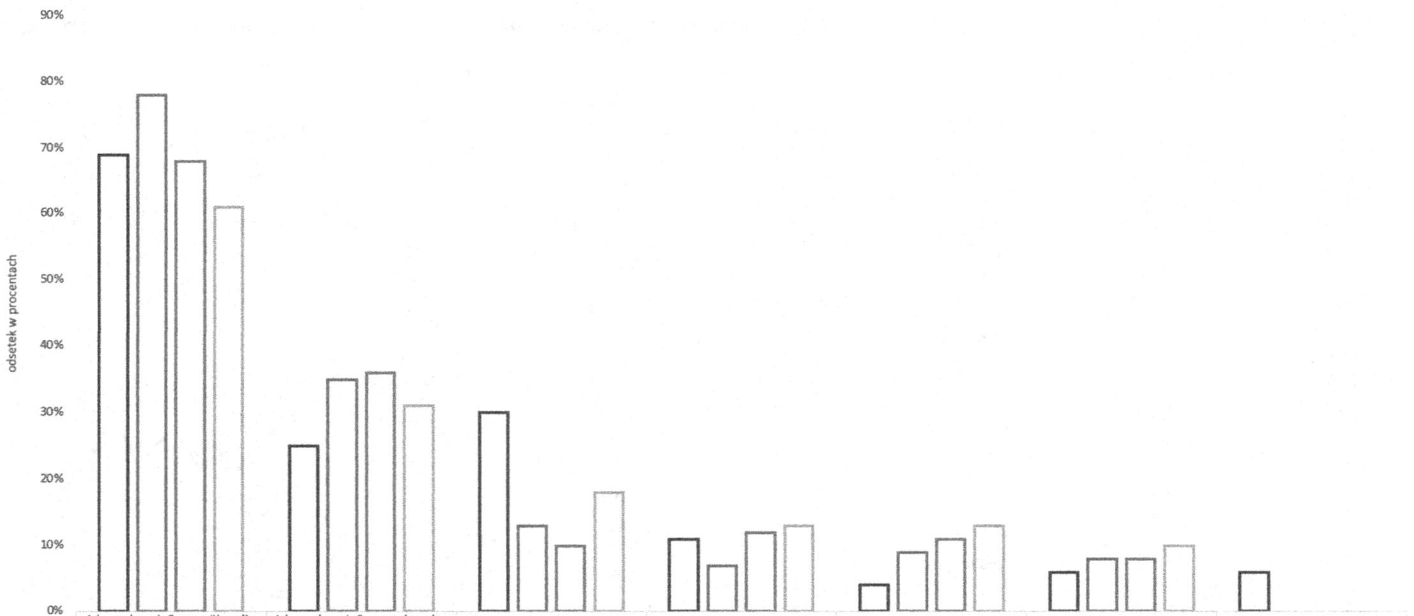

	Ich mache mir Sorgen über die Nebenwirkungen des neuen Impfstoffs	Ich mache mir Sorgen, dass der Impfstoff Sie nicht wirksam vor der Krankheit schützen wird	Impfungen vermeide ich komplett	Ich glaube, dass COVID-19 keine ernsthafte Krankheit ist	Ich hatte bereits COVID-19	Andere Gründe	Ich fürchte, der Impfstoff könnte zu teuer für mich sein
11/2020	69%	25%	30%	11%	4%	6%	6%
1/2021	78%	35%	13%	7%	9%	8%	0
3/2021	68%	36%	10%	12%	11%	8%	0
5/2021	61%	31%	18%	13%	13%	10%	0

Abb. 12.1 Gründe für Impfangst bei Polinnen und Polen, die sich nicht impfen lassen wollen

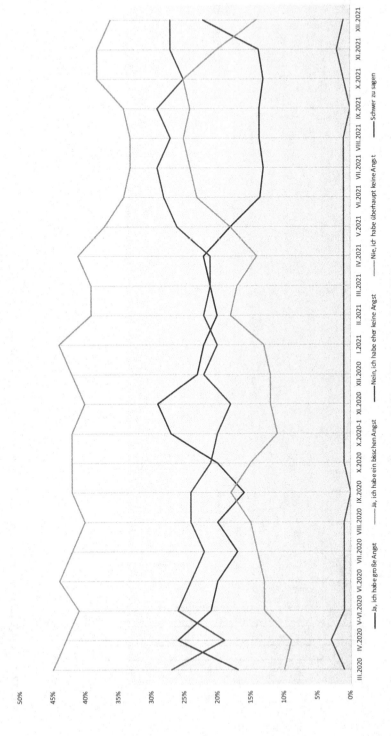

Abb. 12.2 Angst vor einer Corona-Infektion zwischen März 2020 und Dezember 2021 (Polen)

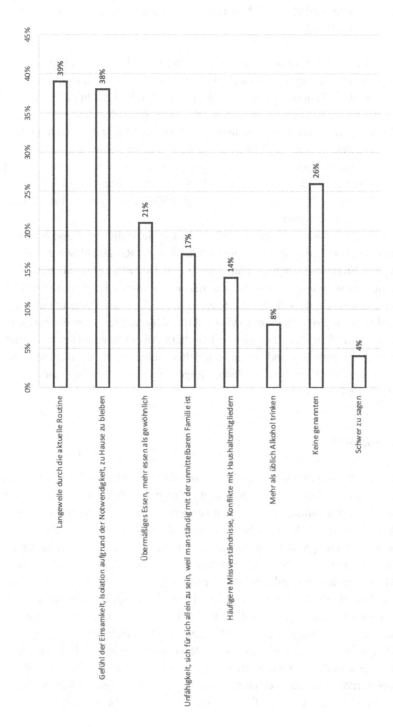

Abb. 12.3 Persönliche (negative) Erfahrungen im Zusammenhang mit den Einschränkungen während der Pandemie

12.4 Mehr Solidarität, Objektivität, Transparenz und Vertrauen ist erforderlich

Nach fast zwei Jahren Erfahrungen mit den mit der COVID-19-Pandemie assoziierten sozialen Problem in Polen kann festgestellt werden: Eine Vielzahl von Prozessen, Mechanismen und sozialen Phänomenen haben sich verändert. Dies bezieht sich auf praktisch alle Funktionsbereiche des Lebens und geht weit über die gesundheitlichen Auswirkungen des Virus hinaus. Wie ansatzweise berichtet, sind die Folgen Gegenstand zahlreicher Forschungs- und Analysearbeiten geworden, deren gemeinsamer Nenner die weit verbreitete Bedrohungslage und die Bewältigung der Unsicherheitssituation in Bezug auf die eigene und fremde Gesundheit ist. Zu nennen sind als weitere sozialwissenschaftliche Forschungsgegenstände die Veränderungen im Alltag, Einschränkungen im Privatleben, der Wandel von Arbeit, Bildung und Freizeitverhalten.

Während die ersten Monate der COVID-19-Pandemie völlig neue und bisher unbekannte Phänomene und Erfahrungen, hohe Unsicherheit bei Rückschlüssen und Vorhersagen zukünftiger Ereignisse, Überraschung, Angst und Zukunftsängste mit sich brachten, veränderte sich im weiteren Pandemieverlauf der psychosoziale Umgang mit dem Virus. Es ist davon auszugehen, dass die Erfahrungen aus dieser Zeit den Umgang mit künftigen Gesundheitskrisen voraussichtlich noch viele Jahre prägen werden – sowohl bei Entscheidungsträgern, als auch in der gesamten Gesellschaft. Aus dem gesamten Spektrum der Fragestellungen, Erfahrungen und vorläufigen Schlussfolgerungen, die sich aus dem bisherigen Pandemieverlauf ergeben, resultieren folgende ausgewählte und aufeinander bezogene universelle Postulate:

12.4.1 Solidarität

Solidarität ist ein breit interpretierbarer Begriff, der oft verwendet wird. Einen besonderen Platz in der polnischen Tradition und Geschichte erlangte der Solidaritätsbegriff durch die Tätigkeit der gewerkschaftlich verwurzelten Bürgerbewegung, die beim Sturz des kommunistischen Systems eine Schlüsselrolle spielte. Solidarität kann während einer Pandemie unterschiedlich interpretiert werden und sich auf die sehr differente Interpretation von Situationen und Sichtweisen beziehen. Solidarität konnte und kann gegenüber Kranken, medizinischen Diensten, gefährdeten Menschen und denjenigen Menschen, die unter den Folgen einer Pandemie leiden (erlebt durch Krankheit, Trennung, Tod, aber auch z. B. wirtschaftliche Folgen) gelebt werden. Solidarität impliziert darüber hinaus die Notwendigkeit des gemeinsamen Handelns auf verschiedenen Entscheidungsebenen. Dies kann sowohl vertikal, z. B. zentrale und kommunale Regierungsbehörden, als auch horizontal erfolgen. Letzteres in Bezug auf die Zusammenarbeit verschiedener Wissens- und Praxisbereiche. Solidarität erfordert so einen Bruch mit der bis 2020 von den Autoren beobachteten Selbstgerechtigkeit, von der die polnische Gesellschaft bis dahin geprägt zu sein schien.

12.4.2 Objektivität

Die Wahrnehmung einer Pandemiesituation als (globales) gesellschaftliches Problem erlaubt es uns, wichtige Postulate für deren Erforschung, Beschreibung und Darstellung zu setzen. Sie betreffen vor allem die Beibehaltung einer objektiven Beurteilung der Situation, die Zurückweisung von Bedenken hinsichtlich der sozialen Veränderungen, wie auch immer diese aussehen mögen. Objektivität betrifft zudem die Darstellung ohne Verzerrungen – insbesondere, was die Ursachen und Determinanten von Phänomenen betrifft. Sie bezieht. sich auch auf Erinnerungen daran, dass soziale Probleme Veränderungen unterliegen, die zu verschiedenen Konsequenzen führen, die die Gestaltung der Gesellschaft beeinflussen. Offensichtlich muss das Postulat der (Wahrung) der Objektivität besonders an die wissenschaftliche Gemeinschaft gerichtet werden, die in Zeiten weit verbreiteter Unsicherheit, Stress oder Bedrohungsgefühle eine wichtige, meinungsbildende Rolle hat. Leider zeigen die polnischen Erfahrungen mit der Pandemie, wie schnell und leicht die Machthaber dazu verleitet werden können, ihre eigenen politischen Pläne mit dem Prestige von Fachstudien und wissenschaftlichen Titeln zu legitimieren.

12.4.3 Ehrlichkeit und Transparenz

Zweifellos erforderte die Krisensituation im Zusammenhang mit der Pandemie schnelles Handeln in einem beispiellosen Ausmaß. Es war notwendig, Entscheidungen in einer Situation der Ungewissheit hinsichtlich ihrer Auswirkungen und Ressourcenknappheit zu treffen. Entscheidungsträger hatten sich sowohl im öffentlichen, als auch im privaten Kontext die Frage zu stellen: Wie schnell und wie vorsichtig sollte man in einer Situation handeln? Es liegt auf der Hand, dass sich viele getroffene politische Entscheidungen im Nachhinein als falsch oder nicht optimal erwiesen haben. Umso mehr lässt sich daher jedoch die Notwendigkeit einer größtmöglichen perspektivischen Ehrlichkeit und Transparenz der Entscheidungsfindung als Forderung und Aufgabe postulieren. Es ist notwendig, die Bedeutung von falschen Entscheidungen offen anzuerkennen; das gilt insbesondere, wenn einige von ihnen bereits im Vorfeld schwer zu erklären, umstritten oder unbeliebt waren. Nur ein solches Vorgehen kann langfristig für eine größere Bereitschaft zu gemeinsamen Anstrengungen sorgen, um solchen Krisen solidarisch entgegenzuwirken. Was die Umsetzung des Postulats „Ehrlichkeit und Transparenz" in Polen betrifft, so ließ diese nach Ansicht einiger Autoren sehr zu wünschen übrig (z. B. Jabłoński & Murawiec, 2021) auch in Bezug auf die Tätigkeit öffentlicher Medien (z. B. Siekiera, 2020). Die durch investigativen Journalismus entdeckten und veröffentlichten Situationen weisen auf die Manipulation von Fakten und Daten hin. Auch deren einseitige Interpretationen scheinen ernsthaft die Glaubwürdigkeit der ergriffenen Maßnahmen und das Vertrauen in die Entscheidungsträger untergraben zu haben. Intransparenz in der Führung des Gesundheitswesens im Krisenfall oder intransparente Verfahren, z. B. bei der Anschaffung von Schutzausrüstung, sind Probleme, die nicht nur zu einer Zunahme von Krankheitsfällen und damit zur Entwicklung der Epidemie führen, sondern verschlechtern auch insgesamt die Qualität der öffentlichen Dienste, insbesondere des Gesundheitssystems. Dies wiederum führt zu einem geringeren Vertrauen in öffentliche Institutionen, was wiederum zu einer geringeren Bereitschaft führt, die Empfehlungen der Behörden zu akzeptieren. Die Folge daraus ist, dass es umso schwieriger wird, die aktuelle Gesundheitskrise zu bewältigen. (z. B. Marczewski, 2020)

12.4.4 Vertrauen

In den vielen von Unsicherheit geprägten Situationen hat die Frage des Vertrauens eine entscheidende Bedeutung erlangt. Dies war und ist unabhängig davon, ob dies allgemeine und individuelle Interessen, zwischenmenschliche Beziehungen, das Funktionieren von Institutionen auf verschiedenen Ebenen (lokal, national oder international) oder das Treffen und Legitimieren von Entscheidungen betraf bzw. betrifft. Die Frage des Vertrauens in Zeiten einer Pandemie impliziert ebenfalls, Experten und deren Bewertung von Maßnahmen und Lagen zu glauben, die von der großen Mehrheit der Gesellschaft nicht überprüft werden können. Es hängt vom Grad des Vertrauens ab, dass diese Informationen als wahr akzeptiert werden. Denn oft betrafen derartige Experteneinschätzungen während des bisherigen Pandemieverlaufes sehr tiefe Einschnitte in das eigene (Sozial-)Verhalten. Wie einige Autoren betonen, hat die Pandemiekrise auch viel stärker jene Gesellschaftsschichten getroffen, in denen es ein Misstrauen gegenüber öffentlichen Institutionen vorherrscht (Marczewski, 2020, S. 7). Dies erschwerte offensichtlich die Einhaltung öffentlicher Gesundheitsempfehlungen und verhinderte auch die Akzeptanz von Expertendiagnosen. Das wichtigste von Impfgegnern und Pandemieleugnenden ausgehende Vertrauensdefizit trifft auf eine gegen die Pandemie kämpfende Gesellschaften. Die weitere Vertiefung dieses Misstrauens kann den gesellschaftlichen Zusammenhalt auf Dauer ernsthaft verletzen (vgl. Marczewski, 2020, o.S.). Die oben genannten postulierten Werte (wie Solidarität, Vertauen, Ehrlichkeit), die bei der Formulierung von Maßnahmen zur Bewältigung von Krisen im Zusammenhang mit einer Pandemie bisher zu beachten waren, haben weitgehend universellen Charakter und könnten langfristig die polnische Gesellschaft stabilisieren. Sie stellen daher eine Art Wegweiser für wichtige Entscheidungen auf verschiedenen Ebenen dar.

Literatur

De Young, A. C., Vasileva, M., Boruszak-Kiziukiewicz, J., Seçinti, D. D., Christie, H., Egberts, M. R., et al. (2021). COVID-19 unmasked global collaboration protocol: Longitudinal cohort study examining mental health of young children and caregivers during the pandemic. *European Journal of Psychotraumatology, 12*(1), 1940760. https://doi.org/10.1080/20008198.2021.1940760

Dragan, M., Grajewski, P., & Shelvin, M. (2021). Adjustment disorder, traumatic stress, depression and anxiety in Poland during an early phase of the COVID-19 pandemic. *European Journal of Psychotraumatology, 12*(1). https://doi.org/10.1080/20008198.2020.1860356

Duszyński, J., Afelt, A., Ochab-Marcinek, A., Owczuk, R., Pyrć, K., Rosińska, M., et al. (2020). *Zrozumieć COVID-19. Opracowanie Zespołu ds. COVID-19 przy Prezesie Polskiej Akademii Nauk*. PAN.

Dymecka, J. (2021). Psychospołeczne skutki pandemii COVID-19. Neuropsychiatria i. *Neuropsychologia, 16*(1–2), 1–10. https://doi.org/10.5114/nan.2021.108030

Gambin, M., Sękowski, M., Woźniak-Prus, M., Wnuk, A., Oleksy, T., Cudo, A., et al. (2021). Generalized anxiety and depressive symptoms in various age groups during the COVID-19 lockdown in Poland. Specific predictors and differences in symptoms severity. *Comprehensive Psychiatry, 105*, 152222. https://doi.org/10.1016/j.comppsych.2020.152222

Heitzman, J. (2020). Wpływ pandemii COVID-19 na zdrowie psychiczne. *Psychiatria Polska 2020, 54*(2), 187–198. https://doi.org/10.12740/PP/120373

Jabłoński, M. J., & Murawiec, S. (2021). Antynomie w psychospołecznych kontekstach zdrowia w epoce pandemii COVID-19. In W. K. Opolski, T. Zdrojewski & Z. Opolska (Hrsg.), *Antynomie systemu ochrony zdrowia* (S. 217–227). Polska Akademia Nauk.

Juszczyk, A., Dragan, M., Grajewski, M., & Holas, P. (2021). Prevalence of adjustment disorder in Poland during the COVID-19 pandemic and its association with symptoms of anxiety and depression. *Advances in Psychiatry Neurology 2021, 30*(3), 141–153. https://doi.org/10.5114/ppn.2021.110764

Kosiedowski, Ł., Schabowski, T., Żmudka, M., Heleniak, G., Koczorowska, J., Talma-Pogrzebska, E., et al. (2021). *Raport RPO na temat pandemii. Doświadczenia i wnioski*. Rzecznik Praw Obywatelskich.

Marczewski, P. (2020). *Epidemia nieufności. Zaufanie społeczne w czasie kryzysu zdrowotnego*. Warszawa, Fundacja im. St. Batorego. https://www.batory.org.pl/wp-content/uploads/2020/08/Epidemia-nieufnosci.pdf. Dostęp 1. Luty 2022.

Ministerstwo Zdrowia. (Ed.). (2021). *Informacja o zgonach w Polsce w roku 2020*. https://www.gov.pl/attachment/489b7a0b-a616-4231-94c7-281c41d3aa30. Dostęp z dnia 1. Kwiecień 2022.

Oleksy, T., Wnuk, A., Gambin, M., Łyś, A., Bargiel-Matusiewicz, K., & Pisula, E. (2022). Barriers and facilitators of willingness to vaccinate against COVID-19: Roleof prosociality, authoritarianism and conspiracy mentality. A four-wave longitudinal study. *Personality and Individual Differences, 190*. https://doi.org/10.1016/j.paid.2022.111524

Rzeczpospolita Polska. (2022). *Koronawirus. Informacje I zalecenia*. https://www.gov.pl/web/koronawirus/wykaz-zarazen-koronawirusem-sars-cov-2. Dostęp z dnia: 23. Marcec 2022.

Siekiera, R. (2020). Standardy semantyczne jako narzędzie wpływu na odbiorców telewizyjnych. *Forum Artis Rhetoricae, 4*(2020), 19–42.

Dr. Marek Kulesza ist Hochschullehrer und Forscher an der Kardinal-Stefan-Wyszyński-Universität in Warschau (Institut für Pädagogik). Seit mehreren Jahren verbindet er Forschung mit praktischer Tätigkeit – als Kleinunternehmer, Coach und Supervisor, Berater, Experte sowie Präsident der Stiftung „Popieram Rodzinę" (Unterstütze die Familie). Er ist Autor und Leiter von mehreren Forschungs- und Umsetzungsprojekten unter anderem zu den Themen Professionalisierung von Sozial- und Gesundheitsdiensten, Anwendung der ICF-Klassifikation, Arbeit mit Familien, Beziehungen zwischen Beruf und Familie, berufliche Entwicklung und Entrepreneurship-Entwicklung.

Michał Stańczuk Dipl.-Päd., Absolvent eines Studiums im Bereich Familienwissenschaften. Seit vielen Jahren ist er an der Kardinal-Stefan-Wyszyński-Universität (UKSW) in Warschau als Koordinator des Behindertenbüros tätig. Ausführung von Implementierungs- und Forschungsprojekten im Zusammenhang unter anderem mit der Umsetzung der ICF-Klassifikation im Bereich Altenpflege und Familienunterstützung im Hinblick auf die Verfügbarkeit von Sozial- und Gesundheitsdiensten. Ab 2021 Koordinator des Projekts Family Health Advisor am Institut für Pädagogik der UKSW. Vorstandsmitglied des Strafvollzugsvereins „Patronat".

Zwischenstand Pandemie: Was bedeutet das für unsere Gebäude und den öffentlichen Raum?

13

Annette Brunner und Manfred Cassens

Inhaltsverzeichnis

13.1   Nachhaltige Architektur ist resilient – nicht ein Zwischenstand 226
13.2   Erkenntnisse aus der Pandemie 231
Literatur 240

Zusammenfassung

Eine Architektur ohne Barrieren ermöglicht die Teilhabe aller am und im gesellschaftlichen Leben. Um den Ablauf des öffentlichen Lebens aufrecht zu erhalten, ist gut geplante Architektur ein wichtiger Dreh- und Angelpunkt. Die Pandemie war eine bisher unbekannte Barriere, die teilweise unsere innovativen Ansätze hinsichtlich der bisherigen Architektur zum Stillstand gebracht hat: Die Erschließung der Gebäude auf traditionellem Weg war nicht mehr möglich. Das lag zum Teil am gemeinsamen Ein- bzw. Ausgang, zu enger Wegeführung im Gebäude als auch zu starren baulichen Vorgaben. „Bewusstes Bauen" bedeutet nachhaltige Gebäude zu erschaffen, die auf die Anforderungen des Menschen eingehen können und auf deren Nutzung abgestimmt sind. Seit März 2020 sollte sich zukünftig „Nachhaltiges Bauen" auch mit allen Er-

A. Brunner (✉)
A presto! Laboratorio, München, Deutschland
E-Mail: a.brunner@apresto.de

M. Cassens
FOM Hochschule, München, Deutschland
E-Mail: manfred.cassens@fom.de

© Der/die Autor(en), exklusiv lizenziert an Springer Fachmedien Wiesbaden
GmbH, ein Teil von Springer Nature 2022, korrigierte Publikation 2023
M. Cassens, T. Städter (Hrsg.), *Erkenntnisse aus COVID-19 für zukünftiges Pandemiemanagement*, https://doi.org/10.1007/978-3-658-38667-2_13

kenntnissen aus der Pandemie befassen oder noch besser deren Anforderungen enthalten. Gemeinschaftliches Ziel sollte eine resiliente Architektur sein, die durch ihre Ästhetik und Funktionalität unsere Lebensqualität sichert.

Schlüsselwörter

Nachhaltige Architektur · Patientenzimmer der Zukunft · Klinik der Zukunft · Städtebauliche Zukunftsprojekte · Baumaterialien

13.1 Nachhaltige Architektur ist resilient – nicht ein Zwischenstand

Wir müssen uns mit den Anforderungen einer Pandemie in allen gesellschaftlichen Bereichen auseinandersetzen. Um den Ablauf des öffentlichen Lebens aufrecht zu erhalten, ist die Architektur ein wichtiger Dreh- und Angelpunkt. „Bewusstes Bauen" sollte sich zukünftig auch mit den Erkenntnissen aus der Pandemie befassen. Nachhaltige Architektur ist resilient (Sieverts, 2013, S. 315; Eisinger, 2013, o.S.). Die bauliche Integration des Zwischenstandes der Pandemie ist ein wichtiger Schritt in einem resilienten Pandemie-Leben der Zukunft. So stellen sich aus Perspektive der Autorin eingangs zwei Fragen: Warum kann nicht eine Allianz-Arena mit all ihren Konferenzräumen und privaten Zuschauertribünen für Eltern und Kinder als frei zugänglicher Lebensraum genutzt werden? Weshalb wird das Angebot von visionären Hoteliers, deren Ballräume für Schülerinnen und Schüler oder Studierende als Vorlesungssäle zu nutzen, von der Kommune zurückgewiesen? Teilweise liegt es an der engen Wegeführung, an den nicht ausreichend vorhandenen Ein- und Ausgängen, an der engen Bewegungs- und Begegnungsfläche zwischen den Räumlichkeiten. Oftmals stehen dem aber auch Eigentümerinteressen, bauliche Vorgaben und Ansprüche an das Gebäude und öffentliche Räume im Weg.

13.1.1 EINSAM(keit) in GEMEINSCHAFT

Das Steelcase Learning + Innovation Center (LINC) mitten im Herzen von München zeigt auf über 14000 qm, wohin sich das Bürogebäude von morgen entwickeln kann.

Der international tätige Hersteller umweltfreundlicher Büromöbel hat das LINC in einen Ort der Begegnung zwischen Mitarbeitenden, Bauherrschaft und Fachhändler verwandelt (vgl. Zurlo, 2019, S. 11). Im täglichen intensiven Austausch können hier Visionen für die zukünftigen Arbeitsweisen in Großraumbüros gesammelt werden. Ein klares Ergebnis dieser Arbeitskonzepte ist der gemeinschaftliche Austausch in den Lern- und Konferenzräumen oder die Verabredung in der hauseigenen Kantine für die gemeinsame Mittagspause. Der spontane Dialog beim Cappuccino im „Work Café" erspart so manche E-Mail oder Telefonate. Seit März 2020 sind die Sitzplätze im ganzen Haus mit die-

Abb. 13.1 Steelcase Work Café. (Quelle: eigene Darstellung)

sen Halbkreisen gekennzeichnet (siehe Abb. 13.1), um wegen der pandemiebedingten Hygienevorschriften ausreichend Abstand zu halten. Zwar ist es Steelcase gelungen, die stille Distanz mit dem ausgewiesenen Halbmond in ein „Hier bist Du willkommen!" umzuwandeln. Aber wirklich förderlich für gemeinschaftliche Kreativität und den interaktiven Austausch ist es nach Meinung der Autorin trotzdem nicht. Auf der Fläche, die ursprünglich für 12 Kolleginnen und Kollegen entwickelt wurde, nehmen nun drei „einsame" Mitarbeitende Platz.

13.1.2 Überbelegt: WOHNraum wird zum ALPtraum

Ein gedanklicher Sprung in die häusliche Umgebung: „Es ist kein Zimmer mehr frei." Das liest man „eigentlich" regelmäßig, wenn man während der Hauptreisezeit in den Urlaub fährt. Im Rahmen der Pandemie wurde diese Aussage jedoch häufig zum größten Problem für Familien in ihrem häuslichen Umfeld (Gewobag, 2020, o.S.). Zur gleichen Zeit parallel Homeschooling, Kindergarten und Homeoffice unter einen Hut zu bringen, wurde zu einem großen Problem – weit abseits von Tourismusdestinationen (Preissing, 2021, S. 331 f.). Der Ausdruck des flexiblen oder mobilen Arbeitsplatzes wird dabei zum dehnbaren Begriff (Hofmann et al., 2021, S. 10). Was vor der Pandemie als angenehme

Abwechslung zum stressigen Büroalltag empfunden werden konnte, nämlich als Arbeiten in ruhiger, heimischer Atmosphäre, hat sich unter den beengten räumlichen Möglichkeiten zu einem Risikofaktor für die psychische Gesundheit entwickelt (Abb. 13.2). Die Wohnung, ursprünglich als Rückzugsort von der Außenwelt gedacht, holt sich mit der digitalen Moderne den Schul- und Arbeitsalltag direkt ins heimische Büro, das Kinderzimmer oder gar auf die Couch im Wohnbereich. Wenn der Wohnblock dann weder Balkon noch einen freien Innenhof oder eine verkehrsberuhigte Straße zur Verfügung hat, wird dies zum Interessenskonflikt: gemeinsames Spielen und Herumtollen generiert für Kinder zum Wunschtraum, wenn die Eltern gleichzeitig im Homeoffice an einer Videokonferenz teilnehmen; selbstverständlich parallel oder besser in akustischer Konkurrenz zueinander.

Ein vorweggenommenes Fazit aus dem bisherigen Verlauf der COVID-19-Pandemie aus innenarchitektonischer Perspektive ist, dass unsere zukünftigen Wohngesellschaften resilienten Wohnraum benötigen. Dieser zeichnet sich durch Mobilität und Modularität aus, z. B. verschiebbare Wände, höhenverstellbare Tische oder Betten, Schränke mit klappbarem Sitz- oder Liegemobiliar, integriertem Schreibtisch inklusive Computer-Abstellfläche. Tatsächlich nimmt die Autorin des Beitrages im Rahmen ihrer Arbeit wahr, dass einige Designer beispielsweise bereits verstärkt an mobilen Küchenzeilen arbeiten, die in Wänden verschwinden. Die Möbelindustrie hat in den letzten Monaten viele Hängeschränke mit herausklappbarem Pult und einer Nische für den Rechner entwickelt. Es gibt auch schon Wohngemeinschaften, in denen Räume wie das allseits etablierte Car-Sharing geteilt werden.

Abb. 13.2 Skizze Beengter Wohnraum. (Quelle: eigene Darstellung)

13.1.3 GEMEINschaft klar GETRENNT

Es entsteht der Eindruck, dass das soziale Miteinander hierzulande zerbricht. Es schleicht sich die Angst vor Nähe zum Nachbarn ein, er könnte einen ja schließlich infizieren. Die Grenzen sind, obwohl nicht sichtbar, klar gezogen (Abb. 13.3).

Die gesellschaftliche Lebensqualität ist auch in Zeiten von hygienebedingtem „social distancing" dringend notwendig. Die Teilhabe aller im und am gesellschaftlichen Leben ist nach Meinung der Autorin nicht mehr im sozial indizierten Ausmaß für alle gegeben. Der öffentliche Dialog in Kunst und Kultur, in welchem unter anderem kreative Lebensimpulse generiert werden können, wurden über nahezu zwei Jahre quasi „zum Schweigen" gebracht. Das wird u. a. daran deutlich, dass es seit dem Ende des ersten Lockdowns beispielsweise im musealen Kontext häufig Parcours mit klarem Eingangs- und Ausgangspunkt gibt (Deutscher Museumsbund, 2020, o.S.). In einem solchen Setting ist es kaum möglich, mit anderen, fremden Menschen in ein Gespräch über ein Kunstwerk zu kommen. Tatsächlich muss man sich dessen nur bewusst werden, um auch im täglichen Leben bereits bestehende Strukturen zu erkennen, die zur seit zwei Jahren gewollten, weil notwendig erscheinenden, sozialen Distanz führen. Gerade mit der Innenarchitektur kann man klare Trennungen hervorrufen, aber auch Konzepte für gelebte Gemeinschaft entwickeln. Perspektivisch geht es aus innenarchitektonischer Perspektive darum, clevere Konzepte für öffentliche Räume zu entwickeln, in denen Gemeinschaft und „Getrennt sein" neu gelebt werden wird.

Abb. 13.3 Gemeinschaft klar getrennt. (Quelle: eigene Darstellung)

13.1.4 FREIraum ZUSAMMEN gestalten!

Was die städtische Architektur betrifft, so führte die Pandemie zu erkennbaren positiven Veränderungen: So wurde mehrfach das gemeinsam genutzte Gästezimmer im Genossenschafts-Wohnbau für alle Hausbewohner zum Coworking Space umfunktioniert (Hunger, 2021, S. 121 ff.). Auch „eroberten" mancherorts die gastronomische Schankflächen im Außenbereich (die sog. „Schanigärten") Lebensräume an Stellen zurück, der zuvor z. B. als Parkplatz von Pendlern genutzt wurde (Cyganski et al., 2021, S. 3 ff.). Im Sinne von Gesundheitsförderung wurden aus Passivflächen wieder Bewegungs- und Aufenthaltsflächen geschaffen. Darüber hinaus führen die zunehmend oft bepflanzten oder begrünten Dächer und Zäune zu nachweislich kühlenden Effekten während der heißen Sommermonate (Brichetti & Mechsner, 2019, S. 259 ff.; Schlünzen et al., 2018, S. 37 ff.). Es scheint, als werden öffentliche Plätze und Parks mittlerweile wieder häufiger zum Sporttreiben, Sonnenbaden und Picknicken genutzt. Die urbanen Plätze zeigen ihre persönliche Resilienz in zeitlicher Nutzung. Insbesondere während der warmen Monate konnte man eine neue Lebensqualität in gemeinschaftlich zugänglichen und genutzten Flächen erfahren. Die Autorin stellte aufgrund dieser wahrgenommenen urbanen Veränderungen zum einen fest, wie wichtig deren Begrünung und Bewässerung ist und zum anderen, welches kreative Potenzial in städtisch autofreier Umgebung zum Vorschein kommen kann (vgl. Altmann, 2020, S. 63 ff.). Das bunte und kreative Werksviertel in München ist ein gelungenes Beispiel für ein solches interaktives Quartier, das sich spontan nach den jeweiligen Notwendigkeiten verändert und an aktuelle Nutzungsanforderungen anpasst. Nachdem das Werksgelände eines Lebensmittelherstellers geschleift und restrukturiert wurde, entstand eine Nutzfläche, die von herkömmlichen Bürowelten, kleinen Restaurants, Fitness- und Tanzstudios, Kreativlaboren sowie individuelle Läden geprägt ist. Aufgrund dieser Mannigfaltigkeit ist der Ort entsprechend von verschiedenster Architektur geprägt: Diese reicht vom Schiffscontainer über zehn-stöckige Bürotürme, einem Designer-Tagungshotel inklusiv dem höchsten transportablen Riesenrad der Welt bis hin zu großen Turnhallen. Im Werksviertel existiert vieles in seiner eigenen Harmonie nebeneinander. Dementsprechend kann sich die plurale und diverse Gesellschaft hier in aller gelebten Individualität auf der Basis von Toleranz wiederfinden. So können in diesem Quartier beispielsweise spontan die Fitness- und Yogastunden auf den tiefen, großflächig umlaufenden Balkonen abgehalten werden. Auch können rollende Hochbeete für Obststauden und Salatbeete als natürliche Abstandshalter flexibel zwischen die Tische in den Straßencafés geschoben werden. Hierfür werden sogar die aus der ursprünglichen Nutzung erhaltenen, zwischenzeitig ausgedienten Transportschienen wieder genutzt. Die offenen Durchgangsflächen wurden in Parcour-Kletterparks umgewandelt, in denen Kinder zum Herumtollen eingeladen werden (vgl. Werksviertel München, o. J., o. S.). Somit steht das Münchener Werksviertel exemplarisch für kreativ genutzte Freiräume, die von den dort Engagierten gemeinsam gestaltet und entwickelt werden. Insbesondere der anfängliche Pandemieverlauf scheint zu zeigen, dass derartige Quartiere zudem deutlich resilienter auf Lockdowns reagieren können. Das mag an der Diversität, Dynamik und Flexibilität liegen, die in der „kunterbunten" Architektur ihren Ausdruck verleiht.

13.2   Erkenntnisse aus der Pandemie

Welche Strukturen braucht der städtische Raum, die sich aus zwei Jahren Pandemieerfahrungen ableiten lassen? Wie will die Gesellschaft aufgrund der jüngsten Corona-Erfahrungen perspektivisch zusammenleben? Mobilität beinhaltet dabei als ein Aspekt nicht nur die sich ändernde motorisierte Bewegung im städtischen Raum, sondern in dem Zusammenhang auch die „Urban Walkability" (vgl. Tran, 2018). Dieser Ansatz greift die Idee auf, den urbanen Raum infolge von Bewegungsmangel proaktiver nutzen zu können. Das Bewegungsziel, mindestens 10.000 Schritte pro Tag zu gehen, ist vielen Menschen hierzulande bekannt, an der Umsetzung scheitern die Deutschen jedoch häufig mit ihrem Bewegungsverhalten. So legten die Bundesbürgerinnen und -bürger 2017 täglich lediglich 5200 Schritte zurück; dies stellten Wissenschaftlerinnen und Wissenschaftler der Stanford University fest (Althoff et al., 2017, S. 345). Diese Situation dürfte sich während des bisherigen Pandemieverlaufs weiter zugespitzt haben. Umso wichtiger ist die Forderung nach Urban Walkability. Rahmenbedingungen hierfür wurden bereits Ende der 1980er-Jahre mit dem „Gesunde Städte-Netzwerk" gesetzt. Auch an Ideen zur konkreten Umsetzung fehlt es nicht (vgl. Bucksch et al., 2012, S. 296 ff.), sie gestaltet sich jedoch schwierig und impliziert oft lange Entscheidungsprozesse. Allein unter dem Mobilitätsaspekt im Freien geht es darüber hinaus auch um Bewegungsabläufe in großen öffentlichen Gebäuden, wie Museen, Messe- oder Konzerthallen und Schulen. Individuelle Mobilität, das brachte CO-VID-19 bislang hervor, wird sich im öffentlichen Raum reduzieren und dafür mehr Platz benötigen.

Ein weiterer Aspekt: Die Pandemie scheint zur Endemie zu werden, sie gehört daher leider mitten ins Leben. Die medizinische Testung wird langfristig vor Ort erforderlich sein und sollte ohne bauliche oder akademische Barrieren leicht zugänglich sein. So kann der durch das Homeoffice entstandene Leerstand öffentlicher Immobilien zumindest teilweise als „Popupstore" für medizinische Tests genutzt werden. Gegebenenfalls. könnten weitere leer stehende Räume durch den öffentlichen Gesundheitsdienst (ÖGD) genutzt werden, um hier Bewegungsangebote umsetzen zu können. Auch könnten so Kreativ- und Lernwerkstätten installiert werden, um die durch COVID-19 deutlich sichtbar gewordenen ungleich verteilten Bildungschancen zu verringern (Neuenschwander et al., 2021, o.S.). Insgesamt könnte der frei gewordene Raum für die dauerhafte Umsetzung von Projekten genutzt werden, die bislang aufgrund hoher Mietpreise nicht realisiert wurden. Bedacht werden sollte dabei, dass qualitativ hochwertige Strukturen Nachhaltigkeit schaffen, sie sparen dabei Ressourcen und erzielen eine gesunde Ergonomie. Die Autorin unterstreicht, dass hierfür u. a. architektonischer Freiraum und visionäres freigeistiges Denken notwendig sind.

13.2.1 Das Patientenzimmer der Zukunft

Architektur ist ein wesentliches Element zur konkreten Ausgestaltung von Prävention und Gesundheitsförderung. Besonders augenscheinlich ist dies im Bereich des Gesundheits- und Medizintourismus (Cassens, 2013, S. 39 ff.). Hier wird der Begriff der „Heilenden Architektur" (Vollmer, 2018; Kohrs, 2020, S. 72) explizit; er ist dort schon seit längerer Zeit etabliert. Doch auch im präventiven und kurativen Kontext von Krankheitsbehandlung wird neben der traditionell akzentuierten Funktionalität zunehmend auf die Ästhetik und ein ansprechendes Design geachtet. Ein gutes Beispiel hierfür ist die Architektur in Gebäuden für Demenzpatienten, wie dies in Abb. 13.4 zum Ausdruck kommt.

Zu sehen ist hierbei das Bad in einer für Demenzkranke eingerichteten Wohnanlage im bayerisch-schwäbischen Illertissen. Dieses Bild verdeutlicht in sehr angenehmer Weise, dass höheres Wohlbefinden, bessere Orientierung und längere Selbstständigkeit sehr wohl im Kontext von Altern und Demenz miteinander vereinbar sind (Marquardt et al., 2014, S. 40–42). Nicht nur im Hinblick auf die Hospitalisierung im Kontext von (Long-) COVID, sondern auch darauf, dass der stationäre Aufenthalt stets durch eine adäquate Wohlfühlarchitektur positiv stimuliert wird, sollten derartige Aspekte in Zukunft noch stärker Berücksichtigung finden. Dies gilt nicht nur für die Patientinnen und Patienten, sondern auch für alle Mitarbeitenden. Auffällig ist an Abb. 13.4 ebenfalls der barrierefreie Einstieg in die Badewanne. Allein der Begriff „Barrierefreiheit" impliziert bereits die Falschheit des Denkansatzes: Sie sollte grundsätzlich gegeben sein; Barrieren sollten sich vielmehr nur diejenigen in eine Architektur einbauen lassen, die sich bewusst aus ästhetischen Gründen dafür entscheiden. In weiterem Zusammenhang sei an dieser Stelle exkursiv darauf hingewiesen, dass aktuell immer noch zwei Drittel der deutschen Arztpraxen nicht barrierefrei zu erreichen sind (Sozialverband VdK, 2019, o. S.).

Abb. 13.4 IllerSENIO, Tagespflege Illertissen. (Quelle: Weber + Hummel Architekten, Zeprano Objekteinrichtungen, Caritasverein Illertissen GmbH, IllerSENIO – Tagespflege © Rampont Pictures)

Sicher ist nach Meinung der Autorin, dass in Ergänzung zum aktuellen Hygienewissen ein Patientenzimmer in einer Art gestaltet werden kann, die mit ästhetischen Materialien und lebensbejahenden Motiven arbeitet. So ist die Wahrscheinlichkeit gegeben, dass ein den Heilungsprozess ergänzender Schutzfaktor geschaffen wird. Moderne Materialen ermöglichen mittlerweile im Zusammenhang mit klinischen Hygienestandards, dass beispielsweise eine nach Holz ausschauende Oberfläche tatsächlich aus hygienisch unproblematischem Material besteht. Im Zusammenhang ist auf das KARMIN-Projekt (Abk.: Krankenhaus, Architektur, Mikrobiom, Infektion) hinzuweisen. Hierbei haben Wissenschaftlerinnen und Wissenschaftler im Rahmen von zwei Studien den Zusammenhang von Hygiene und Krankenhausarchitektur auf ihre Vereinbarkeit hin analysiert. Das Projekt gehört zur Gruppe des vom deutschen Bundesministerium für Bildung und Forschung (BMBF) geförderten Projektverbundes „InfectControl 2020", bei dem Partner aus Wissenschaft und Wirtschaft interdisziplinär zwischen 2016 und 2020 an der Ausbreitung von Infektionskrankheiten im klinischen Setting arbeiteten (Loschinsky, 2020, o.S.). Erwähnenswert ist im Zusammenhang ebenfalls, dass den Projekten eine umfassende Stakeholderanlayse zugrunde lag: So wurden neben Patientinnen und Patienten auch Ärzte, Pflegende und Reinigungskräfte in die Konzeptionen integriert.

13.2.2 Die Klinikarchitektur der Zukunft

Allein bereits die Klinika der bayerischen Landeshauptstadt München zeigen, wie groß der Innovationsbedarf hinsichtlich von Neubauten ihrer stationären Großversorgungseinrichtungen aktuell ist. Hiervon ist nicht nur die München Klinik mit Umbauten der Standorte Schwabing und Harlaching betroffen. Auch die Klinik der Ludwig-Maximilians-Universität am Campus Großhadern soll bis 2040 komplett in neue Gebäude umgezogen sein, dies im laufendem Betrieb.

Einführend sollen an dieser Stelle besonders ansprechende architektonische Beispiele cleverer Lösungen vorgestellt werden. Ein Beispiel für innovative Klinikarchitektur ist auf Abb. 13.5 und 13.6 zu sehen. Hierbei handelt es sich um ein onkologisches Therapiezentrum im englischen Leeds:

> „In the field of healthcare, the Maggie's Centre has attracted attention since 1996 for its ability to increase psychological flexibility and engender therapeutic effects in people with cancer and their caregivers. Its unconventional architecture based on a concise and emotional architectural brief in synergy with its psychosocial support programme is what lies behind its success" (Frisone, 2021, S. 3).

Weitere Beispiele könnten an dieser Stelle referenzieren, wie eine Klinikarchitektur gestaltet werden muss, die den Menschen als Patient und Mitarbeitenden in den Mittelpunkt stellt. Das Maggies' Therapiezentrum dient hierbei sicherlich als beispielgebendes Konzept der „heilenden Architektur", bei der der Patient mit sinnlicher und zugleich dezenter Leichtigkeit und gefühltem lebensbejahendem Wachstum umgeben wird.

Abb. 13.5 Maggie's Leed Therapy Center – Gemeinschaft. (Quelle Luke Hayes, Quingyon Zhu, Hufton + Crow)

Abb. 13.6 Maggie's Leed Therapy Center – Garten. (Quelle Luke Hayes, Quingyon Zhu, Hufton + Crow)

Auch die Abb. 13.6 verdeutlicht den Zusammenhang dessen, was heilende Architektur und Gesundheitszentren zusammenführt: Wir Menschen haben unseren Ursprung in der Natur. Sie birgt alles in sich, was für ein gesundes Raumgefühl und in der Folge daraus für einen Genesungsprozess gebraucht wird: Verborgene Höhlen, offene Waldlichtungen, die

Sinneswahrnehmungen für das Rauschen der Blätter im Wind, das Licht und das Schattenspiel der Bäume, mannigfaltige Farben und amorphe Formen, warme anschmiegsame Materialien und kühlende Materie. Die Integration dieser Elemente in den therapeutischen Einrichtungen ist vermutlich ein zu häufig unterschätzter Faktor für den natürlichen Selbstheilungsprozess. Diesen Zusammenhang von Umgebung und Heilung verdeutlicht in ganz besonderer Weise auch das dänische New North Zealand Hospital (Abb. 13.7). Diese wirkt aus der Vogelperspektive wie eine „zusammengezogene Amöbe" um auf diese Weise alle Zimmer optimal mit Tageslicht zu versorgen. „Wie kleine grüne Zellen liegen die einzelnen Grünbereiche in dem eingeschlossenen Innenhof" (BauNetz, 2014, o.S.). Die Hülle dieses Gebäudekörpers wirkt licht- und luftdurchlässig. Der dahinterliegende Gedanke ist klar erkennbar: Kranker Atem wird hinweggetragen von frischer Luft, dem Leben bringendem Atem. Die Kräfte der Natur durchdringen das Gebäude. Die Sichtachsen in die Natur und die notwendigen Bewegungsabläufe sind mit dem Betreten des Außenraums durchwoben. Dass es gerade bei derartigen baulichen Strukturen eines umfassenden und sehr komplexen Projektmanagements bedarf, beschreiben auf diesen konkreten Fall bezogen Harty et al. (2015).

Ganz im Zeichen innovativer Architektur steht auch der bereits erwähnte Campus Großhadern der Ludwig-Maximilians-Universität in München. Wie der momentan noch genutzte, weithin als „Toaster" bezeichnete Altbau aus den 1960er-Jahren, so wird auch der Neubau von seiner Funktionalität dem aktuellen architektonischen Zeitgeist entsprechen:

Abb. 13.7 New North Zealand Hospital. (Quelle: Herzog & de Meuron)

„Seit ca. zwei Jahrzehnten finden an vielen Universitätsklinika in Deutschland Um-
strukturierungen statt. Hierbei steht der Wandel hin zu krankheitsbezogenen Zentren im
Vordergrund. Die Zentren-Struktur stellt eine Weiterentwicklung der früher üblichen Gliede-
rung von Krankenhäusern nach einzelnen Kliniken bzw. Fachbereichen dar und soll die interdisziplinäre Versorgung von Patienten stärken" (Staatliches Bauamt München 2, o. J., o.S.).

Die für den Campus Großhadern geplante Etablierung von „krankheitsbezogenen Profil-
zentren" (ebd.) ist dem Zeitgeist der Prozessorientierung geschuldet und kommt letztlich
v.a. dem Patienten zugute. Im Gegensatz zum regionalen New North Zealand Hospital hat
der Campus Großhadern eine überregionale Funktion und beinhaltet universitäre Spitzen-
versorgung. Aufgrund der damit verbundenen großen Bettenzahl sollte bezüglich der
Architektur die starre Front des „Toasters" vermieden werden. Bei dem Siegerentwurf
handelt es sich um einen Entwurf, der die Silhouette einer eigenen Stadt mit fließenden
Übergängen ins Grüne abbilden soll. In allen aktuellen Entwürfen für das Krankenhaus
der Zukunft gibt es Innenhöfe bis hin zu größeren Parks. Die Ärzte und Pflegekräfte können diese im Alltag kreuzen und haben dadurch oftmals den angenehmen Begleiteffekt
kürzerer Wege. Dies zeigen auch die Ergebnisse des Wettbewerbs zum Neubau des Campus Großhadern in München (Abb. 13.8).

13.2.3 Zukünftiges Bauen – wie geht das?

Die Konzentration der Ballungsräume muss auch architektonisch wieder dezentralisiert
werden. Die Verknüpfung von Wohnen und Arbeiten im technischen und organisatori-

Abb. 13.8 Klinikum Großhadern, Rendering Campus Eingangshalle. (Quelle: pro-eleven/Ober-
meyer Gebäudeplanung GmbH & Co KG)

schen Sinne, mit ausreichend Freiflächen, entspannt nicht nur die tägliche Verkehrs-situation auf den Straßen, sondern bietet öffentliche Gesundheit und trägt so zu öko-nomischer Stabilität bei. Der Austritt in die unmittelbare Natur muss für alle Menschen, gleich welcher gesellschaftlichen Schicht, möglich sein. Eine diesbezüglich zukunfts-weisende bauliche Umsetzung fand mit dem „Quartier Garmisch" statt (Abb. 13.9). Hier wurden Wohnraum und die notwendige Infrastruktur für den täglichen Bedarf für 27 Fa-milien in einer gemeinsamen Baugruppe entwickelt. Selbst an ein kleines Hotel für fami-liäre Gäste ist gedacht worden. Durch diese dörfliche Infrastruktur entsteht nachbarschaft-licher Austausch. Das neue Miteinander generiert bei derartigen Anlagen auf der Basis von zufälligen Begegnungen; die Verknüpfung von gemeinschaftlichen Erlebnissen in Verbindung von Berufs- und Privatleben ist hier möglich. Trotzdem hat jede Bewohnerin und jeder Bewohner aufgrund der architektonischen Konzeption die Möglichkeit zum Rückzug (Bayerische Architektenkammer, o. J.). Zahlreiche vergleichbare Projekte stehen für hohe Lebens- und Wohnqualität an einem Ort, der durch die Möglichkeiten der Digi-talisierung und des Homeoffice ein Pendeln vermeiden hilft. Denn Städte wie das ober-bayerische Garmisch-Partenkirchen sind typische Pendlerstädte, aus denen heraus viele Bürgerinnen und Bürger über mehrere Jahrzehnte täglich zur Verrichtung ihrer Arbeit nach München pendeln mussten.

Wie bereits zuvor ausgeführt, bewirkt die ökologische Wende auch in den Großstädten Veränderungen: Diesbezüglich wurde bereits auf die bayerische Landeshauptstadt Mün-chen eingegangen, die seit 1993 Mitglied des globalen Projektes „Klimabündnis" ist. Die städtischen Referate für Stadtplanung & Bauordnung, Klima- & Umweltschutz sowie das

Abb. 13.9 Quartier Garmisch. (Quelle: Müller-Naumann)

Mobilitätsreferat befassen sich zentral mit der Entwicklung von klimafreundlichen, baukulturellen und gesellschaftlichen Quartieren.

Die ökologische Musterbausiedlung „Prinz-Eugen-Park" in München ist ein von diesen kommunalen Institutionen begleitetes, anschauliches Beispiel dieser gemeinschaftlichen Entwicklung und Einbindung des gesamten Quartiers in Infrastruktur und demografischen Wandel. Neben dem Münchener Werksviertel ist hier in jüngerer Vergangenheit ein äußerst innovativer großstädtischer Wohn- und Arbeitsraum entstanden, der alle Vorteile der städtischen Architektur der Zukunft beheimatet: die Eingebettetheit in eine Parklandschaft, das Konzept des „Miteinander Wohnens" und eine vielfältige Infrastruktur (GeQo, o. J.).

13.2.4 Material kennt seine Suffizienz

Innen- und Außenarchitektur beeinflusst die menschliche Wahrnehmung immer und dauerhaft. Der Einfluss unserer gebauten Umwelt wirkt sich somit nachhaltig auf die Gesellschaft aus. Architektinnen und Architekten kommt die Funktion von Gestalterinnen und Gestaltern von Lebensräumen zukünftiger Baukultur zu. Die Architektur kann im besten Falle dazu motivieren, sich im Sinne der urbanen Walkability mit Freude zu bewegen und somit etwas für die eigene Gesundheit zu tun. Sie aktiviert uns zum Workout und liefert uns „frei Haus" ein Herz-Kreislauf Training oder den Kindern spontane Bewegung und interaktiven sozialen Austausch. Sie kann aber auch dazu einladen, innezuhalten und sich an gezielt dazu entwickelten Kraftorten zu erholen. Architektinnen und Architekten aller Fachrichtungen haben die Aufgabe, gesellschaftliches Bewusstsein für langwährende Architektur zu aktivieren und zu verankern. Sie sind „Wissensmanager" für gesunde, hochwertige Gebäude, Innenräume und den innerstädtischen Freiraum. Die Reduktion und Konzentration auf das Wesentliche können in der Architektur oft ausreichen, um höchste Lebensqualität zu ermöglichen.

Diesbezüglich soll auf die Studie von Nagler et al. verwiesen werden, die als Langzeitprojekt folgende Hypothese überprüft: „Wohngebäude mit hochwertiger und gleichzeitig suffizienter Architektur, robuster Baukonstruktion und reduzierter Gebäudetechnik sind – über einen Lebenszeitraum von 100 Jahren – bei besserer Aufenthaltsqualität sowohl üblichen Standardwohngebäuden als auch aktuellen Passivhäusern hinsichtlich Ökobilanz und Lebenszykluskosten überlegen" (Nagler et al., 2018). Bei dem im Projekt analysierten drei Forschungshäuser hat sich das Forscherteam u. a. mit verschiedenen Geometrien und deren Auswirkungen auf die Innenraum- und Aufenthaltsqualität auseinandergesetzt. Dazu wurden Parameter wie Raumhöhe, Fenstergröße, Glasqualität und die gebäudliche Ausrichtung nach den Himmelsrichtungen elaboriert. Eine weitere relevante Frage: Wie wirkt sich die Verwendung von Mauerwerk im Unterschied zum Holz- bzw. Lehmbau auf die Raumtemperatur und die Luftfeuchtigkeit aus (Abb. 13.10). Und: Was hat dies für Auswirkungen auf die Bewohnenden? Auch zeigte das Projekt bereits: Die Raumkubatur von drei Meter Breite, sechs Meter Länge und knapp über drei Meter Höhe – klassische

Abb. 13.10 Forschungshäuser Bad Aibling. (Quelle: Sebastian Schels)

Raumgrößen des Altbaus – erzielten die besten Heizwerte. Unbewusst stellt diese Kubatur der Studie nach eine der beliebtesten Wohnformen dar. Der Ansatz von Nagler et al. stellt eine bewusste Rückbesinnung auf die Grundzüge und Elemente der regional ober-bayerischen Architektur statt.

13.2.5 Bayerische Architektenkammer aktiviert temporäre Gestaltungsbeiräte

Viele bayerische Städte und Gemeinden widmen sich inzwischen mit eigenen – dauerhaft oder temporär eingerichteten – Gestaltungsbeiräten ihrer baukulturellen Weiterentwicklung und haben damit sehr gute Erfahrungen gemacht. Sie reagieren damit auf die deutlich ge-stiegenen Herausforderungen an Stadtplanung und Denkmalschutz, sowie auf energieeffi-zientes, nachhaltiges und barrierefreies Bauen. Um diese Herausforderung zu bewältigen sind Instrumente gefragt, die eine hohe bauliche Qualität sicherstellen und die Bürgerinnen und Bürger partizipativ und frühzeitig in die Planungsprozesse einbinden. Für die meisten repräsentativen Bauvorhaben wie Wohn- und Geschäftsgebäude, Hotels, Verwaltungs-und Gewerbebauten bietet sich ein ergänzender Architektenwettbewerb an. Ein solches Vorgehen sichert auch für ortsbildprägende Alltagsbauten eine hohe gestalterische Quali-tät und die angemessene Einbindung des Bauwerks in das Quartier.

Damit Städte, Gemeinden und Landkreise von der Einbindung von Gestaltungsbeiräten profitieren können, ohne ein solches Gremium gleich für mehrere Jahre einrichten zu müssen, bietet die Bayerische Architektenkammer das Instrument eines „Temporären Gestaltungsbeirats" an. Dieser wird individuell nach den Vorstellungen des Auftraggebers (der Stadt, der Gemeinde oder des Landkreises) mit Unterstützung der Bayerischen Architektenkammer zusammengestellt. Seine Mitglieder sind zumeist fachkundige, unabhängige Fachleute: Architekten, Landschaftsarchitekten, Innenarchitekten und Stadtplaner. Die Gestaltungsbeiräte arbeiten interdisziplinär zusammen und beurteilen auf Antrag der jeweiligen Kommune einzelne Bauvorhaben oder städtebauliche Entwicklungen und geben dazu eine Empfehlung ab. Ein unabhängiger Gestaltungsbeirat vermag zwischen Bauherren, Planerinnen und Planern, der öffentlichen Hand und nicht zuletzt den Bürgerinnen und Bürgern zu vermitteln. Er tagt öffentlich und trägt damit frühzeitig zur medialen Öffentlichkeit des Projekts bei, indem er dazu anregt, sich demokratisch an der Diskussion zu architektonischen Entwicklungsprojekten zu beteiligen (Bayerische Architektenkammer, 2015).

Literatur

Althoff, T., Hicks, J. L., King, A. C., & Delp, S. C. (2017). Large-scale physical activity data reveal world wide activity inequality. *Nature, 347.* https://doi.org/10.1038/nature23018. https://www.nature.com/articles/nature23018.epdf?referrer_access_token=rtrph0TF4CQwr2H962H_jNRgN0jAjWel9jnR3ZoTv0Pu2bFadmfud14d09w_1frY4rPdQLfz1NTx3mVeUC-R6NTMVJQE7wl3XJ84ve-tqLMa1C68qx54MiuowZoPBxPkF7klzMFw7vHVzTQ0x968D0qTIOy7Ftw3hY3LvK_xr8qCWdTUGG4eQMru97FTZ8yAdDu0l0TOjjaIMTsFTQdSxw%3D%3D&tracking_referrer=www.bbc.com. Zugegriffen am 13.03.2022.

Altmann, L. (2020). *BIM und LCM – Chancen, Synergien sowie mögliche Interaktion zwischen beiden Systemen anhand eines Praxisbeispiels über die Visualisierung eines Neubaus, dem iCampus im Münchener Werksviertel.* Bachelorthesis.

BauNetz. (Hrsg.). (2014). *Krankenhaus der Zukunft.* https://www.baunetz.de/meldungen/Meldungen-HdM_gewinnen_Wettbewerb_in_Daenemark_3528879.html. Zugegriffen am 12.03.2022.

Bayerische Architektenkammer. (o. J.)./„*quartier/" Garmisch – Garmisch Partenkirchen.* https://www.byak.de/planen-und-bauen/projekt/quartier-garmisch-garmisch-partenkirchen/. Zugegriffen am 13.03.2022.

Bayerische Architenkammer. (2015). *Temporärer Gestaltungsbeirat – Mehrwert für Gemeinden und ihre Bürger.*. https://www.byak.de/planen-und-bauen/architektur-baukultur/temporaerer-gestaltungsbeirat.html. Zugegriffen am 13.03.2022.

Brichetti, K., & Mechsner, F. (2019). *Heilsame Architektur – Raumqualitäten erleben, verstehen und entwerfen.* de Gruyter.

Bucksch, J., Claßen, T., & Schneider, S. (2012). Förderung körperlicher Aktivität im Alltag auf kommunaler Ebene. In G. Geuter & A. Hollederer (Hrsg.), *Handbuch Bewegungsförderung und Gesundheit* (S. 287–304). Huber.

Cassens, M. (2013). *Gesundheitstourismus und gesundheitstouristische Destinationsentwicklung.* Oldenbourg.

Cyganski, R., Hardinghaus, M., & Wolf, C. (2021). *Fact Sheet Best-Practice MUV national: Potsdam – Verkehrliche und stadtplanerische Maßnahmen zur Neuverteilung und Umwidmung von Verkehrsflächen des motorisierten Verkehrs zugunsten aktiver Mobilität und einer nachhaltigen urbanen Siedlungsstruktur mit hoher Lebensqualität.* https://elib.dlr.de/143777/1/Fact_Sheet_Best_Practice_MUV_Potsdam.pdf. Zugegriffen am 12.03.2022.

Deutscher Museumsbund. (2020). *Öffnung der Museen: Handlungsempfehlungen.* https://www.museumsbund.de/oeffnung-der-museen-handlungsempfehlungen/. Zugegriffen am 12.03.2022.

Eisinger, A. (2013). *Und nun auch noch Resilienz – Einige skeptische Gedanken zu einer modischen Denkfigur aus stadthistorischer Sicht. Informationen zur Raumentwicklung.* https://d-nb.info/1197914463/34#page=43. Zugegriffen am 12.03.2022.

Frisone, C. (2021). *The architecture of care the role of architecture in the therapeutic environment – The case of the Maggie's Cancer Care Centre.* Dissertation. Oxford.https://radar.brookes.ac.uk/radar/file/7d066930-7d12-47c2-b054-62ec0b6097d4/1/Frisone_PhD_Thesis%2019.10.21_access.pdf. Zugegriffen am 12.03.2022.

Genossenschaft für Quartiersorganisation (GeQo). (Hrsg.). (o. J.). *Prinz Eugen Park – Leben im Quartier.* https://www.prinzeugenpark.de/home.html. Zugegriffen am 13.03.2022.

Gewobag. (Hrsg.). (2020). *Zweifellos hat das Zuhause an Bedeutung gewonnen.* https://www.gewobag.de/sowohntberlin/zweifellos-hat-das-zuhause-an-bedeutung-gewonnen/. Zugegriffen am 12.03.2022.

Harty, C., Tryggestad, K., & Holm-Jacobson, P. (2015). Visualisations and calculations of spaces: Negotiating hospital design during on-boarding. In *31 annual association of researchers in construction management conference* (S. 876–884) https://www.arcom.ac.uk/-docs/proceedings/491b24c6660e734e8019129b79598b3c.pdf. Zugegriffen am 12.03.2022.

Hofmann, J., Piele, A., & Piele, C. (2021). *Arbeiten in der Corona-Pandemie – Auf dem Weg zum New Normal.* https://benefit-bgm.de/wp-content/uploads/2020/08/Studie-Homeoffice_FRAUNHOFER-INSTITUT_IAO.pdf. Zugegriffen am 12.03.2022.

Hunger, B. (2021). Bauen in Nachbarschaftren – Weshalb ergänzender Wohungsbau in großen Wohnsiedlungen sensible Beteiligung voraussetzt. In M. Brunner, M. Harnack, N. Heger & H. J. Schmitz (Hrsg.), *Transformative Partizipation – Strategien für den Siedlungsbau der Nachkriegsmoderne* (S. 121–130). Jovis.

Kohrs, J. (2020). Healing Architcture: Mit Räumen heilen. *kma – Klinik Management aktuellt, 25*(*11*), 72–75.

Loschinsky, B. (2020). *Das Patientenzimmer der Zukunft: Projekt zur Infektionsprävention in Krankenhäusern beim World Health Summit.* https://idw-online.de/de/news756518. Zugegriffen am 12.03.2022.

Marquardt, G., Büter, K., & Motzek, T. (2014). Architektur für Menschen mit Demenz – Höheres Wohlbefinden, bessere Orientierung und längere Selbstständigkeit. *ProCare, 3,* 40–42.

Nagler, F., Jarmer, T., Niemann, A., Auer, T., Franke, L., Winter, S., et al. (2018). *Einfach Bauen – Ganzheitliche Strategien für energieeffizientes, einfaches Bauen – Untersuchung der Wechselwirkung von Raum, Technik, Material und Konstruktion.* Endbericht über ein Forschungsvorhaben. https://mediatum.ub.tum.de/1482035. Zugegriffen am 13.03.2022.

Neuenschwander, M., Bühler, A., Prumatt, F., & Sahli, J. (2021). *Chancenungleichheit im Fernunterricht während Corona Pandemie.* https://www.researchgate.net/profile/Markus-Neuenschwander/publication/352019854_Chancengleichheit_im_Fernunterricht_wahrend_Corona-Pandemie_Einschatzungen_von_schulischen_Akteuren/links/60b5fbc54585154e5ef5d69b/Chancengleichheit-im-Fernunterricht-waehrend-Corona-Pandemie-Einschaetzungen-von-schulischen-Akteuren.pdf. Zugegriffen am 12.03.2022.

Preissing, S. (2021). Kinderräume in der Coronakrise? Eine kritische Betrachtung aktueller Studien zur Situation in Deutschland. *sub/urban – Zeitschrift für kritische Stadtforschung, 9*(3/4), 331–340.

Schlünzen, K. H., Riecke, W., Bechtel, B., Boettcher, M., Buchholz, S., Grawe, D., et al. (2018). Stadtklima in Hamburg. In H. von Storch, I. Meinke & M. Claußen (Hrsg.), *Hamburger Klimabericht – Wissen über Klima, Klimawandel und Auswirkungen in Hamburg und Norddeutschland* (S. 37–53). Springer Spektrum.

Sieverts, T. (2013). Am Beginn einer Stadtentwicklungsepoche der Resilienz? Folgen für Architektur, Städtebau und Politik. *Informationen zur Raumentwicklung, 4*, 315–323.

Sozialverband VdK. (Hrsg.). (2019). *Beim Arzt darf es keine Barrieren geben.* https://www.vdk.de/deutschland/pages/themen/behinderung/76325/beim_arzt_darf_es_keine_barrieren_geben?dscc=ok. Zugegriffen am 13.03.2022.

Staatliches Bauamt München 2. (o. J.). *Planungsaufgabe – Zukunftsvision.* https://www.neubauklinikum-grosshadern.de/planungsaufgabe/. Zugegriffen am 13.03.2022.

Tran, M. C. (2018). *Walkability als ein Baustein gesundheitsförderlicher Stadtentwicklung und -gestaltung.* Akademie für Raumentwicklung in der Leibnitz-Gemeinschaft.

Vollmer, T. C. (2018). *Heilende Architektur – Wunsch oder Wirklichkeit.* DaimlerBenz-Stiftung.

Werksviertel München. (o. J.). *Werksviertel München: Konzept – Geschichte – Fakten.* https://werksviertel.de. Zugegriffen am 12.03.2022.

Zurlo, F. (2019). Designerly Way of Organizing. Il Design dell' Organizzazione Creativa. *Designerly Way of Organizing. The Design of Creative Organization, 5*, 11–20.

Annette Brunner, Dipl.-Ing. (FH) engagiert sich als studierte Innenarchitektin seit Jahren intensiv für Nachhaltigkeit im Baugewerbe. Als Speakerin führt sie den Dialog mit der Gesellschaft für bewusste Innenarchitektur. Ihre Vision ist es, in München ein Leuchtturm-Projekt in Form eines Lebens-Campus zu erschaffen, der durch alle Aspekte der Nachhaltigkeit eine hohe Lebensqualität erlebbar macht. Innenarchitektur übermittelt sie bereits den Studenten in der Lehre. Um mit Ihren Impulsen und Initiativen eine noch größere Erreichbarkeit zu erlangen, ist sie seit 2021 Mitglied im Vorstand der Bayrischen Architektenkammer.

Prof. Dr. habil. Manfred Cassens ist im Jänner 2015 zum Professor für Gesundheitsmanagement an der FOM Hochschule für Oekonomie & Management berufen worden. Er lehrt am FOM Hochschulzentrum München v.a. Gesundheitspädagogik, -psychologie und -soziologie. Cassens ist zudem Direktor des im Februar 2016 gegründeten FOM-Instituts für Gesundheit & Soziales. Im August 2017 wurde ihm die Venia Legendi für Gesundheitspädagogik verliehen und ist seitdem Lehrbefugter am Lehrstuhl für Sozial- und Gesundheitspädagogik der Katholischen Universität Eichstätt-Ingolstadt. Seine international dokumentierten Forschungsschwerpunkte fokussieren gesundheitsbezogene Sozialräume wie Gesundheitsregionen oder das kommunale Quartiersmanagement sowie gesundheitliches Lernen und Lehren.

Mehr als nur eine Krankenversicherung – COVID-19 als Chance zur Positionierung für GKV

14

Thomas Breisach

Inhaltsverzeichnis

14.1   Akzeptanz und Kommunikation 244
14.2   Hinterfragen und Offenheit für Neues 246
14.3   Der Faktor Gesundheit als Teil der strategischen Analyse 248
14.4   Operationalisierung mittels Design Thinking 251
14.5   Fazit 253
Literatur 253

Zusammenfassung

In vielen Bereichen des Gesundheitswesens spielt die Diskussion um die Digitalisierung eine große Rolle, häufig sind jedoch die Herangehensweise an die jeweiligen Herausforderungen und Chancen vom operativen Denken der Verantwortlichen geprägt. Dies zeigt sich nicht nur in der geringfügigen Resonanz bei den Patienten. Hier gilt es für die gesetzlichen Krankenkassen, aus den Fehlern der Verantwortlichen in der Pandemie zu lernen und ein strategisches Vorgehen einzuhalten, das sich am Faktor Gesundheit und an den Denk- und Verhaltensweisen der gesetzlich Versicherten orientiert. So kann man beispielsweise aus der geringfügigen Akzeptanz der elektronischen Patientenakte (ePA) bei den Versicherten Erkenntnisse für das weitere Vorgehen im Bereich Digitalisierung gewinnen. Um jedoch bestmögliche Ansätze zu erarbeiten und anschließend zu operationalisieren, müssen auch kreative Lösungsentwicklungsansätze wie das Design-Thinking eine Rolle spielen

T. Breisach (✉)
FOM Hochschule, München, Deutschland
E-Mail: thomas.breisach@fom.de

© Der/die Autor(en), exklusiv lizenziert an Springer Fachmedien Wiesbaden
GmbH, ein Teil von Springer Nature 2022, korrigierte Publikation 2023
M. Cassens, T. Städter (Hrsg.), *Erkenntnisse aus COVID-19 für zukünftiges Pandemiemanagement*, https://doi.org/10.1007/978-3-658-38667-2_14

Schlüsselwörter

Kommunikatives Pandemiemanagement · Gesetzliche Krankenversicherungen ·
Elektronische Patientenakte · Design-Thinking

14.1 Akzeptanz und Kommunikation

Durch die politische Corona-Krise hat auch in Deutschland die Digitalisierung im Bereich
des Gesundheitswesens Fahrt aufgenommen. Manche werden sagen: „endlich". Denn hier
wird im Vergleich mit anderen Ländern auch deutlich, dass ein noch stärkerer Ausbau zur
Nutzung der vorhandenen technischen Potenziale beispielsweise im Hinblick auf Therapie, Adhärenz oder im Bereich der Gesundheitskommunikation notwendig erscheint. Generell geht man bei einer strategischen Herangehensweise davon aus, dass man eine Situation proaktiv schaffen soll, anstatt sie lediglich zu akzeptieren. Was vordergründig als
logisch erscheint, kann in Bezug auf den bisherigen Verlauf der COVID-19-Pandemie
durchaus kritisch interpretiert werden. Sie stellte für sämtliche Akteure im Gesundheitswesen eine große Belastungsprobe dar, da ein bis dato nicht gekanntes Interesse der Bevölkerung an Gesundheitsthemen aufgefangen werden musste. Eine Veränderung im Vergleich zu Vorpandemiezeiten war auch, dass Information zeitnah benötigt wurden, was
von staatlichen Einrichtungen, aber auch von den Krankenkassen nur bedingt erfüllt
wurde. Zugleich bot sie aber auch die Möglichkeit, digitale Tools voranzutreiben, allerdings nur wenn diese aus Sicht der Zielgruppen einen echten Mehrwert boten. Zumindest
scheint die Aufmerksamkeit für Apps und sonstige digitale Gesundheitstools seit 2020
signifikant gestiegen zu sein und könnte in Zukunft positiv genutzt.

Die Ereignisse zwischen März 2020 bis Februar 2022 machen aber auch deutlich, dass
sich die Erkenntnisse der Pandemie – auch die Fehler der anderen Akteure – zur verbesserten eigenen Positionierung der GKV nutzen lassen könnten. Die Qualität der digitalen Angebote der Krankenkassen wird gerade bei einer Frustration, die durch die chaotisch
wirkende Kommunikation der öffentlichen Hand und der Politik entstanden ist, auf dem
Prüfstand der Versicherten stehen. Bei Teilen der Öffentlichkeit ist der Eindruck entstanden, dass die politisch Verantwortlichen nichts aus anderen Pandemien gelernt haben.
Das ist umso erstaunlicher, da es Handlungsempfehlungen zum Umgang mit unklaren
Situationen im Krisenmanagement gibt. So geht Feufel beispielsweise schon 2010 basierend auf den Erkenntnissen der pandemischen Influenza H1N1 auf die Bedeutung der
transparenten Kommunikation von Wissen und Nicht-Wissen ein. Des Weiteren schlugen
er und seine Co-Autoren vor, dramatische Schätzungen von Todesraten zu vermeiden
sowie politische Entscheidungsprozesse und Interessenskonflikte offenzulegen (Feufel
et al., 2010, S. 1283). Diese durchaus vorhandene negative Attitude wird zunehmend eine
Rolle in einem auf die Zukunft ausgerichteten Gesundheitswesen und bei der Akzeptanz
durch die Bevölkerung spielen. Studien zur digitalen Transformation, die während der

COVID-19-Pandemie durchgeführt wurden, zeigten beispielsweise ein hohes Maß an Patientenzufriedenheit bei schnell eingeführten digitalen Versorgungs- und Informationsansätzen (Imlach et al., 2020, S. 1). Andere Untersuchungen wiesen darauf hin, dass Patienten die virtuelle Betreuung als „genauso gut" oder „besser" empfanden als einen persönlichen Besuch. Wichtig ist es in dem Zusammenhang für Entscheider, sich in ihrem Denken nicht zu sehr auf einzelne Aspekte zu fokussieren, beispielsweise auf das digitale Dauerthema ePA. Wen man das Thema jedoch richtig angeht, ist diese nicht nur aus gesundheitspolitischer Sicht ein Punkt, der alle angeht, sondern kann auch bei der Positionierung der einzelnen Krankenkassen im Markt von Bedeutung sein (zum dritten Mal „Rolle spielen"), wie bereits heute die Fremdwahrnehmung (Begriff aus der Kognitionspsychologie, bitte einen klareren Terminus) der GKV „Die Techniker" (TK) durch externe Anspruchsgruppen zeigt. So wurde in einem Beitrag des Handelsblatts darauf verwiesen, dass von den 73 Millionen gesetzlich Versicherten lediglich elf Millionen bei der TK versichert waren, aber mehr als zwei Drittel der bis Februar 2022 erfolgten ePA-Registrierungen auf die TK entfielen. (Dönisch, 2022, o.S.). Ein interessanter Aspekt, der Spielraum für Vermutungen zulässt. Dass dies bei den Laienmedien, die eine wichtige Mittlerrolle (s. o.) bei der Wahrnehmung durch potenzielle Zielgruppen spielen, registriert wird und mit einer Offenheit für Innovationen und Digitalisierung in Verbindung gebracht wird, kann durchaus als Marketingerfolg für die TK betrachtet werden. Vor allem, wenn in einem Leitmedium wie dem „Handelsblatt" auch noch die geringen Registrierungen bei den anderen Krankenkassen erwähnt werden. Es muss also auch die Frage geklärt werden, warum zu dem Untersuchungszeitpunkt von den 385.000 ePA-Nutzern in der Bundesrepublik lediglich 22.800 bei der Barmer, 4400 bei der DAK-Gesundheit und 25.300 bei den verschiedenen AOKs versichert waren (Dönisch, 2022, o.S.).

Ein wichtiger Aspekt könnte in diesem Zusammenhang die Zusammensetzung der Versicherungsmitglieder sein. Diese Gründe zu hinterfragen, gehört zu den dringenden Aufgaben der gesetzlichen Krankenversicherungen, vor allem, wenn man die Aussagen der verschiedenen Krankenkassen hinsichtlich der Relevanz der ePA betrachtet, dann können die Verantwortlichen mit dieser Situation nicht zufrieden sein. So wird immer wieder bspw. bei der Barmer die zentrale Rolle betont, die die ePA in Zukunft spielen wird. Auch die Bedeutung für eine verbesserte Versorgung sowie für die Versorgungsforschung und -planung tauchen als relevante Themen im Zusammenhang mit der ePA als Themen auf. (Barmer, 2021, o.S.) Dass der Zusammenhang Fragen aufwirft, zeigen auch Beiträge in beruflichen Netzwerken wie LinkedIn, auf denen die Gründe diskutiert werden. So werden unter anderem neben der unterschiedlichen Qualität der jeweiligen Krankenkassen-Apps auch die fehlenden Kommunikationsmaßnahmen ins Feld geführt (Weigand, 2022, Seite). Im gleichen Beitrag wird auch darauf verwiesen, dass im Hinblick auf die Kommunikation Anfang 2021 auf den bundesweiten Roll-Out zum 1. Juli des Jahres hingewiesen wurde, demnach der Start der Kommunikation die Einführung der ePA 2.0 ins Feld geführt wurde.

Gerade bei politisch intensiv diskutierten, die Akzeptanz der Zielgruppen erfordernden Maßnahmen ein eher diskussionswürdiger Ansatz des Kommunikationsmanagements (hier fehlt etwas). Nicht nur die COVID-19-Krise hat mittlerweile gezeigt, dass eine ausschließlich auf Reagieren ausgerichtete Kommunikationsstrategie seitens der gesetzlichen Krankenversicherungen nicht ausreicht, wenn derartige Geschehnisse eintreten. Die Problematik dieser Vorgehensweise hat einprägend die in den 1980er- und 1990er-Jahren zurückliegende Diskussion rund um das Thema Gentechnik bewiesen, bei der von Seiten der Wissenschaft und Industrie den Gegnern der Gentechnik das Spielfeld der öffentlichen Wahrnehmung überlassen worden ist. Die Ergebnisse einer derartigen Kommunikationspolitik kann man noch heute wahrnehmen, u. a. in der weit verbreiteten Ausdrucksweise „Genmanipulation". Auch hier hat man viel Zeit und Energie einsetzen müssen, um die Akzeptanz der Biotechnologie in der Bevölkerung zumindest zu erhöhen. Auf der Basis dieser Erfahrungen sollte man generell auf Seiten der Krankenkassen eine Lehre ziehen und der die Akzeptanz vorbereitenden Kommunikation mehr strategische Herangehensweise beimessen. Dies gilt insbes. für einen liberal geprägten Rechtsstaat, denn da sollte eine Akzeptanz, insbesondere wenn es um Verhaltensweisen geht, die der persönlichen Lebensgestaltung zuzurechnen sind, nur unter Mitwirkung der Beteiligten erzielt werden (Schaper et al., 2019, S. 41). Das heißt, dass im Zusammenhang mit der ePA eins vermieden werden muss: Die einseitig technologielastig ausgerichtete Diskussion ohne Berücksichtigung der Ängste der Zielgruppen.

14.2   Hinterfragen und Offenheit für Neues

Dass es ohne eine strategische Vorgehensweise nicht geht, hat seit 2020 die staatliche Krisenkommunikation im Zusammenhang mit Corona deutlich gezeigt. Die Pandemie generierte bislang zu einem Ereignis, das man als Krise der Kommunikation bezeichnen kann. (Breisach, 2021a, S. 1) Hier wurden widersprüchliche Aussagen getätigt, die jedem Außenstehenden den Eindruck vermitteln mussten, dass man nicht nur kommunikativ unvorbereitet in diese Situation hineingegangen ist und über die Dauer der Zeit wenig dazugelernt hat (Vorsicht, das ist eine harte Wertung. Bitte belegen!). Viel mehr noch: Durch eine „Sensationalisierung" und einen für viele Bürger schwer nachvollziehbaren „Alarmismus" wurde ein Vertrauensverlust in gesundheitspolitische Aussagen und Relevanzen von Maßnahmen generiert, der nur mit einer strategiebasierten vorausschauenden Kommunikation wieder abgefangen werden kann. „Ziel muss es immer sein, die Glaubwürdigkeit bei dem Großteil der Zielgruppe nicht zu verlieren, sondern diese für die nötigen Maßnahmen zu gewinnen." (Breisach, 2021a, S. 67) Daran werden sich auch die gesetzlichen Krankenkassen als wichtige Akteure des Gesundheitssystems in Zukunft messen lassen müssen.

Damit diese positive Wahrnehmung seitens der Versicherten gelingt, wäre es für sämtliche Akteure notwendig, sich und ihre Kommunikation selbst zu hinterfragen, so zum Beispiel auf transparente Situationsbeschreibungen anstatt auf Schlagworte zu setzen (Feufel et al., 2010, S. 1284). Dies könnte dazu führen, dass nicht nur aus den Fehlern, die offensichtlich gemacht wurden, konsequenter zu lernen, sondern in der Folge auch dazu, proaktiver zu werden. Demgegenüber scheint es aber so zu sein, dass gerade für viele

Akteure im Gesundheitswesen das Hinterfragen der eigenen Leistung und der damit verbundenen Konsequenzen keine Stärke zu sein scheint. So wird man im Gesundheitsbereich, und das ist kein spezifisches Problem der Bundesrepublik., auch noch mit einem Dogmatismus konfrontiert, der erfolgreiche Lösungen verhindert. (Breisach, 2022, S. 4) Wenn das Interesse an digitalen Gesundheitstools durch Krankenkassen weiter gesteigert werden soll, dann muss dies mit einer verbesserten Kommunikation einhergehen. Dies gilt nicht nur hinsichtlich der Akzeptanz sämtlicher digitaler Gesundheitsanwendungen, die in zunehmendem Maße durch Kassen angeboten werden und von Leistungserbringern verschrieben werden können. Auch in diesem Bereich der Digitalisierung, der von manchen deutschen Krankenkassen offensichtlich als Medium des innovationsgetriebenen, am Versichertenwohl orientierte Selbstmarketings eine gewisse Relevanz zu haben scheint, wird ein entscheidender Aspekt des Wettbewerbserfolgs die Effektivität des jeweiligen angebotenen Produkts betreffen sein. Die Effektivität beruht auch bei digitalen Gesundheitsanwendungen auf der Qualität des jeweiligen Produkts und der damit zusammenhängenden Kommunikation. Hier offenbart sich erneut ein potenzielles Differenzierungsmerkmal gegenüber der Konkurrenz. Aber häufig wird die analysebasierte, langfristig vorbereitende Kommunikation als wichtiger Faktor der Effektivität unterschätzt. Ein Klassiker bei vielen Verantwortlichen im Gesundheitsbereich ist das rein operative Agieren im Bereich der Kommunikation, sprich das sich Fokussieren auf Maßnahmen und das falsche Verwenden des Begriffs „Strategie" für ein Maßnahmenset, das diesen Namen aus Managementperspektive nicht verdient. Das gilt für die klassische Kommunikation ebenso, wie für die digitalen Kommunikationskanäle. Wenn man maßnahmenorientiert handelt, ist es deutlich schwerer, ganzheitliche Ansätze zu entwickeln und diese auch umzusetzen. So kann beispielsweise bei den gesetzlichen Krankenkassen im Rückblick auf die digitale Kommunikation während der Pandemie festgehalten werden, dass zwingend zielgruppenspezifischer hätten gestaltet werden müssen. Dies gilt v.a. für die sprachliche Verständlichkeit der Informationen sowie die Struktur der COVID-19-Subsites (Goetz & Christiaans, 2021, S.3).

Die Effektivität von Gesundheitskommunikation kann auch darunter leiden, dass die Nachfrage nicht aufgefangen werden kann. Ein Beispiel hierfür: Die „Life-saving Handjob"-Werbung der Techniker Krankenkasse (TK), bei der auf Vorsorgeuntersuchungen hinsichtlich der Indikation Hodenkrebs aufmerksam gemacht wird (Die Techniker, 2022, o.S.). Würde man dem Ansatz das Denken „negative PR ist auch PR" (Die Welt online, 2022, o.S.) unterstellen, könnte man den Verantwortlichen für die Idee Recht geben, denn nach gut zehn Tagen hatten sich bereits über 280 Tausend Personen das Video auf Youtube angesehen (Die Techniker, 2022, o.S.) Es bleibt allerdings die Frage offen, ob nach einem derartigen einmaligen Online- und Medien-Hype bzw. den mit der Kampagne verbundenen Diskussionen in sozialen Netzwerken außer einem Disput der Dogmatiker etwas i.S. von nachhaltigen Lernerfolgen bei der Zielgruppe junger Menschen, insbes. der männlichen, bleibt. Scheinbar ist es der TK gelungen, einer gewisse Zielgruppe ihre Kreativität bzw. Modernität im Vergleich mit anderen Krankenkassen zu beweisen, wie dies die positiven Reaktion unter dem Youtube-Video im Gegensatz zur Medienresonanz dokumentieren.

(Die Techniker, 2022, o.S.) Vielleicht wurde auch für ein der Versicherung wichtiges Anliegen Aufmerksamkeit generiert, dabei bleibt jedoch unklar, ob derartige Ansätze wirklich eine Relevanz bei der großen Zielgruppe der männlichen Versicherten haben und ob diese ihr Verhalten gegenüber indizierter Selbstpalpation und Vorsorgeuntersuchung oder möglichen Gesundheitstools überdenken werden.

In der COVID-19-Pandemie wurde auf Grund der Schwäche der Kommunikation beispielsweise des Robert-Koch-Instituts (RKI) und anderer staatlicher Einrichtungen zunehmend deutlich, dass das Gesundheitswesen Partner braucht, die mit ihrer Kommunikation dazu beitragen können, beispielsweise die Auswirkungen der Herausforderungen der Digitalisierung aufzuzeigen und verständlich erklären können. Was hat das RKI als Teil des ÖGD mit Versicherungen zu tun? Hier fällt den gesetzlichen Kassen gerade hinsichtlich der Akzeptanz eine wichtige Rolle zu, denn sie haben im Rahmen der Selbstverwaltung zusammen mit den Leistungserbringern die Möglichkeit, die Anpassung des Leistungskatalogs auf Basis der gewonnenen Erkenntnisse auch für neuartige digitale Therapieansätze zu forcieren und sich für eine optimal vorbereitete Kommunikation ebenso einzusetzen wie für die Anwendung evidenzbasierter Gesundheitstools. Ziel muss hier die Verbesserung des Wohlergehens vieler Versicherter sein und dies kann eben nur erreicht werden, wenn verloren gegangenes Vertrauen zurückgewonnen und Misstrauen abgebaut wird.

14.3   Der Faktor Gesundheit als Teil der strategischen Analyse

Grundlage für einen jeden vielversprechenden Ansatz ist die strategische Analyse des Mikro- und Makroumfelds, die konsequent die vorhandene Ist-Situation analysiert und für die Zukunft verschiedene strategische Optionen erarbeitet. Diese dienen dann den Entscheidern in den gesetzlichen Krankenkassen beim Finden der jeweiligen spezifischen Strategie als Entscheidungsgrundlage. Basis des Erfolgs ist ein im Vorfeld klar definiertes Ziel, das in einem strukturierten Zielfindungsprozess festgelegt worden ist. Grundlegend ist es dabei, die körperschaftspezifischen Ziele nicht mit dem Unternehmenszweck der gesetzlichen Krankenkassen zu verwechseln, der jeder der etwa 100 gesetzlichen Krankenversicherungen als Körperschaften öffentlichen Rechts durch den Gesetzgeber vorgegeben worden und im Sozialgesetzbuch V festgehalten ist. Die Positionierung und die Wahrnehmung der einzelnen Krankenkasse spielen eine wichtige Rolle im Wettbewerb um die Versicherten, der durch die freie Krankenkassenwahl für gesetzlich Versicherte garantiert ist (Bundesministerium der Gesundheit, o. J., o.S.). Gerade im Hinblick auf die Erkenntnisse aus der Pandemie sind dabei die jeweiligen Teilanalysen stringent und faktenbezogen durchzuführen. Dies gilt sowohl für die Analyse der eigenen Potenziale, Strukturen und Prozesse als auch für die externen Perspektiven. Bei den internen Perspektiven findet dabei häufig eine Bewertung von Aspekten statt, die für die zukunftsorientierten Potenziale irrelevant sind. Vereinfacht ausgedrückt finden in die Stärken-Schwächen-Analyse Aspekte Eingang, die bei der genaueren Betrachtung im Hinblick auf das Finden von

Wettbewerbsvorteilen irrelevant sind. Sie unterscheiden sich weder positiv noch negativ von denen der Wettbewerber und das wird bei einer erfolgreichen Positionierung bzw. Strategie auch im Bereich des Digitalen nicht zielführend sein. So wird es also nicht von Bedeutung sein, ob man Gesundheits-Apps für die Versicherten im Angebot hat, weitere digitale Tools anbietet oder verschiedene digitale Kommunikationsstrukturen geschaffen hat, wenn diese von den potenziellen Nutzern weder gekannt noch genutzt werden. Während andere Anbieter dagegen Kommunikationsinstrumente geschaffen haben, die eine große Akzeptanz erreicht haben bzw. in den Zielgruppen als innovativer Anbieter wahrgenommen werden. Selbst bei gleicher Akzeptanz und Reichweite wären dies keine Aspekte, auf die man die Positionierung einer GKV aufbauen kann. Weiterhin wird eine realistische Bewertung der Fragen, wie gut man im Vergleich zur Konkurrenz auf Verschiebung von Kapazitäten vorbereitet ist, wie stark die Auslastung der Mitarbeitenden ist, wie sinnstiftend die aktuelle Organisationsstruktur ist oder wie gut die Priorisierung beim Einsatz der vorhandenen Ressourcen funktioniert, grundlegend für den zukünftigen Erfolg sein. Wenn auf Grund der eigenen Voraussetzungen die digitale Transformation – ungeachtet ihrer potenziellen Vorteile – nur schlecht umgesetzt werden kann, wird dies sowohl die Qualität der Gesundheitsversorgung beeinträchtigen, als auch zu Frustration bei Mitarbeitenden und Versicherten führen. Darüber hinaus wäre ein weiterer Effekt denkbar, der das Misstrauen gegenüber der digitalen Transformation insgesamt verstärkt.

Gerade zu Corona-Zeiten sollte den meisten Verantwortlichen mittlerweile klar geworden sein, dass die klassischen Umfeldanalysen nicht ausreichen werden. Dies trifft gerade auch für die Kostenträger zu, da lange Zeit übertragbare Erkrankungen in Europa im Gegensatz zu den nicht übertragbaren Erkrankungen gesundheitspolitisch nachrangig waren bzw. aus dem Fokus der öffentlichen Wahrnehmung gerückt sind. Wenn man also die Rahmenbedingungen unter dem Aspekt der strategischen Herausforderungen und Chancen betrachtet, dann sollte die Umfeldanalyse keinesfalls unter Vernachlässigung des Faktors Gesundheit durchgeführt werden, um die Grundlagen für ein Risikomanagement zu schaffen, das in seiner Operationalisierung ein pro-aktives Epidemie-Management ermöglichen wird. (zu allgemein! Was hat das mit Epidemie-Management und die „untergeordnete Rolle" zu tun (vgl. Breisach, 2021b, S. 31). Beim dem Rahmenfaktor Gesundheit handelt es sich um einen sich kontinuierlich verändernden Aspekt, der aber eine signifikante Auswirkung auf sämtliche Stakeholder im Markt und ihre strategischen Entscheidungen hat. Von daher ist eine Erweiterung der Umfeld- oder PESTEL-Analyse zur PESTHLE-Analyse für eine erfolgreiche Strategie unabdingbar. Der Faktor H für „Health" muss im Zusammenhang mit der Betrachtung des Umfelds zwingend gleichberechtigt neben die politischen, die ökonomischen, die soziokulturellen, die technologischen, ökologischen und rechtlichen Faktoren treten. War dies vor der Pandemie ein Punkt, der nicht auf der Agenda der meisten Quellen gestanden hat, so sollte dies nun unabdingbar sein. Hier liegt allerdings eine Chance für diejenigen, die dies konsequent in ihrer Analyse berücksichtigen, da ihre Analyse im Bereich der Kombination der internen mit den externen Faktoren Ableitungen ergeben wird, die den jeweiligen Verantwortlichen einen Wettbewerbsvorteil verschaffen werden. Dabei sollte allerdings nicht der Fehler gemacht werden, den Faktor ausschließlich auf Rahmenbedingungen wie COVID-19 zu reduzieren. Auch Punkte wie nicht übertragbare Erkrankungen in der Gesellschaft bzw. die Bereitschaft zu einem gesundheitsaffinen Lebensstil bzw. das allgemeine Interesse an Gesundheit werden in Zukunft eine signifikante Rolle spielen. Sie können für Entscheider Risiken darstellen aber auch Chancen für eine zielorientiere Strategie bieten.

Die zweite grundlegende Analyse, die Branchenstrukturanalyse, muss sich mit den Spezifika der deutschen gesetzlichen Krankenversicherungen auseinandersetzen. Michael Porter argumentierte bereits seit langem in seinem Ansatz der Value Based Healthcare, dass Patienten eher Verbündete im Hinblick auf ihre eigene Versorgung wären und nicht nur geduldige Kunden mit einer geringen Verhandlungsmacht. Zudem sieht er in ihnen Mitgestalter von systemverbessernden Maßnahmen. Für manchen Akteur im Gesundheitswesen scheint dies immer noch eher eine Herausforderung als eine Chance zu sein, die sich tatsächlich aber gerade im Übergang von der Pandemie zur Endemie bietet. Die offensichtlich vielfache Ignoranz dieser Chance zeigt jedoch, dass sie die Verhandlungsmacht der Patienten, die diese auf Grund der Digitalisierung und des durch die Pandemie deutlich gestiegenen Interesses am Thema Gesundheit gewonnen haben, auf Seiten der GKV bislang erheblich unterschätzt worden sind. Das Verständnis der Patientenerfahrungen ist ein wesentlicher Faktor auf dem Weg zu einer patientenzentrierten Versorgung (Harvard Business School, o.J., o.S.). Die aktuelle Situation würde nach Ansicht des Autors ein Umdenken einfordern: Denn bei der Beschreibung einer Branche ist laut Porter (1980, S. 3–33) neben dem aktuellen und zukünftigen Wettbewerb sowie der Verhandlungsmacht der Lieferanten explizit die Verhandlungsmacht der Kunden ein wichtiger Faktor. Daher sollte diese Veränderung bereits in der Branchenstrukturanalyse eine Berücksichtigung finden und nicht erst in der Absatzmarktanalyse.

Wenn man sich nun auf den Absatzmarkt als eine der drei Teilanalysen der Marktanalyse fokussiert, dürfte es für die Verantwortlichen grundlegend sein, herauszufinden, wie die Versicherten die vielen Vor- und Nachteile der digitalen Transformation im Gesundheitswesen sehen. Es macht weder Sinn, aus dem eigenen Blickwinkel heraus darauf hinzuweisen, welche Vorteile man in der Digitalisierung sieht, noch ausschließlich „Digital Natives" als Grundlage der Analyse bzw. der Entwicklung der Konzepte zu nehmen. Vielmehr sollte evaluiert werden, welche Bedeutung beispielsweise der leichtere Zugang zu verlässlichen Informationen zur eigenen Krankengeschichte im Vergleich zur Angst um den Verlust der eigenen Daten hat. In der Absatzmarktanalyse muss ebenso untersucht werden, inwieweit die verbesserte Kommunikation zwischen Patienten, Leistungserbringern und Kostenträgern für eine mögliche Argumentation für eine Digitalisierung genutzt werden kann(dto.). Ohne eine stärkere Einbeziehung der Patienten und eine Fokussierung auf aktive Patienten besteht auch hier die Möglichkeiten von Fehlinvestitionen, die am eigentlichen Interesse der Versicherten vorbeigehen und somit auch für die Anbieter keinen Mehrwert bieten, sondern nur Kosten verursachen.

Dies gilt unter anderem auch für die Analyse der Haltung oder des Bedarfs in Bezug auf digitale Sprechstunden, wobei man durchaus auch auf Ergebnisse internationaler und nationaler Studien zurückgreifen kann (Isautier et al., 2019, S. 1), um sich ein erstes Bild zu machen. Wie sieht es in diesem Zusammenhang mit der Beratungsqualität im Verhältnis zur Einsparung von Zeit, Geld oder anderen Ressourcen aus? Welche Relevanz haben digitale Rezepte etc. für Patienten? Eine australische Studie, die sich mit der Wahrnehmung der Telemedizin aus Patientensicht während der Corona-Pandemie beschäftigte, kam beispielsweise zu dem Ergebnis, dass die telemedizinischen Termine im Vergleich mit den Erfahrungen mit traditionellen Sprechstunden für viele Patienten die Kommunikation nicht so effektiv war. Zudem stellte sich heraus, dass technologische Einschränkungen die Qualität der Beratung beeinträchtigen würden (Isautier et al., 2020, S. 1). Ein weiterer wichtiger Aspekt ist aus Sicht der Patienten die Reduktion des Zeitaufwands im Zusammenhang mit Arztbesuchen (Ross et al., 2021, S. 323). Allerdings muss den GKV-Verantwortlichen (Wer ist hier gemeint?) klar sein, dass digitale Arzt-Patienten-Kommunikation nicht für jeden geeignet sind, was neben dem in vielen Fällen mangelnden technischen Verständnis der Patienten auch mit Schwierigkeiten beim Zugang zu Web-Tools zu tun hat (Imlach et al., 2020, S.9) (bitte belegen). Ein zentrales Problem, welches sich seit Pandemiebeginn im Rahmen telemedizinischer Termine offenbarte ist, dass Arzt und Patient die jeweilige Mimik und Gestik des Gegenübers nur teilweise sehen kann. Gerade letzterer Punkt ist in der Gesundheitskommunikation wichtig, die mittels der digitalen Instrumente nur begrenzt möglich ist. Hier gilt es auch zu analysieren, welche Bedeutung für die Versicherten der Zugang zur bestmöglichen Fachexpertise, beispielsweise auch außerhalb der geografischen Reichweite, bzw. allgemein der Austausch mit Leistungserbringern hat, damit die Angebote nicht ins Leere laufen, sondern die Effektivität der Versorgung verbessern. Zu letzteren könnte auch die Möglichkeit für Fachkräfte des Gesundheitswesens zählen, belastbare Entscheidungen zu treffen, z. B. durch den Einsatz von digitalen Monitorings, die zu verbesserten Möglichkeiten der Überwachung der Versorgungsqualität beitragen. Dies kann jedoch ausschließlich erfolgen, wenn es von den Versicherten bzw. deren Bevollmächtigten akzeptiert wird. Keinesfalls darf eine reine Fokussierung auf digitale Tools, die auf einer unzureichenden Analyse der Zielgruppen beruht, dazu führen, dass man, nur um als Kasse als innovativ und modern zu gelten, Menschen mit einer negativen Haltung das Gefühl gibt, vergessen bzw. ausgegrenzt zu werden.

14.4 Operationalisierung mittels Design Thinking

Im Anschluss an die Analyse und die Erarbeitung der Strategie geht es dann an die Operationalisierung der Entscheidung. Auch hier können multidisziplinäre Ansätze bei der Realisierung eine wichtige Rolle spielen, um mittels eines Out-of-the-Box-Denkens Blockaden zu lösen und innovative, kundenorientierte Maßnahmen zu entwickeln. Wie wichtig dies gerade im Gesundheitswesen ist, haben die teilweise unprofessionell wirkenden Vorgehens- und Kommunikationsweisen der Verantwortlichen im bisherigen Verlauf der COVID-19-Pandemie gezeigt. Das Potenzial, das durch das unfreiwillig gesteigerte Interesse am Thema Gesundheit generiert wurde, konnte nach hier vertretener Meinung nicht genutzt werden. Neue Denkanstöße, laterales Lernen oder auch der Transfer von Krisenmanagement aus anderen Branchen können immer noch wichtige Impulsgebe hinsichtlich der Realisierbarkeit bzw. Richtigkeit von Ideen und Innovationen darstellen. Gerade bei digitalen Ansätzen sollten Experten beispielsweise aus den Bereichen Mensch-Computer-Interaktion, Kommunikation und Versorgungsforschung zusammenarbeiten, um eine dringend indizierte zeitnahe Umsetzung der digitalen Transformation zu erzielen.

Ein möglicher Ansatz der Vorbereitung der Operationalisierung könnte die systematische Herangehensweise mittels „Design Thinking" sein. Hierbei handelt es sich eine Vorgehensweise, die von den Stanford-Professoren Leifer, Kelley und Winograd entwickelt wurde, um komplexe Problemstellungen anwenderorientiert zu lösen. Kelley leitet aktuell das 2005 gegründete Hasso-Plattner-Institute of Design an der Stanford Universität. Das deutsche Partnerinstitut ist die HPI School of Design Thinking in Potsdam, das mit seinem Denkansatz das Ziel hat, Transformationsprozesse in Gesellschaft und Wirtschaft voranzutreiben. (HPI School of Design Thinking, o.J., o.S.) Der Ansatz des Design Thinking geht weit über die klassischen Kreativ-Disziplinen hinaus. Im Gegensatz zu vielen anderen theoretischen und praktischen Herangehensweisen, die von der technischen Lösbarkeit der Aufgabe ausgehen, stehen beim Design Thinking die Wünsche und Bedarfe der Nutzenden im Zentrum des Prozesses. Dabei wird davon ausgegangen, dass Design auf alle Arten von Problemen angewendet werden kann, da diesen generell Komplexität unterstellt wird, aufgrund derer die Sachverhalte mit kreativem Denken behandelt werden müssen (d.school, o. J., o.S.). Laut Larusso kann der Design-Thinking-Prozess auch im Healthcare Bereich eingesetzt werden, da er divergentes und konvergentes Denken nutzt, um während des Designprozesses innovative Lösungen auf eine kollaborative, teambasierte Weise zu schaffen. Die Vorteile lägen seinen Ausführungen zur Folge darin, dass Designteams im Gesundheitswesen den Design-Thinking-Phasen folgen können und dabei in dem Ansatz evidenzbasierte Designforschung, strenge Sicherheitsbestimmungen und unterschiedliche Nutzer-Anforderungen integrieren können (Lorusso et al., 2021, S. 27).

Um erfolgreich zu sein, steht beim Design Thinking der (potenzielle) Nutzer im Mittelpunkt, das zu lösende Problem wird aus dessen Blickwinkel betrachtet. Zu einem erfolgreichen Entwicklungsprozess gehören dabei kontinuierliche Feedbackgespräche zwischen dem Entwickler und dem potenziellen Anbieter einer Maßnahme sowie der jeweiligen Zielgruppe. Eine weitere Basis für ein erfolgreiches Entwickeln von Maßnahmen ist die Kenntnis der für die Zielgruppe relevanten Abläufe und Verhaltensweisen. Um den Kunden nicht vor vollendete, eventuell auch unpassende Maßnahmen zu stellen, werden daher die Lösungsansätze in „Rohform" frühzeitig kommuniziert, damit der potenzielle Anwender sie lange vor der Fertigstellung testen und sein Feedback geben kann. Auf diese Weise erzeugt Design Thinking praxisorientierte Ergebnisse. Diese müssen dann die drei relevanten Aspekte technische Machbarkeit, Erwünschtheit bei den Menschen und Wirtschaftlichkeit vereinen. Attraktivität bei den Zielgruppen muss dabei ebenso gegeben sein, wie Realisierbarkeit und Finanzierbarkeit. Um zu diesem positiven Ergebnis zu kommen, orientiert sich der Design-Thinking-Prozess an den Arbeitsprozessen von Designern und besteht aus sechs verschiedenen Phasen. Die erste ist das Verstehen, bevor es in der

Abb. 14.1 Der iterative Weg des Design Thinkings. (Quelle: In Anlehnung an das Hasso Plattner Institut)

zweiten Phase ans Beobachten geht. Der dritte Schritt ist das Definieren der Sichtweise, bevor als vierter Schritt die Ideenfindung folgt. Danach kommt die sogenannte Entwicklung von Prototypen bevor das Testen den Prozess abschließt. Abb. 14.1 Gerade beim letzten Schritt ist das Feedback der Zielgruppen eine ebenso wichtig wie Flexibilität, um einen bestmöglichen Lösungsansatz zu erarbeiten bzw. weitere Ideen und Verbesserungen entwickeln zu können. Design Thinking wäre folglich eine kreative Arbeits- und Denkkultur, die gerade im eingefahrenen GKV-Markt in der Nach-COVID-Zeit zu versichertenorientierten Lösungen führen könnte.

14.5 Fazit

Abschließend lässt sich folgern, dass, wenn man basierend auf den Erkenntnissen der Corona-Pandemie und einer den Faktor Gesundheit berücksichtigen strategische Analyse an das Thema Digitalisierung herangeht, dabei realistisch sowohl mit den eigenen Stärken und Schwächen umgeht und als auch die Branche bzw. den Markt einschätzt, sich eine gute Entscheidungsgrundlage für die Verantwortlichen der GKV ergibt. Um digitale Tools und Versorgungsansätze seitens der Versicherten akzeptierbar und damit langfristig erfolgreich zu machen, sollte man auf kollaborative Ansätze setzen, die betroffene Zielgruppen, Leistungserbringer und Vertreter anderer Sichtweisen rechtzeitig einbindet und sich dabei grundsätzlich an der technischen Machbarkeit, der Wirtschaftlichkeit und der Erwünschtheit bei den Menschen orientiert.

Literatur

Barmer. (2021). *Gesundheitspolitische Positionen zur Bundestagwahl 2021. Zukunftsfähiges Gesundheitswesen nach Corona*. https://www.barmer.de/politik/position/zukunftsfaehiges-gesundheitswesen-nach-corona-284288. Zugegriffen am 31.01.2022.

Breisach, T. (2021a). Krise der Kommunikation oder Krisenkommunikation – Eine strategische Betrachtung der Risikokommunikation der öffentlichen Hand im Rahmen der COVID-19- Pandemie. In S. Heinemann & D. Matusiewicz (Hrsg.), *Rethink Healthcare – Krise als Chance* (S. 63–71). medhochzwei.

Breisach, T. (2022). Missing health political opportunities due to a lack of behavior acceptance. In M. Cassens, Z. Kollanyi & A. Tsenov (Hrsg.), *Transdisciplinary perspectives on public health in Europe* (S. 3–18). Springer Gabler.

Breisach, T. (2021b). Strategisches Management -Ansatz der Entscheidung und Führung. *Health & Care Management, 6*, 30–32.

Bundesministerium der Gesundheit. (o. J.). *Gesetze im Internet SBB V § 175 Ausübung des Wahlrechts.* https://www.gesetze-im-internet.de/sgb_5/__175.html. Zugegriffen am 01.02.2022.

d.school. (o. J.). *What we do.* https://dschool.stanford.edu/about/#what-we-do-image. Zugegriffen am 01.02.2022.

Die Techniker. (2022). *Der Life-saving Handjob.* https://youtu.be/rhmU5K7vVuU. Zugegriffen am 13.02.2022.

Die Welt. (4. Februar 2022). „Der life-saving Handjob" – Kritik an Krankenkasse nach Clip mit Pornodarstellerin. *Die Welt.* https://www.welt.de/vermischtes/article236675041/Video-mit-Pornodarstellerin-Vorwuerfe-gegen-Techniker-Krankenkasse.html. Zugegriffen am 06.02.2022.

Dönisch, A. (10. Februar 2022). TK weit vorne bei elektronischer Patientenakte. *Handelsblatt Inside Digital Health.* https://www.handelsblatt.com/inside/digital_health/krankenkasse-tk-weit-vorne-bei-elektronischer-patientenakte/28055328.html?ticket=ST-12272478-abcMj7e7wxKoEXaBbFBQ-ap3. Zugegriffen am 12.02.2022.

Feufel, M., Antes, G., & Gigerenzer, G. (2010). Vom sicheren Umgang mit Unsicherheit: Was wir von der pandemischen Influenza (H1N1) 2009 lernen können. *Bundesgesundheitsblatt, Gesundheitsforschung, Gesundheitsschutz, 53*(12), 1283–1289. https://link-1springer-1com-1001340pq0108.emedia1.bsb-muenchen.de/article/10.1007/s00103-010-1165-1. Zugegriffen am 31.01.2022.

Goetz, M., & Christiaans, L. (2021). Krankenkassenkommunikation in der COVID-19-Pandemie: Eine vergleichende Analyse der Krisenkommunikation auf Websites. In *Prävention und Gesundheitsförderung (Mai 2021)* (S. 1–5) https://link.springer.com/article/10.1007/s11553-021-00851-y. Zugegriffen am 15.02.2022.

Harvard Busines School: Institute for Strategy & Competitiveness. (o.J.). *Value based healthcare.* https://www.isc.hbs.edu/health-care/value-based-health-care/Pages/default.aspx. Zugegriffen am 31.01.2022.

HPI School of Design Thinking. (o.J.). *Mit Design Thinking die Zukunft gestalten.* https://hpi.de/school-of-design-thinking.html. Zugegriffen am 06.02.2022.

Imlach, F., McKinlay, E., Middleton, L., Kennedy, J., Pledger, M., Russell, L., et al. (2020). Telehealth consultations in general practice during a pandemic lockdown: Survey and interviews on patient experiences and preferences. *BMC Family Practice, 21*(1), 1–14. https://link-1springer-1com-1001340940918.emedia1.bsb-muenchen.de/article/10.1186/s12875-020-01336-1. Zugegriffen am 03.02.2022.

Isautier, J., Copp, T., Ayre, J., Cvejic, E., Meyerowitz-Katz, G., Batcup, G., et al. (2020). People's experiences and satisfaction with telehealth during the COVID-19 pandemic in Australia: Cross-sectional survey study originally. *Journal of Medical Internet Research, 22*(12), 16–29. https://www.jmir.org/2020/12/e24531/. Zugegriffen am 01.02.2022.

Lorusso, L., Lee, L., & Worden, E. (2021). Design thinking for healthcare: Transliterating the creative problem-solving method into architectural practice. *Health Environments Research & Design Journal, 14*(2), 16–29. https://journals-1sagepub-1com-1001320940922.emedia1.bsb-muenchen.de/doi/full/10.1177/1937586721994228. Zugegriffen am 01.02.2022.

Porter, M. (1980). *Competitive strategy: Techniques for analyzing industries and competitors: With a new introduction.* Free Press.

Ross, L., Bena, J., Bermel, R., McCarter, L., Ahmed, Z., Goforth, H., et al. (2021). Implementation and patient experience of outpatient teleneurology. *Telemed e-Health, 27*(3), 323–329. https://pubmed.ncbi.nlm.nih.gov/32584654/. Zugegriffen am 06.02.2022.

Schaper, M., Hansen, S., & Schicktanz, S. (2019). Überreden für die gute Sache? Techniken öffentlicher Gesundheitskommunikation und ihre ethischen Implikationen. *Ethik in der Medizin, 31*,

23–44. https://link-1springer-1com-1001340pq012f.emedia1.bsb-muenchen.de/article/10.1007/s00481-018-0507-7. Zugegriffen am 31.01.2022.

Weigand, M. (2022). Marcel Weigand auf LinkedIn. https://www.linkedin.com/search/results/content/?keywords=ePA&sid=2J3&update=urn%3Ali%3Afs_updateV2%3A(urn%3Ali%3Aactivity%3A6896082128619327488%2CBLENDED_SEARCH_FEED%2CEMPTY%2CDEFAULT%2Cfalse). Zugegriffen am 10.02.2022.

Prof. Dr. Thomas Breisach ist Professor für Gesundheits- und Sozialmanagement am Standort München der Hochschule für Oekonomie & Management (FOM). Seine Forschungsschwerpunkte sind Strategie und Kommunikation sowie internationale Gesundheitspolitik. Breisach ist u. a. Mitglied folgender wissenschaftlicher Gesellschaften bzw. Netzwerke: European Public Health Association (EUPHA), European Burden of Disease Network (EBoDN), Global Health Hub Germany (GHHG) und der Strategic Management Society (SMS). Er ist in verschiedenen Beiräten tätig, beispielsweise im gesundheits- und sozialpolitischen Beirat der BARMER Bayern und des German Medical Awards. Breisach ist zudem als strategischer Berater für internationale Unternehmen aus der Life-Sciences-Branche tätig.

Anregungen für die Hochschulbildung der Zukunft – Erfahrungswirklichkeiten der Lernenden und Lehrenden hinsichtlich der Lehre und des Lernens in der Zeit der COViD-19-Pandemie.

15

Tanja Kistler, Annette Kluge-Bischoff, Helena Kosub, Marion Matheis, Julia Schorlemmer und Dominik Schrahe

Inhaltsverzeichnis

15.1 Einleitung 258
15.2 Chancen und Entwicklungen für die Hochschullehre aus der pandemischen Situation 259
15.3 Herausforderungen für die Hochschullehre durch die pandemische Situation 266
15.4 Anregungen für die Zukunft und Ausblick 271
Literatur 275

Zusammenfassung

Die Corona-Pandemie hat Hochschulen in die digitale Lehre und bereits vorhandene, bis dahin wenig genutzte digitale Tools, in den Fokus der Lehre gerückt. Meist vollzog sich hier ein ad-hoc-Start der virtuellen Lehrformate, die einige Herausforderungen, aber auch viele Chancen mit sich brachten. Eruiert man die Chancen, die sich aus einer stärker digital orientierten Welt für die Zukunft der Lehre ergeben, zeigt sich, dass die zeitliche und räumliche Flexibilität steigt und dadurch auch zukünftig starre Strukturen aufgebrochen werden können. Die Kombination der Neuerungen und der traditionellen Lehr-/Lernformate bieten das Potenzial, personalisierte Lehr-/Lernszenarien zu entwickeln. Aus der

T. Kistler (✉) · A. Kluge-Bischoff · H. Kosub · M. Matheis · D. Schrahe
FOM Hochschule, München, Deutschland
E-Mail: tanja.kistler@fom.de; annette.kluge-bischoff1@fom-net.de; helena.kosub@fom-net.de; marion.matheis@fom-net.de; dominik.schrahe@fom-net.de

J. Schorlemmer
FOM Hochschule, Berlin, Deutschland
E-Mail: julia.schorlemmer@fom.de

© Der/die Autor(en), exklusiv lizenziert an Springer Fachmedien Wiesbaden GmbH, ein Teil von Springer Nature 2022, korrigierte Publikation 2023
M. Cassens, T. Städter (Hrsg.), *Erkenntnisse aus COVID-19 für zukünftiges Pandemiemanagement*, https://doi.org/10.1007/978-3-658-38667-2_15

Erweiterung der digitalen Kompetenzen ergeben sich neue Kommunikations- und Austauschformate. Eine der größten Herausforderungen ist es, die Chancen zu erkennen und adäquat zu nutzen, um etwaige individuelle und hochschulspezifische Hürden zu überwinden. Der Beitrag betrachtet sowohl die Chancen als auch Herausforderungen und erarbeitet anhand dieser Anregungen für die Hochschulbildung der Zukunft.

Schlüsselwörter

Digitale Online-Lehre · Hochschulische Lehre · Hochschulisches Lernen · Chancen der digitalen Lehre · Risikofaktoren digitaler Lehre

15.1 Einleitung

Die seit Beginn des Jahres 2020 herrschende COViD-19-Pandemie (Corona-Pandemie) hat Hochschulen und Universitäten ab dem Sommersemester 2020 in eine weitgehend digitale und virtuell abgehaltene Lehre gezwungen. Die Vermeidung der Verbreitung weiterer Infektionen war bis zu der Einführung von Impfstoffen ausschließlich über Kontaktbeschränkungen und Hygienemaßnahmen möglich, sodass in der Hochschulrektorenkonferenz ein Aussetzen des Präsenzlehrbetriebs und die Umstellung auf digitale Online-Distanzlehre beschlossen wurde (Hochschulrektorenkonferenz, 2020). Mit dieser wurde die Lehre von nun an als Webinar angeboten, diese mit Lehrvideos und digitalen Lehr-/Lernmedien sowie asynchroner Kommunikation unterstützt.

Bereits in den Jahren vor der Corona-Pandemie war digitale und hybride Hochschullehre ein relevantes Thema (Gilch et al., 2019) und wurde vielfach diskutiert (Seufert et al., 2015; Willige, 2016). Digitale Medien für virtuelle Lehr-/Lernkonzepte im Hochschulkontext waren demzufolge bereits vor der Corona-Pandemie weit entwickelt (Arnold et al., 2015; Bauer et al., 2020, S. 12–14; Klier & Treeck, 2015), deren vielfältige Möglichkeiten und Nutzung allerdings weniger verbreitet.

Zur Verfügung standen somit zum Zeitpunkt der Entscheidung der Hochschulrektorenkonferenz diverse, bereits zuvor entwickelte digitale Lehr-/Lernmedien und Tools. Über cloudbasierte Videokonferenzdienste bestand eine direkte und unmittelbare Möglichkeit der Umsetzung von Webinaren, womit eine Vorlesung am heimischen Computer rezipiert werden konnte. Zur Begleitung und Vertiefung erfolgte vermehrt die digitale Bereitstellung asynchron nutzbarer Lehr- und Lernmedien, die ebenfalls teilweise zuvor bereits existierten, von nun an aber stark an Relevanz gewannen. Die Umstellung auf virtuelle Online-Distanzlehre brachte somit einige Innovationen und viele Neuerungen und neue Möglichkeiten (Hübner & Walter, 2021 S. 146–148; Frentix, 2021; *TELucation – TU Graz,* 2021; Schön et al., 2021, S. 255–257) mit sich und ermöglichte die Fortsetzung einer hochschulischen Bildung trotz gesamtgesellschaftlicher Einschränkungen.

Die Qualität der hochschulischen Bildung unter pandemischen Bedingungen variiert(e), was nach Hodges et al. (2020) auch auf die rasante Reaktion der Hochschulen in puncto Lehre auf die Pandemie zurückzuführen ist. Die verschiedenen Designs einer nicht-Präsenz-Lehre wurden bereits lange vor der Pandemie definiert, so sind z. B. Blended-Learning, Online-Lernen oder auch Fernunterricht jeweils unterschiedlich definiert (ebd.). Auch wenn das Verständnis der Definitionen bzw. Unterschiede der Lehrdesigns nicht weit verbreitet oder gut verstanden ist, zeigt sich ein gravierender Unterschied zur Online-Distanzlehre zu Zeiten der Pandemie. Hodges et al. (2020) nennen diesen daher „Notfall-Fernunterricht" („emergency remote teaching"), welcher aus der unvorbereiteten ad hoc-Umstellung der Lehre an Hochschulen zum Sommersemester 2020 hervorging und sehen einen Gegensatz zwischen dem Notfall-Fernunterricht und einer qualitativ hochwertigen und effektiven Online-Bildung. Hodges et al. (2020) geben weiterhin zu bedenken, die unterschiedlichen, beeinflussenden Faktoren bei der Evaluation des Notfall-Fernunterrichts zu berücksichtigen.

Aus der zuerst eher als kurzphasig angedachten Umstellung auf Online-Distanz-Lehre wurde eine bisher viersemestrige Phase mit immer wiederkehrenden längeren Zeiträumen der virtuellen Lehre. Die Online-Distanzlehre erfuhr daher auf mehreren Ebenen einen maßgeblichen Entwicklungsschub (Hofmann et al., 2021, S. 11, 96), der sich ohne eine pandemische Lage sicherlich noch einige Jahre hingezogen hätte. Diese Phasen zeigen im Rückblick viele Chancen und Herausforderungen, die in diesem Beitrag zusammengetragen und reflektiert werden. Insbesondere erfolgen Einblicke und Erfahrungen von der FOM Hochschule für Oekonomie & Management. Dies ist eine akkreditierte und staatlich anerkannte gemeinnützige Hochschule mit mehr als 50.000 Studierenden. Die Hochschule bietet Berufstätigen die Möglichkeit sich berufsbegleitend akademisch zu qualifizieren. Angeboten werden insgesamt über 30 Bachelor- und Masterstudiengänge in den sechs Fachbereichen Betriebswirtschaft, Recht, Wirtschaftspsychologie, Gesundheit & Soziales, sowie IT-Management & Ingenieurwesen. Die Lehrveranstaltungen finden abends und am Wochenende sowie tagsüber mit einer Kursgröße von ca. 10 bis 150 Teilnehmenden statt. Die Studierenden kommen aus diversen Berufsfeldern und mit unterschiedlichen Schul- und Berufsabschlüssen, vom Realschulabschluss bis zur allgemeinen Hochschulreife. Die FOM stellte die Präsenzlehre an allen 36 Standorten sehr früh (März 2020) ein und schwenkte anstatt dessen vollständig auf digitale Präsenzlehre um, wodurch Lehrende und Lernende zahlreiche und vielfältige Erfahrungen haben, sowie bereits Modifikationen der Lehre durchgeführt oder erlebt haben.

In den kommenden Abschnitten wird jeweils aus der Sicht der Lehrenden und der Lernenden berichtet und reflektiert. Insbesondere wird auf Faktoren eingegangen, die aufgrund der Erfahrungen einen maßgeblichen Einfluss auf die virtuelle Lehre haben.

15.2 Chancen und Entwicklungen für die Hochschullehre aus der pandemischen Situation

Öffentliche Diskussionen beschreiben die Pandemie und die daraus hervorgegangenen neuen Begebenheiten auch als einen Katalysator für die Digitalisierung in allen Lebensbereichen. In Arbeit und Lehre zeigte sich eine Verlagerung vieler Aktivitäten in den virtuellen Raum, welche durch Informations- und Kommunikationstechnik und deren spezielle digitales Tools überhaupt erst möglich wurden. Insbesondere in der Lehre zeigt sich ein schneller Einzug dieser Werkzeuge und die Umsetzung und Entwicklung der digitalen-Distanzlehre (Bundesministerium für Wirtschaft und Energie, 2021; Hofmann et al., 2021, S. 11, 96; Ricci, 2020).

Die Möglichkeiten und Entwicklungen, die sich damit im Hinblick auf die Hochschullehre ergeben und wie die pandemische Lage diese vorangebracht hat, werden im folgenden Abschnitt erläutert und diskutiert. Begleitet werden diese auch von Erfahrungen und Berichten aus der Hochschullehre mit berufstätigen Studierenden, die parallel zur Herausforderung der pandemischen Lage die Doppelbelastung von Studium und Beruf bewältigten. Eine zusätzliche Anstrengung ergab sich für die Studierenden, die während der Pandemie beruflich im Gesundheitsbereich tätig sind oder waren (Limarutti et al., 2021). Durch Schicht- oder Zusatzdienste konnten Lehrveranstaltungen auch virtuell teilweise nicht mehr besucht werden. Hinzu kamen familiäre Aspekte für alle Gruppen von Studierenden und Dozierenden, welche bei Studierenden ebenfalls zu einer Nichtteilnahme an Lehrveranstaltungen führen konnten (Limarutti et al., 2021).

15.2.1 Entwicklung neuer Lehr- und Lernmedien und einer neuen Lernumgebung

Die ad-hoc Umstellung auf virtuelle Lehre zeigte schnell, dass eine frontale Präsenzlehre nicht einfach in den virtuellen Raum übertragen werden kann. Eine Vorlesung von vier Unterrichtseinheiten gefüllt mit Folien und einem Monolog und einem daraus resultierend passiven Lernszenarium zeigte im virtuellen Raum noch schneller einsetzende Ermüdung und nachlassende Konzentration als in der Präsenzlehre. Zudem zeigte sich, dass die Kombination verschiedener Interaktionsformen in der Distanzlehre der reinen Vortragslehre vorzuziehen ist. Die Interaktionsformen sind didaktische oder mediale Komponenten, die die Interaktionen unter Studierenden, zwischen Studierenden und Lehrenden als auch die Interaktion zwischen Studierenden und Lehrinhalten fördern (Bernard et al., 2009). Eine erfolgreiche online-Distanzlehre muss also nicht nur inhaltlich gut geplant sein, sondern auch sinnhafte und praktizierbare Interaktionen ermöglichen, die zugleich ein förderndes Element für die Lehrinhalte mitbringen sollten. Studierendenstimmen geben stets an, dass eine abwechslungsreiche Lehrveranstaltung zu höheren Teilnahmezahlen, besserer Konzentration und höherer Motivation sowie zu einem besserem Lernergebnis führt.

Herauszustellen ist die neue und andersartige Lernumgebung in der Virtualität, die sich hauptsächlich für die Studierenden ergibt. Die virtuelle Lernumgebung kann das sonst facettenreiche Campusleben kaum abbilden. Das sog. „Studentenleben" oder Campusleben stellt sich durch persönliche Interaktionen, Umwelten und einer eigenen Struktur dar, die alle das Ziel der Wissenserweiterung und des Lernens unterstützen und den Aufbau unter anderem sozialer Ressourcen ermöglichen (Hodges et al., 2020). Persönliche Lerngruppen, Lernen in der Bibliothek und gemeinsame Freizeitgestaltung machen den Kosmos von Studierenden aus und somit auch deren Lernumgebung – eine erfolgreiche

Präsenzlehre ergibt sich somit nicht ausschließlich aus guten Vorlesungen und Lehrveranstaltungen, sondern wird von der sie umgebenden Umwelt mit beeinflusst und gestaltet (Hodges et al.. 2020). Online-Distanzlehre hat somit auch die Aufgabe, die Infrastruktur, die die Präsenzlehre umgibt, abzubilden (Hodges et al., 2020). Diese ist nur mit viel Investition von Zeit und Initiative von Lehrenden und Lernenden möglich.

Sowohl an Universitäten als auch an Hochschulen für Angewandte Wissenschaften (HAW) erfolgte laut befragter Professorinnen und Professoren in einer Studie des Bayerischen Forschungsinstituts für Digitale Transformation eine adäquate und zügige Umsetzung der Maßnahmen zur Umstellung der Lehre. Die Studie zeigt ebenfalls eine hohe Zustimmung und Zufriedenheit hinsichtlich der von den Hochschulen angebotenen Ressourcen und Unterstützungsangeboten (Hofmann et al., 2021, S. 46–50).

An der FOM Hochschule wurden sowohl zentral als auch interkollegial bereits zu Beginn der Umstellung der Lehre Schulungen zu cloudbasierten Videokonferenzdiensten angeboten. Das zentrale Angebot wurde für alle Lehrenden der Hochschule als Weiterbildungszertifikat „Virtuelle Präsenzlehre" angeboten. Das modular aufgebaute Programm fokussierte verschiedene Schwerpunkte, die wichtige Aspekte für das Unterrichten in der digitalen Präsenz beinhalteten. Die Schulungsreihe startete mit einem Modul zu Grundlagen der cloudbasierten Videokonferenzen und deren optimalem Einsatz, gefolgt von weiterführenden Informationen zu der technischen Ausstattung und deren Einsatzmöglichkeiten sowie die Optimierung der individuellen Lehre in der digitalen Präsenz. Die Ziele waren den Einstieg in die neue Lehrform gelingen zu lassen, sowie Kompetenzerweiterungen zu fördern, um über die Zeit hinaus die Lehre weiter optimieren zu können. Der Abschluss der Schulungsreihe erforderte einen gegenseitigen Unterrichtsbesuch zweier Dozierenden und die gegenseitigen kritischen Begutachtungen sowie eine Selbst-Reflexion mit Hinblick auf die erlangten und eingesetzten Fähigkeiten.

Durch die Pandemie-bedingte Umstellung der Lehre und der Unterstützungsangebote ergaben sich in den vergangenen Semestern an der FOM Hochschule und vielen weiteren Universitäten und HAWs die (Weiter-)Entwicklung von Lehrmedien und neuer Lehrkonzepte (Hofmann et al., 2021, S. 31).

HAWs wiesen bereits vor der Pandemie ein höheres Maß an digitalisierten Lehr-/Lernformaten und damit einhergehenden Lehrkonzepten auf (Hofmann et al., 2021 S. 30). Diese Erkenntnisse zeigen sich auch an der FOM Hochschule. An dieser wurden bereits in den Semestern vor der Pandemie digitale Lehrkonzepte z. B. im Bereich der quantitativen Methodenlehre entwickelt (Gehrke et al., 2021). Diese bestehenden Konzepte boten eine gute Grundlage zur Erweiterung des Lehrkonzepts in Zeiten der Pandemie. Zu Beginn der online-Distanzlehre wurden zu den bereits bestehenden Skripten und interaktiven, digital vorliegenden Materialien (wie z. B. shiny-Apps) als Ergänzung Studienbriefe, Lehrvideos, digitale Lernspiele, weitere shiny- und learnR-Apps für online durchführbare Lernfortschrittskontrollen und Tutorien entwickelt. Shiny stellt eine Möglichkeit zur Programmierung und Erstellung interaktiver Apps dar, die online oder offline ohne Vorkenntnisse genutzt werden können (Chang et al., 2020). Die Gesamtheit der Materialien ermöglicht, wenn notwendig, ein vollständiges Eigenstudium, ein individuelles Tempo der Erarbeitung der Lehrinhalte sowie interaktiv gestaltete Lehrveranstaltungen mit Fokus auf aktives Lernen. Ein Beispiel für die learnR-App ist hier verlinkt: https://fomshinyapps.shinyapps.io/Beispiel_Tutorial_01, ein Beispiel einer shiny-App hier: https://fomshinyapps.shinyapps.io/Konfidenzintervall/. Der Fokus auf die interaktive Lehre wird durch Konzepte des Flipped Classrooms noch gestärkt. Für eine Flipped Classroom Veranstaltung erarbeiten die Studierenden individuell theoretische und praktische Grundlagen der Lehrveranstaltung vorab im eigenen Lerntempo und kommen damit vorbereitet in die Lehrveranstaltung. Die Lehrveranstaltung wird dann für praktische Übungen und Anwendung des Gelernten in Begleitung des Dozierenden genutzt und zeigt eine Steigerung der Lernleistung (Hew & Lo, 2018; Tang et al., 2020).

Die Rückmeldungen der Studierenden an der FOM Hochschule zeigen, dass sowohl der Flipped Classroom, der meist in Gruppen in virtuellen Arbeitsgruppen sog. Breakoutsessions durchgeführt wird, als auch die interaktiven Materialien das Lernen jeweils individuell unterstützen und gerne genutzt werden. Die Konzentration bleibt durch den abwechslungsreichen Unterricht hoch und die unterschiedlichen Interaktionen führen zu einem verbesserten Austausch und vielfältigen Interaktionen unter den Studierenden, zwischen Studierenden und Lehrenden, sowie zu einer erhöhten Interaktion zwischen Studierenden und den Lehrinhalten. Entscheidend für die konkrete Umsetzung eines interaktiven gemeinsamen Lernens im virtuellen (und analogen) Präsenzraum ist die zeitliche Taktung der Lernaktivitäten durch die Lehrperson. Phasen, in denen nur eine Person aktiv ist und alle anderen zuhören sollten kurzgehalten werden und der Inhalt möglichst präzise und akzentuiert weitergegeben werden. Phasen in denen sich alle aktiv beteiligen können sollte prozentual mehr Zeit einnehmen (Ritter-Mamczek, 2016, S. 40).

Die zufriedenstellende Teilnahme der Studierenden an virtuellen Lehrveranstaltungen (Webinaren) kann von persönlichen Bedürfnissen abhängig sein. Die erhöhte Flexibilität, die sich virtuell und damit raum- und/oder auch zeitunabhängig ergibt, gibt auch die Möglichkeit, einen Lernraum für die individuellen Bedürfnisse zu generieren. Studierende können sich bei Bedarf einen Lernraum oder eine „Lernecke" entsprechend ihrer individuellen Bedürfnisse einrichten. Dies kann etwa die Freiheit von Störungen, Ablenkungspotenzialen und Unterbrechungen oder die Verfügbarkeit von Literatur und Arbeitsmaterial betreffen. Ebenso kann Bequemlichkeit oder Gemütlichkeit eine Rolle spielen. Von Studierenden wurde beispielsweise das Lernen von zu Hause als „definitiv besser" oder „entspannter" empfunden, da weder Parallelgespräche von Kommilitonen noch Lärm am Hochschulstandort zu Ablenkungen führten. Damit scheinen, für einen Teil der Studierenden in der Summe die positiven Erfahrungen zu überwiegen. Ein großer Anteil der Studierenden, sowohl an der FOM, als auch andernorts, wünscht sich zukünftig mehr digitale Elemente in der Lehre und sieht den Lernerfolg hierdurch gesteigert (De Boer et al., 2021, S. 31–45; Mulders & Krah, 2021). Dennoch sind Fähigkeiten im Umgang und Nutzung dieser neuen Medien, Materialien und Tools notwendig. Im folgenden Abschnitt wird daher auf die Entwicklung der digitalen Kompetenz während der Corona-Pandemie eingegangen.

15.2.2 Entwicklung der digitalen Kompetenz ermöglicht vollständige Nutzung der Medien

Laut Definition befähigt digitale Kompetenz Menschen zur Teilnahme am Alltagsleben, dem Arbeiten und Lernen in einer digitalen Gesellschaft. Digitale Kompetenz entwickelt sich mit der Digitalisierung dynamisch und umfasst zum einen die Fähigkeit und Kenntnisse zur Nutzung von Informations- und Kommunikationstechnik (IKT) sowie die Kenntnisse digitaler Abläufe, Verhaltensweisen und Methoden. Bei hoch ausgeprägter digitaler Kompetenz sind Menschen in der Lage, autonom, effektiv, ethisch korrekt und reflektiert im digitalen Raum zu handeln (Ferrari, 2012; Sharpe & Beetham, 2010, S. 180 und 182). In Zeiten der Pandemie verlagerte sich fast der gesamte Alltag in den virtuellen Raum. Arbeiten und Lernen erfolgten am gleichen Ort mit den gleichen Tools und forderten digitale Kompetenz.

Zu Beginn der Pandemie zeigten sich sowohl bei Lehrenden als auch bei Lernenden eine gewisse Unsicherheit in der Anwendung und im Umgang mit den digitalen Tools. Die Heterogenität in Bezug auf die Kompetenzen mit digitalen Lehr-/Lernmöglichkeiten sind hierbei insbesondere zu erwähnen (Schumacher et al., 2021, S. 9, 13–17). Anfängliche Schwierigkeiten, wie eine Webinar-Sitzung zu starten bzw. sich in diese hineinzuwählen oder den Bereich für den Chat zu finden wurden recht schnell überwunden und es zeigte sich in beiden Gruppen eine hohe Lernkurve, eine sich erhöhende Sicherheit und Routine in der Nutzung Cloud-basierter Video- und Kollaborationsdienste (Mulders & Krah, 2021; Pelikan et al., 2021).

Die erworbene Sicherheit der Lehrenden, den virtuellen Raum mit digitalen Medien zu füllen, ermöglichte in Folge auch die Verknüpfung und Verwendung verschiedener Medien und Tools während eines Webinars (siehe auch Punkt „Entwicklung neuer Lehr-/ Lernmedien und einer neuen Lernumgebung"). Die Gesamtheit der Tools wie die Nutzung von Breakoutsessions, interaktive Whiteboards, Nutzung der integrierten Chat- und Quizz-Funktionen ermöglichte an der FOM schnell eine interaktivere Gestaltung der Lehrveranstaltungen. Hört man sich die Stimmen der Studierenden an, so zeigt sich, dass sowohl die digitale als auch die Medienkompetenz der Lehrenden einen erheblichen Einfluss auf die Lehre und das Lernen haben. Berichtet wird häufiger, dass bei nicht oder nur gering vorhandener digitaler Kompetenz bei Lehrenden oder allgemeinen Unsicherheiten im virtuellen Raum es eher zu „schleppenden Vorlesungen" kommt. Die Vorlesungen sind in Folge weniger kreativ gestaltet, wodurch wenig Interaktion entsteht und eher monologische Vorträge gehalten werden, die „zäh" und „anstrengend" sind und zu sich schnell mindernder Konzentration und Ablenkungen führen. Zudem wurde beobachtet, dass bei mangelnder digitaler Kompetenz häufig weniger Studierende an den Vorlesungen teilnehmen oder den virtuellen Raum früher verlassen. Die Lehrenden und Lernenden konnten über die Zeit somit die digitale Kompetenz erweitern und nutzen diese Techniken mittlerweile ohne große Schwierigkeiten.

Ein weiterer Punkt der digitalen Kompetenz, neben der Nutzung der IKT ist das autonome, effektive und reflektierte Handeln im digitalen Raum (Ferrari, 2012; Sharpe & Beetham, 2010, S. 180–182). Dazu gehören auch die eigenständige Be- und Erarbeitung sowie Nutzung der eingestellten Lehr- und Lernmaterialien. Zum einen wird dieser Punkt auch von neuen Lehr-/Lernmedien wie z. B. virtuelle Lernfortschrittskontrollen, Quizzen, Tutorials oder interaktiver shiny-Apps gefördert, aber auch durch die entstandene Routine erfolgt eine autonomere und effektivere Bewegung im virtuellen Raum – inklusive der Nutzung aller Tools und zur Verfügung gestellten Materialien.

Die gesteigerte digitale Kompetenz kann als solide Grundlage für den weiteren und zukünftigen Ausbau und der Steigerung der Qualität der digitalen Lehre dienen. Darüber hinaus kann der Umgang mit digitalen Technologien als elementarer Bestandteil der Lehre zur Vorbereitung auf eine immer stärker digitalisierte Arbeitswelt gesehen werden und damit die Ausbildung auf die Herausforderungen der 21. Jahrhunderts optimieren (Cascio & Montealegre, 2016). Digitale Kompetenz stellt eine Voraussetzung dar, diese Chancen der geschaffenen digitalen Lehrsituation und damit gewonnene Flexibilität nutzen zu können, um Leben, Studieren und, bei berufsbegleitenden Studierenden auch Arbeit, zu verknüpfen. Es ermöglicht zudem die Auflösung starrer (Lehr-)Systeme und damit den Weg in neue weniger passive Lehrkonzepte.

15.2.3 Entwicklungen neuer Formen der Interaktivität und Kommunikation

Hingegen der Kommunikation in einer Hochschule in den 90er-Jahren, ohne digitalen oder virtuellen Raum, erfolgte die Kommunikation schon vor der Pandemie nicht mehr nur ausschließlich im Hörsaal. Chats oder Diskussionsforen im virtuellen Raum stehen für eine synchrone und asynchrone Kommunikation zwischen Lehrenden und Lernenden zum Beispiel in Lern-Management Systemen zur Verfügung (*MoodleDocs*, 2021; Deutsches Institut für Erwachsenenbildung o. J.). Hauptsächlich wurden diese zur Kommunikation, Kooperation und Distribution (Rinn et al., 2004), aber auch zur Aktivierung der Studierenden und für Interaktionen genutzt. Chats bieten zudem ein niedrigschwelliges Angebot an Lernende Fragen zu stellen, sowohl während als auch außerhalb der Lehrveranstaltung an (Ammenwerth, 2021).

Seit Beginn der Pandemie werden digitale Kommunikationskanäle vermehrt und kreativ genutzt. Daten-, Dateien-, und Informationstransfer sind digital einfach zu handhaben (Lackner & Kopp, 2014, S. 174–186) und machen eine Kommunikation asynchron und synchron, sowie über weite Entfernungen und unabhängig von der Höhe und der Variation der Teilnehmendenzahl möglich (Fajen, 2018; Hertel et al., 2005). Ein persönliches Zusammenkommen von Studierenden, für die gemeinsame Arbeit an einem Dokument ist nicht mehr notwendig (Fajen, 2018; Hertel et al., 2005; Kühl, 2020), Barrieren der Entfernungen oder z. B. verpflichtende Arbeitszeiten können dadurch überwunden werden und die Kommunikation oder gemeinsame Bearbeitung erfolgt spontaner. Neben synchroner Kommunikation in Videokonferenzen, die in den meisten Hochschulen bereits im ersten Corona-Semester zum Einsatz kamen (Lörz et al., 2020), sind hier insbesondere asynchrone Austauschformate über themenbezogene (Gruppen-)Chats oder speziell zur Unterstützung der digitalen Lehre entwickelte Plattformen zu nennen. Solche Lernmanagementsysteme wie z. B. Moodle (*Chat konfigurieren – MoodleDocs*, 2021) wurden seit Beginn der Pandemie verstärkt genutzt (Karapanos et al., 2021). Diese können bei gezieltem Einsatz sowohl die Kommunikation zwischen Lehrenden und Lernenden, aber auch unter den Lernenden unterstützen (De Boer et al., 2021, S. 33–48; Schumacher et al., 2021, S. 33). Darüber hinaus können Lernmanagementsysteme durch Begleitung und Moderation den Lernprozess fördern sowie eine positive Lernumgebung schaffen (Görl-Rottstädt et al., 2021). Doch auch anhand einfacher technischer Mittel können Lernprozesse optimiert werden. Bereits die Einbringung von Studierendenfragen im Rahmen einer als Videokonferenz abgehaltenen Lehrveranstaltung via Chat kann zu einer besseren Kanalisierung und gezielteren Ansprache dieser bei gleichzeitig weniger Unterbrechungen im Lehrbetrieb führen. Aber auch Classroom-Response-Systeme (CRS) wie Tweedback (https://tweedback.de/) oder Pingo (https://pingo.coactum.de/), die vor Beginn der Pandemie eher in Großgruppen eingesetzt wurden, können als weiterer Kommunikationskanal genutzt werden und ermöglichen ein direktes Feedback. So können etwa die Ergebnisse von Blitzumfragen unter den Studierenden direkt in die Lehrveranstaltung integriert werden oder die Möglichkeit gegeben werden, Fragen auch anonym zu stellen. Dies ermöglicht nicht nur eine Form des Feedbacks, sondern eignet sich auch als aktivierende Lehrmethode. Die aktive Beteiligung der Studierenden sollte auch oder gerade in virtuellen Lehrformaten in Form von studentischer Partizipation erfolgen, wodurch die Zusammengehörigkeit des Kurses (Limarutti et al., 2021) und das Vertrauen zu Lehrenden gefördert werden kann.

Rückmeldungen zu den über CRS durchgeführten Quizzen, werden von den FOM-Studierenden stets sehr positiv bewertet. Es ermöglicht Lehrenden und Lernenden eine direkte Überprüfung und Feedback, ob das neu erworbene Wissen adäquat vermittelt und verstanden wurde und regt häufig zu Diskussionen in der virtuellen Lehrveranstaltung an, und damit zu einer entstehenden Interaktion mit einem größeren Teil des Kurses.

15.2.4 Steigerung der Flexibilität des Lernens und Arbeitens durch Digitalisierung und Virtualität

Die Digitalisierung hat zu höheren Flexibilisierungsmöglichkeiten in der Arbeitswelt (Cascio & Montealegre, 2016), wie auch an Hochschulen geführt (Lörz et al., 2020; Mulders & Krah, 2021). Die räumliche Flexibilität wird durch die Möglichkeit von cloudbasierten Videokonferenzen gegeben, welche anstelle der Präsenzformate treten, sowie durch digital zur Verfügung gestellte Arbeits- und Lernmaterialien. Die zeitliche Flexibilität erhöht sich durch die Nutzung von digitalen Werkzeugen, die eine zeitlich asynchrone Zusammenarbeit ermöglichen. Dies wird sowohl von Lehrenden als auch von Lernenden positiv wahrgenommen und führt bei Studierenden zu einer besseren Vereinbarkeit des Studiums mit beruflichen Aktivitäten und dem Privatleben (Karapanos et al., 2021). Insbesondere für berufsbegleitende Studiengänge, deren Studierende qua Definition einer Doppelbelastung ausgesetzt sind (Schirmer, 2017; Wolff-Bendik & Kerres, 2013), kann stärker digitalisierte Hochschullehre einen Vorteil für die Vereinbarkeit bringen. Der Vorteil orts- und zeitunabhängigerer Arbeit kann für Lernende wie Lehrende dazu beitragen, verschiedene berufliche Anforderungen und das private Leben besser zu koordinieren. Darüber hinaus kann die räumliche Flexibilität Ungleichheiten zwischen städtischen und ländlichen Regionen verringern, nachdem zur Teilnahme an der Lehre keine Pendelwege mehr erforderlich sind (Berkes et al., 2021). Konnten, auch das gilt gerade für berufsbegleitende Studiengänge, nicht alle Studierenden an jeder Präsenzveranstaltung teilnehmen, verbessern sich jetzt die Möglichkeiten durch asynchron aufgearbeitete Lerninhalte und größere didaktische Vielfalt (Adedoyin & Soykan, 2020).

Die Steigerung der Flexibilität insbesondere bei asynchronen Lehrformaten bringt aus Sicht der Studierenden auch eine Optimierung des Studiums auf das jeweilige Lerntempo mit sich. Online-Lernformate können individuell auf den Lernenden zugeschnitten sein, fachspezifisch unterschiedlich angepasst werden und sind flexibler in der Umsetzung (Adedoyin & Soykan, 2020). Während das Lerntempo in einer an Präsenzveranstaltungen orientierten Lehre stark an festen Terminen orientiert ist und aus Sicht der Studierenden nur wenig angepasst werden kann, tragen asynchrone Lehrformate, aber auch neue Lehrkonzepte zur Flexibilisierung bei. Auch hierdurch kann die Qualität der Lehre verbessert werden, da Studierende mit geringerem Lerntempo nicht den Anschluss verlieren.

15.3 Herausforderungen für die Hochschullehre durch die pandemische Situation

Lernen und Lehren während der Corona-Pandemie hat neben Chancen Herausforderungen mit sich gebracht. Einige sind nicht neu und gut bekannt, gewannen und gewinnen in der Situation der Pandemie aus unterschiedlichen Gründen aber an Bedeutung (Limarutti et al., 2021). Insbesondere zeigte sich bei den Studierenden eine hohe Beanspruchung durch die Umstellung der Lehre hinsichtlich der Selbstorganisation und der notwendigen Eigenständigkeit. Der zusätzlich fehlende Austausch untereinander erschwerte diese Situation zusätzlich (Limarutti et al., 2021; Pelikan et al., 2021; Winde et al., 2020). Im folgenden Abschnitt werden Herausforderungen thematisiert, die sich in den letzten Semestern gezeigt haben und parallel zu den bereits dargelegten Chancen und Möglichkeiten bestehen. Für eine erfolgreiche Umsetzung neuer Lehr-Lernkonzept in der Zukunft müssen die Herausforderungen gezielt und situationsspezifisch diskutiert werden, um Konzepte zu schaffen, die erfolgreich für Lehrende und Lernende um- und einzusetzen sind.

15.3.1 Höherer zeitlicher Aufwand und die Notwendigkeit einer guten Selbstorganisation

Lehrende berichten in einer Erhebung an pädagogischen Hochschulen von einem steigenden, vorab aber unterschätzten Zeit- und Arbeitsaufwand für die Neuorganisation und die Vor- und Nachbereitung der Lehre. Teilweise wurde eine Verdreifachung des zeitlichen Aufwands angegeben, aber auch für die persönliche Kommunikation im virtuellen Raum wurde ein erhöhter Zeitaufwand eruiert (Adedoyin & Soykan, 2020; Dorfinger, 2021). Die stete Erreichbarkeit führte neben der Entgrenzung zwischen Arbeits- und Privatleben zu dem Gefühl eines vermehrten Zeitaufwands und zu einer Verschmelzung der Arbeits- und Freizeit (Dorfinger, 2021).

In Studien zeigt sich auch bei den Lernenden eine hohe Relevanz des Aspekts der Zeit, wobei der Fokus hier nicht ausschließlich vom Mehraufwand (Brünner & Sewerin, 2020) herrührt, sondern vielmehr die fehlende bzw. weggefallene Tagesstruktur als kritischer Faktor gesehen wird (Pelikan et al., 2021) und die eigenständige Einteilung der Freizeit durch die Permanenz des Online-seins als Herausforderung angesehen wird (Dorfinger, 2021). Somit ergibt sich aus der Anforderung, sich selbst zu organisieren, eine besondere Schwierigkeit, die durch den fehlenden analogen, persönlichen und sozialen Austausch mit Kommilitonen, Kommilitoninnen und Lehrenden noch verschärft wird (Kreidl & Dittler, 2021, S. 15; Pelikan et al., 2021). Studierende gaben ebenfalls an, dass Ihnen neben der Selbstorganisation die termingerechte Bearbeitung von Arbeitsaufträgen und das selbstständige Erarbeiten Schwierigkeiten bereitet (Kreidl & Dittler, 2021 S. 37; Limarutti et al., 2021; Pelikan et al., 2021). Die Arbeitsbelastung erhöhte sich durch die Umstellung auf eine virtuell-digitale Lehre teilweise erheblich – sowohl für Lehrende als auch Lernende, wobei bei Letzteren häufiger eine deutlich höhere Arbeitsbelastung während der Corona-Pandemie im Vergleich zu den vorherigen Semestern berichteten (freier zusammenschluss von student*innenschaften (fzs), 2022; Kreidl & Dittler, 2021, S. 191; Pelikan et al., 2021; Stützer et al., 2020).

Die oben genannten Aspekte treffen, wie viele andere Faktoren auch, nicht alle Lehrenden und Lernenden gleich. So zeigen sich zum einen Unterschiede nach den bereits vorhandenen und subjektiv wahrgenommenen Fähigkeiten und Kompetenzen. Individuen, die sich eine höhere Kompetenz zuschreiben nehmen weniger Einschränkungen und Herausforderungen wahr, in dem Zusammenhang zeigt sich dann auch eine höhere intrinsische Motivation (Pelikan et al., 2021; Stützer et al., 2020). Als ein weiterer Setting-spezifischer Aspekt wird die Unvereinbarkeit von Betreuung und Beschulung von Kindern genannt, welche zeitlich und ressourcenorientiert mit dem eigenen Studium kollidiert (Stützer et al., 2020). Letztes betrifft ebenso die Lehrenden. Die weggefallene oder eingeschränkte und dadurch unplanbare Betreuung durch Kindergarten oder Schule führt(e) zu einer zeitlichen Doppelbeanspruchung, die oft in Familien auch durch gute (Selbst-)Organisation nicht mehr aufgefangen werden kann (Andresen et al., 2020b; *Familien in der Corona-Zeit*, 2020).

In Folge eines Arbeitszuwachs und die Verlagerung der Arbeit in den häuslichen Bereich einschließlich Kinderbetreuung, aber auch durch die zu diesem Zeitpunkt eingeschränkten Zugangsmöglichkeiten zu Literatur, Laboren und Forschungsfeldern kam es zu einer Reduktion von Forschungsarbeiten (Breitenbach, 2021; Klonschinski et al., 2020). Nicht selten waren damit Befürchtungen verbunden, wichtige Fristen, wie beispielsweise für ein angestrebtes Qualifikationsziel nicht einhalten zu können (Klonschinski et al., 2020).

15.3.2 Entgrenzung von Arbeits- und Privatleben bei Lehrenden und Lernenden

Zu Beginn der digitalen online-Lehre nahm die Gestaltung dieser mit der Entwicklung der Didaktik und Unterlagen für Lehrende viel Zeit in Anspruch. Hinzu kamen mit der Verlegung der Lehrveranstaltung in die häusliche Umgebung eine Verschmelzung des Arbeits- und Privatraumes und ermöglichte ein stetes „Online-sein", was bereits zu einer Entgrenzung zwischen Arbeit und Freizeit führte (Dorfinger, 2021). Zugleich wurde die Organisation von persönlichen, aber virtuellen Gesprächsterminen mit Lernenden notwendig, was ebenfalls einen höheren Zeitaufwand mit sich brachte. Der Einsatz digitaler Diskussion- und Chatgruppen erfolgt häufiger auch asynchron, diese bieten zwar zudem eine beständige Kommunikation und fortwährende Begleitung der Studierenden, sind aber insgesamt zeitaufwendiger.

Wie bereits skizziert, zeigt sich die eigenständige und durch die Verlagerung in die digitale Welt scheinbar zeitlose Selbstorganisation der Studierenden als eine große Herausforderung (Dorfinger, 2021; Stützer et al., 2020). Hinzu kommen weitere Aspekte, die zum Verschwimmen der zuvor eher separierten Welten führen können. Die Entgrenzung des Arbeits-, Lern- und Privatlebens vollzieht sich ähnlich wie bei Lehrenden – alle Aufgaben werden am gleichen Ort, dem gleichen Tool (PC, Laptop) bearbeitet. Gleichzeitig stehen die Unendlichkeit der virtuellen Welt (Stützer et al., 2020) und der Überfluss an Informationen und Recherchemöglichkeiten zur Verfügung, die ebenfalls nur durch eine gute Selbstorganisation handhabbar bleiben und durch die sich eine weitere Entgrenzung der digitalen, der virtuellen und der realen Welt ergibt. Bei Studierenden addiert sich die Unsicherheit, die sich aus der neuen Situation ergibt, und die resultierende Angst zu wenig getan zu haben hinzu. Beide Aspekte können zu einer weiteren Entgrenzung der Work-Life-Balance führen.

15.3.3 Einfluss der sozialen Ungleichheit in der Lehre

Die Corona-Pandemie wird diskutiert als ein Brennglas der sozialen Ungleichheit, insbesondere im Bildungsbereich. Zahlreiche Studien sind an Schülerinnen und Schülern durchgeführt worden (Ackeren et al., 2020; Kaya, 2021, S. 265–283), wobei einige der hervorgebrachten Faktoren auch auf Studierende übertragbar sind. Der Zugang zu digitalen Medien und Endgeräten, sowie eine verfügbare und ausreichend schnelle Internetverbindung sind die Grundvoraussetzungen zur Teilnahme an der virtuellen und digitalen Lehre. Aber nicht in allen Familien, Haushalten und Regionen ist einige stabile Internetverbindung (ausreichend) verfügbar. Je nach familiärem und schulischem Hintergrund kommen auch Studierende mit einer unterschiedlichen digitalen Kompetenz an die Hochschulen (Adedoyin & Soykan, 2020) – d. h. diese Kompetenz muss in zahlreichen Fällen nachgeholt und aufgebaut werden und fordert ggf. Ressourcen, die für fachliche Inhalte benötigt würden. Durch das Wissen um die eigene Herkunft und die subjektiv wahrgenommenen und vorhandenen Basisqualifikationen, die für die Situation der digitalen online-Distanzlehre notwendig sind (Stützer et al., 2020), entstehen ressourcenbedingte Unterschiede. Wie bereits angeführt, zeigen sich stärker wahrgenommene Herausforderungen bei geringerer Basisqualifikation und geringeren vorhandenen Ressourcen (Pelikan et al., 2021; Stützer et al., 2020).

15.3.4 Pandemiebedingte Belastungen und psychische Beanspruchung der Studierenden

Studierende zählen zu einer Gruppe, die besonderen Belastungen während der Pandemie ausgesetzt war bzw. ist. Befragungen unter Studierenden in ganz Deutschland und dem DACH-Raum zeigen unterschiedliche Belastungen und deren Folgen auf. Branchen, in denen zur Finanzierung des Studiums Nebenjobs ausgeführt werden, litten bzw. leiden aufgrund der Maßnahmen zur Eindämmung der Pandemie unter finanziellen Auswirkungen für Teilgruppen der Studierendenschaft bis hin zu Existenznöten (freier zusammenschluss von student*innenschaften (fzs), 2022; Pauli et al., 2020; rbb24, 2022; Refrat HU Berlin, 2020; Traus et al., 2020). Eingeschränkte soziale Kontakte führten bzw. führen zudem zu erhöhter wahrgenommener Einsamkeit (Andresen et al., 2020a; Holm-Hadulla et al., 2021; Kreidl & Dittler, 2021, S. 43; Pauli et al., 2020). Folgen aus den Belastungen sind vielfältig: Geringere allgemeine Zufriedenheit im Vergleich zu vor der Pandemie (Andresen et al., 2020a). Weiterhin zeigen sich teilweise ausgeprägte psychosomatische Symptome, wie Konzentrationsprobleme, Schlafstörungen oder Niedergeschlagenheit, aber auch Kopf- und Rückenschmerzen wurden als Mehrbelastung angegeben (freier zusammenschluss von student*innenschaften (fzs), 2022). Weitere Symptome, wie ein generell reduziertes Wohlbefinden, ein Anstieg psychischer Störungen, Depressionen oder Angststörungen wurden in einigen Studien ebenfalls aufgezeigt (Dratva et al., 2020; freier zusammenschluss von student*innenschaften (fzs), 2022; Holm-Hadulla et al., 2021; Pauli et al., 2020; rbb24, 2022; Refrat HU Berlin, 2020; Traus et al., 2020).

Ein neueres Phänomen, das durch die virtuelle Präsenz-Lehre (z. B. durchgeführt über Zoom oder andere Cloud-basierte Videokonferenzdienste) entstehen kann, ist eine extreme Erschöpfung, die als „Zoom-Fatigue" bezeichnet wird (Nesher Shoshan & Wehrt,

2021). Gründe für diese besondere Art erschöpft und müde zu sein, liegen nach heutigem Kenntnisstand hauptsächlich in der fehlenden Mimik und Gestik der sozialen Interaktion bei ausgeschalteten Kameras und der mangelnden Pausen (Peper et al., 2021). Die Studienlage zu dieser Thematik ist noch jung und zeigt auch durch die unterschiedlichen Methoden der sich damit befassenden Studien ein stark heterogenes Bild. Dennoch zeigen sich hier mindestens Risikofaktoren, die zukünftig, auch für die Planung der Lehrveranstaltungen und Lehrkonzepte Beachtung finden sollten.

15.3.5 Kommunikation und Austausch

Die übergangslose Einführung der Kontaktbeschränkungen unterband unmittelbar die zusätzliche Möglichkeit des persönlichen Austausches in Präsenz vor und nach den Lehrveranstaltungen und musste ohne Übergangszeit in den virtuellen Raum verlegt werden. Damit ergab sich eine, sowohl für Lernende als auch für Lehrende neue ausschließlich digitale Basis der Zusammenarbeit und einer darin neu zu erlernenden Kommunikation und Interaktion. Lernende beklagen die mangelnde Kommunikation und Austausch sowohl untereinander als auch zum Lehrenden als kritisch und geben dadurch nicht genutzte Diskussions- und Erklärungsmöglichkeiten an (Schumacher et al., 2021, S. 31, 54, 56; Stützer et al., 2020).

Berichte aus der Hochschulpraxis zeigen, dass die kurzen im Hörsaal abgehaltenen Zwiegespräche zum Lernstoff und zu aufkommenden Fragen fehlen und nur bedingt in den virtuellen Raum verlegt werden. Auch die nonverbale Rückmeldung zustimmender, nickender Kommilitoninnen und Kommilitonen sowie der Blickkontakt fehlt, der sich auch kaum und wenn nur mit aktiven Kameras der anderen Studierenden auffangen lässt. Die Unsicherheiten auf der Lernendenseite führ(t)en häufig zur Situation einer zögerlichen bzw zu keiner Kommunikation. Das wiederum stellte eine neue, zuvor unbekannte Herausforderung für Lehrende dar, aber brachte letztendlich auch neue motivierende Formen der Kommunikation hervor (siehe Abschn. 15.2. Ähnliche Erfahrungen zeigen sich auch an der Universität Hamburg (Horstmann, 2020).

Der virtuelle Raum zeigt somit in Teilen eine sich ergebende Separation, eine erhöhte Anonymität und ein damit einhergehendes fehlendes oder different kommuniziertes Feedback – sowohl für Lernende als auch für Lehrende (Gebbing et al., 2021; Hey & Bodenstein-Dresler, 2021, S. 7–11). Lernende müssen Feedback und Unterstützung wesentlich offensiver einholen, als dies vergleichsweise in der Präsenz der Fall ist (ebd.). Studierende zeigen häufig eher eine Zurückhaltung ihrer Anliegen im synchronen virtuellen Raum (Horstmann, 2020), in dem Lehrende und Studierende räumlich getrennt, zeitlich aber synchron agieren (Ammenwerth, 2021). Die aktive Kommunikation von Studierenden stellt eine größere Hürde dar als in Präsenz, die aber durch die Entwicklung von Vertrauen und klaren Regeln sowie guter Planung der Lehrveranstaltungen aufgehoben werden kann (Gebbing et al., 2021; Hey & Bodenstein-Dresler, 2021, S. 12–13; Horstmann, 2020). Ein für Lehrende in der Präsenz im Hörsaal nebenbei entstehendes Feedback von Studierenden gestaltet sich im virtuellen Raum ebenfalls schwieriger. Gerade bei ausgeschalteten Kameras ist die Regung der Gesichter und die sich ergebenden Unsicherheiten zum Lehrstoff für den Lehrenden nicht sichtbar. Es besteht häufig ausschließlich die Möglichkeit, ein passives Feedback von den Studierenden mit eingeschalteter Kamera einzuholen und als Surrogatmarker zu nutzen, was allerdings eine Verzerrung darstellt, da gegebenenfalls nur eine bestimmte Gruppe die Kameras angeschaltet hat (Horstmann, 2020; Stützer et al., 2020).

Die seit vielen Jahren diskutierte und gewünschte aktive und interaktive Lehre kann auch im virtuellen Raum gut abgebildet werden, wie dies bereits im vorderen Teil des Beitrags ausgeführt wurde. Das Arbeiten in Kleingruppen ist auch virtuell in Breakout-Rooms gut möglich und wird von den Studierenden gerne angenommen, da diese auch den fehlenden sozialen Austausch ermöglichen und Prozesse des sozialen und auf Interaktionen basierten Lernens ermöglicht (Ammenwerth, 2021; Lackner & Kopp, 2014, S. 174–186; Stützer et al., 2020). Um den Herausforderungen entgegenzutreten, braucht es eine unmittelbare Ansprache der Lernenden durch die Lehrenden und die Möglichkeit des aktivierten Lernens (Gebbing et al., 2021; Hey & Bodenstein-Dresler, 2021, S. 19–24; Horstmann, 2020). Damit ergeben sich für beide Seiten effektive, interaktive und dialogische Lehrveranstaltungen.

15.4 Anregungen für die Zukunft und Ausblick

Die digitale und virtuelle Lehre hat trotz oder gerade wegen der ad-hoc Entwicklung einen starken Schub erlebt (Hofmann et al., 2021, S. 96) und stellt damit eine Basis für die Lehre der Zukunft dar. Zu hinterfragen ist, ob vielleicht ebendiese ad-hoc Entwicklung dazu geführt hat, online-Lehre vermehrt einzusetzen, ehe diese perfekt ausgearbeitet wurde. Die bisherigen Erfahrungen der vier Semester lehren, dass sie optimiert werden kann und muss (Hofmann et al., 2021, S. 96; Winde et al., 2020, S. 8, 12–13). Der zuvor eingeschlagene Weg zeigte in Teilen die genau umgekehrte Tendenz – eine initial sehr detaillierte und optimale Planung der digitalen online-Lehre und dann der peu á peu Einsatz in der Lehre, was definitiv wesentlich längere Zeit in Anspruch genommen hätte. Die soliden Grundsteine, die während der letzten Semester gelegt wurden, sollten nun konkret und zielorientiert weiter ausgebaut werden. Die Erfahrungen und Studien zeigen, dass der Weg in eine interaktive Lehre in Richtung einer aktiven Lehr-/Lernform bereits eröffnet und gegangen wurde und dieser spezifisch auf Zielgruppen, Module und Lernziele verzweigt und optimiert werden darf (Hofmann et al.,, 2021 S. 96).

Eine Schwierigkeit, die bisher in der Evaluation der virtuellen und digitalen Lehre auftritt, ist die der nicht Standardisierung der Messung der Effizienz, Wirksamkeit und Zufriedenheit mit der online-Distanzlehre. In Bezug auf Hodges et al. (2020) und den verschiedenen Ergebnissen z. B. zur Zufriedenheit der Lernenden mit der online-Distanzlehre muss beachtet werden, dass es keine Standardisierung der ausgeführten online-Lehre und auch nicht der Messung der Zufriedenheit gibt. Diese wird unterschiedlich operationalisiert, an unterschiedlichen Zielgruppen und Populationen erhoben und in der Lehre mit verschiedenen Individuen und Inhalten verglichen.

Die Unterschiedlichkeit der Fächer ist nicht außer Acht zu lassen. Komplexe Module, in denen mehrere auch praktische Fähigkeiten erlernt werden sollen, wie z. B. Fächer der wissenschaftlichen Methodenlehre, müssen anders geplant und beurteilt werden als z. B. ein Modul, in dem hauptsächlich Fakten und Theorie gelehrt wird.

Zum anderen spielen jeweils die Persönlichkeiten und Hintergründe der Lernenden und der Lehrenden eine große Rolle. Eine ablehnende Haltung, z. B. entstanden durch die Angst nicht mitzukommen oder die digitale Lehre nicht ausreichend gut zu meistern, kann Unzufriedenheit generieren, die aber ggf. nichts mit der Lehre an sich zu tun haben muss. Umgekehrt ist anzubringen, dass Individuen, die ein Präsenzstudium aus z. B. familiären Begebenheiten während der Pandemie hätten aufgeben müssen, die Herausforderungen positiver annehmen und zufrieden sind, trotz der hohen Anforderungen und Belastungen. Die Beurteilung der abgehaltenen Webinare oder des Materials, sowie die Zufriedenheit fallen höher und besser aus. Um diese beschriebene positive Grundhaltung gegenüber digitalen Lehrformaten sowie der zeitlich und räumlich flexibleren virtuellen (Präsenz-) Lehre zu erhalten und durch konsequente Nutzung der identifizierten Chancen digitaler Lehr- und Zusammenarbeitsformate weiter auszubauen, können verschiedenen Anregungen formuliert werden. Nach den Erfahrungen der vergangenen zwei Jahre scheint sicher zu sein, dass starre Präsenzlehrformate mit wenigen oder ohne digitale Elemente, wie sie vor der Corona-Pandemie zum Standard gehörten, keine Zukunft in der Hochschulwelt haben werden.

15.4.1 Anregung 1: Mut und Offenheit für moderne Gestaltung digitaler Lehre

Die Vielfalt an virtuellen Lehr-Lernszenarien für die heutige und zukünftige Hochschullehre kann nur mit entsprechendem Wissen, Mut und Offenheit für Neues ausgeschöpft werden (Wannemacher et al., 2016). Wenn Hochschulen, Lehrende und Lernende offen und mutig sind, dann können personalisierte Formen des Lehrens und Lernens sich auch parallel zu Lernpartnerschaften und einer guten Kursgemeinschaft entwickeln. Die Kombination dieser Lehr-Lernformate und Möglichkeiten sind virtuell vielleicht sogar besser umzusetzen und können, wenn richtig angewandt und angeleitet, nicht nur fachlich weiterbilden, sondern auch digitale Kompetenzen, Eigenständigkeit und Selbstorganisation fördern. Zudem können Bedürfnisse – wie z. B. benötigte Ruhe – für eine optimale Konzentration mit vorhandenen digitalen Lernräume zur Verfügung gestellt werden. Ein vielfältiges Methodenportfolio ist dafür unabdingbar (Stang & Becker, 2020, S. 220, 222–226, 250). Eine gute virtuelle Lern-Lehr-Umgebung und – Begleitung bedarf einer a) guten technischen Ausstattung, b) digitaler Kompetenzen und Fähigkeiten zur Nutzung dieser, wie auch c) gute didaktische Fähigkeiten, die technischen Ressourcen zielbringend und sinnvoll einzusetzen.

15.4.2 Anregung 2: Aktivierende Gestaltung virtueller Veranstaltungen

Bei der Gestaltung virtueller Präsenzveranstaltungen sind zur Prävention besonderer Erschöpfungszustände, wie sie beispielsweise durch die „Zoom-Fatigue" beschrieben werden (Nesher Shoshan & Wehrt, 2021), einige Gestaltungselemente zu beachten, die förderlich für die Motivation sind: Eine klare Struktur mit regelmäßigen (ca. alle 30 Minuten) Pausen, die nicht vor dem digitalen Medium verbracht werden, sind die Grundvoraussetzung (Toney et al., 2021). Weitere Handlungsempfehlungen adressieren Lernende und Lehrende zu gleichen Teilen: Die maximale Sichtbarkeit von Mimik und Gestik für alle Teilnehmenden fördert das Gefühl der sozialen Interkation; das Vermeiden weiterer Nebentätigkeiten, wie z. B. Nachrichten am Smartphone senden oder parallele online Aktivitäten, verringert die Informationsüberflutung und erhöht die Konzentration (Borle et al., 2021; Peper et al., 2021 Toney et al., 2021). Ablenkungen können durch eine interaktive, aktivierende und interessante Lehrveranstaltung minimiert oder wenigstens reduziert werden. Eine aktivierende Gestaltung bedarf klar und eindeutig kommunizierte Strukturen und Regeln, welche dann auch die als besonders herausfordernd wahrgenommene Kommunikation unterstützt und optimiert. Ein Austausch und Kennenlernen der Lernenden kann unterstützt und forciert werden, indem der virtuelle Hörsaal bereits 15 bis 30 Minuten vor Veranstaltungsbeginn geöffnet wird. Ein Austausch mit dem Lehrenden kann am Ende der virtuellen Session erleichtert werden, indem der Lehrende im Raum verbleibt, bis alle Lernenden diesen verlassen haben. Beide Möglichkeiten sollten stetig bereitgestellt und erwähnt werden und die Option zu Kommunikation und Austausch klar und positiv korrespondiert werden.

15.4.3 Anregung 3: Feedback

Gemeinsames Lernen lebt von Rückmeldung in alle Richtungen: Feedback von Seite der Studierenden muss in einer zukunftsweisenden Welt wesentlich offensiver und fordernder eingeholt werden. Die Mitarbeit der Lernenden ist entscheidend, um partizipativ Lernräume gestalten zu können. Die vergangenen (Pandemie) Semester zeigten, dass eine virtuelle Evaluation z. B. über Classroom-response Systeme nach der jeweiligen Lehrveranstaltung zum Lernstoff, Tempo und Verständnis jeweilig nur von einem (geringen) Anteil der Studierenden beantwortet wurde und somit ein verzerrtes Bild bringt. Nur durch regelmäßige und selbstverständliche Rückmeldungen, zum Lernstand und zur Gestaltung der Lernräume, können diese wachsen und bereichernd für alle Beteiligten sein.

15.4.4 Anregung 4: Didaktische Kompetenzen ausbauen

Die Hochschule und die Lehrenden selbst müssen sicherstellen, didaktische Kompetenzen laufend auszubauen, an gegebene technische Möglichkeiten und Lernräume anzupassen und innovativ zu bleiben. Lehrende werden zunehmend Lernen begleiten, den Prozess hin zu Lernzielen gestalten und organisieren. Didaktische Konzepte und Methoden aus dem traditionellen Präsenzunterricht können nur begrenzt in den digitalen Raum oder hybride Lernumgebungen übertragen werden (Bower et al., 2014, S. 183–187; Linder, 2017). Die Zentralisierung auf die Lehrenden wird aufgelöst, Lernende sind gefragt, sich aktiver einzubringen und didaktische Umsetzungen müssen entsprechend angepasst werden. Die Lernkultur wird gemeinsam entwickelt, da sich alle Beteiligten bei der Gestaltung des Lernkontextes einbringen können und müssen (Grabensteiner et al., 2021). Frontale Vermittlung wird somit auf ein Minimum reduziert werden müssen. Stattdessen gilt es Lernsettings zu etablieren, die explorierendes Lernen fördern und das Engagement der Lernenden bei der Erarbeitung des Lerngegenstands einfordern.

15.4.5 Anregung 5: Rollenverständnis schärfen

Damit sich Hochschullehrende als Lernbegleitung verstehen können, muss ein verändertes Rollenverständnis etabliert werden und der Rahmen dafür gesichert sein. Lehre wird in Zukunft als ein Raum der Möglichkeiten zum Lernen definiert werden müssen, in dem Lehrende den Rahmen gestalten und Lernende die Verantwortung für Lernen aktiv übernehmen. Die Haltung gegenüber dem Lernprozess muss offen sein, damit aus Fehlern gelernt werden kann und Lernen als Experimentierraum verstanden wird, in dem Innovation und Wissen entstehen darf. Eine offene Haltung der Studierenden, die nicht auf Wissenskonsum, sondern aktives Gestalten ausgerichtet ist, fördert ein zukunftsadäquates Rollenverständnis von Hochschullehrenden (Petschenka et al., 2020, S. 220–222).

15.4.6 Anregung 6: Ausbau der Infrastruktur

Die Infrastruktur an Hochschulen ist zu erweitern und ständig weiterzuentwickeln – das gilt für digitale, wie analoge Räume und Lernmöglichkeiten. Um in Zukunft einen optimalen Kompetenzerwerb an Hochschulen zu gewährleisten, sollten virtuelle und analoge Angebote sinnvoll und individualisiert zu hybriden und Blended-Learning-Konzepten verknüpft werden. Dafür müssen technische Ausstattung, Software und virtuelle Lernszenarien partizipativ gestaltet werden (Grabensteiner et al., 2021). Lernmanagementsysteme unterstützen die Planung, Implementierung und Bewertung der Lernprozesse. Doch nicht nur der virtuelle Raum sollte Aufmerksamkeit erlangen; Beachtet werden muss ebenso der physische Raum an den Hochschulen. Räumlichkeiten sollten in Zukunft für tatsächlichen Austausch genutzt werden. Dafür ist es erforderlich Räume derart zu gestalten, dass Lernen auf Augenhöhe möglich ist. Raumkonzepte, wie Hörsäle, in denen schwerpunktmäßig frontal durchgeführter Unterricht möglich ist, gehören zu antiquierten Ansätzen. Räume, die gemeinschaftliches Lernen ermöglichen, flexibel gestaltbar auf den sozialen Austausch und die Interaktion anzupassen sind, gewährleisten die Umsetzung zukunftsweisender Blended-Learning-Konzepte (Günther et al., 2019; Lauber-Pohle, 2019, S. 96–97; Petschenka et al., 2020, S. 226–227). Mit einer sinnvollen Kombination aus virtuellen und analogen Lernanteilen und Möglichkeiten kann den Bedürfnissen von Studierenden entsprochen werden, die sich vielfältigere Möglichkeiten des Lernens in hybriden Formaten wünschen (freier zusammenschluss von student*innenschaften (fzs), 2022; Kreidl & Dittler, 2021, S. 39).

Literatur

van Ackeren, I., Endberg, M., & Locker-Grütjen, O. (2020). Chancenausgleich in der Corona-Krise. Die soziale Bildungsschere wieder schließen. *Die deutsche Schule, 112*(2), 245–248. https://doi.org/10.31244/dds.2020.02.10.

Adedoyin, O. B., & Soykan, E. (2020). Covid-19 pandemic and online learning: The challenges and opportunities. *Interactive Learning Environments*, 1–13. https://doi.org/10.1080/10494820.2020.1813180.

Ammenwerth, E. (2021). Studentische Aktivierung und Interaktivität in der virtuellen Hochschullehre. *HMD Praxis der Wirtschaftsinformatik, 58*(6), 1327–1337. https://doi.org/10.1365/s40702-021-00801-4.

Andresen, S., Lips, A., Möller, R., Rusack, T., Schröer, W., Thomas, S., & Wilmes, J. (2020a). Erfahrungen und Perspektiven von jungen Menschen während der Corona-Maßnahmen. Erste Ergebnisse der bundesweiten Studie JuCo. *Universitätsverlag Hildesheim*. https://doi.org/10.18442/120.

Andresen, S., Lips, A., Möller, R., Rusack, T., Schröer, W., Thomas, S., & Wilmes, J. (2020b). *Kinder, Eltern und ihre Erfahrungen während der Corona-Pandemie*. Universitätsverlag Hildesheim. https://doi.org/10.18442/121.

Arnold, P., Prey, G., & Wortmann, D. (2015). Digitalisierung von Hochschulbildung: E-Learning-Strategie(n) noch up to date? *Zeitschrift für Hochschulentwicklung, 10*(2), 51–69. https://doi.org/10.3217/zfhe-10-02/04.

Bauer, R., Hafer, J., Hofhues, S., Schiefner-Rohs, M., Thillosen, A., Volk, B., & Wannemacher, K. (2020). *Vom E-Learning zur Digitalisierung: Mythen, Realitäten, Perspektiven* (Medien in der Wissenschaft, Bd. 76). Waxmann. https://doi.org/10.25656/01:2150.

Berkes, J., Ollier, C., Boelhauve, M., & Mergenthaler, M. (2021). Online-Lehre in Krisenzeiten für Studierende der Agrarwirtschaft–eine Sondierungsstichprobe. In A. Meyer-Aurich, M. Gandorfer, C. Hoffmann, C. Weltzien, S. Bellingrath-Kimura & H. Floto (Hrsg.), *41. GIL-Jahrestagung, Informations- und Kommunikationstechnologie in kritischen Zeiten* (S. 31–36). Gesellschaft für Informatik e.V.

Bernard, R., Abrami, P., Borokhovski, E., Wade, C. A., Tamim, R., Surkes, M., & Bethel, E. (2009). A meta-analysis of three types of interaction treatments in distance education. *Review of Educational Research, 79*(3). https://doi.org/10.3102/0034654309333844.

Borle, P., Reichel, K., Niebuhr, F., & Voelter-Mahlknecht, S. (2021). How are techno-stressors associated with mental health and work outcomes? A systematic review of occupational exposure to information and communication technologies within the technostress model. *International Jour-*

nal of Environmental Research and Public Health, 18(16), 8673. https://doi.org/10.3390/
ijerph18168673.

Bower, M., Dalgarno, B., Kennedy, G., Lee, M. J. W., & Kenney, J. (2014). *Blended synchronous learning: A handbook for educators.* Office for Learning and Teaching, Department of Education.

Breitenbach, A. (2021). *Digitale Lehre in Zeiten von Covid-19: Risiken und Chancen.* Marburg. https://doi.org/10.25656/01:21274.

Brünner, K., & Sewerin, U. (2020). *Die HGU in Zeiten der Pandemie: Von heute auf morgen ins digitale Lehren und Lernen* (Nr. 5-6/2020; Schwerpunkt Pandemie). HGU. https://forum.dguv. de/ausgabe/5-2020/artikel/die-hgu-in-zeiten-der-pandemie-von-heute-auf-morgen-ins-digitale-lehren-und-lernen. Zugegriffen am 16.03.2022.

Bundesministerium für Familie, Senioren, Frauen und Jugend. (2020). *Familien in der Corona-Zeit: Herausforderungen, Erfahrungen und Bedarfe. Ergebnisse einer repräsentativen Eltern-befragung im April und Mai 2020.* https://www.bmfsfj.de/resource/blob/163136/fdc725b0379 db830cf93e0ff2c5e51b5/familien-in-der-corona-zeit-allensbach-data.pdf.   Zugegriffen   am 14.03.2022.

Bundesministerium für Wirtschaft und Energie. (2021). *Digitalisierung in Deutschland – Lehren aus der Corona-Krise – Gutachten des Wissenschaftlichen Beirats beim Bundesministerium für Wirtschaft und Energie (BMWi).* https://www.bmwi.de/Redaktion/DE/Publikationen/Ministe-rium/Veroeffentlichung-Wissenschaftlicher-Beirat/gutachten-digitalisierung-in-deutschland. pdf?__blob=publicationFile&v=4. Zugegriffen am 15.03.2022.

Cascio, W. F., & Montealegre, R. (2016). How technology is changing work and organizations. *Annual Review of Organizational Psychology and Organizational Behavior, 3*(1), 349–375. https:// doi.org/10.1146/annurev-orgpsych-041015-062352.

Chang, W., Cheng, J., Allaire, J., Xie, Y., & McPherson. (2020). *Shiny web application framework for R,* R package version 1.4.0.2. https://CRAN.R-project.org/package=shiny. Zugegriffen am 15.03.2022.

De Boer, A., Dreller, A., Engelen, M., Klein, T., Koeppe, G., Meinerzhagen, S., & Stumpf, S. (2021). Evidenzbasierte Ableitung von Erfolgsfaktoren und Handlungsempfehlungen für digitales Lehren und Lernen. In M. Barnat, E. Bosse & B. Szczyrba (Hrsg.), *Forschungsimpulse für die Hoch-schulentwicklung im Kontext hybrider Lehre* (Bd. 11, S. 33–48). Technology Arts Sciences TH Köln.

Deutsches Institut für Erwachsenenbildung. (o. J.). *Was sind Lernmanagement-Systeme?* https://wb-web.de/material/medien/was-sind-lernmanagement-systeme-1.html. Zugegriffen am 16.03.2022.

Dittler, U., & Kreidl, C. (2021). Die Corona-Lehre: Wahrnehmung der Studierenden. In U. Dittler & C. Kreidl (Hrsg.), *Wie Corona die Hochschullehre verändert: Erfahrungen und Gedanken aus der Krise zum zukünftigen Einsatz von eLearning.* Springer Gabler. https://doi.org/10.1007/ 978-3-658-32609-8.

Dorfinger, J. (2021). Eine Analyse der virtuellen Lehre an Pädagogischen Hochschulen im Jahr 2020, (S. 1-13). *Online Journal for Research and Education, 15.*

Dratva, J., Zysset, A., Schlatter, N., von Wyl, A., Huber, M., & Volken, T. (2020). Swiss university students' risk perception and general anxiety during the COVID-19 pandemic. *International Journal of Environmental Research and Public Health, 17*(20), 7433. https://doi.org/10.3390/ ijerph17207433.

Fajen, A. (2018). Führungsrelevante Erkenntnisse zur Kommunikation und zu sozioemotionalen Prozessen und Ergebnissen im (multikulturellen) virtuellen Kontext. In A. Fajen (Hrsg.), *Erfolg-reiche Führung multikultureller virtueller Teams: Wie Führungskräfte neuartige Heraus-forderungen meistern* (S. 77–119). Springer Fachmedien. https://doi.org/10.1007/978-3-658-23268-9.

Ferrari, A. (2012). Digital competence in practice: An analysis of frameworks. In *JRC technical reports*. European Commission – Joint Research Centre – Institute for Prospective Technological Studies. https://doi.org/10.2791/82116.

freier zusammenschluss von student*innenschaften (fzs). (2022). *Wie geht es euch? Bundesweite Studierendenbefragung 2021/22.* https://www.fzs.de/2022/01/18/ergebnisse-wie-gehts-euch-bundesweite-studierendenbefragung-2021-22/. Zugegriffen am 10.03.2022.

Frentix. (2022). *OpenOlat – Infinite learning.* (2021). https://www.openolat.com/. Zugegriffen am 16.03.2022.

Gebbing, P., Yang, X., Michalke, S., & Lattemann, C. (2021). Kreativitätsförderung in der virtuellen Gruppenarbeit. *HMD Praxis der Wirtschaftsinformatik, 58*(6), 1364–1377. https://doi.org/10.1365/s40702-021-00800-5.

Gehrke, M., Kistler, T., Lübke, K., Markgraf, N., Krol, B., & Sauer, S. (2021). Statistics education from a data-centric perspective. *Teaching Statistics, 43*, 201–215.

Gilch, H., Beise, A. S., Krempkow, R., Müller, M., Stratmann, F., & Wannemacher, K. (2019). *Digitalisierung der Hochschule: Ergebnisse einer Schwerpunktstudie für die Expertenkommission Forschungs und Innovation.* Studien zum deutschen Innovationssystem, 14. http://hdl.handle.net/10419/194284. Zugegriffen am 15.03.2022.

Görl-Rottstädt, D., Riedel, J., König, K., & Pittius, K. (2021). Zwischen digital und analog-Ein Vergleich klassischer und digitaler Ansätze von Lernberatung und Lernbegleitung im berufsbegleitenden Studium. *Tagungsband Perspektiven für Studierenden-Erfolg. Gelingensbedingungen, Stolpersteine und Wirkung von Maßnahmen.* https://doi.org/10.26204/KLUEDO/6451.

Grabensteiner, C., Schönbächler, E., Stadler, D., & Himpsl-Gutermann, K. (2021). Ein hybrider Lernraum entsteht. *Medienimpulse, 59*(4). https://doi.org/10.21243/MI-04-21-07

Günther, D., Kirschbaum, M., Kruse, R., Ladwig, T., Prill, A., Stang, R., & Wertz, I. (2019). *Zukunftsfähige Lernraumgestaltung im digitalen Zeitalter. Thesen und Empfehlungen der Ad-hoc Arbeitsgruppe Lernarchitekturen des Hochschulforum Digitalisierung.* Arbeitspapier Nr. 44; Hochschulform Digitalisierung. https://hochschulforumdigitalisierung.de/sites/default/files/dateien/HFD_AP_44-Zukunftsfaehige_Lernraumgestaltung_Web.pdf. Zugegriffen am 16.03.2022.

Hertel, G., Geister, S., & Konradt, U. (2005). Managing virtual teams: A review of current empirical research. *Human Resource Management Review, 15*(1), 69–95. https://doi.org/10.1016/j.hrmr.2005.01.002.

Hew, K. F., & Lo, C. K. (2018). Flipped classroom improves student learning in health professions education: A meta-analysis. *BMC Medical Education, 18*(1), 38. https://doi.org/10.1186/s12909-018-1144-z.

Hey, B., & Bodenstein-Dresler, F. (2021). *Virtuelle Veranstaltungen in Wissenschaft und Lehre. Eine praxisorientierte Einführung.* Springer Gabler. https://doi.org/10.1007/978-3-658-33194-8

Hochschulrektorenkonferenz. (2020). *COVID-19-Pandemie und die Hochschulen.* https://www.hrk.de/themen/hochschulsystem/covid-19-pandemie-und-die-hochschulen/. Zugegriffen am 16.03.2022.

Hodges, C. B., Moore, S., Lockee, B. B., Trust, T., & Bond, M. A. (2020). *The difference between emergency remote teaching and online learning.* https://er.educause.edu/articles/2020/3/the-difference-between-emergency-remote-teaching-and-online-learning. Zugegriffen am 16.03.2022.

Hofmann, Y., Salmen, N., Stürz, R. A., Schlude, A., Putfarken, H., Reimer, M., & Classe, F. (2021). *Die Pandemie als Treiber der digitalen Transformation der Hochschulen? Einschätzungen aus der Sicht von Lehrenden und Studierenden.* Bayerisches Forschungsinstitut für Digitale Transformation. https://doi.org/10.35067/XYPQ-KN65.

Holm-Hadulla, R. M., Klimov, M., Juche, T., Möltner, A., & Herpertz, S. C. (2021). Well-Being and Mental Health of Students during the COVID-19 Pandemic. *Psychopathology, 54*(6), 291–297. https://doi.org/10.1159/000519366.

Horstmann, A. (2020). *Hochschullehre 2020 Digital—Eindrücke—Erfahrungen—Perspektiven.* (Nr. 104; Kolleg-Bote). Universität Hamburg. https://www.universitaetskolleg.uni-hamburg.de/publikationen/kolleg-bote.html. Zugegriffen am 15.03.2022.

Hübner, S., & Walter, S. (2021). In vier Wochen online für alle! In U. Dittler & C. Kreidl (Hrsg.), *Wie Corona die Hochschullehre verändert: Erfahrungen und Gedanken aus der Krise zum zukünftigen Einsatz von eLearning* (S. 135–148). Springer Fachmedien. https://doi.org/10.1007/978-3-658-32609-8_9.

Karapanos, M., Pelz, R., Hawlitschek, P., & Wollersheim, H.-W. (2021). Hochschullehre im Pandemiebetrieb: Wie Studierende in Sachsen das digitale Sommersemester erlebten. *MedienPädagogik: Zeitschrift für Theorie Und Praxis Der Medienbildung, 40*(CoViD-19), 1–24. https://doi.org/10.21240/mpaed/40/2021.01.28.X.

Kaya, Y. (2021). Soziale Ungleichheit im deutschen Bildungssystem in Zeiten der Covid-19-Pandemie – Eine Erhebung: Chancen und Herausforderungen im deutschen Bildungssystem. In C. Deichmann & M. Partetzke (Hrsg.), *Demokratie im Stresstest: Reaktionen von Politikdidaktik und politischer Bildung* (S. 265–283). Springer Fachmedien. https://doi.org/10.1007/978-3-658-33077-4_15.

Klier, A., & van Treeck, T. (2015). Kollaboration als Kern einer E-Learning-Strategie. *Zeitschrift für Hochschulentwicklung, 10*(2), 83–95. https://doi.org/10.3217/zfhe-10-02/06.

Klonschinski, A., Renger, D., Döring, N., Döring, A., Gerwin, J., & Weber, I. (2020). *Forschen und Lehren während der Corona-Pandemie – Auswertung einer Befragung unter Mitarbeiter*innen der CAU Kiel.* https://www.phil.uni-kiel.de/de/fakultaet/beauftragte/GB-PhilFak/aktuelles/auswertung-befragung-corona. Zugegriffen am 16.03.2022.

Kreidl, C., & Dittler, U. (2021). Die Corona-Lehre: Wahrnehmung der Studierenden. In U. Dittler & C. Kreidl (Hrsg.), *Wie Corona die Hochschullehre verändert: Erfahrungen und Gedanken aus der Krise zum zukünftigen Einsatz von eLearning* (S. 15–35). Springer Fachmedien Wiesbaden. https://doi.org/10.1007/978-3-658-32609-8_2.

Kühl, S. (2020). Wenn jeder für sich allein lacht. *Forschung & Lehre, 27,* 05(20). https://www.forschung-und-lehre.de/lehre/wenn-jeder-fuer-sich-allein-lacht-2778. Zugegriffen am 15.03.2022.

Lackner, E., & Kopp, M. (2014). Lernen und Lehren im virtuellen Raum. Herausforderungen, Chancen, Möglichkeiten. In K. Rummler (Hrsg.), *Lernräume gestalten—Bildungskontexte vielfältig denken* (Medien in der Wissenschaft, Bd. 67, S. 174–186). Waxmann. https://doi.org/10.25656/01:1010.

Lauber-Pohle, S. (2019). Raumkooperation zwischen Hochschule und Praxiseinrichtung – Zur Funktionalisierung von Räumen als Kooperationsmoment in der wissenschaftlichen Weiterbildung. In W. Seitter & T. C. Feld (Hrsg.), *Räume in der wissenschaftlichen Weiterbildung* (S. 83–98). Springer Fachmedien. https://doi.org/10.1007/978-3-658-25029-4_5.

Limarutti, A., Flaschberger, S. S., & Mir, E. (2021). Wo steht mir der Kopf?–Herausforderungen von berufsbegleitend Studierenden während der COVID-19-Pandemie. *HeilberufeScience, 12*(1–2), 39–47. https://doi.org/10.1007/s16024-021-00351-1.

Linder, K. E. (2017). Fundamentals of hybrid teaching and learning: Fundamentals of hybrid teaching and learning. *New Directions for Teaching and Learning, 149,* 11–18. https://doi.org/10.1002/tl.20222.

Lörz, M., Marczuk, A., Zimmer, L., Multrus, F., & Buchholz, S. (2020). Studieren unter Corona-Bedingungen: Studierende bewerten das erste Digitalsemester. *DZHW Brief, 5,* 2020. https://doi.org/10.34878/2020.05.dzhw_brief.

MoodleDocs. (2021). *Chat konfigurieren – MoodleDocs.* (2021). Chat konfigurieren. https://docs.moodle.org/311/de/Chat_konfigurieren. Zugegriffen am 15.03.2022.

Mulders, M., & Krah, S. (2021). Digitales Lernen während der Covid-19-Pandemie aus Sicht von Studierenden der Erziehungswissenschaften: Handlungsempfehlungen für die Digitalisierung von Hochschullehre. *MedienPädagogik: Zeitschrift für Theorie und Praxis der Medienbildung, 40*, 25–44. https://doi.org/10.21240/mpaed/40/2021.02.02.X.

Nesher Shoshan, H., & Wehrt, W. (2021). Understanding "Zoom fatigue": A mixed-method approach. *Applied Psychology*, 1–26. https://doi.org/10.1111/apps.12360.

Pauli, P., Neuderth, S., & Schuppert, M. (2020). *Studieren in Corona-Zeiten*. https://www.uni-wuerzburg.de/aktuelles/einblick/single/news/studieren-in-coronazeiten. Zugegriffen am 16.03.2022.

Pelikan, E. R., Lüftenegger, M., Holzer, J., Korlat, S., Spiel, C., & Schober, B. (2021). Learning during COVID-19: The role of self-regulated learning, motivation, and procrastination for perceived competence. *Zeitschrift Für Erziehungswissenschaft, 24*(2), 393–418. https://doi.org/10.1007/s11618-021-01002-x.

Peper, E., Wilson, V., Martin, M., Rosegard, E., & Harvey, R. (2021). Avoid Zoom fatigue, be present and learn. *NeuroRegulation, 8*(1), 47–47. https://doi.org/10.15540/nr.8.1.47.

Petschenka, A., Stand, R., Becker, A., Franke, F., Gläser, C., Weckmann, H.-D., & Zulauf, B. (2020). Die Zukunft der Lernwelt Hochschule gestalten: Ein Baukasten für Veränderungsprozesse. In *Zukunft Lernwelt Hochschule: Perspektiven und Optionen für eine Neuausrichtung* (S. 213–256). Otto-Friedrich-Universität. https://doi.org/10.20378/irb-47927.

rbb24. (2022). *Studium in der Corona-Pandemie: „Schlimmste Zeit meines Lebens".* https://www.youtube.com/watch?v=GpywpVHaKqI&lc=UgzbxOK9GIbaONyQ5b54AaABAg.9XjRmiZcxd-9XjfQAYclxx. Zugegriffen am 14.03.2022.

Refrat HU Berlin. (2020). *Auswirkungen der COVID19-Pandemie auf die Studierenden in Berlin Auswertung für die HU Berlin.* https://www.refrat.de/article/auswirkungencovid.html. Zugegriffen am 14.03.2022.

Ricci, C. (2020). *Die Corona-Pandemie als Digitalisierungsbooster*. Fraunhofer IAO – BLOG. https://blog.iao.fraunhofer.de/die-corona-pandemie-als-digitalisierungsbooster. Zugegriffen am 18.03.2022.

Rinn, U., Bett, K., Meister, D. M., Wedekind, J., Zentel, P., & Hesse, W. F. (2004). Virtuelle Lehre an deutschen Hochschulen im Verbund. Teil II: Ergebnisse der Online-Befragungen von Vorhaben zur Förderung des Einsatzes Neuer Medien in der Hochschullehre im Förderprogramm „Neue Medien in der Bildung ". Tübingen: Institut für Wissensmedien.

Ritter-Mamczek, B. (2016). *Stoff reduzieren: Methoden für die Lehrpraxis* (2. Aufl.). utb.

Schirmer, K. (2017). Work-Learn-Life-Balance. Temporale Vereinbarkeitsstrategien von berufsbegleitenden Studierenden in der wissenschaftlichen Weiterbildung. In W. Seitter (Hrsg.), *Zeit in der wissenschaftlichen Weiterbildung* (S. 21–46). Springer VS. https://doi.org/10.1007/978-3-658-17999-1.

Schön, S., Braun, C., Hohla, K., Mütze, A., & Ebner, M. (2021). Technologiegestützte Lehre an der TU Graz in der Covid-19-Pandemie. In U. Dittler & C. Kreidl (Hrsg.), *Wie Corona die Hochschullehre verändert: Erfahrungen und Gedanken aus der Krise zum zukünftigen Einsatz von eLearning* (S. 243–258). Springer Fachmedien. https://doi.org/10.1007/978-3-658-32609-8_16.

Schumacher, F., Ademmer, T., Bülter, S., & Kneiphoff, A. (2021). *Hochschulen im Lockdown. Lehren aus dem Sommersemester 2020. Ergebnisse der Community Working Group „Motivationsfaktoren für Dozierende zur Umsetzung digital unterstützter Lehre"* (Arbeitspapiere des Hochschulforums Digitalisierung, Bd. 58). Edition Stifterverband. https://doi.org/10.25656/01:23547.

Seufert, S., Ebner, M., Kopp, M., & Schlass, B. (2015). Editorial: E-Learning-Strategien für die Hochschullehre. *Zeitschrift für Hochschulentwicklung, 10*(2). https://doi.org/10.3217/zfhe-10-02/01.

Sharpe, R., & Beetham, H. (2010). Understanding students' uses of technology for learning: Towards creative appropriation. In R. Sharpe, H. Beetham & S. de Freitas (Hrsg.), *Rethinking learning for the digital age: How learners shape their experiences* (S. 160–192). Routledge.

Stang, R., & Becker, A. (Hrsg.). (2020). *Zukunft Lernwelt Hochschule: Perspektiven und Optionen für eine Neuausrichtung*. de Gruyter. https://doi.org/10.1515/9783110653663.

Stützer, C. M., Frohwieser, D., & Lenz, K. (2020). Was digitale Lehre zur „guten" Lehre macht. In *Potenziale und Herausforderungen digitaler Hochschulbildung, Diskussionspapier 01/2020. Dresden: Zentrum für Qualitätsanalyse (ZQA), TU Dresden*. https://tu-dresden.de/zqa/ressourcen/dateien/publikationen/digitalisierung/2020_08_Gaaw_Wifek_Selbsteguliertes_Lernen_hoch_2.pdf?lang=de. Zugegriffen am 16.03.2022.

Tang, T., Abuhmaid, A. M., Olaimat, M., Oudat, D. M., Aldhaeebi, M., & Bamanger, E. (2020). Efficiency of flipped classroom with online-based teaching under COVID-19. *Interactive Learning Environments, 0*(0), 1–12. https://doi.org/10.1080/10494820.2020.1817761.

TELucation – TU Graz. (2021). https://telucation.tugraz.at/. Zugegriffen am 16.03.2022.

Toney, S., Light, J., & Urbaczewski, A. (2021). Fighting zoom fatigue: Keeping the Zoombies at Bay. *Communications of the Association for Information Systems, 48*(1), 10. https://doi.org/10.17705/1CAIS.04806.

Traus, A., Höffken, K., Thomas, S., Mangold, K., & Schröer, W. (2020). *Stu.diCo. – Studieren digital in Zeiten von Corona*. Universitätsverlag Heidelberg. https://doi.org/10.18442/150.

Wannemacher, K., Jungermann, I., Scholz, J., Tercanli, H., & von Villiez, A. (2016). *Digitale Lernszenarien im Hochschulbereich*. Arbeitspapier Nr. 15. Hochschulforum Digitalisierung. https://hochschulforumdigitalisierung.de/sites/default/files/dateien/HFD%20AP%20Nr%2015_Digitale%20Lernszenarien.pdf. Zugegriffen am 18.03.2022.

Willige, J. (2016). *Auslandsmobilität und Digitale Medien*. (Hochschulforum Digitalisierung) [Arbeitspapier]. https://hochschulforumdigitalisierung.de/de/arbeitspapier-auslandsmobilitaet-digitale-medien. Zugegriffen am 16.03.2022.

Winde, M., Werner, S. D., Gumbmann, B., & Hieronimus, S. (2020). *Hochschulen, Corona und jetzt? Future Skills—Diskussionspapier 4*. Stifterverband. https://www.stifterverband.org/download/file/fid/9313. Zugegriffen am 16.03.2022.

Wolff-Bendik, K., & Kerres, M. (2013). Vereinbarkeit von Studium und Beruf: Zur Konzeption berufsbegleitender Weiterbildungsangebote von Hochschulen. *Der pädagogische Blick, 21*(4), 236–247.

Prof. Tanja Kistler, PhD ist Ernährungswissenschaftlerin und seit 2019 Professorin für quantitative Methoden und Gesundheitsforschung an der FOM Hochschule für Oekonomie und Management. Am Institut für Gesundheit und Soziales leitet und koordiniert sie die Nachwuchswissenschaftler und Nachwuchswissenschaftlerinnen innerhalb des Research Fellow Programms. Darüber hinaus ist sie am Institut für Empirie und Statistik kooptiert. Im Bereich der Hochschuldidaktik fokussiert sie zudem das Thema Lehre in der Statistik und Förderung der Studierenden in der angewandten wissenschaftlichen und quantitativen Methodik. Forschungsschwerpunkt ist die Gesundheitsförderung, insbesondere im Bereich der Ernährung, Körperwahrnehmung, Stress und Ressourcenstärkung mit gesundheitspsychologischer Ausrichtung im Bereich der Public Health.

Annette Kluge-Bischoff, M.Sc. ist seit 1993 Hebamme. Aktuell ist sie wissenschaftliche Mitarbeiterin im Bereich Hebammenwissenschaft der Medizinischen Fakultät der Universität Augsburg. Zuvor war sie viele Jahre als Lehrerin für das Hebammenwesen an der Hebammenschule Augsburg tätig. Sie absolvierte berufsbegleitend die Studiengänge Berufspädagogik im Gesundheitswesen (B.A.) und Public Health (M.Sc.). Als Research Fellow am Institut für Gesundheit & Soziales (ifgs) der FOM Hochschule für Oekonomie & Management verfolgt sie weiter ihr Forschungsinteresse im Bereich der Public Health.

Helena Kosub, geboren in Tadjikistan mit ukrainisch-deutschen Wurzeln, ist examinierte Gesundheits- und Krankenpflegerin, QM-Auditorin nach ISO 9001, hat Pflegewissenschaften in Nürnberg studiert und absolviert aktuell den Studiengang M.Sc. Public Health an der FOM Hochschule für Oekonomie in München. Sie lebt in München und arbeitet seit 2021 als wissenschaftliche Mitarbeiterin an der Medizinischen Fakultät der Ludwig-Maximilians-Universität München. Zuvor war sie 15 Jahre am Universitätsklinikum Regensburg tätig. Dort wechselte sie 2011 ins Qualitätsmanagement, übernahm eine leitende Funktion und unterstützte mit ihrem Team den Vorstand bei der Umsetzung gesetzlicher Qualitätsanforderungen an Krankenhäusern und der Entwicklung eines klinischen Risikomanagementsystems. Ihr Interesse gilt Zukunftsprojekten.

Marion Matheis, B.Sc., hat nach Abschluss ihrer Ausbildung zur examinierten Gesundheits- und Krankenpflegerin in Landsberg ihre allgemeine Hochschulreife erworben und daraufhin den Studiengang Wirtschaftspsychologie in München absolviert. Aktuell verbindet sie den Masterstudiengang Public Health, die klinische Praxis und wissenschaftliche Theorie. Ihr Forschungsschwerpunkt liegt auf der kommunalen Gesundheitsförderung und Gesundheitsversorgung.

Prof. Dr. Julia Schorlemmer ist hauptberufliche Professorin an der FOM Hochschule für Oekonomie & Management im Bereich Gesundheitsmanagement und ist am Institut für Gesundheit und Soziales verantwortlich für die Betreuung der Research Fellows. Als diplomierte Psychologin beschäftigt sie sich in ihrer Forschung vor allem mit psychischen Aspekten von Gesundheit im Arbeitskontext. Schwerpunkte sind hier das Betriebliche Gesundheitsmanagement und die Verknüpfung des „Faktors Mensch" mit strategischen unternehmerischen Entscheidungen. Ihre Lehrtätigkeit hat den Schwerpunkt im Bereich Gesundheitspsychologie und Wissenschaftliches Arbeiten. In ihrer Tätigkeit als systemische Beraterin und Trainerin begleitet sie zudem öffentliche und privatwirtschaftliche Organisationen durch Veränderungsprozesse, mit Schwerpunkten auf Führungskräfteentwicklung und Gesundheitsförderung.

Dominik Schrahe, M.Sc. ist Research Fellow und Dozent an der FOM Hochschule für Oekonomie & Management in München. Zuvor absolvierte er einen Masterstudiengang in IT-Management. Er forscht schwerpunktmäßig in den Bereichen IT-Sicherheit, Informationssicherheitsmanagement und Datenschutz insbesondere im Gesundheitswesen. Darüber hinaus arbeitet er als IT-Sicherheitsarchitekt in einem Versicherungsunternehmen.

Erratum zu: Erkenntnisse aus COVID-19 für zukünftiges Pandemiemanagement

Erratum zu:
M. Cassens, T. Städter (Hrsg.), *Erkenntnisse aus COVID-19*
für zukünftiges Pandemiemanagement,
https://doi.org/10.1007/978-3-658-38667-2

Der Titel dieses Buches wurde von „Erkenntnisse aus COVID-19 für zukünftiges Pande-miemangement" zu „Erkenntnisse aus COVID-19 für zukünftiges Pandemiemanagement" auf der Titelseite und in allen Kapiteln aktualisiert.

Die korrigierte Version des Buchs ist verfügbar unter
https://doi.org/10.1007/978-3-658-38667-2

© Der/die Autor(en), exklusiv lizenziert an Springer Fachmedien Wiesbaden GmbH, ein Teil von Springer Nature 2023
M. Cassens, T. Städter (Hrsg.), *Erkenntnisse aus COVID-19 für zukünftiges Pandemiemanagement*, https://doi.org/10.1007/978-3-658-38667-2_16

Printed in the United States
by Baker & Taylor Publisher Services